# 金融学

主　编　田娟娟　陈　岗
副主编　何　珊

北京理工大学出版社
BEIJING INSTITUTE OF TECHNOLOGY PRESS

# 内 容 简 介

金融作为现代经济的核心和血脉,是国家重要的核心竞争力。进入21世纪以来,我国金融业综合实力进一步增强,服务经济社会发展能力稳步提升,关键领域改革持续深化,防范化解金融风险取得明显成效。金融业的快速发展也对《金融学》教材的编写提出了新要求、新挑战。本教材的编写立足于我国金融业发展实际,力图通过深入浅出的语言使读者理解现代金融的核心概念,熟悉现代金融的体系框架,掌握现代金融的运行机制。本教材包括市场经济中的金融、货币、国际交往中的货币与汇率、信用、利息与利率、金融市场、金融机构体系、商业银行、中央银行与监管、非存款型金融机构、货币需求与货币供给、通货膨胀与通货紧缩、货币政策等十三章内容,每章设有导入思考题、拓展阅读和综合训练等环节,力图体现知识、技能和素质培养与学习并重的理念。本教材既可作为金融学以及其他经济管理专业学生的入门教材,也可作为对金融学感兴趣、想获得投资理财相关知识的人士的参考读物。

**图书在版编目(CIP)数据**

金融学 / 田娟娟,陈岗主编. —北京:北京理工大学出版社,2021.4
ISBN 978-7-5682-9665-6

Ⅰ. ①金… Ⅱ. ①田… ②陈… Ⅲ. ①金融学-高等学校-教材 Ⅳ. ①F830

中国版本图书馆 CIP 数据核字(2021)第 055796 号

---

出版发行 / 北京理工大学出版社有限责任公司

社　　址 / 北京市海淀区中关村南大街 5 号

邮　　编 / 100081

电　　话 / (010) 68914775(总编室)

　　　　　 (010) 82562903(教材售后服务热线)

　　　　　 (010) 68948351(其他图书服务热线)

网　　址 / http://www.bitpress.com.cn

经　　销 / 全国各地新华书店

印　　刷 / 三河市华骏印务包装有限公司

开　　本 / 787 毫米×1092 毫米　1/16

印　　张 / 19

字　　数 / 421 千字

版　　次 / 2021 年 4 月第 1 版　2021 年 4 月第 1 次印刷

定　　价 / 79.80 元

责任编辑 / 王晓莉

文案编辑 / 王晓莉

责任校对 / 周瑞红

责任印制 / 李志强

金融是现代市场经济的核心。改革开放以来，我国金融业实现了跨越式发展，新的金融业态、金融产品、金融服务不断地涌现。而其本质依然是服务于实体经济，服务于供给侧结构性改革。金融业的快速发展也对《金融学》教材的编写提出了新要求、新挑战。金融学是一门研究金融领域各要素及其基本关系与运行规律的经济学科，也是现代经济人才必备的专业知识。通过金融学的系统学习，能掌握相关的基本概念、基本知识和基本原理，把握金融运行的内在联系和规律，找到科学认识和探索金融问题的入门钥匙，进而研究并解决我国现实中的诸多经济和金融问题。

本教材是经济类核心课程的系列教材之一。本教材在编写过程中，结合国内外经济金融发展的需要，力图通过深入浅出的语言阐述金融理论，以金融学的整体框架为起点，在向读者介绍金融学基本概念（货币、外汇与汇率、信用、利息与利率）的基础上，围绕微观金融体系与运行（金融市场、金融机构体系、商业银行、中央银行、非存款型金融机构）和宏观金融政策与调控（货币需求与货币供给、通货膨胀与通货紧缩、货币政策）展开叙述。旨在帮助读者在学习金融学的过程中，不仅能够掌握金融学的知识、观点，更能迅速学会运用金融学的视角和思维去观察生活，进而在掌握金融学基本常识和逻辑的基础上，把握金融学未来的研究方向。

在编写过程中，本教材力图突出以下特点。

第一，应用性。本教材的编写定位是适用于应用型本科人才培养的需要，尤其是适用于以培养应用型金融人才为目标的金融类专业。因此，在本书编写过程中，坚持从应用型人才培养的要求出发，按照基础理论教学"以应用为目的，以需要、够用为度"的原则，科学合理地处理学科内容与教学时数、基础理论与应用理论、理论与实践等之间的关系，力图使本教材符合教学实际需要，同时，在内容上贴近国内外经济、金融发展的实际，通过书中"拓展阅读"栏目，力图最大限度地在紧扣金融热点问题的基础上，将最新的案例在不同章节中体现出来。几乎所有的章节中都有最新的数据资料，力求体现国内外金融的新发展、新变化和新问题。

第二，启发性。高素质应用型人才不仅需要具备系统的知识体系，更应该掌握主动、自主学习的能力。这不仅对现代高等教育的教学提出了新要求，同时也是提升本科教学质量的关键。本教材在编写过程中，主动对接经济社会发展需求和人才培养目标的转变，以读者为中心，注重激发学习兴趣和潜能。在每一章的内容设计上，通过"导入思考题"，引导读者在学习过程中去探寻答案。通过启发式的阅读，将金融理论与实践教学同案例有机结合，以求达到更好的学习效果。

第三，可操作性。在内容的编写上，通过"学习导引"给出每一章的重点、难点，结合思考题、综合训练等环节，针对每一章内容提出具有可操作性的训练思路，使读者能够深化对金融理论与实践的理解，开拓思维。

本教材由辽东学院田娟娟负责大纲的设计与总纂；宁夏理工学院陈岗负责全书的校对与修改。具体的编写分工如下：辽东学院田娟娟编写第一章至第六章，宁夏理工学院陈岗编写第七章至第九章；辽东学院何珊编写第十章至第十三章。在编写过程中，我们参阅了大量近年来出版的金融学论著、教材及相关文献，从中吸收了许多有价值的材料和观点，在此，向有关作者表示感谢！同时也感谢北京理工大学出版社对本书的厚爱与支持，感谢所有为本书的出版给予过帮助的人！

由于水平所限，编者对金融的理论研究和理解在阐述上难免存在片面和不妥之处，敬请专家和读者不吝赐教，以便我们对教材进行进一步的修订和完善。

编　者
2020 年 3 月

# 目　录

# 第一章

# 市场经济中的金融

## 导入思考题

### 金融对我们生活的影响

提到金融，人们就会联想到令人贪婪的金钱、跌宕起伏的股市、让人胆战心惊的金融海啸……这些现象似乎跟普通百姓的衣食住行并无关系，是不是金融只对从事金融活动的人有影响，对普通百姓没影响呢？

改革开放以来，老百姓的生活发生了翻天覆地的变化，实现了从贫穷到温饱，再到整体小康的跨越式转变。在这一转变过程中，金融业在人们的生活中扮演着重要的角色：无论是办理储蓄还是购买国债，无论是换购外汇还是代发工资，人们都会和银行、证券公司等金融机构打交道，会接触到汇票、旅行支票、信用卡等金融工具。随着人们消费观念的转变和收入水平的提高，找银行贷款买房买车、超前消费渐成时尚。

近年来，发生在我们身边的现象，让普通百姓对金融问题有了前所未有的关注。为什么美元比人民币值钱？面对物价的呼呼上涨，我们的财富去哪里了？如何应对通货膨胀？中国的房价为什么居高不下？银行是永远屹立不倒的吗？保险公司破产，保险单会泡汤吗？"钱"到底是什么东西？为什么有人钱多却感觉不到幸福？家里收藏的纪念币可以当钱来花吗？可以说，从银行储蓄到刷卡消费，从物价上涨到利率调整，从股票投资到贷款买房、买车，大到出国旅游货币兑换时的汇率变化，小到菜市场蔬菜价格的细微波动，都是金融规律的作用结果。

随着互联网的快速发展，特别是移动终端的普遍使用，我国居民的理财意识不断增强，网贷需求不断增多。网上银行、手机银行等新型交易方式在给消费者投资活动带来便利的同时，也给保护个人信息安全、防范金融诈骗等提出了新的要求。支付宝、微信支付是否方便了你的生活？如何正确选择金融产品和金融服务？投资理财防什么？金融权益保护什么？这些问题的答案是每一个现代市场经济参与者都应该掌握的金融常识。

【学习导引】

在现代社会，金融好比一个虚拟钱袋，时时处处为人们提供各种资金便利，与人们的生活亦步亦趋、形影不离。没有金融的生活，简直难以想象。学习金融知识对每一个人都是大有裨益的，金融学是一门很重要的学问。第一章是金融学的开篇，就是要勾勒出一个清晰的金融框架，让你理解金融的内涵和基本范畴，认识金融体系的基本构成，明确金融学的研究对象和学科体系，了解金融产生和发展的历史及其在现代经济中的作用，为深入掌握金融知识打好基础。

## 第一节　金融的运行

### 一、什么是金融

人们对金融如此熟悉，但对金融的定义却给出了不同的答案。其原因在于，无论是个人、企业还是国家，由于接触的金融活动不同，关注的角度也会出现差异。因此，关于金融的定义，国内外理论界进行了很多探讨，但并没有给出一个统一的答案。我们对金融含义的理解，需要注意以下三点。第一，不能忽视金融的主体是融资活动。金融是资金融通的简称，社会资金融通方式无外乎直接融资和间接融资两种。直接融资主要体现为各类证券的发行和流通，间接融资主要体现为通过各类金融中介（主要是商业银行）实现资金的融通。第二，随着融资活动的变化，融资的机构、规模、结算方式与结算工具，都在不断地朝多元化、复杂化发展。从事金融活动的机构既包括银行、信托投资公司、保险公司、证券公司、投资基金，还包括信用合作社、财务公司、金融资产管理公司、邮政储蓄机构、金融租赁公司以及证券、金银、外汇交易所等。第三，从不同的角度对金融可以给出不同的定义，既有狭义又有广义。金融是一个经济学的概念和范畴，是货币流通和信用活动以及与之相联系的经济活动的总称。广义的金融泛指一切与信用货币的发行、保管、兑换、结算、融通有关的经济活动，甚至包括金银的买卖；狭义的金融专指信用货币的融通。

根据金融系统中个体与整体的差异，我们可以把金融划分为微观金融和宏观金融两部分。微观金融是指金融市场主体（投资者、融资者；政府、机构和个人）个体的投资、融资行为及其金融资产的价格决定等微观层次的金融活动。宏观金融则是金融系统各构成部分作为整体的行为及其相互影响，以及金融与经济的相互作用。金融作为资金融通活动的一个系统，是以各微观主体个体的投融资行为为基础，工具、机构、市场和制度等构成要素相互作用，并与经济系统的其他子系统相互作用的一个有机系统。

从历史发展过程来看，在现代资本主义市场经济产生之前，货币范畴同信用范畴保持着相互独立的发展状态，货币不是信用的创造，也不依存于信用，信用一直以实物借贷和货币借贷两种形式并存。随着现代银行业的出现，银行券和存款货币出现，此后货币与信用逐渐相互渗透。19世纪末20世纪初是银行券和存款货币完全占领流通的转折点，当时任何货币的运动都是在信用的基础上组织起来的，任何信用活动也都是货币的运动，货币流通与信用活动变成了同一过程。由此出现了由货币范畴与信用范畴长期相互渗透所形成的新范畴——金融。20世纪70年代以来，随着经济和金融的发展，金融实践不断创新，金融范畴逐渐向投资、保险、信托和租赁等领域覆盖，并且资本流动跨越国界，金融活动实现了国际化。可见，金融范畴不仅是货币资金的融通，而且已扩展成一个由多种要素组合而又相互作用的庞大系统，包括货币资金的筹集、分配、融通、运用及管理。金融范畴的扩展使金融业从单纯为生产与流通服务的传统金融产业，转化为向社会提供各种金融产品和金融服务的独立的现代金融产业。

## 二、谁是金融的需求者

在现代市场经济中，每一个家庭或个人、各类经济单位几乎每天都要接触货币，都要同金融打交道；任何商品都需要用货币来计价，任何购买行为都要用货币来支付；人们与以银行为代表的金融机构有各种经济关系，例如存款、取款、付款，申请各种生产经营性贷款或消费贷款，办理各种保险，购买有价证券，等等；报刊、电视、电台每天都要报道股票行情、外汇牌价、借贷利率等各种金融信息。在现实生活中，小到个人、大到国家都与金融有或近或远的关系，每一件小事背后其实都有一定的金融规律和法则可循。可以说，人生时时皆金融，生活处处皆金融。

个人的生活离不开金融。现代居民在经济生活中的日常收入、支出活动和储蓄、投资等理财活动构成了现代金融需求的重要组成部分。在我国市场经济的建设和发展中，金融业的发展对人们生活的影响是巨大的，随着我国金融体系的不断完善，居民收入明显增加，人们的生活质量得到明显的改善。改革开放以来，居民对金融的需求已经从最基本的存取款服务拓展到缴费、融资、理财、专业化金融顾问等多元化的服务。与此同时，居民出国留学、旅游、商贸、移民、务工等境外活动也日趋频繁，对转账支付、消费信贷、信用卡刷卡等跨币种、跨国境金融服务的需求高涨。

企业的经营离不开金融。对企业来说，不仅可以通过金融机构、股票市场等途径获得壮大自身发展的资本，还可以通过期货、期权等金融工具对冲经营风险。在现代社会中，企业盈利不仅靠产业资本，金融资本已上升到重要地位。中国有些大型企业的金融资本利润已经占总利润的20%，而国外企业最多的占60%以上。大型企业通过成立财务公司，形成了企业内部的资金池，存、放贷款可以统筹使用，贷款单位可根据生产进度分阶段贷款，而不必像原来找银行贷款那样，一次性贷款太多却无法全部使用，然后又存进银行，贷款利率高，存进银行利率低，无形中企业资金就受到了损失。充分利用金融的各项功能，对企业的发展来说，无疑是如虎添翼。

国家的稳定与发展离不开金融。一国经济的发展是通过资源配置来完成的，经济的增长也是通过优化资源配置来完成的。金融是资源配置的主要机制，金融是连接国民经济各方面的纽带，它能够比较深入、全面地反映成千上万个企事业单位的经济活动，同时，利率、汇率、信贷、结算等金融手段又对微观经济主体有直接的影响，国家可以根据宏观经济政策的需求，通过中央银行(简称央行)制定货币政策，运用各种金融调控手段，适时地调控货币供应的数量、结构和利率，从而调节经济发展的规模、速度和结构，在稳定物价的基础上，促进经济发展。金融是一把双刃剑，在发挥作用的同时也会带来隐患。如果不加以控制，就会引发相关领域的泡沫膨胀，导致风险激增。2008年美国金融危机是一场发生在美国，因次级抵押贷款机构破产、投资基金被迫关闭、股市剧烈震荡引起的金融风暴。这场危机席卷美国、欧盟和日本等世界主要金融市场并影响至今。金融危机对实体经济造成巨大影响，暴露了美国主导的金融全球化和经济全球化的消极一面，美国经济透支型增长方式已难以为继，国际货币体系和全球经济发展模式面临严峻挑战。可以预计，未来几年，世界经济想通过美国的强劲复苏重获动力的难度很大。

金融连接着各部门、各行业、各单位的生产经营，联系着每个社会成员和千家万户，成为国家管理、监督和调控国民经济运行的重要杠杆和手段。同时，金融也是国际政治经济文化交往、实现国际贸易、引进外资、加强国际经济技术合作的纽带。可以肯定的是，金融已成为现代经济的核心。

---

**拓展阅读1-1**

### "最赚钱的高铁"的京沪高铁上市融资

近年来，我国高铁大规模投资建设拉开帷幕，迫在眉睫的是要解决资金问题。对于庞大的铁路工程而言，除去各个环节需要突破的技术难题外，最让管理层头疼的莫过于融资了。

近日，京沪高速铁路股份有限公司首次公开发行的股票招股说明书在中国证监会官网出现。京沪高铁拟IPO的消息引起广泛关注。人们不禁要问，为何被称为"最赚钱的高铁"的京沪高铁要上市融资？

上市的原因之一是为了改善铁路资金状况，加快铁路建设。从招股说明书上可知，京沪高铁称得上是"最赚钱的高铁"。作为中国第一条实现盈利的高速铁路，2016年度至2018年度，京沪高铁营业收入和利润连年上升，2018年度净利润达到102.48亿元，2019年前9月营收达到250.02亿元；资产负债率则连年下降，目前只有14.6%。

尽管如此，仍然要看到，高铁存在投入大、回报期长的特点。拿京沪高铁来说，仅建设成本就高达2 200多亿元，投入运营后4年才开始扭亏为盈，建设成本迄今还没有完全覆盖。此次拟收购的京福安徽公司也正处于市场培育期，仍未盈利。

此次公开上市，可以通过面向社会发行股票，大大降低社会资本进入的门槛。如果此次京沪高铁实现成功上市，将提升中国铁路系统资产证券化比例，促进铁路系统进一步改革，对于加快铁路网建设、提升群众获得感具有重要意义。

（资料来源：齐慧. "最赚钱的高铁"为何要上市[N]. 经济日报，2019-10-31（009）.）

---

### 三、金融如何运行

金融最基本的功能是实现社会的融资和集资。由于单位经济主体的资金供求不可能总是处于绝对平衡的状态，即在某一时期，总会有一部分人资金有闲置，同时另一部分人有好的项目却为找不到资本而苦恼。金融活动可以使资金从没有生产投资机会的人流向有这种机会的人。显然，通过贷款者和借款者资金的相互借贷，可以调剂社会资金的余缺，使资金需求者达到更高的生产目标，实现利润；而资金的供应者则获取利息收入，从而提高整个社会的经济效益。资金的融通根据是否通过银行等中介机构来进行融资，可分为直接融资和间接融资两种。社会资金流动如图 1-1 所示。

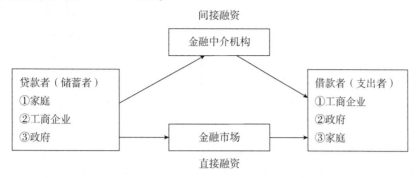

图 1-1 社会资金流动

直接融资是指政府、企业和家庭等直接从金融市场上向企事业单位、居民等的筹资活动，一般通过发行债券、股票以及商业信用等形式融通所需资金。间接融资是以金融部门为中介，由金融部门(如商业银行、信用中介、储蓄机构)通过吸收存款、存单等形式积聚社会闲散资金，然后以贷款等形式向非金融部门(如企业等)提供资金。

直接融资和间接融资具有不同的特点，同时又有紧密的联系。在现代市场经济条件下，直接融资一般是政府或企业以发行证券的形式在资本市场上公开进行融资活动，其发行的证券代表着一定的财产权(如股票)或债权(如国债、企业债券)，这些有价凭证一般可以在市场上公开交易。筹资者发行证券往往是以自身的财产、信誉、盈利前景等为保证进行的，因此，在发行证券之前，必须进行资产评估、会计审计、律师公证等工作，证券发行之后，筹资者必须定期进行充分的信息披露。政府对证券市场进行严格的管理，贯彻"公开、公正、公平"及"诚实信用"的原则，保护广大投资者的利益。直接融资具有筹资范围广、规模大、可以连续筹资而且具有社会宣传效应等特点。间接融资主要是银行与企业之间的借贷关系，具有聚少成多、短借长贷、分摊风险、降低信息和交易成本等优点。

综上所述，金融，即资金融通，是与货币、信用、银行和非银行金融机构直接相关的经济活动的总称。资金融通的主要对象是货币和货币资金，融通的主要方式是有借有还的信用方式，融通的主要渠道是银行和非银行金融机构。融通的主要活动包括：货币的发行、流通与回笼；货币资金的借贷、汇兑与结算；票据的承兑与贴现；有价证券的发行与流通；保险基金的筹集与运用；信托与租赁；外汇及黄金的买卖；国际的货币支付与结算等。

# 第二节 现代金融体系

## 一、何为金融体系

金融在现代经济中的核心地位和重要性毋庸置疑。什么才能支撑金融、使其作用充分体现出来呢？答案是现代金融体系。现代金融体系的建设和健全对进一步深化我国金融改革、不断提升金融业整体实力和服务水平、促进经济持续健康发展、实现全面建成小康社会奋斗目标具有重要指导意义。

从一般性意义上看，金融体系是一个经济体中资金流动的基本框架。它是由资金流动的工具(金融资产)、市场参与者(中介机构)和交易方式(市场)等各金融要素构成的综合体，同时，由于金融活动具有很强的外部性，在一定程度上可以说是准公共产品，因此，政府的管制框架也是金融体系中的一个组成部分。金融体系通过吸收存款、发放贷款、发行证券、交易证券、决定利率、创造金融产品并在市场流通等金融行为，实现把短缺的可贷资金从储蓄者转移到借款者手中，以购买商品、服务和投资，从而促进经济增长、满足人民生活需要。

一个金融体系包括几个相互关联的组成部分：第一，金融部门，如各种金融机构、市场，它们为经济中的非金融部门提供金融服务；第二，融资模式与公司治理，如居民、企业、政府的融资行为以及基本融资工具，协调公司参与者各方利益的组织框架等；第三，监管体制。金融体系不是这些部分的简单相加，而是相互适应与协调。因此，不同金融体系之间的区别，不仅是其构成部分之间的差别，而且是它们相互协调关系的不同。

## 二、金融体系的经济功能

美国哈佛大学罗伯特·默顿认为，金融体系具有以下七大基本功能。

### (一)清算和支付功能

在经济货币化日益加深的情况下，建立一个有效的、适应性强的交易和支付系统乃基本需要。可靠的交易和支付系统应是金融系统的基础设施，缺乏这一系统，高昂的交易成本必然与经济低效率相伴。一个有效的支付系统对于社会交易是一种必要的条件。交换系统发达，可以降低社会交易成本，可以促进社会专业化的发展(这是社会化大生产发展的必要条件)，可以大大提高生产效率，促进技术进步。所以说，现代支付系统与现代经济增长是相伴而生的。

### (二)融资功能

金融体系的融通资金功能包含两层含义——动员储蓄和提供流动性手段。金融市场和银行中介可以有效地动员全社会的储蓄资源或改进金融资源的配置，这就使初始投入的有效技术能迅速地转化为生产力。在促进更有效地利用投资机会的同时，金融中介也可以向社会储蓄者提供相对较高的回报。金融中介动员储蓄的最主要的优势在于，一是它可以分散个别投资项目的风险，二是可以为投资者提供相对较高的回报(相对于耐用消费品等实物资产)。金融系统动员储蓄可以为分散的社会资源提供聚集功能，从而发挥资源的规模效应。金融系统提供的流动性服务，有效地解决了长期投资的资本来源问题，为长期项目投资和企业股权融资提供了可能，同时为技术进步和风险投资创造出资金供给的渠道。

### (三)股权细化功能

将无法分割的大型投资项目划分为小额股份，以便中小投资者能够参与这些大型项目进行的投资。通过股权细化功能，金融体系实现了对经理的监视和对公司的控制。在现代市场经济中，公司组织发生了深刻的变化，股权高度分散化，公司经营职业化。这样的组织安排最大的困难在于，非对称信息的存在使投资者难以对资本运用进行有效的监督。金融系统的功能在于提供一种新的机制，通过外部放款人的作用对公司进行严格的监督，从而使内部投资人的利益得到保护。

### （四）资源配置功能

为投资筹集充足的资源是经济起飞的必要条件。但投资效率即资源的配置效率对增长同样重要。对投资的配置有其自身的困难，即生产率风险，项目回报的信息不完全，对经营者实际能力的不可知等。这些内在的困难要求建立一个金融中介机构。在现代不确定的社会，单个的投资者是很难对公司、对市场条件进行评估的。金融系统的优势在于为投资者提供中介服务，并且提供一种与投资者共担风险的机制，使社会资本的投资配置更有效率。中介性金融机构提供的投资服务可以分散风险、进行流动性风险管理和进行项目评估。

### （五）风险管理功能

金融体系的风险管理功能要求金融体系为中长期资本投资的不确定性（即风险）进行交易和定价，形成风险共担的机制。由于存在信息不对称和交易成本，金融系统和金融机构的作用就是对风险进行交易、分散和转移。如果社会风险不能找到一种交易、转移和抵补的机制，社会经济不可能顺畅运行。

### （六）激励功能

在经济运行中，激励问题之所以存在，不仅是因为相互交往的经济个体的目标或利益不一致，而且是因为各经济个体的目标或利益的实现受到其他个体行为或其所掌握的信息的影响，即影响某经济个体利益的因素并不全部在该主体的控制之下。比如，现代企业中所有权和控制权分离，由此产生了激励问题。解决激励问题的方法很多，具体方法要受到经济体制和经济环境的影响。金融体系所提供的解决激励问题的方法是股票或者股票期权。让企业的管理者以及员工持有股票或者股票期权后，企业的效益也会影响管理者以及员工的利益，管理者和员工就会尽力提高企业的绩效，他们的行为不再与所有者的利益相悖，这样就解决了委托代理问题。

### （七）信息提供功能

金融体系的信息提供功能意味着在金融市场上，不仅投资者可以获取各种投资品种的价格以及影响这些价格的因素的信息，而且筹资者也能获取不同融资方式的成本的信息，管理部门能够获取金融交易是否在正常进行、各种规则是否得到遵守的信息，从而使金融体系的不同参与者都能得到各自的决策。

## 三、现代金融体系的构成

从广义上讲，现代金融体系包括金融调控体系、金融企业体系（组织体系）、金融监管体系、金融市场体系、金融环境体系五个方面。从狭义上讲，现代金融体系是金融机构体系和金融市场体系的总称。

### （一）金融调控体系

金融调控体系既是国家宏观调控体系的组成部分，包括货币政策与财政政策的配合、保持币值稳定和总量平衡、健全传导机制、做好统计监测工作、提高调控水平等；也是金融宏观调控机制,包括利率市场化、利率形成机制、汇率形成机制、资本项目可兑换、支付清算系统、金融市场(货币、资本、保险)的有机结合等。

**(二)金融企业体系**

金融企业体系既包括商业银行、证券公司、保险公司、信托投资公司等现代金融企业,也包括中央银行、国有商业银行上市、政策性银行、金融资产管理公司、中小金融机构的重组改革、发展各种所有制的金融企业、农村信用社等。

**(三)金融监管体系**

金融监管体系包括健全金融风险监控、预警和处置机制,实行市场退出制度,增强监管信息透明度,接受社会监督,处理好监管与支持金融创新的关系,建立监管协调机制(银行、证券、保险及央行、财政部门)等。

**(四)金融市场体系**

金融市场体系是指金融子市场的构成形式。金融市场体系包括货币市场、资本市场、外汇市场、黄金市场。其中,货币市场包括承兑贴现市场、拆借市场、短期政府债券市场。资本市场包括储蓄市场、证券市场(包括发行市场、交易市场)以及中长期银行信贷市场、保险市场、融资租赁市场。

**(五)金融环境体系**

金融环境是指一个国家在一定的金融体制和制度下,影响经济主体活动的各种要素的集合。从外部环境看,主要体现为三个"度",即社会信用程度、政府支持力度、司法执行难度。从内部环境看,主要是内部管理机制、贷款"三查"和金融服务水平。金融环境体系包括建立健全现代产权制度,完善公司法人治理结构,建设全国统一市场,建立健全社会信用体系,转变政府经济管理职能,深化投资体制改革等。

---

**拓展阅读1-2**

### 我国金融体系的构成特点

经过多年的探索与实践,我国的金融体系不断完善,逐渐呈现出机构全能化、业务创新化、服务一体化、市场层次化的多元化发展趋势。从我国金融机构体系来看,目前已形成以中国人民银行为中央银行,"一行两会"为监管(即中国人民银行、中国银行保险监督管理委员会、中国证券业监督管理委员会),国有商业银行为主体,包括政策性金融机构、股份制商业银行,其他非银行金融机构并存,分工协作的格局。同时,我国已经逐渐形成一个由货币市场、债券市场、股票市场、外汇市场、黄金市场和期货市场等构成的,具有交易场所多层次、交易品种多样化和交易机制多元化等特征的金融市场体系。从现有金融体系结构来看,我国具有典型的银行主导型特征,但近几年,随着我国经济的发展,非银行金融机构在金融市场中发挥着越来越重要的作用。

银行主导型金融体系以银行间接融资方式配置金融资源为基础。在银行主导的金融体系中,银行体系发达,企业外部资金来源主要通过间接融资,银行在动员储蓄、配置资金、监督公司管理者的投资决策以及提供风险管理手段上发挥重要作用。

目前我国的金融体系是典型的银行主导型金融结构，无论是在增量还是存量上，银行体系的间接融资都占了绝对主导地位。虽然从宏观层面无法证实银行主导型金融结构与金融市场主导型金融结构孰优孰劣，从各国金融发展实践看，也没有确定的一成不变的最优金融结构作为衡量的标准，但从近年来我国金融与经济发展中反映的问题看，需要通过发展直接融资体系、积极推进资产证券化以及积极培育机构投资者等措施，改善金融结构，促进金融体系功能的发挥。

## 第三节　金融学及学科范畴

### 一、金融学的研究内容

现代社会的一切经济活动都要借助货币信用形式来完成，一切经济政策和调控措施也都要通过货币金融手段来发挥作用。在这种经济社会里，货币、信用、金融机构、金融市场、金融总量、金融调控与监管、国际金融、金融稳定与发展等是金融学所包括的基本范畴。

金融学作为一门独立的学科，最早形成于西方，叫"货币银行学"。近代中国的金融学，是从西方介绍来的，有从古典经济学直到现代经济学的各派货币银行学说。20世纪50年代末期以后，"货币信用学"的名称逐渐被广泛采用。这时，我国开始注意对资本主义和社会主义两种社会制度下的金融问题进行综合分析，并结合实际提出了一些理论问题加以探讨，如：人民币的性质问题，货币流通规律问题，社会主义银行的作用问题，财政收支、信贷收支和物资供求平衡问题等。不过，在这期间金融学并没有受到重视。自20世纪70年代末以来，我国的金融学建设进入了新阶段，一方面结合实际重新研究和阐明马克思主义的金融学说，另一方面则扭转了完全排斥西方当代金融学的倾向，并展开了研究和评价；同时，随着经济生活中金融活动作用的日益增强，金融学科渐渐受到广泛的重视，为以我国实际为背景的金融学创造了迅速发展的有利条件。

在经济生活中，信用和货币流通处于不可分割状态，把信用和货币流通紧密联系在一起，研究它们本身的运动规律和它们在经济生活中的地位、作用，以及它们与其他经济范畴的相互制约关系，是金融学的基本内容。金融学是研究货币金融的基本理论及其运动规律的科学，是研究货币、信用、金融机构、金融市场等基本范畴及其运作机制的一门经济学科。这里使用"宽口径"金融学的概念，既包括以微观金融主体行为及其运行规律为研究对象的微观金融学的内容，又包括以金融系统整体的运行规律及其各构成部分的相互关系为研究对象的宏观金融学的内容。金融学的研究对象是社会金融现象，即研究货币、信用、利率、金融机构、金融市场、国际金融、金融宏观调控、金融监管等金融活动规律及其所反映的社会经济关系。

### 二、金融学的学科范畴

如果说金融就是资金的融通，那么金融学就是研究资金融通规律的科学，包括微观主体的投融资行为和由各个微观主体行为集合而成的宏观金融运行。因此，金融学研究包括金融理论、微观金融、宏观金融三个方向。

**1. 金融理论**

金融理论包括对货币、信用、利息、利率、汇率等金融基本范畴及其运动规律的基本理论。在金融理论方面主要研究课题有：货币的本质、职能及其在社会主义市场经济中的地位和作用；信用的形式、银行的职能，以及它们在社会主义市场经济中的地位和作用；利息的性质和作用；在现代银行信用基础上组织起来的货币流通的特点和规律；通过货币对经济生活进行宏观控制的理论，等等。

**2. 微观金融**

微观金融主要研究银行和非银行金融机构实务运作机制和发展趋势，金融市场实务运作机制，金融机构与金融市场的相互作用，金融在经济中的地位和功能等。其中，金融市场领域的分支学科包括金融市场学、证券投资学、公司金融学、投资学等。金融机构领域的分支学科包括商业银行经营管理、投资银行学、保险学等。

**3. 宏观金融**

宏观金融涵盖有关货币、银行、国际收支、金融体系稳定性、金融危机的研究，包括货币需求与货币供给，货币均衡与市场均衡，利率与汇率的形成，通货膨胀与通货紧缩，金融与经济发展，金融体系与金融制度，货币政策与金融宏观调控，国际金融体系与国际宏观政策的协调等。该领域主要的分支学科有中央银行学、货币政策分析、金融监管学和国际金融学等。

当然，金融学研究的内容极其丰富。它不仅有金融理论方面的研究，还包括金融史、金融学说史、当代东西方各派金融学说，以及对各国金融体制、金融政策的分别研究和比较研究，信托、保险等理论也在金融学的研究范围内。另外，伴随社会分工的精细化，学科交叉成为突出现象，金融学也不例外。实践中，与金融相关性最强的交叉学科主要有两个：一是由金融学和数学、统计、工程学等交叉而形成的数理金融学、金融计量经济学、金融工程学等；二是由金融学和生物学、心理学等交叉而形成的行为金融学、投资心理学等。金融工程学使金融学走向象牙塔，而行为金融学将金融学带回现实。

**拓展阅读 1-3**

### 现代金融理论的演化

**1. 投资行为与决策**

投资组合理论被视作现代金融理论的发端，同时也成了新古典金融学分析的理论基础。对投资者行为的理论分析一般认为是始于马科维茨。他通过测算投资组合的风险分散化效应，从规范经济学的角度提出了一个"理性"的投资决策准则，并且成为后续研究的一个参照点；行为金融学以摒弃经济学关于理性人的传统假设为特色，逐步成为现代金融学的一个重要分支；微观结构理论则为我们从日内层面分析投资者的决策与交易行为奠定了理论基础。

### 2. 公司行为与决策

对公司行为的研究最初主要关注的是公司的资本结构，即著名的 MM 定理。融资行为是公司一切活动的起点，包括最优融资方式、关系借贷等。公司最优资本结构是讨论最多、最广的公司金融命题之一，既有各种理论猜想，也包括相关的实证检验。股利政策是连接公司财务决策与投资者投资决策的纽带，有关公司风险管理的命题也正在升温。公司治理是诱发公司偏离价值最大化目标行为的源头。法律环境等制度层面的因素则构成了公司行为决策的外围。

### 3. 资产定价

资产定价作为整个金融学科的核心，其理论进展是推动整个学科发展的主要力量。从数学的角度划分，现有的资产定价理论可以分为线性定价模型与非线性定价模型两大类。债务产品由于包含了更难以度量和预测的违约风险，因此在定价上独具特色；衍生品则以其风险管理功能及复杂程度有别于传统的证券产品，特别是期权定价，开创了非线性收益定价的先河。

### 4. 市场定价效率

有效市场假说就像是金融市场上的一面旗帜，引导我们不断地深化对证券收益的认识。IPO 定价异象是一个一直令经济学家困扰的市场现象，股市波动也成为众多学者关心的命题之一。对各类股票市场异常收益的"挖掘"在很大程度上推动了我们对有效市场的认识，同时也推动了资产定价模型的发展。只有摆脱市场无效的逻辑，特别是摆脱套利者的"猎杀"，行为金融学才能立足。对各类投资机构的业绩评价本身就是有效市场检验的一部分。

（资料来源：高金窑，秦凤鸣. 现代金融学的理论演化与实证检验[J]. 经济学动态，2016(12)：118-131. ）

## 本章小结 \\\\\\

1. 金融是以货币本身为经营标的、旨在通过货币融通使货币增值的经济活动，包括间接融资和直接融资两种形式。金融是现代经济的核心。在市场经济制度中，一个健康运作的金融体系可以高效率分配资源、提高投资回报率，在推动经济增长中扮演着举足轻重的角色。

2. 金融体系是由各构成要素组成的有机整体，并通过各构成要素的协同作用来实现金融体系的功能。金融体系中的资金流动不仅是为了满足经济支付的需要，而且是为了满足资金需求者融入资金、资金富裕者融出资金的需要。而后者已经成为现代金融体系最基本的功能。

3. 金融学是一门研究金融领域各要素和其基本关系、运行规律的经济学科。学习金融知识不仅能够帮助我们分析很多经济行为，还能使我们更好地理解接触到的经济现象，通过金融素养的提升来理性对待个人的经济生活。

## 思考题

1. 辨析以下观点。

(1) 金融是现代经济的核心，这意味着金融是实体经济的附属。

(2) 如今网络这么发达，有不懂的金融知识上网查一下就行，不需要提前掌握。

(3) 金融业的发展跟老百姓没有关系。

2. 在一个与生活或生产有关的经济生活情境中，比较金融体系存在和不存在的区别，从而体会其重要性。

## 综合训练

### 理财方式三代之变折射大国金融崛起

如何配置资产成为人们茶余饭后的"幸福烦恼"，而在 70 年前，千万个家庭挣钱多为糊口，理财较少谈起。国家统计局数据显示，1952 年，我国人均 GDP 仅为 119 元；2018 年年末，这一数字上升到 64 644 元。随着国民收入的不断增加，人们从"勒紧裤带过日子"到多元化投资；从银行储蓄、国债，再到股票、基金、黄金等，理财方式多点开花。"你不理财、财不理你。"这句俗语也凸显了理财在居民生活中的重要地位。

中华人民共和国成立初期，国人物质生活相对贫瘠。对于少数有余钱的人来说，储蓄几乎是唯一的理财方式。"参加爱国储蓄、支援祖国大规模的经济建设""参加储蓄、积累资金，加速国家工业化"等储蓄宣传给人们留下了深刻印象。除了储蓄外，安全性最高的国债也是许多人的理财首选。改革开放以后，老百姓手边的余钱日渐多了起来，加之居民投资理财渠道较少，储蓄仍是人们较为偏爱的理财渠道。

1990 年 11 月，上海证券交易所正式成立。这是改革开放以来我国开业的第一家证券交易所。但当时的国人对股票还不熟悉，只有少数"敢于吃螃蟹"的人冲进股市，捞到了人生第一桶金，也造就了许多诸如"杨百万"之类的股市传奇人物。

进入千禧年后，商业银行理财开始逐渐进入老百姓的眼帘。2004 年，光大银行发行了第一款银行外币理财产品、人民币理财产品、人民币结构化产品、人民币信用关联理财产品等，正式拉开国内商业银行理财业务的大幕。中国银行业协会和银行业理财登记托管中心联合发布的《中国银行业理财业务发展报告(2018)》显示，截至 2018 年年底，全国共有 403 家银行业金融机构有存续的非保本理财产品，理财产品共 4.8 万只，存续余额 22.04 万亿元。

现如今，公募基金、私募基金、信托、债券、P2P 等也纷纷走进人们的视线，成为人们"分散投资"的渠道。

(资料来源：欧阳剑环，彭扬. 理财方式三代之变折射大国金融崛起[EB/OL]. (2019-09-21)[2020-05-13]. http://www.cs.com.cn/xwzx/hg/201909/t20190921_5986305.html.)

**试分析：**

1. 假设你经过几年的工作，有 10 万元的存款，目前没有开公司进行经营的计划，也没有特别需要花钱的事项，那么，这笔"闲"钱可用来干什么呢？请想出至少 6 种与金融相联系的理财途径，并分析每种途径的收益的特点。

2. 金融是由哪些部门组成的？各部门与我们的生活有何联系？

# 第二章

# 货 币

**移动支付越来越火，未来现金会彻底消失吗？**

近年来，移动支付已融入吃喝玩乐、旅游出行、缴费就医、政务办事等日常生活的方方面面。人们已经开始不带现金出门，在周边购物、就餐等都可以使用手机结算，再加上商家和服务商不遗余力地推广，无现金支付的应用范围在不断延伸。

所谓移动支付，就是不用现金，利用一些手机 APP 中的账户进行付款。近年来，国内"移动支付"等非现金支付快速发展，"无现金社会"渐成趋势。根据央行数据，2016 年我国移动支付业务共发生 257.1 亿笔，支付金额达 157.55 万亿元。

有网友提出这样的质疑：现在大家都用非现金支付，人民币会消失吗？答案是否定的！尽管随着非现金支付的迅速发展，我国现金使用有所下降，但受历史沿革、消费者习惯，以及边远地区和特殊人群需要等因素影响，现金在相当长时间仍是我国重要的支付工具。另外，温馨提示一下，中国人民银行严厉打击拒收现金现象，如发现拒收人民币的，欢迎向当地人民银行分支机构举报。

（资料来源：张小洁.移动支付不等于去现金化［N］.经济参考报，2017-08-08（002）.）

【学习导引】

数千年前，为了便于交换，人类创造了货币。今天，货币不仅拥有左右个人生活与企业发展的力量，而且能够影响国家命运与世界格局。从古到今，从中到外，货币经历了不同形态的演化，各国的货币制度也悄然发生着变化。货币在经济生活中扮演了什么角色？不同国家之间使用的货币为什么不相同？通过本章的学习，你将会对货币有所认识。

## 第一节 货币的形成与演进

### 一、认识货币

在现代经济生活中，货币是人们不可缺少的东西。人们挣钱可以换来最基本的吃穿保障；整个社会的生产和流通都要通过货币的媒介和联系，才能正常运行。同时，货币也是价值的体现。艺术品的价值体现是钱；在体育领域中，冠军、亚军的价值体现是金、银奖牌，这也是钱的体现。货币好似现代经济生活中的血液，一旦血液停止了流通，工厂就要停产，商店就要关门，整个社会经济的生命就要窒息死亡。

尽管货币对于日常生活和社会经济的关系如此密切和重要，但是，人们并不一定都了解货币、认识货币。货币究竟是什么？"货币是能体现一定生产关系的、固定充当一般等价物的特殊商品"，是马克思从劳动价值的角度给出的货币定义，也是我国教材中普遍使用的定义。货币既包括流通货币，尤其是合法的通货，也包括各种储蓄存款。在宏观经济学中，货币不仅是指现金，而且是现金加上一部分形式的资产。在历史上，不同的地区曾由不同的商品充当一般等价物，同一地区的不同历史时期，充当一般等价物的商品也往往是不同的。随着商品生产和商品交换的发展，一般等价物的作用最终固定在其自然属性最适宜充当货币的贵金属(金和银)上面。在现代经济领域，货币的领域只有很小的部分以实体通货的方式(即实际应用的纸币或硬币)显示，大部分交易都使用支票或电子货币。

由此我们可以这样理解：从价值形式发展的角度看，货币是固定充当一般等价物的商品；从货币的功能看，货币是在购买商品、劳务或清偿债务时，具有普遍可接受性而作为支付手段的任何东西。

### 二、货币价值形式的发展

原始社会后期，在货币出现之前，人们采取的是物物交换的形式。《荷马史诗》就记载着这样的内容：当时人们经常用牛来代表物品的价值，一个工艺娴熟的女奴值4头牛，而角斗士第一名的奖品为12头牛。随着生产的进一步发展，商品交换逐渐变成经常的行为。但是直接的物物交换中常会出现商品转让的困难，人们不得不寻找一种能够为交换双方都接受的物品。这种物品就是最原始的货币。牲畜、盐、稀有的贝壳、珍稀鸟类的羽毛、宝石、沙金、石头等不容易大量获取的物品，都作为货币使用过。由此可以看出，当一般等价物逐渐固定在特定种类的商品上时，它就定型化为货币。

货币的存在已有几千年的历史，现代经济生活中人们也离不开货币。人们对货币的存在早已习以为常。但货币到底是从哪里来的？它的本质如何？关于货币起源的学说，古今中外有多种，如中国古代的先王制币说、交换起源说；西方国家的创造发明说、便于交换说、保存财富说，等等。英国古典政治经济学的主要代表亚当·斯密和大卫·李嘉图虽然已经提出货币是商品，货币是从商品界分离出来的，是随着商品生产和商品交换的发展而自发产生的，但是，他们不能从商品的内在矛盾运动来阐明货币的产生，也不懂货币是一种充当一般等价物的商品，而错误地把货币看成一种使商品交换容易进行的流通工具。虽然从特定的历史背景下看，多数学说存在一定的合理成分，却无一能透过现象发现本质，科学揭示货币的起源。

马克思从辩证唯物主义和历史唯物主义的观点出发，采用历史和逻辑相统一的方法观察问题，科学地揭示了货币的起源与本质，破解了货币之谜。马克思的货币起源说认为，货币是商品经济内在矛盾发展的产物。在人类社会的初期，不存在商品交换，当然也就不存在货币。在商品交换出现以后，随着商品交换的发展，才逐渐从商品世界分离出一种商品，固定地作为商品交换的媒介，这就是货币。因此，货币是商品生产和商品交换发展的产物。在商品交换中，为了贯彻等价交换的原则，必须衡量商品价值的大小，但一种商品的价值，不能由其自身来表现，而必须用其他具有相同价值的商品来表现。这种以一种商品的价值来表现另一种商品价值的方式就称为价值表现形式，或简称价值形式。在交换发展过程中，商品的价值形式经历了四个阶段的长期演变，最终产生了货币。

1. 简单的或偶然的价值形式

最初的商品交换十分简单。由于原始部落生产力低下，剩余产品很少，一只绵羊等于两把斧子的交换带有个别、偶然的性质，通过这种物物交换将一种商品的价值偶然地、简单地表现在另一种商品上。斧子处在等价物的地位，用自身的价值表示处于相对价值上的绵羊的价值。但这种交换方式存在的前提，是需要找到一位正好需要斧子的人，而实际上双重偶合是难以发生的。所以，当时只是因为有了剩余而交换，还没有专门的商品生产，交换带有偶然性。这时产品的价值只是偶然地通过另一种商品表现出来，称简单的或偶然的价值形式。这种价值形式还只是一种不充分的胚胎形式。

2. 总和的或扩大的价值形式

随着经济的发展，社会分工出现，剩余产品增加，交换开始扩大。一只绵羊可以与多种商品交换，某一种商品的价值经常地表现在一系列商品上，而且进入交换的商品都可以作为表现其他商品价值的等价物。这种反映在交换过程中的价值比较正是人类社会无差别劳动的比较。它表示了商品之间之所以能够交换，是因为存在着某种共同的东西，而衡量这种价值比较的尺度就是社会的必要劳动时间。

3. 一般价值形式

在自发的商品交换发展中，人们对商品交换的依赖性增强了，逐渐达成共识，选择一种普遍接受的商品作为等价物，即一切商品的价值都由某一种商品来表现。人们通过它来实现商品交换，由此物物交换的性质转换成使用一般等价物作为交换的媒介。但在不同的地区与时期，人们选择的等价物有所不同，价值形式得到进一步的发展。与扩大的价值形式相比，一般价值形式发生了质的变化：首先，扩大的价值形式是一种商品的价值由一系列商品表现，而一般价值形式是各种商品的价值统一地由同一种商品表现；其次，扩大的价值形式表现的商品交换是商品与商品直接交换，而一般价值形式表现的商品交换是通过一般等价物媒介的间接交换，其中作为媒介交换的特殊商品已经具有货币的一般性质。一般等价物在初期并不固定，在不同时期、不同地区由不同商品充当，这妨碍了商品交换更大范围、更深程度的发展。

4. 货币价值形式

充当一般等价物的商品往往带有地域性和时间性，在各国历史上，羊、布匹、贝壳、兽皮、公牛等都曾充当过一般等价物。一般等价物的地域性和不稳定性，限制了商品交换的发展。商品生产和商品交换的发展，必然要突破一般价值形式的这种局限性。在一个很长的历史过程中，随着商品数量的增加和商品交换的发展，一般等价物的职能逐渐固定在贵金属金、银身上。这种稳定地充当一般等价物的金或银便是货币。自从出现了货币，一切商品首先同货币交换，用货币表现自身的价值，从而出现了价值的货币形式。这是价值形式发展的最高阶段。

总之，货币是商品经济发展的必然产物，它根源于商品，并随着商品经济的发展而自发地产生。从货币的发展过程可以归纳出三点：第一，货币是一个历史的经济范畴，是随着商品和商品交换的产生与发展而产生的；第二，货币是商品经济自发发展的产物，而不是发明、人们协商或法律规定的结果；第三，货币是交换发展的产物，是社会劳动和私人劳动矛盾发展的结果。

## 三、货币形态的演变

在人类漫长的社会发展过程中，为了适应生产力的发展和社会的变化，货币形态也在不断地演化和变换。随着商品生产和商品交换的发展，货币形态经历了从实物货币、金属货币到信用货币、电子货币的演变过程，充当货币的材料从最初的各种实物发展到统一的金属，再发展到纸币，进而出现电子货币，直至数字货币。货币形态的变化，使人类使用货币的方式不断演变，人类的交易行为也日益变得简单和快捷。而推动货币形式演变的真正动力是商品生产、商品交换的发展对货币产生的需求。没有商品生产和商品交换的不断发展作为前提，货币形态也不会发生如此丰富多彩的变化。

### (一)商品货币

商品货币是兼具货币与商品双重身份的货币。它在执行货币职能时是货币，不执行货币职能时是商品。它作为货币用途时的价值与作为商品用途时的价值相等。在人类历史上，商品货币主要有实物货币和金属货币两种形态。

1. 实物货币

实物货币是指作为货币，其价值与其作为普通商品价值相等的货币。实物货币是早期货币形态，在不同的地区和不同时代，不同的实物承担人们交换的媒介。实物货币早期是能够买卖、具备某种非货币的使用价值的商品，因此也被称为商品货币。古希腊的牛、阿比西尼亚的盐、古印度的贝壳、弗吉尼亚的烟草、纽芬兰的干鱼丁、某些国家的兽皮，等等，都被用作实物货币。甚至在一些地区，常见的珠子、牛、布匹、铜、金、谷物、铁、米、盐、贝壳、银、兽皮、奴隶和烟草等，都曾被作为实物货币进行流通。至今我国一些牧业地区的牛羊和粮食产区的小麦或稻谷仍具有一定的货币功能。

早期的实物货币主要特征是具有稀缺性，且人们普遍使用，从而愿意接受这样的实物作为交换媒介，如牛羊、小麦等。但此类物品往往难以储存、运输、切分、检验等，在交换中带来不便。因此，随着交易规模、频率和深度的发展，实物货币的具体形态也不断进化，在具有稀缺性和某种使用价值这两个基本前提下，主要朝易储存、易携带运输、易分割、易计量、易检验的方向发展。

2. 金属货币

经过长年的自然淘汰，在绝大多数社会里，作为货币使用的物品逐渐被金属所取代。使用金属货币的好处是它的制造需要人工，无法从自然界大量获取，同时还易储存。数量稀少的金、银和冶炼困难的铜逐渐成为主要的货币金属。

金属货币最初是以条块形状流通的，称为称量货币，这给交易带来很多不便。因为每次交易都要称量货币的重量和鉴定成色，有时还要按交易额进行分割。为了克服这些缺陷，货币形态国家将金属条块铸成一定形状并烙上印记，这就出现了铸币。铸币是由国家的印记证明其重量和成色，并有一定形状的金属块。我国最古老的金属铸币是铜铸币。由于贵金属体积小，价值大，易分割，易携带，易储藏，曾长时间充当货币币材。但金属货币也存在局限性，主要是金属货币数量有限，货币形态难以满足日益扩大的商品交换的需要。另外，金属货币的保管、运输、统计等都很麻烦；还由于铸币在流通中被磨损，其实际价值低于名义价值，成为不足值的铸币，于是铸币日益成为货币符号。这一事实也被政府所认识和利用。后来就出现了依靠国家强制权力流通使用的、没有内在价值的纸币。

**拓展阅读2-1**

### 中国最早的货币形态——贝壳

在人类历史上，很多种商品都在不同地区充当一般等价物使用过。但是，由于种种原因，逐渐被淘汰，只有贝壳始终被使用着，并到商代发展成为主要的一般等价物——货币形式。在中国，距今3 800年前的二里头文化的墓葬中就已经发现有贝壳。《盐铁论·错币》说："故教与俗改，弊与世易。夏后以玄贝。"肯定了夏代已以贝为主要货币。可见，贝就是夏代的货币形态。

实际上，中国早在舜的这一时期，就产生了最原始的货币形态。当时的一般等价物(货币)主要是海贝。在马家窑马厂期、齐家文化晚期、龙山文化等遗址的考古发掘中，发现了大量的海贝以及仿制的骨贝、石贝、蚌贝等，这些海贝及其仿制品已经不是专门的装饰品了，而是作为货币使用。海贝是生长于沿海沿岸的生物，由海贝串成饰品，在古时候象征财富与地位。海贝具有轻便、不易获得(只能在有海的地方得到)、较坚硬、不易破损、不可食用、体积小、有美感等特征，因而在古代，印度洋、太平洋沿岸的印度、缅甸、孟加拉国、泰国等国也都用海贝作为货币。天然海贝在中国的黄帝和尧、舜时期(新石器时代晚期)就被当作货币用于商品交换，是中国最早的古代货币。

(资料来源：苗延波. 货币简史：从货币的起源到货币的未来[M]. 北京：人民日报出版社，2018.)

### （二）代用货币

代用货币即作为实物货币的替代物，一般是指纸制的收据以换取实物的金属货币或金属条块，其本身价值就是所替代货币的价值。代用货币产生的原因主要是金属货币在数量和质量上都不能与日益发展的商品生产和商品流通相适应，在数量上，社会对金属货币需要的无限性和金属货币本身供应的有限性产生了巨大的矛盾；在质量上，商品交换时，单位商品价值和每次交易时的货币支付量不断地增大，异地交易的距离也越来越远，金属货币在运送、携带、收付等方面都不方便。人们在长期交易的过程中，代用货币开始使用货币符号并标明"见票即付金属货币"的字样，如我国宋朝时的交子。逐渐地，为维持正常的交易秩序，防止假票出现，代用货币由国家垄断并统一发行，并用法令形式强制流通。当国家用发行货币符号来弥补财政赤字，限制，直至最后停止兑换金属货币时，代用货币就成为不兑换纸币。

当然，代用货币也有缺陷，如易伪造和损坏等，但较之金属货币有明显的优越之处，所以它在近代货币史上持续了很长时间。这种货币被历史遗弃，主要是因为以黄金为保证和准备，跟不上日益扩大的商品生产和商品交换发展的需要。

### （三）信用货币

信用货币是由国家法律规定的，强制流通，不以任何贵金属为基础的独立发挥货币职能的货币。目前世界各国发行的货币，基本属于信用货币。信用货币是信用流通工具，其本身价值远远低于其货币价值，而且与代用货币不同，它与贵金属完全脱钩，不再直接代表任何贵金属。在20世纪30年代，发生了世界性的经济危机，引起经济的恐慌和金融混乱，迫使主要资本主义国家先后脱离金本位和银本位，国家所发行的纸币不能再兑换金属货币，因此，信用货币便应运而生。当今世界各国几乎都采用这一货币形态。

这里所谓的"信用"，不是发行货币的机构（如央行）自身的信用，也不是政府或财政自身的信用，而是整个国家的信用（以整个国家社会财富为支撑），是国家将发行货币的权利赋予了货币当局。所以，央行发行货币，并不是央行的债务，央行根本没有向持币人兑付任何财物的承诺；货币也不是以政府税收为支撑的，税收根本无法支撑整个货币；政府信用只能是对政府债务的支撑，不可能是对整个货币总量的支撑。

**拓展阅读2-2**

#### 世界上最早的纸币

交子，是世界最早使用的纸币，最早出现于四川地区，发行于北宋前期的成都。

最初的交子实际上是一种存款凭证。北宋初年，四川成都出现了为不便携带巨款的商人提供现金保管业务的"交子铺户"。存款人把现金交付给铺户，铺户把存款数额填写在用楮纸制作的纸卷上，再交还存款人，并收取一定保管费。这种临时填写存款金额的楮纸券便称为"交子"。

随着市场经济的发展，交子的使用也越来越广泛，许多商人联合成立专营发行和兑换交子的交子铺，并在各地设分铺。由于铺户恪守信用，随到随取，交子逐渐赢得了很高的信誉。商人之间的大额交易，为了避免铸币搬运的麻烦，也越来越多地直接用交子来支付货款。后来交子铺户在经营中发现，只动用部分存款，并不会危及交子信誉，于是他们便开始印刷有统一面额和格式的交子，作为一种新的流通手段向市场发行。正是这一步步的发展，使"交子"逐渐具备了信用货币的特性，真正地成为纸币。

随着交子影响的逐步扩大，对其进行规范化管理的需求也日益突出。北宋景德年间(1004—1007 年)，益州知州张泳对交子铺户进行整顿，剔除不法之徒，交由 16 户富商经营。至此"交子"的发行正式取得了政府认可。宋仁宗天圣元年(1023 年)，政府设益州交子务，以本钱 36 万贯为准备金，首届发行"官交子"126 万贯，准备金率为 28%。

从商业信用凭证到官方法定货币，交子在短短数十年间就发生了脱胎换骨的变化，具备了现代纸币的各种基本要素。

(资料来源：百度百科，"交子"词条。)

信用货币作为一般的交换媒介需要两个条件：一是人们对此货币的信心；二是货币发行的立法保障。二者缺一不可。信用货币又可分为以下几种形态。

(1)辅币。辅币多用贱金属制造，一般由政府独占发行，由专门的铸币厂铸造，其主要功能是担任小额或零星交易中的媒介手段。

(2)现金或纸币。现金或纸币多数由一国中央银行发行，其主要功能是承担人们日常生活用品的购买手段。

(3)银行存款(存款货币)。银行存款是存款人对银行的债权，对银行来说，这种货币又是债务货币。存款除在银行账户的转移支付外，还要借助于支票等支付。目前在整个交易中，用银行存款作支付手段的比重占绝大部分。随着信用的发展，一些小额交易，如顾客对零售商的支付、职工的工资等，也广泛使用这种类型的货币。优点：方便支付与被支付，减少丢失与损害的风险；使用成本低，不易伪造；可按实际支付额支付，免去丢失和找零的麻烦。

### (四)电子货币

1860 年美国西部联盟建立世界第一个利用电报进行账户间资金转移的 EFT 系统(Electronic Funds Transfer System)，这标志着货币电子化的开始，并由此派生出一种新的货币形式——电子货币。电子货币是为适应人类进入数字时代的需要而出现的一种电子化货币，是货币史上的一次重大变革。它利用银行的电子存款系统和各种电子清算系统来记录和转移资金，完成价值储存和支付清算职能。近年来，随着互联网的发展，电子商务化的网上金融服务已经开始在世界范围内开展。通过电子货币在互联网上及时进行电子支付与结算，人们可随时随地完成购物消费和经济交易事项的资金结算活动。我国的电子货币从 1993 年的金卡工程开始，逐步在全国各地展开。当前，电子货币仍处在不断发展和完善的过程中。

电子货币在产生之初并未取得较为公认的定义，按照理论界观点，电子货币最广义的范围包括三类：电子借记与贷记系统、智能卡和数字现金。第一类就是现在已习以为常的基于各种银行、非银行账户系统的电子支付，比如直接在商户的 POS 机上刷银行卡、绑定银行卡的支付公司快捷支付以及从支付公司账户的支付，这类支付本质上仍然是存款的转移，不是新型货币，只是新型的接入存款账户和完成支付的手段，是账户接入、划款手段的电子化。而后两类——智能卡和数字现金被称为狭义的电子货币，涵盖在国际清算银行给出的电子货币定义中，表述为"记录消费者能够使用的资金或价值的储值或预付产品。这个定义包括预付卡(有时称为电子钱包)以及使用计算机网络的预付软件产品"。巴塞尔银行监管委员会认为："电子货币是指在零售支付机制中，通过销售终端、不同的电子设备之间以及在公开网络(如互联网)上执行支付的储值和预付机制。"显然，在这两个定义中，电子货币被认为是电子化转移价值过程中的价值载体，而且是能够被存储的。电子货币依托金融电子化网络，以电子计算机技术和通信技术为手段，以电子数据形式储存在计算机系统中，通过计算机网络系统，以电子信息传递的形式实现货币流通和支付的功能。

电子货币的产生是货币史上的一次飞跃。现在，电子货币已经广泛地渗透到现代生活中，它在完成交易支付时比纸币更加便利和快捷。使用电子货币，可以存款或取款；可以代替现金实现转账支付，直接用于消费结算；也可以向银行办理消费信贷业务。此外，与纸币相比，电子货币更不易被伪造，使用起来更加安全、便利。

## 拓展阅读 2-3

### 虚拟货币、电子货币和数字货币

虚拟货币早于互联网诞生，其历史悠久，源远流长。最早的虚拟货币就是饮食店里的筹码，为便于结算，往往会用不同形态的筹码代表可取的面或烧饼。后期发展到赌场里的筹码、电玩场里的游戏币，外形上也开始接近真实货币。再到了互联网时代，各种棋牌游戏、电玩游戏里，都直接将游戏筹码设置为更形象的"银子""金币"等虚拟货币名称。它们可以在各自的游戏中购买装备、武器以及一些特权。而这些特权也可以在现实中定价售卖成真实货币。

最成功的虚拟货币当属腾讯公司设计推出的 Q 币，Q 币设计成可以与现实人民币 1:1 单向兑换——人民币换成 Q 币。一开始只能用于 QQ 中的会员资格与一些虚拟功能的购买，后来逐渐扩展到 QQ 生态里的所有游戏。虽然腾讯官方不支持 Q 币反向兑换成人民币，但在现实里，却有许多人愿意承认 Q 币的兑换价值，甚至私下里愿意用 Q 币结算资金往来。

当然，虚拟货币最大的缺点就在于它的身份并非法定，它的价值也依附于发出它的机构实体而存在。正如前面所说，饮食店歇业、电玩场关门、游戏网站停止运行，那些筹码、游戏币与银子、金币之类的，也就会变得一文不值。

虚拟货币与电子货币根本的区别，就是虚拟货币并不是真的货币，电子货币却是真正的货币。从定义而言，电子货币是对于货币从贵重金属到纸钞之后的再一次介质升级，将纸钞这种实体介质转化为网络传输中的电子数据形式，通过特定的网络银行服务，以电子形式完成货币支付交易。举例来说，不管是各家银行的网银，还是支付宝、微信支付，建设银行的不会叫建设币，支付宝也不会叫支付币，它们转来转去、支来付去的都是"人民币"，我们在它们推出的各种 APP 的账户里结存的那些数字，都可以在任何一家网点完成提现，对应的仍然是现实中的法定货币。正因如此，电子货币是唯一得到各国政府及金融机构认可并背书的。

从表面上看，数字货币与电子货币很相似。但实质上，数字货币的提出，与一项关键性技术——区块链有关。数字货币是基于 P2P 网络、加密、时间戳等多种新兴的理念以及技术，采用"去中心化管理"的思路，依靠密码技术和校验技术来创建，分发和维持的一种数字式的货币。再直接一点地讲，数字货币的诞生与现实中政府机构发行的法定货币没有任何关系，它通过技术保证了自己可以限量产生、限速产生，并且在交易过程中可以做到安全可靠。最具代表性的数字货币——比特币，在诞生之初时是凭空产生的，是并没有任何贵金属、任何抵押物、任何保证物担保的货币。它的价值，就像一名画家画出的作品一样，完全取决于大众对它的信用评价、对它的价值认可、对它的未来期望。也正因为如此，数字货币的兑换价格，可能一飞冲天，也可能一坠入地。

（资料来源：搜狐网，《从 Libra 币来谈虚拟货币、电子货币及数字货币等》2019-06-24.）

## 第二节　货币的本质与职能

### 一、货币的本质

货币除了在人们的日常生活中用于购买支付外，还在社会金融体系中扮演着什么样的角色呢？回答这个问题之前就需要先考虑货币的本质。马克思在分析了货币的起源和本质以后指出："代表一切商品交换价位的最适当存在的特殊商品。或者说，作为一种分离出来的特殊商品的商品交换价值，就是货币。"根据这一观点，货币的本质是起着一般等价物作用的特殊商品，体现着一定的社会生产关系。具体解释如下。

第一，货币是固定充当一般等价物的特殊商品。首先，货币是一种商品，这是商品世界经过千百年进化选择的结果，与其他商品在形式上具有一致性，即具有价值和使用价值。正是由于货币具有这两种属性，才有了它与其他商品相交换的基础。其次，货币是一种特殊的商品，所谓特殊的商品即货币是一般等价物。货币作为一般等价物，不仅与普通商品有共性，更重要的是在此基础上与普通商品有本质的区别。再次，货币是固定充当一般等价物的商品。人类社会价值形态像一条自行发展的长河，包括由简单或偶然的价值形式到总和的或扩大的价值形式，再到一般的价值形式。在一般的价值形式中充当一般等价物的商品很多，但它们不是货币，因为它们只是在局部范围内临时性发挥一般等价物的作用；货币是固定充当一般等价物的商品，是在一个国家或民族内长期发挥一般等价物作用的商品。

第二，货币反映一定的生产关系。首先，商品生产者互相交换商品，实际上是互相交换各自的劳动。生产者之间的劳动不能直接表现出来，所以才采用了商品价值形式进行交换。因此，货币使商品的不同所有者，通过等价交换实现了他们之间的社会联系，从而体现了人与人之间一定的社会生产关系，这是马克思货币本质学说的核心。其次，由于商品经济存在于迄今为止的社会历史发展的各个阶段，货币也就成为不同社会形态下商品经济共有的经济范畴。商品经济的基本原则是等价交换，不论是什么样的人，持有什么样的商品，在价值面前一律平等，都要按同等的价值量交换。同样的货币，不管在什么样的社会形态中，也不论存在于谁的手中，都是作为价值的独立体现者，具备转化为任何商品的能力。

## 二、货币的职能

货币的职能也就是货币在人类社会经济生活中所发挥的作用。随着商品经济和货币的发展，货币的职能也不断地丰富。一般认为，货币具有以下五种职能：价值尺度、流通手段、贮藏手段、支付手段和世界货币。其中，价值尺度和流通手段是货币的基本职能，其他三种职能是在商品经济发展中陆续出现的。

### (一) 价值尺度

超市里，一箱牛奶的标价是 36 元，一桶豆油的标价是 54 元。标价牌上写的数字表现的是什么？在这个过程中有没有看到真实的货币？货币在这里起到了什么作用？这里就体现了货币价值尺度的职能。价值尺度是用来衡量和表现商品价值的一种职能，是货币最基本、最重要的职能。货币作为价值尺度，就是把各种商品的价值都表现为一定的货币量，以表示各种商品的价值在质的方面相同，在量的方面可以比较。各种商品的价值并不是由于有了货币才可以互相比较，恰恰相反，只是因为各种商品的价值都是人类劳动的凝结，它们本身才具有相同的质，从而在量上可以比较。商品的价值量由物化在该商品内的社会必要劳动量决定，但是商品价值是看不见、摸不到的，不能直接表现，而必须通过另一种商品来表现。在商品交换过程中，货币成为一般等价物，可以表现任何商品的价值，衡量一切商品的价值量。货币作为价值尺度衡量其他商品的价值，把各种商品的价值都表现为一定量的货币，货币就充当商品的外在价值尺度。为什么货币具有价值尺度职能？因为货币本身也是商品，也具有价值。货币作为价值尺度，是商品内在的价值尺度（即劳动时间）的表现形式。

货币如何去执行价值尺度职能？货币在执行价值尺度的职能时，并不需要有现实的货币，只需要观念上的货币。例如，1 辆自行车值 1 克黄金，只要贴上个标签就可以了。当人们在做这种价值估量的时候，只要在他的头脑中有黄金的观念就行了。用来衡量商品价值的货币虽然只是观念上的货币，但是这种观念上的货币仍然要以实在的金属为基础。人们不能任意给商品定价，因为，黄金的价值同其他商品之间存在着客观的比例，这一比例的现实基础就是生产两者所耗费的社会必要劳动量。

### (二) 流通手段

如何购买一箱牛奶？"一手交钱一手交货"。在这里，货币发挥交换媒介的作用，执行流通手段的职能。也就是说，在商品交换过程中，商品出卖者把商品转化为货币，然后再用货币去购买商品。货币充当价值尺度的职能是它发挥流通手段职能的前提，而货币的流通手段职能是价值尺度职能的进一步发展。

充当流通手段的货币，最初是以金或银的条块形状出现的。由于金属条块的成色和重量各不相同，每次买卖都要验成色，称重量，很不方便。随着商品交换的发展，金属条块就被具有一定成色、重量和形状的铸币代替。铸币的产生使货币更好地发挥它作为流通手段的职能。但铸币在流通中会不断地被磨损，货币的名称和它的实际重量逐渐脱离，成为不足值的铸币。需要注意的是，货币作为价值尺度，可以是观念上的货币，但必须是足值的；货币作为流通手段则必须是现实的货币，但它可以是不足值的。这是因为货币发挥流通手段的职能，只是转瞬即逝的媒介物，不足值的铸币，甚至完全没有价值的货币符号，也可以用来代替金属货币流通。用贱金属，例如用铜铸成的辅币，是一种不足值的铸币。由国家发行并强制流通的纸币，则纯粹是价值符号。纸币没有价值，只是代替金属货币执行流通手段的职能。无论发行多少纸币，它只能代表商品流通中所需要的金属货币量。纸币发行如果超过了商品流通中所需要的金属货币量，那么，每单位纸币代表的金量就减少了，商品价格就要相应地上涨。

由于货币充当流通手段的职能，商品的买和卖打破了时间上的限制，一个商品所有者在出卖商品之后，不一定马上就买；买和卖也打破了在空间上的限制，一个商品所有者在出卖商品以后，可以就地购买其他商品，也可以在别的地方购买任何其他商品。这样，就有可能产生买和卖的脱节，一部分商品所有者只卖不买，另一部分商品所有者的商品卖不出去。因此，货币作为流通手段已经孕育着引起经济危机的可能性。

### (三)贮藏手段

当货币由于各种原因退出流通领域，被持有者当作独立的价值形态和社会财富的绝对化身而保存起来时，货币就停止了流通，发挥贮藏手段职能。马克思把这种现象称为货币的"暂歇"，现代西方学者称为"购买力的暂栖处"。

人们之所以贮藏货币，是因为：第一，货币是价值的化身，是社会财富的一般代表，贮藏货币等于贮藏社会财富；第二，货币具有与一切商品直接交换的能力，可随时购买商品，因此人们为了给未来的购买和支付，也会贮藏货币。贮藏货币的目的有：贮藏财富；为购买或支付做准备；为投资积累资本；为预防不测之需或其他目的。货币作为贮藏手段，必须是现实的货币。

随着经济社会的发展，货币作为贮藏手段，其贮藏的货币形态、贮藏方式以及贮藏目的也随之不断地发展变化，如表2-1所示。

表2-1　货币贮藏手段的演变

| 形态变化 | 实物货币 | 金属货币 | 信用货币 |
|---|---|---|---|
| 方式变化 | 个人窖藏 | 请人代管 | 存入银行 |
| 用途变化 | 单纯致富 | 积累资本、提高消费 | |

在金属货币制度下，贮藏手段可自发调节货币流通量；在信用货币制度下，贮藏手段形成部分储蓄，影响即期购买力。在金属货币制度下，当流通中需要的货币量减少时，多余的金属货币就会退出流通而被贮藏起来；当流通中所需要的货币量增加时，贮藏的货币又会重新进入流通领域。这样，贮藏货币就像蓄水池一样，自发地调节流通中的货币量，使它与商品流通的需要相适应。当市场上商品流通缩小，流通中货币过多时，一部分货币就会退出流通界而被贮藏起来；当市场上商品流通扩大，对货币的需要量增加时，有一部分处于贮藏状态的货币，又会重新进入流通。

### (四)支付手段

当货币作为价值的独立形态进行单方面转移时，执行支付手段的职能，例如偿还债务、上缴税款、银行借贷、发放工资、捐款等。在货币执行支付手段的职能时，买者和卖者的关系已经不是简单的买卖关系，而是一种债权债务关系。等价的商品和货币，就不再在售卖过程的两极上同时出现了。这时，货币首先是作为价值尺度，计量所卖商品的价格；其次是作为观念上的购买手段，使商品从卖者手中转移到买者手中。当货币作为支付手段发挥职能作用时，商品转化为货币的目的就起了变化，一般商品所有者出卖商品，是为了把商品换成货币，再把货币换回自己所需要的商品；货币贮藏者把商品变为货币，是为了保存价值；而债务者把商品变为货币则是为了还债。货币作为支付手段时，商品形态变化的过程也起了变化。从卖者方面来看，商品变换了位置，可是他并未取得货币，延迟了自己的第一形态变化。从买者方面来看，在自己的商品转化为货币之前，完成了第二形态变化。在货币执行流通手段的职能时，出卖自己的商品先于购买别人的商品。当货币执行支付手段的职能时，购买别人的商品先于出卖自己的商品。作为流通手段的货币是商品交换中转瞬即逝的媒介，而作为支付手段的货币则是交换过程的最终结果。

货币作为支付手段，一方面可以减少流通中所需要的货币量，节省大量现金，促进商品流通的发展。另一方面，货币作为支付手段，进一步扩大了商品经济的矛盾。在赊买赊卖的情况下，许多商品生产者之间发生了债权债务关系，如果其中有人到期不能支付，就会引起一系列的连锁反应，"牵一发而动全身"，使整个信用关系遭到破坏。例如，其中某个人在规定期限内没有卖掉自己的商品，他就不能按时偿债，使支付链条上的某一环节中断，就可能引起货币信用危机。

### （五）世界货币

由于国际贸易的发生和发展，货币流通超出一国的范围，在世界市场上发挥作用，于是货币便有了世界货币的职能。世界货币是实现国际经济贸易联系的工具，它促进了国际经济联系的扩大与发展，从而也促进了资本主义的发展。随着资本主义世界市场的发展，世界各地区在经济上逐渐连接起来。

世界货币最主要的职能是作为支付手段，平衡贸易差额。对外贸易带有双方的性质，即每个国家既输出商品也输入商品，而且主要以信用方式进行，因此，国与国之间就产生了相互的债务关系。这些债务关系的结算可以利用信用工具（如汇票、支票等），通过相互抵消来进行。对于抵消后的差额，利用真实的货币作为最终的结算手段来偿付，这时，世界货币就执行着国际支付手段的职能。

货币在直接被用来向国外购买商品时，发挥着国际购买手段的职能。这时，与在国内流通中作为商品交换的中介不同，它是作为货币商品同其他商品相交换的。这种情况主要发生在由于意外事件（如战争、灾荒等），不同国家之间的正常商品交换受到突然干扰，平衡遭到破坏，因而一国不得不大量购买别国商品的场合；或者发生在一个国家单方面向另一个国家购买商品，买与卖彼此分离的场合。

当把财富从一个国家转移到另一个国家，但由于各种原因，不能或不适于以商品形式实现，而要以货币形式进行时，货币就充当社会财富的化身，借以实现财富的国际转移。例如，战败国向战胜国支付货币赔款，一国向其他国家提供货币贷款，或资本家将货币资本从国内转移到国外等，均属此类。

以上货币的五种职能有机地联系在一起,都体现货币作为一般等价物的本质。因为一般等价物区别于普通商品的两个基本特点是:货币能表现一切商品的价值;具有和一切商品直接交换的能力。正是因为货币能表现一切商品的价值,因此它具有价值尺度职能;正因为货币能与一切商品相交换,因此它具有流通手段职能。因此价值尺度和流通手段是货币最先出现的两个基本职能。当货币的这两个基本职能进一步发展以后,才会出现贮藏手段职能。支付手段职能既与货币的两个基本职能有密切的关系,又是以贮藏手段职能为前提的。世界货币职能是货币前四个职能的继续和延伸。总之,五大职能是货币本质的具体体现,是随着商品流通及其内在矛盾的发展而逐渐发展起来的。货币五大职能绝非孤立存在,而是有内在联系的。

**拓展阅读2-4**

### 中国历史上黄金未充分发挥货币职能的原因

中国是世界上最早发现黄金并将其作为货币的国家之一,但黄金很少作为市场流通手段,且在中国历史上,黄金从未真正成为货币。黄金在我国历史各时期发挥着不同的货币职能,除一直作为储藏手段和国际支付手段外,只在极少时期发挥价值尺度和市场流通手段职能。马克思曾指出,"价值尺度与流通手段的统一是货币"。可见,黄金在我国历史上并未真正货币化。

黄金较少作为流通手段的原因在于以下几点。

第一,由于我国长期币制混乱,各种形式的货币形态、使用范围和价值等差别很大,在劣币驱逐良币规律的作用下,最贵重、最能保值的黄金便用于窖藏,或被用于制作器物和工艺品珍藏。东汉自和帝以后,政局动荡,战乱频仍,官民更是纷纷窖藏黄金。这样既能发挥黄金的价值储存作用,将来需要时也可方便地将其用于支付。

第二,我国历代金融投资、价值储存工具非常有限,黄金窖藏成为价值储存的上选。我国历史上不乏金融创新,如世界最早的纸币、汇票、可转让权证等都诞生于中国。但宋代以后,中国货币金融的发展明显落后于欧洲,金融机构和金融工具极为匮乏。中国在金融手段、投资工具缺失的情况下,黄金只能窖藏,无法用于放贷增利。

第三,我国长期重农抑商,小农经济下商品经济不发达,国内贸易、国际贸易规模均有限,市场分割,对黄金货币的需求不旺。即使在社会经济较为发达的唐朝,也只有开元、天宝年间货币经济有所发展,官员月俸完全用现钱支付,而初唐、晚唐实物经济的占比较大,月俸大量是禄米等实物。明清多实行"海禁",抑制了外贸发展和当时国际通行的贵金属币的使用。

除此之外,军饷发放主要用谷帛而非贵金属币,限制了黄金货币的支付流通职能;守旧落后的货币思想影响黄金货币职能的充分发挥;黄金产量有限。在这些原因的综合作用下,黄金在中国历史上并未充分发挥货币职能。

(资料来源:王信.中国历史上黄金未充分发挥货币职能的原因[J].清华金融评论,2018(8):65—68.)

# 第三节　货币的层次划分与计量

## 一、理解货币层次划分

### (一)为什么要划分货币层次

在很多国家的货币统计指标中,货币的范畴不仅囊括了流通中的纸币和辅币,并且包括银行存款,甚至包括有价证券和电子货币等。一般情况下,银行存款、有价证券等,与货币定义颇为相似但又被排除在货币定义之外,均称为准货币,而通货又只是货币的一部分。可见,货币包含的范围很大很广,因此货币可以划分为许多层次。货币层次划分的目的主要是便于中央银行制定并执行货币政策,有利于宏观经济运行的监测,并在客观上促进金融机构的金融创新。

### (二)货币层次划分的依据

关于货币层次划分,各国有各自的划分标准,而且就是同一国家在不同时期的货币层次划分方法也可能有差别。但基本的思路是按照货币的流动性来划分。流动性程度不同的金融资产在流通中的交易成本不同、难易程度不同,从而对商品流通和各种经济活动的影响程度也就不同。按流动性强弱将货币划分为不同形式、不同特性的层次,对科学地分析货币流通状况,正确地制定、实施货币政策,及时有效地进行宏观调控具有非常重要的意义。其依据是:第一,流动性相对能更准确地把握在流通领域中货币各种具体形态的流通特性或活跃程度上的区别;第二,在掌握变现能力的基础上,通过流动性可以把握其变现成本、自身价格的稳定性和可预测性;第三,央行在分析经济动态变化的基础上,能够加强对某一层次货币的控制能力。

### (三)货币层次的构成

各国中央银行在确定货币供给的统计口径时,以金融资产的流动性为标准,并根据自身政策目的的特点和需要,划分了货币层次。国际货币基金组织(International Monetary Fund,IMF)根据货币涵盖范围的大小和流动性的差别,把货币供给量家族划分成"三兄弟"。

M0,又叫现钞,是指流通于银行体系以外的现钞,也就是居民和企业手中的现钞。M0流动性最强,具有最强的购买力。需要说明的是,西方国家的M0指的是流通于银行体系之外的现钞货币,而在我国,银行体系(不包括中央银行)的库存现钞也属于流通中的现钞货币。

M1,又叫狭义货币,由流通于银行体系以外的现钞(M0)和银行的活期存款构成,其中活期存款由于随时可以变现(提取),所以流动性和购买力不亚于现钞。M1代表了一国经济中的现实购买力,对货币流通影响最大,因此,对社会经济生活有着最广泛和最直接的影响。在很多国家,M1是中央银行进行宏观调控的重要变量,是货币政策的中介目标。

M2,又叫广义货币,由流通于银行体系之外的现钞加上活期存款(M1),再加上定期存款、储蓄存款等构成。M2包括了一切可能成为现实购买力的货币形式。M2不仅反映现实的购买力，还反映潜在的购买力。定期存款、储蓄存款等不能直接变现，所以不能立即转变成现实的购买力，但经过一定的时间和手续后，也能够转变为购买力，因此，它们又叫作准货币。由于 M2 对研究货币流通的整体状况有着重要意义，近年来，很多国家开始把货币供给量的调控目标转向 M2。若 M1 增速较快，则消费市场活跃；若 M2 增速较快，则投资市场活跃。中央银行和各商业银行可以据此判定货币政策。M2 过高而 M1 过低，表明投资过热、需求不旺、有危机风险；M1 过高而 M2 过低，表明需求强劲、投资不足，有涨价风险。

## 二、我国货币层次的划分

1994 年 10 月，中国人民银行印发《中国人民银行货币供给量统计和公布暂行办法》(以下简称《办法》)，正式推出货币供给量统计指标，并规定了货币供给量统计的层次划分、机构范围、统计形式、公布方式等。根据《办法》给出的明确定义，货币供给量是指金融机构和政府之外，企业、居民、机关团体等经济主体的金融资产。

自 2001 年 7 月起，中国人民银行将证券公司客户保证金计入广义货币供给量 M2，M0 和 M1 不发生变化。这次调整实质上反映了 21 世纪初我国股票市场迅速发展，居民参与股票市场投资日趋活跃，新股申购资金急剧增长的状况，以及在新的金融市场环境下，监管机构进一步加强对资本市场管理的意愿。

自 2002 年 3 月起，中国人民银行再次调整货币供给量统计口径，按照当时我国各层次货币供给量的统计原则，将在中国的外资银行、合资银行、外国银行分行、外资财务公司及外资企业集团财务公司有关的人民币存款业务，分别计入不同层次的货币供给量。本次调整的背景是，2001 年年底，我国正式加入世界贸易组织(WTO)，我国对外资金融机构的管理和业务许可进一步扩大。

2003 年中国人民银行提出了第三次修订建议，并广泛征求社会各界建议。此次修订将货币供给量统计口径，在原 M0、M1、M2 三个层次的基础上，再扩大到 M3，即增加了外汇存款、保险公司存款和各种基金存款。这个方案在操作时把监测重点仍放在 M2，M3 只作为监测的参考指标。

2011 年 10 月起，中国人民银行考虑到非存款类金融机构在存款类金融机构的存款和住房公积金存款规模已较大，决定将上述两类存款纳入广义货币供给量(M2)统计范围。

目前，中国人民银行统计和公布的货币供给量指标以 2003 年的第三次修订方案为基础，并结合 2011 年 10 月中国人民银行的调整，即将住房公积金存款等纳入 M2。现行货币供给量层次的划分具体如下：

M0 = 流通中的现金；

M1 = M0+活期存款；

M2 = M1+准货币；其中，准货币 = 定期存款+储蓄存款+其他存款；

M3 = M2+金融债券+商业票据+大额可转让定期存单等。

其中，M1 是通常所说的狭义货币供给量，M2 是广义货币供给量，M3 是为金融创新而增设的，在我国目前暂不测算。

当前，随着网络与信息技术的不断进步，金融创新的飞速发展，各种新型支付工具和支付方式层出不穷，有些创新技术使得金融资产由一种形式转化为另一种形式的成本大大降低，其流动性发生了较大的变化；有些新型支付工具本身就起着货币的作用，成为货币的替代品或近似替代品。这些因素在一定程度上模糊了各层次货币供给量之间的界限，原来流动性较低的金融工具似乎一夜之间就变成了流动性较高的金融工具，甚至是完全的货币，例如，活期储蓄存款。一直以来，无论是活期储蓄存款还是定期储蓄存款，都一律计入准货币。在20世纪90年代，电子支付还处于发展初期，储蓄存款绝大多数以银行存折的形式体现，借记卡尚未普及推广，储蓄存款必须先从银行提现后才能用于支付，因此记入准货币是完全合适的。但随着电子支付技术的不断改进和金融基础设施的不断完善，再加上国家产业政策及行业政策的积极引导和推动，借记卡在日常支付中的作用越来越大，人们可以直接用借记卡进行线下刷卡支付，甚至不用实体借记卡也可以进行线上无卡支付。如此，借记卡所体现的活期储蓄存款和现金几乎无异，有时甚至还要优于现金。从货币本质角度来看，这些可以用来支付的活期存款与流通中的现金只是在表现形式上存在不同而已。因此，对货币层次的划分应在遵循货币本质的基础上，不断进行调整。

**拓展阅读2-5**

### 中国与其他国家货币层次划分的差异

货币层次的划分不是从来都有的，部分发达国家从20世纪60年代开始才划分货币层次。而划分的目的主要是便于中央银行控制货币供给。

1. 美国

目前，美国对货币层次的划分大致如下：

M1＝通货＋活期存款＋其他支票存款；

M2＝M1＋小额定期存款＋储蓄存款＋货币市场存款账户＋货币市场基金份额（非机构所有）＋隔日回购协议＋隔日欧洲美元＋合并调整；

M3＝M2＋大面额定期存款＋货币市场基金份额（机构所有）＋定期回购协议＋定期欧洲美元＋合并调整；

L＝M3＋短期财政部证券＋商业票据＋储蓄债券＋银行承兑票据。

2. 欧盟

欧盟在货币层次划分方面，相对于美国有很大的差别。欧洲中央银行将货币分为狭义货币、中间货币和广义货币三个层次，具体划分如下：

狭义货币：M1＝流通中现金＋隔夜存款；

中间货币：M2＝M1＋期限为两年以下的定期存款＋通知期限三个月以内的通知存款；

广义货币：M3＝M2＋回购协议＋货币市场基金（MMF）＋货币市场票据＋期限为两年以内的债券。

3. 日本

日本现行的货币层次划分为：

M1＝现金＋活期存款；

M2＋CD＝M1＋准货币＋可转让存单；

M3＋CD＝M2＋CD＋邮政、农协、渔协、信用合作和劳动金库的存款以及货币信托和贷方信托存款。

此外还有广义流动性等于"M3+CD"加回购协议债券、金融债券、国家债券、投资信托和外国债券。

可以看出,各国在货币层次的划分上不尽相同。各国中央银行的调控能力存在差异,所以其观察和控制重点也不完全一致。与其他国家相比,中国在货币层次划分上最大的区别是把流通中的现金单独列为一个层次,其原因是我国的信用制度不够发达,现金在狭义货币供给量 M1 中占比较高,流通中现金的数量对我国消费品市场和零售物价的影响很大,现金的过度发行会造成物价上涨。

# 第四节　货币制度

## 一、货币制度的构成要素

货币制度又称币制,是一个国家以法律形式确定的该国货币流通的结构、体系与组织形式。货币制度是国家对货币的有关要素、货币流通的组织与管理等加以规定所形成的制度,完善的货币制度能够保证货币和货币流通的稳定,保障货币正常发挥各项职能。从构成要素来看,主要包括货币材料、货币单位、货币种类、货币法定支付偿还能力、发行的流通程序,以及发行准备制度等。

1. 规定货币材料

规定货币材料就是规定币材的性质。确定不同的货币材料,就形成不同的货币制度。但是哪种物品可以作为货币材料不是国家随心所欲指定的,而是对已经形成的客观现实在法律上加以肯定。目前,各国都实行不兑现的信用货币制度,对货币材料不再做明确规定。

2. 规定货币单位

货币单位是货币本身的计量单位,规定货币单位包括两方面:一是规定货币单位的名称,二是规定货币单位的值。在金属货币制度条件下,货币单位的值是每个货币单位包含的货币金属重量和成色;在信用货币尚未脱离金属货币制度条件下,货币单位的值是每个货币单位的含金量;在黄金非货币化后,确定货币单位的值表现为确定或维持本币的汇率。

3. 规定流通中货币的种类

规定流通中货币的种类主要指规定主币和辅币,主币是一国的基本通货和法定价格标准,辅币是主币的等分,是小面额货币,主要用于小额交易支付。金属货币制度下,主币是用国家规定的货币材料按照国家规定的货币单位铸造的货币,辅币用贱金属并由国家垄断铸造;信用货币制度下,主币和辅币的发行权都集中于中央银行或政府指定机构。

4. 规定货币法定支付偿还能力

货币法定支付偿还能力分为无限法偿和有限法偿。无限法偿指不论用于何种支付,不论支付数额有多大,对方均不得拒绝接受;有限法偿即在一次支付中有法定支付限额的限制,若超过限额，对方可以拒绝接受。金属货币制度下，一般而言主币具有无限法偿能力，辅币则是有限法偿；在信用货币制度条件下，国家对各种货币形式支付能力的规定不是十分绝对。

5. 规定货币铸造发行的流通程序

货币铸造发行的流通程序主要分为金属货币的自由铸造与限制铸造、信用货币的分散发行与集中垄断发行。自由铸造是指公民有权用国家规定的货币材料，按照国家规定的货币单位在国家造币厂铸造铸币，一般而言主币可以自由铸造；限制铸造指只能由国家铸造，辅币为限制铸造。信用货币早期是分散发行，目前各国信用货币的发行权都集中于中央银行或指定机构。

6. 规定货币发行准备制度

货币发行准备制度是为约束货币发行规模、维护货币信用而制定的，要求货币发行者在发行货币时必须将某种金属或资产作为发行准备。在金属货币制度下，货币发行以法律规定的贵金属为发行准备，在当今信用货币制度下，货币的发行准备主要体现为作为国际支付的准备金。

## 二、货币制度的演变

货币制度自产生以来，从其存在形态看，经历了银本位制、金银复本位制、金本位制、不兑现的信用货币制度四大类型，如图 2-1 所示。

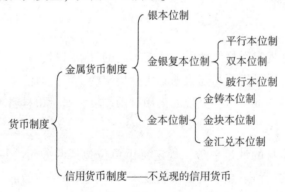

**图 2-1　货币制度的演变**

### (一)银本位制

银本位制是指将白银作为货币金属，以一定量的银币充当本位币的货币制度。银本位制主要适用于商品经济不够发达和黄金供应较少的时期，是较早的货币制度之一。从世界范围来看，白银是封建社会的主要币材；从中国看，中国是最早使用白银，也是最晚放弃使用白银的。中国自汉朝就开始使用白银作为货币，直到 1935 年实行法币改革，才废止银本位制。

在银本位制下，各国政府以法律形式规定以白银为本位货币币材，白银和本位货币保持一定的关系不变，即一单位的本位币等于一定量的白银；银铸币享有无限法偿能力；银铸币的重量、成色、形状及货币单位有明确的规定；银铸币可以自由铸造与熔化，可以自由输出与输入；银行券可以与银铸币或等量白银自由兑换。

白银作为币材有以下几方面的缺陷。一是白银价值不稳定。从19世纪末开始，金银比价大幅波动，总的趋势是金贵银贱。加之采掘技术的改进，白银产量迅速增加，白银价值急剧下跌，使之不再适宜作币材。二是大宗交易或价值较大的交易使用不便。相同重量的白银与黄金相比，白银体积大、价值小，给大宗交易的运送、携带及保管带来极大的不便。所以当社会经济发展到一定阶段时，就在客观上要求将具有更大价值的黄金作为货币。

### (二)金银复本位制

金银复本位制指一国同时规定金和银为本位币。在复本位制下，金与银都如在金本位制或银本位制下一样，可以自由买卖，自由铸造与熔化，自由输出与输入。金银复本位制从表面上看能够使本位货币金属有更充足的来源，使货币数量更好地满足商品生产与交换不断扩大的需要，但实际上却是一种具有内在不稳定性的货币制度。金银复本位制又分为平行本位制、双本位制和跛行本位制。

#### 1. 平行本位制

在平行本位制下，金币和银币按其实际价值流通，其兑换比率完全由市场比价决定，国家不规定金币和银币之间的法定比价。由于金币和银币的市场比价经常变动，用不同货币表示的商品价格也随之经常发生变化。货币作为价值尺度要求本身价值稳定，本身价值不稳定的货币商品充当价值尺度，会造成交易混乱。

#### 2. 双本位制

在双本位制下，国家以法律形式规定了金银的比价，其流通不受市价波动的影响。双本位制是金银复本位制的主要形式。但是，用法律规定金银比价，这与价值规律的自发作用相矛盾，于是就出现了劣币驱逐良币的现象。

#### 3. 跛行本位制

在跛行本位制下，金币和银币都是本位币，但银币不能自由铸造，且每次只能在限额内支付。这样，金币取得本位币的地位，银币成为辅币。事实上，跛行本位制已不是典型的复本位制，是由金银复本位制向金本位制过渡时的一种特殊的货币制度。

金银复本位制是一种不稳定的货币制度，这是因为一般等价物要求垄断价值表现，即只能以一种商品作为其他一切商品价值的表现材料，而金银复本位制与货币的这一特性是矛盾的，这一矛盾的具体表现就是格雷欣法则。格雷欣法则又称劣币驱逐良币规律，即当实际价值不同的金属铸币被赋予同等法偿能力时，实际价值较高的良币就会被收藏起来，熔化或输出而逐渐退出流通领域，而实际价值较低的劣币则会充斥市场，成为主要的货币流通手段。

拓展阅读2-6

**劣币驱逐良币**

在16世纪的英国，贵金属不能直接造币使用，必须在新铸造的货币之中加入其他金属成分，故当时市场上就有两种货币，一种是原先不含杂质的货币，另一种是被加入其他金属的货币。虽然两种货币在法律上的价值相等，但人们却能加以辨认，并且储存不含杂质的货币，将含杂质的货币拿去交易流通。故市面上的良币就渐渐被储存而减少流通，市场上就只剩下劣币在交易。

　　另外一种劣币驱逐良币的情形，会发生在金银复本位制之下。金银复本位制曾经被18世纪至19世纪的英国、美国、法国长期采用。由于金币和银币之间的兑换比率是法律定下的，所以会长期稳定不变，但市场上的金银之间的相对价格却会因为供需法则而波动。若当黄金实际价值超过法定兑换率时，人们就会将手中价值较大的金币(良币)熔成金块，再将这些黄金卖掉换成银币(劣币)使用。经过这种程序之后，就可比直接用金币换银币换得更多的银币。有时人们甚至会多次重复这样的过程，故市面上的良币就日益被熔化而减少，劣币则会充斥市场并严重扰乱市场秩序。(此处的"良币"并非指单价高的货币，而是指相对于兑换率而言，较有优势的货币。假设金币兑银币的法定兑换率是1∶10，若1个金币熔化之后能换取超过10个银币，则金币为良币；若10个银币熔化之后能换取超过1个金币，则银币为良币。)

　　在中国，早在公元前2世纪，西汉的贾谊曾指出"奸钱日繁，正钱日亡"的事实，这里的"奸钱"指的就是劣币，"正钱"指的是良币。在现今社会，这种情况仍然存在。例如，在香港流通货币中，同时有10元纸币和10元硬币。由于10元硬币较容易伪造，而且较重，携带较不方便，被视为"劣币"。如果一个人同时有10元硬币和纸币，他会优先使用硬币，导致"劣币"流通量较"良币"高。

## (三) 金本位制

金本位制是指以黄金为本位货币的货币制度。其主要形式有金铸本位制、金块本位制和金汇兑本位制。

### 1. 金铸本位制

金铸本位制又称金币本位制，是以黄金为货币金属的一种典型的金本位制。其主要特点有：金币可以自由铸造、自由熔化；流通中的辅币和价值符号(如银行券)可以自由兑换金币；黄金可以自由输出与输入。在实行金本位制的国家之间，根据两国货币的黄金含量计算汇率，称为金平价。

第一次世界大战时期，由于资本主义政治经济发展的不平衡，黄金的自由流通、银行券的自由兑换和黄金的自由输出与输入遭到破坏，各国为阻止黄金外流，先后放弃了金铸本位制。

### 2. 金块本位制

金块本位制是指由中央银行发行、以金块为准备的纸币流通的货币制度。它与金铸本位制的区别在于：其一，金块本位制以纸币或银行券为流通货币，不再铸造、流通金币，但规定纸币或银行券的含金量，纸币或银行券可以兑换为黄金；其二，规定政府集中黄金储备，允许居民持有的本位币的含金量达到一定数额后兑换金块。

### 3. 金汇兑本位制

金汇兑本位制是指以银行券为流通货币，通过外汇间接兑换黄金的货币制度。金汇兑本位制与金块本位制的相同之处在于规定货币单位的含金量，国内流通银行券，没有铸币流通。但规定银行券可以换取外汇，不能兑换黄金。本国中央银行将黄金与外汇存于另一个实行金本位制的国家，允许以外汇间接兑换黄金，并规定本国货币与该国货币的法定比率，从而稳定本币币值。

金块本位制和金汇兑本位制都是残缺不全的金本位制，是不稳定的货币制度。首先，两种制度都没有金币流通，金铸本位制所具备的自发调节货币流通量、保持币值相对稳定的机制不复存在。其次，银行券不能自由兑换黄金，削弱了货币制度的基础。最后，发行准备金和外汇基金存放他国，加剧了国际金融市场的动荡。一旦他国币制不稳定，必然连带本国金融市场随之动荡。

### (四)信用货币制度

信用货币制度是以纸币为本位币，且纸币不能兑换黄金的货币制度，这是当今世界各国普遍实行的一种货币制度。在信用货币制下，没有金属本位币的铸造与流通，社会上流通的是不兑现的银行券或者纸币。不兑现的银行券体现着银行对持有者的负债，反映的是银行信用；纸币体现着中央银行作为发行人对持有者的负债，反映的是政府信用。因此，流通中的货币都是信用货币，主要由现金和银行存款构成，它们都体现着某种信用关系。信用货币都是通过金融机构的业务投入流通中去的，与金属货币通过自由铸造进入流通有本质区别。其主要特点为：第一，信用货币一般是中央银行发行的本位货币，币材为纸，具有无限法偿能力；第二，货币不能兑换黄金，也不规定含金量，完全是信用发行；第三，货币的发行客观上受国家经济发展水平的制约，从而使国家对货币的供应实施管理，适量的货币流通和稳定的币值是经济发展的必要条件；第四，信用货币是通过银行信贷渠道投放的，无论现金还是银行存款，都要经过银行向社会投放；第五，信用货币供给量不受贵金属量的制约，具有一定的弹性，政府可以根据经济运行状况进行一定的调节。

## 三、国际货币制度

国际货币制度是支配各国货币关系的规则以及国际进行各种交易支付所依据的一套惯例。迄今为止，国际货币制度经历了从国际金本位制到布雷顿森林体系再到牙买加体系的演变过程。

### (一)国际金本位制

世界上首次出现的国际货币制度是国际金本位制，1880—1914年是国际金本位制的黄金时代。在这种制度下，黄金充当国际货币，各国货币之间的汇率由它们各自的含金量比例决定，黄金可以在各国间自由输出与输入，在"黄金输送点"的作用下，汇率相对平稳，国际收支具有自动调节的机制。1914年第一次世界大战爆发，各参战国纷纷禁止黄金输出，纸币停止兑换黄金，国际金本位制受到严重削弱，之后虽改为金块本位制或金汇兑本位制，但因其自身的不稳定性，都未能持久。在1929—1933年的经济大危机冲击下，国际金本位制最终瓦解，国际货币制度一片混乱。

### (二)布雷顿森林体系

第二次世界大战爆发后，资本主义世界各国都出现了剧烈的通货膨胀，欧洲各国经济实力大大削弱，美国成为世界第一大国，黄金储备迅速增长，约占当时资本主义各国黄金储备的四分之三。西欧各国为弥补巨额贸易逆差需要大量美元，出现了"美元荒"。国际收支大量逆差和黄金外汇储备不足，导致多数国家加强了外汇管制，对美国的对外扩张形成严重阻碍，美国力图使西欧各国货币恢复自由兑换，并为此寻求有效措施。

1944 年 7 月，在美国新罕布什尔州的布雷顿森林召开由 44 国参加的"联合国联盟国家国际货币金融会议"，通过了以"怀特计划"为基础的《国际货币基金协定》和《国际复兴开发银行协定》，总称《布雷顿森林协定》。这个协定建立了以美元为中心的资本主义货币体系。布雷顿森林体系的主要内容是：以黄金为基础，以美元为最主要的国际储备货币，实行"双挂钩"的国际货币体系，即美元与黄金直接挂钩，其他国家的货币与美元挂钩；实行固定汇率制；国际货币基金组织通过预先安排的资金融通措施，保证向成员方提供辅助性储备供应；成员方不得限制经常性项目的支付，不得采取歧视性的货币措施。这个货币体系实际上是美元—黄金本位制，也是一个变相的国际金汇兑本位制。

以美元为中心的布雷顿森林体系，对第二次世界大战后资本主义经济发展起过积极作用。但是随着时间的推移，布雷顿森林体系的种种缺陷也渐渐地暴露出来。20 世纪 60 年代以后，美国外汇收支逆差大量出现，黄金储备大量外流，导致美元危机不断发生。1971 年 8 月 15 日美国公开放弃金本位，同年 12 月美国又宣布美元对黄金贬值，1972 年 6 月到 1973 年初，美元又爆发两次危机，同年 3 月 12 日美国政府再次将美元贬值。1974 年 4 月 1 日起，正式排除货币与黄金的固定关系，以美元为中心的布雷顿森林体系彻底瓦解。

### （三）牙买加体系

1976 年 1 月，国际货币基金组织国际货币制度临时委员会在牙买加举行会议，达成了著名的《牙买加协定》。同年 4 月，国际货币基金组织理事会通过《国际货币基金协定第二次修正案》，并于 1978 年 4 月 1 日正式生效，从而形成了新的国际货币制度牙买加体系。《牙买加协定》的主要内容是：增加国际货币基金组织成员国的基金份额；成员国可暂时自行决定汇率制度；废除黄金官价，使特别提款权逐步代替黄金作为主要储备资产；扩大对发展中国家的资金融通。牙买加体系的主要特征是：浮动汇率制的广泛实行——这使各国政府有了解决国际收支不平衡的重要手段，即汇率变动手段；各国采取不同的浮动形式，如联合浮动、单独浮动或钉住浮动，这使国际货币体系变得复杂而难以控制；各国央行对汇率实行干预制度；特别提款权作为国际储备资产和记账单位的作用大大加强；美元仍然是重要的国际储备资产，而黄金作为储备资产的作用大大削减，各国货币价值也基本上与黄金脱钩。牙买加体系的实行，对于维持国际经济运转和推动世界经济发展发挥了积极的作用。但是牙买加体系并不是理想的国际货币制度，仍存在一些缺陷，国际货币制度仍有待于进一步改革和完善。

目前，世界运行的国际货币制度主要有这样一些特征：国际储备资产多样化，普遍实行有管理的浮动汇率制，区域性的货币集团纷纷建立。美元仍然是国际储备资产的重要组成部分，全世界约有三分之二的国家和地区的货币与美元挂钩，属于美元区，因此是主要的国际储备资产；同时，德国马克、法国法郎、瑞士法郎和日本日元也成为重要的储备货币，而且它们的作用在不断加强；黄金的作用没有消失，仍然是重要的储备资产之一。这种多元化的储备资产结构具有潜在的不稳定性，因为软通货和硬通货经常发生变化，外汇储备就不断从一种货币转向另一种货币，从而造成外汇市场的动荡。

## 四、中国现行的货币制度

### (一) 人民币制度

中国现行的货币制度是人民币制度，其建立标志是 1948 年 12 月 1 日的人民币发行。为了统一货币，中华人民共和国成立前后推行了一系列货币改革措施。人民币制度是一种不兑现的银行券制度。中国的人民币制度已具有相当稳定的经济基础和社会基础，在与中国领土接壤的一些国家中，人民币已被当作"硬通货"。

人民币制度从产生以来，伴随着我国经济和金融的不断发展而逐步趋于完善。概括其内容，主要包括以下几个方面。

1. 中国的货币名称是人民币

人民币是由中国人民银行发行的信用货币，是我国的无限法偿货币，没有确定法定含金量，也不能自由兑换黄金。人民币的单位为"元"，"元"是本位币，即主币。辅币的名称为"角"和"分"。

1 元 = 10 角 = 100 分。人民币的票券、铸币种类由国务院决定。人民币以"￥"为符号，取"元"字汉语拼音的首位字母"Y"加两横而成。

2. 人民币是我国的法定货币

商品买卖、劳务提供、信用活动、财政收支、会计价值核算等，都必须使用人民币作为价值尺度、流通手段和支付手段。国家禁止金银和外币计价、流通、结算和私自买卖，金银只能由中国人民银行出售，生金和出土金银归国家所有。

3. 人民币的发行权集中于中央

人民币发行权掌握在国家手里，国家授权中国人民银行具体掌管货币发行工作。中国人民银行是货币的唯一发行机关，并集中管理货币发行基金。中国人民银行根据经济发展的需要，在由国务院批准的额度内，组织年度的货币发行和货币回笼。

4. 人民币的发行保证

首先，人民币是信用货币，人民币是根据商品生产的发展和流通的扩大对货币的需要而发行的，这种发行有商品物资做基础，可以稳定币值，这是人民币发行的首要保证；其次，人民币的发行还有大量的信用保证，包括政府债券、商业票据、商业银行票据等；再次，黄金、外汇储备也是人民币发行的一种保证，我国建立的黄金和外汇储备，主要用于平衡国际收支，进口需要的大量外汇需要用人民币购买，出口收入的外汇必须向外汇指定银行出售，银行在购买外汇的同时也就发行了人民币，同时对人民币的发行起保证作用。

5. 人民币实行有管理的货币制度

作为我国市场经济体制构成部分的货币体制，对内必须是国家宏观调节和管理下的体制，包括货币发行、货币流通、外汇价格等都不是自发的而是有管理的；对外则采取有管理的浮动汇率制。有管理的货币制度形式是在总结历史经验和逐步认识客观经济规律的基础上，运用市场这只无形的手和计划这只有形的手来灵活有效地引导、组织货币运行。

### (二)"一国两制"下的地区货币制度

由于我国目前实行"一国两制"方针，我国香港和澳门地区分别回归祖国以后，继续维持原有的货币金融体制，包括台湾在内，从而形成了"一国四币"（即人民币、港元、澳门元及新台币）的特殊货币制度。这种特殊的货币制度规定，四种货币各为不同地区的法定货币，且限于本地区流通，其中，人民币与港元、澳门元之间按以市场供求为基础决定的汇价进行兑换，澳门元与港元直接挂钩。

"一国四币"的互相兑换和流通有不少有利之处，主要表现在以下两个方面。第一，"四币"互为流通有助于经济合作的深化及台湾问题的解决。四种货币的互换互通，避免了货币之间频繁变动的汇率风险，稳定了投资及贸易成本，节省了兑换费用，经济效率得到进一步提高。随着经济合作的深化，货币的相互流通将起到更重要的催化作用。交往多了，也有利于海峡两岸的沟通，有助于台湾问题的解决。第二，"一国四币"的互为流通有利于我国各地人员探亲、留学、定居、旅游和投资贸易等往来。港台人员不仅可以用港元和新台币在内地（大陆）购物，有些在内地（大陆）的外企也往往用港元、澳门元和新台币支付雇员的部分薪水。同时，内地（大陆）赴港澳台人员也可携带人民币出境使用。"一国四币"省去了互相兑换的麻烦和费用，为人们的相互往来提供了极大的便利。

"四币"互为流通的现象尽管不能威胁人民币的地位，但也有一些弊端。不少经济界人士担心，港元、澳门元和新台币无规则地注入内地（大陆），一是可能引起货币流通方面的杂乱无章；二是受国际经济金融市场大环境的影响，可能成为内地（大陆）金融市场动荡的不稳定因素；三是可能成为诱发人民币通货膨胀的重要因素；四是刺激外汇投机。现今的人民币不是自由兑换货币，由于民间普遍存在外汇需求，却不能在银行兑换中得到满足，这种超出国家批准之外的需求不得不私下进行现钞买卖，其价格远远超出了国家规定的价格。因此，"四币"同时流通易为黑市投机活动提供方便，尤其是给一些从事倒汇、炒汇、套汇、骗汇从中牟利而危害国家的不法分子或公司以可乘之机。为此，对这一特殊的经济现象，我国政府要进一步加强管理，扬长避短，进而为促进整个中国经济的健康发展而努力。

## 本章小结

1. 马克思的货币起源说认为，货币是商品经济内在矛盾的产物，是价值形式演变的必然结果。随着经济的发展，商品的价值形式经历了简单的或偶然的价值形式、总和的或扩大的价值形式、一般价值形式，最终演变为货币价值形式。

2. 货币的形态是货币的物质体现，即采用什么样的材料充当货币。随着经济发展程度的提高，货币的形态大致经历了商品货币、代用货币、信用货币、电子货币四个阶段。

3. 一般认为，货币具有价值尺度、流通手段、贮藏手段、支付手段和世界货币五种职能。其中，价值尺度和流通手段是货币的基本职能，其他三种职能是前两大职能的发展和延伸。

4. 通过对货币层次的划分可以更明确货币流通的结构和渠道。通常情况下，金融资产的流动性是货币层次的划分标准。

5. 货币制度是一个国家对货币的有关因素加以规定所形成的制度、规则，是货币运动的准则和规范。货币制度的基本内容包括以下几个方面：货币材料的确定、货币单位的确定、流通中货币种类的确定、货币法定偿付能力的规定、货币铸造发行的流通程序的规定、货币发行准备制度的规定。

**6.** 从货币形态上看，货币制度依次经历了金属货币制度和信用货币制度两个阶段。其中金属货币制度又可以进一步分为银本位制、金银复本位制和金本位制。

## 思考题

1. 辨析以下观点。

(1) 商品流通和商品交换是一回事。

(2) 在货币出现以前，商品既没有价值，也没有价格。

(3) 多印发货币(人民币)就可以尽快实现国家的富强和百姓的富足。

(4) 货币在执行价值尺度职能时可以是观念上的货币。

(5) 信用货币发挥贮藏手段的职能可以提高储蓄的效率。

(6) 信用货币自身没有价值，所以不是财富的组成部分。

(7) 我国货币的发行量决定于央行拥有的黄金外汇储备量。

(8) 金铸本位制在金属货币制度中是最稳定的货币制度。

2. 卢梭在《忏悔录》中说："拥有的金钱是自由的工具，追逐的金钱是奴役的工具。"这里所说的"金钱"与金融学中的"货币"是同一回事吗？请予以解释。

3. 2013年4月初，中国上市公司南方食品发布公告称，拟对持有该公司1 000股股份以上(含1 000股)的股东(除大股东黑五类集团外)按每持1 000股股份获赠一礼盒装(12罐装)黑芝麻乳产品进行分红。这被称作中国上市公司奇葩——"实物分红"，即上市公司将自己生产的产品作为"红利"分配给股东。根据公开资料，华夏基金旗下华夏红利混合、华夏行业精选两只基金分别持有南方食品384.34万股、129.52万股，如此算来，合计可以领取到61 656罐南方芝麻乳产品。根据十大股东持股数折算，中邮基金和金鹰基金也可分得芝麻乳产品超过千盒。此后，还有几家公司公告打算效仿。根据货币的职能，你如何评价中国上市公司的"实物分红"？

## 综合训练

### 2020年人民币将成为避险货币

2020年1月13日，受中国代表团赴美签署贸易协定利好影响，人民币汇率收盘价升破6.9，创2019年8月1日以来新高，年内升值1%。随着中美经贸形势好转，刺激性政策效应逐渐释放，中国经济将逐渐企稳，人民币在2020年甚至以后更长时间内有望成为避险货币。

所谓避险货币也叫保值货币，是指不易受地缘政治、战争、金融市场波动等因素影响，相对稳定，不易贬值的货币。一种货币能够成为避险货币，主要归功于该货币所属国家拥有稳定的政治局势、较好的内外部发展环境、良好的财政状况、相对稳定的货币政策和物价指数、发达而开放的金融市场等条件。相反，风险货币则是指由于国家政治和财政不稳定或爆发地缘政治危机，而导致货币汇率大幅度波动或相对其他货币贬值的货币。

全球公认的避险货币主要有美元、日元和瑞士法郎。美元的避险属性主要源于美国强大的政治、经济和金融实力；瑞士法郎源于瑞士永久中立国地位和其对金融外汇市场采取的保护政策；日元则源于日本较强的经济实力和长期实行的宽松货币政策环境，使其成为低息套利货币。一旦市场有风吹草动，地缘政治风险加剧，资金便流向上述三个国家。

目前国际三大避险货币避险属性有所弱化，已满足不了市场旺盛的避险需求，市场急需新的避险货币。全球需要新的避险货币供给，以满足日益增长的避险需求。其中，人民币正逐渐展现魅力，"中国制造"开始向"中国资产"转化，向全球提供了新的避险公共产品选择。

（资料来源：王有鑫.2020年人民币将成为避险货币［N］.证券日报，2020－01－18（A03）.）

**试分析：**

1. 如果有美元和人民币这两种货币供选择，作为你的贮藏货币，你选择哪一种？为什么？

2. 人民币成为避险货币的动因是什么？

3. 人民币成为避险货币可能给中国经济带来哪些影响？

# 第三章

# 国际交往中的货币与汇率

### 导入思考题

#### 汇率的波动对普通百姓的影响

2005 年 7 月 21 日，我国开始实行以市场供求为基础，参考一篮子货币进行调节、有管理的浮动汇率制。根据对汇率合理均衡水平的测算，7 月 21 日起，人民币对美元升值2%，即 1 美元对8.11 元人民币。人民币汇率升值的消息传出来后，国内外议论纷纷。那么汇率的变动对一个国家来说真的就那么重要吗？与我们的日常生活又有什么样的关系呢？

很多人认为，汇率的波动不会影响他们，因为他们既不出国，也不进行外汇交易。其实，表面上看起来没有影响，但实际上会有间接的影响。人民币升值或贬值不仅仅是国家大事，与普通老百姓的生活也息息相关。有人认为，人民币升值是好事，会让老百姓口袋里的钱将更值钱，这只是狭隘的看法。人民币升值为国家宏观调控带来不确定性，给就业带来困难，个人收入有可能会减少。进口商品随着人民币升值大量涌进国内市场，会让国内的部分市场份额被国外企业占领。如果人民币贬值并且幅度较大的话，进口原油所需要付出的代价就会大大提升，继而加大原油的进口成本。现在，相当一部分家庭都有汽车，汽油涨价了，会给居民生活带来影响。人民币汇率的波动，不仅会直接影响到子女留学、出国旅游，也会间接地影响到人们的生活，因此，维持人民币汇率稳定非常重要。

【学习导引】

汇率的变动不仅影响着一个国家的发展，同时对企业、个人来说也非常重要，是一个不容忽视的经济指标。对一个国家来说，外汇储备越多越好吗？汇率是如何影响社会经济生活的？有哪些因素决定了汇率的变动？通过本章对汇率及有关概念的学习，你会有一个较为清晰的认识。

# 第一节　国际交往中的货币——外汇

## 一、什么是外汇

国际经济交易和国际支付必然会产生国际债权债务关系。由于世界上的每个国家都有自己独立的货币和货币制度，各国货币之间不能流通使用，所以国家之间债权的清偿要用本国货币与外国货币兑换，由此产生了外汇。在国际金融领域，外汇是一个最基本的概念，因为它已成为各国从事国际经济活动不可或缺的媒介。要准确把握外汇的确切内涵，我们有必要从历史的角度来回顾。

在历史上，"外汇"是"国际汇兑"（Foreign Exchange）的简称。例如，一位中国的进口商购买一辆德国宝马汽车，他需要支付欧元给他的德国出口商，这时中国进口商需要将他所持有的人民币兑换成欧元，这种将本国货币兑换成外国货币，或者将外国货币兑换成本国货币以清偿国际债权债务的活动被称为国际汇兑，简称外汇。国际经济交易和国际支付，必然会产生国际债权债务关系，由于各国货币制度的不同，国际债权债务的清偿需要用本国货币与外国货币兑换。这种兑换往往不用现金支付，而是由银行之间通过不同国家货币的买卖来结算。很明显，国际汇兑是一个动态概念，是指一种汇兑行为，就是把一个国家的货币兑换成另一个国家的货币，然后以汇款或托收方式，借助各种信用流通工具对国际债权债务关系进行非现金结算的专门性经营活动。比如，我国某进出口公司从美国进口一批机器设备，双方约定用美元支付，而我方公司只有人民币存款，为了解决支付问题，该公司用人民币向中国银行购买相应金额的美元汇票，寄给美国出口商，美国出口商收到汇票后，即可向当地银行兑取美元，这样一个过程就是国际汇兑，也是外汇最原始的概念。

随着世界经济的发展，国际经济活动日益活跃，国际汇兑业务也越来越广泛，慢慢地，国际汇兑由一个过程的概念演变为国际汇兑过程中的国际支付手段这样一个静态概念，从而形成目前外汇的一般静态定义，即外币或用外币表示的用于国际结算的支付凭证。当外汇被看作一种支付工具手段时，具有静态的含义，静态的外汇有广义和狭义之分。

国际货币基金组织对外汇的解释是这样的："外汇是货币行政当局（中央银行、货币机构、外汇平准基金及财政部）以银行存款、财政部库券、长短期政府债券等形式所持有的在国际收支逆差时可使用的债权。"从这个解释中可看出，国际货币基金组织特别强调外汇应具备平衡国际收支逆差的能力及中央政府的持有性。我国政府根据我国国情，对外汇也有特殊的规定，1996 年 1 月 29 日发布并于 2008 年 8 月 1 日第二次修订的《中华人民共和国外汇管理条例》第三条中明确规定："本条例所称外汇，是指下列以外币表示的可以用作国际清偿的支付手段和资产：①外币现钞，包括纸币、铸币；②外币支付凭证或者支付工具，包括票据、银行存款凭证、银行卡等；③外币有价证券，包括债券、股票等；④特别提款权；⑤其他外汇资产。"

狭义的外汇是指以外币表示的可直接用于国际结算的支付手段。在此意义上，以外币表示的有价证券和黄金不能视为外汇，因为它们不能直接用于国际结算；暂时存放在持有国境内的外币现钞同样不能用于国际结算,不能视为外汇。只有存放在国外银行的外币资金,以及将对银行存款的索取权具体化了的外币票据才构成外汇。外币资金和外币票据包括汇票、支票、本票、银行付款委托书、银行存款凭证、邮政储蓄等。我们通常使用的是狭义的外汇概念。

在我国,有 20 余种外币可以在外汇市场上挂牌买卖,它们是美元(USD)、欧元(EUR)、日元(JPY)、英镑(GBP)、瑞士法郎(CHF)、意大利里拉(ITL)、荷兰盾(NLG)、比利时法郎(BEF)、丹麦克朗(DKK)、瑞典克朗(SEK)、奥地利先令(ATS)、港元(HKD)、加拿大元(CAD)、澳大利亚元(AUD)、新西兰元(NZD)、新加坡元(SIN)、澳门元(MOP)、马来西亚令吉(MYR)等。

并不是所有的外国货币都能成为外汇。一般要满足以下三个前提条件。

第一,以外币表示的国外资产。外汇必须以本国货币以外的外国货币来表示。即使本国货币及以其表示的支付凭证和有价证券等,可用作国际结算的支付手段或国际汇兑,但对本国居民来说仍不是外汇。也就是说,用本国货币表示的信用工具和有价证券不能视为外汇。美元为国际支付中常用的货币,但对美国人来说,凡是用美元对外进行的收付都不算是动用了外汇;而只有对美国以外的人来说,美元才算是外汇。

第二,可以兑换成其他支付手段的外币资产。外汇必须是可以自由兑换的货币。一种货币能够自由兑换成其他货币或者其他形式的资产时,才能作为国际支付和国际汇兑的手段。也就是说,外国货币不一定是外汇。因为外汇必须具备可兑换性,一般来说,只有能自由兑换成其他国家的货币,同时能不受限制地存入该国商业银行的普通账户才算作外汇。例如,美元可以自由兑换成日元、英镑、欧元等其他货币,因而美元对其他国家的人来说是一种外汇;而我国人民币现在还不能自由兑换成其他种类货币,所以我国人民币尽管对其他国家的人来说也是一种外币,却不能称作外汇。

第三,在国际上能得到偿还的货币债权。外汇必须可以在国际上得到偿付,能为各国普遍接受,才能承担国际支付的责任。空头支票、拒付的汇票等均不能视为外汇。因为如果是这样,国际汇兑的过程也就无法进行。同时,在多边结算制度下,在国际上得不到偿还的债权显然不能用作本国对第三国债务的清偿。

## 二、外汇的分类

### (一)自由兑换外汇、有限自由兑换外汇和记账外汇

按照外汇进行兑换时的受限制程度,可分为自由兑换外汇、有限自由兑换外汇和记账外汇。

#### 1. 自由兑换外汇

自由兑换外汇是指不需要外汇管理当局批准就可以自由兑换成其他国家货币,或者可以向第三者办理支付的外国货币及支付手段。美元、英镑、欧元、日元等货币,以及用这些货币表示的汇票、支票、股票、债券等支付凭证和信用凭证,均可视为自由兑换外汇。可自由兑换的货币在国际汇兑结算中被广泛使用,在国际金融市场上可自由买卖。根据国际货币基金组织协定第八条规定,一国货币成为自由兑换外汇,必须符合三个条件:①对本国国际收

支中的经常往来项目(贸易和非贸易的付款)和资金转移不加限制;②不采取歧视性的货币措施或多种货币汇率;③在另一成员方要求下,随时有义务购回对方经常项目往来中所结存的本国货币。

### 2. 有限自由兑换外汇

有限自由兑换外汇是指未经过货币发行国批准,不能自由兑换成其他货币或对第三者进行支付的外汇。国际货币基金组织协定规定,对国际性经常往来的付款和资本有一定限制的货币均属于有限制性的自由兑换货币。此类外汇通常存在一个以上的汇率,外汇交易也常受到限制。世界上有一大半的国家货币属于有限自由兑换货币,包括人民币。

### 3. 记账外汇

记账外汇是指对国际经常往来的付款或资金转移施加严格限制的货币,即一国货币不能成为清偿国际债权债务的手段,出了国门就成了"废纸"一张。因此,这类货币在国际上没什么地位。记账外汇的特点是仅限于国内流通。

### (二)贸易外汇、非贸易外汇和金融外汇

根据外汇的来源与用途不同,可以分为贸易外汇、非贸易外汇和金融外汇。

### 1. 贸易外汇

贸易外汇,也称实物贸易外汇,是指来源于或用于进出口贸易的外汇,即由国际的商品流通所形成的一种国际支付手段。

### 2. 非贸易外汇

非贸易外汇是指贸易外汇以外的一切外汇,即一切非来源于或用于进出口贸易的外汇,如劳务外汇、侨汇和捐赠外汇等。

### 3. 金融外汇

金融外汇与贸易外汇、非贸易外汇不同,它属于一种金融资产外汇,例如银行同业间买卖的外汇,既非来源于有形贸易或无形贸易,也非用于有形贸易,而是为了各种货币头寸的管理。资本在国家之间的转移,也要以货币形态出现,或是间接投资,或是直接投资,都形成在国家之间流动的金融资产,特别是国际游资,其数量之大,交易之频繁,影响之深刻,不能不引起有关方面的特别关注。

贸易外汇、非贸易外汇和金融外汇在本质上都是外汇,它们之间并不存在不可逾越的鸿沟,而是经常互相转化。

### (三)即期外汇和远期外汇

根据外汇的交割期限,可划分为即期外汇和远期外汇。

### 1. 即期外汇

即期外汇,又称现汇,是指外汇买卖成交后,在当日或在两个营业日内办理交割的外汇。所谓交割,是指本币的所有者与外币的所有者互相交换其本币的所有权和外币的所有权的行为,即外汇买卖中的实际支付。

2. 远期外汇

远期外汇，又称期汇，是指买卖双方不需要即时交割，而仅仅签订一纸买卖合同，预定将来在某一时间(至少在两个营业日以后)进行交割的外汇。远期外汇，通常是由国际贸易结算中的远期付款条件引起的。买卖远期外汇的目的，主要是避免或减少由汇率变动所造成的风险损失。远期外汇的交割期限从 1 个月到 1 年不等，通常是 3~6 个月。

### 三、外汇的作用

外汇对国际经济交往顺利进行，以及一国对外经济地位的提高具有重要的作用，具体体现在六个方面。

第一，作为国际结算的支付工具，有利于国际结算。国际结算是世界上对不同国家经济贸易往来债权债务的清理，只有外汇才能保证结算的顺利进行。

第二，通过国际汇兑可以实现购买力的国际转移，使国与国之间的货币流通成为可能。由于各国货币制度不同，各国货币不能在其他国家内流通，除了运用黄金外，不同国家的购买力是不能转移的。随着外汇业务的发展，作为国际支付手段，外汇被各国普遍接受，成为一种国际购买力。一个国家持有外汇，即掌握了一定数量的国际购买力，该国可以运用所持有的外汇在国际市场上购买所需要的各种商品、劳务以及偿付对外债务，把一国购买力转换为他国购买力，这种货币在国际上流通，就为商品的国际交换提供了可能。

第三，促进国际贸易的发展。用外汇进行结算既节省了运输的费用，又可以避免风险，特别是各种信用工具在国际上的运用，促进了国际商品交换的发展，扩大了国际贸易。

第四，有利于发挥国际资金余额调剂的作用。世界各国经济发展不平衡，资金余缺情况不同，资金供求矛盾的表现方式也各不相同，客观上要求调节资金余缺。发达国家存在着资金过剩的情况，而发展中国家则资金短缺，外汇在国际上周转，有助于国际投资和资本转移，使国际资金供求关系得到调节。

第五，外汇作为国际储备，起着平衡国际收支的作用。一国的国际收支出现逆差，可以动用外汇储备来弥补。一个国家的外汇储备充足，则国际清偿能力就强。在当今的国际经济活动中，已经不再直接用黄金偿还债务、弥补国际收支逆差和外汇短缺，而是在市场上以市价卖出所持有的黄金，用换取的外汇进行偿付。

第六，节约流通费用，弥补流通手段的不足。以外汇为国际支付手段，可以通过电汇、信汇或票汇方式，以可兑换货币表示的各种票据来实现债权债务清理和资金在国际上的转移，从而节约了流通费用。同时，国际贸易的各方通过银行买卖不同货币和不同支付期限的汇票，获得便利的资金融通。远期承兑汇票经过背书以后，取得在国际金融市场上流通转让的功能，使外汇作为支付手段弥补了流通手段的不足。

### 四、外汇储备

#### (一)外汇储备的含义

无论是个人出国旅行还是企业到境外做生意，在结算时都不会使用本国的货币，而是需要用当地国家的货币或者美元来支付。那么对于国家来说，无论是对于出口还是进口，两国之间的经贸需要使用双方都能接受的一种货币来结算，即通常所说的国际通用结算货币，例如美元、欧元、日元或者英镑。如果一个国家的出口经常大于进口，就会造成国际收支顺差，长期积累，就会使本国手中的外汇盈余增加。不断增加的外汇盈余是无法在本国直接使用的，为了解决这一问题，一般国家会将外汇盈余直接交给本国的中央银行来处理。例如，我国的央行在获得一定的外汇盈余后，除了一部分兑换成人民币外，剩下的外汇盈余就直接储存起来，这些储存的外汇盈余就称为外汇储备。

外汇储备又称外汇存底，指为了应付国际支付的需要，各国的中央银行及其他政府机构所集中掌握并可以随时兑换成外国货币的外汇资产。通常状态下，贸易顺差和资本流入集中到本国央行内而形成外汇储备。具体形式是政府在国外的短期存款或其他可以在国外兑现的支付手段，如外国有价证券，外国银行的支票、期票、外币汇票等。外汇储备主要用于清偿国际收支逆差，以及当本国货币被大量抛售时，利用外汇储备买入本国货币干预外汇市场，以维持该国货币的汇率。

### （二）外汇储备的作用

外汇储备是一个国家国际清偿力的重要组成部分，同时对于平衡国际收支、稳定汇率有重要的影响。一般说来，外汇储备的增加不仅可以增强宏观调控的能力，而且有利于维护国家和企业在国际上的信誉，有助于拓展国际贸易、吸引外国投资、降低国内企业融资成本、防范和化解国际金融风险。一般来看，外汇储备的作用体现在以下四个方面。

第一，调节国际收支，保证对外支付。当国家进出口交易出现比较明显的缺口或者因为其他的因素引起贸易差时，可以用外汇储备来填补逆差，保住本国的国际交易声誉，避免更大的经济危机，保证经济正常发展。

第二，干预外汇市场，稳定本币汇率。国家的汇率是由该国家货币的供求关系来决定的，如果该国货币供求不平衡，导致市场汇率出现异常，对国家货币政策的运行产生影响，这个时候政府就会运用持有的外汇储备来买进外国债券，以调整市场，稳定汇率。

第三，维护国际信誉，提高对外融资能力。外汇储备代表了国家清偿外债的能力，也代表了国家的经济实力，是最直接的经济能力的体现，可以据此来判断国家的资信力。

第四，增强综合国力和抵抗风险的能力。外汇储备是央行的资产，外汇储备多，代表央行的资产储备高，在国际上进行经济交往时也会有更多的资金支持。如果发生金融危机的话，更多的外汇储备意味着有更强的能力来抵抗风险。

外汇储备越多越好吗？一方面，外汇储备表现为持有一种以外币表示的金融债权，并非投入国内生产使用。这就产生了机会成本，即如果央行不持有储备，就可以把这些储备资产用来进口商品和劳务，增加生产的实际资源，从而增加就业和国民收入，而持有储备则表示放弃了这种利益。因此，外汇储备越大，机会成本就越高，在很大程度上也会抑制国家进口商品的能力。另一方面，外汇储备的增加需要相应扩大货币供给量，如果外汇储备过大，就会增加通货膨胀的压力，增加货币政策调控难度。此外，持有过多外汇储备，还可能因外币汇率贬值而遭受损失。因此，外汇储备对于一个国家来说，其重要性不言而喻，但也不是越多越好。外汇储备只有保持适度水平，才能更好地服务于经济社会发展和居民需要，充分实现其最大价值。

拓展阅读3-1

#### 中国的外汇储备

外汇储备是一国经济金融的"稳定器"。在当前错综复杂的国际环境下，推进改革开放和发展，保障国家经济安全，必须有相当规模的外汇储备，以应对不时之需，确保中国具备抵御外部冲击的宏观调控能力。也正是因为有大量外汇储备，我国才得以抵御2008年国际金融危机的巨大冲击，为我国维持了经济结构调整和转型升级所需的外部条件。

外汇储备也与一国的经济基本面息息相关。改革开放以来，我国经济连续快速增长，对外贸易、利用外资规模迅速扩大。1992年年初，我国外汇储备只有217亿美元，此后，随着我国经济的发展，外汇储备规模快速增加。2019年，我国外汇储备稳定在3万亿美元以上，整体呈现稳中有升的态势。当前，外汇储备保持平稳是我国经济基本面向好的重要指征。

中国外汇储备（不含港澳台）的主要组成部分是美元资产，其主要持有形式是美国国债和机构债券。外汇储备作为国家资产，由中国人民银行下属的中国国家外汇管理局管理，部分实际业务操作由中国银行进行。

（资料来源：陈果静. 外汇储备稳中有升意味着什么［N］. 经济日报，2020-01-08(005).）

# 第二节　汇　　率

## 一、汇率的含义

不同国家之间经济交往所产生的债权债务关系到期都要进行结算，而国际结算就是通过不同货币的兑换（即外汇买卖）来完成的。两种货币之间兑换的比率就是汇率，又称外汇利率、外汇汇率或外汇行市，亦可视为一个国家的货币对另一种货币的价值。汇率是各个国家达到其政治目的的金融手段。汇率会因为利率、通货膨胀、国家的政治和每个国家的经济等原因而变动，而汇率是由外汇市场决定。

一个国家生产的商品都是按本国货币来计算成本的，要拿到国际市场上竞争，其商品成本一定与汇率相关。汇率直接影响该商品在国际市场上的成本和价格，直接影响商品的国际竞争力。例如，一件价值100元人民币的商品，如果人民币对美元的汇率为0.150 2（间接标价法），则这件商品在美国的价格就是15.02美元。如果人民币对美元汇率降到0.142 9，也就是说美元升值、人民币贬值，那么，这件商品在美国的价格就是14.29美元，用更少的美元就可买此商品。商品的价格降低，竞争力变高，便宜，好卖。反之，如果人民币对美元汇率升到0.166 7，也就是说美元贬值、人民币升值，那么，则这件商品在美国市场上的价格就是16.67美元，此商品的美元价格变贵，买的人就少了。

## 二、汇率的标价方法

在国际汇兑中，不同的货币之间均可相互表示对方的价格，因此汇率具有双向表示的特点，既可以用本国货币来表示外国货币的价格，也可以用外国货币来表示本国货币的价格。某国的外汇汇率究竟如何表示，取决于其所采取的标价方法。确定两种不同货币之间的比价，先要确定用哪个国家的货币作为标准。由于确定的标准不同，便产生了几种不同的外汇汇率标价方法，其中最常见的包括直接标价法和间接标价法。

### （一）直接标价法

直接标价法是指以一定单位（如 1 个单位、100 个单位）的外国货币为标准，折算成若干单位本国货币的汇率标价方法。这就相当于计算购买一定单位外币应付多少本币，所以叫应付标价法。在直接标价法下，外国货币作为基准货币，本国货币作为标价货币。目前，大多数国家采取直接标价法，国际市场上大多数汇率也是以这种方法标示的。如，日元兑美元汇率为 109.03，即 1 美元兑 109.03 日元。我国人民币也采用直接标价法，如中国银行 2020 年 2 月 18 日的外汇牌价显示，人民币对美元的汇率为：USD 100 = CNY 699.26。

在直接标价法下，若一定单位的外币折合的本币数额多于前期，则说明外币币值上升或本币币值下跌，叫作外汇汇率上升；反之，用比原来少的本币即能兑换到同一数额的外币，这说明外币币值下跌或本币币值上升，叫作外汇汇率下跌，即外币的价值与汇率的涨跌成正比。直接标价法与商品的买卖常识相似。例如，美元的直接标价法就是把美元外汇作为买卖的商品，以美元为 1 单位，且单位是不变的，而作为货币一方的人民币是变化的。

在我国外汇市场上，人民币兑美元汇率由 USD 100 = CNY 707.58 变为 USD 100 = CNY 712.35，其表明需要比原来更多的本币（人民币）才能兑换单位外币（美元），说明外币（美元）的币值上升，或本币（人民币）币值下降，通常称为外汇汇率上升。

如果在我国外汇市场上，人民币兑美元汇率由 USD 100 = CNY 727.58 变为 USD 100 = CNY 699.26，表明用比原来少的本币（人民币）就能兑换单位外币（美元），说明本币（人民币）的币值上升，或外币（美元）币值下降，通常称为外汇汇率下跌。

### （二）间接标价法

间接标价法是指以一定单位（如 1 个单位、100 个单位）的本国货币为标准，折算成若干单位外国货币的汇率标价方法。在这种标价法下，本国货币的数额固定不变，外国货币的数额则随外国货币与本国货币币值对比的变化而变化，如欧元兑美元汇率为 0.970 5，即 1 欧元兑 0.970 5 美元。目前，英国、美国、澳大利亚等国采用间接标价法。由于英镑最早成为国际结算的主要货币，因此英国长期以来一直采用间接标价法。美国也曾采用直接标价法，但由于第二次世界大战后美国的经济实力迅速上升，美元逐渐成为国际结算和国际储备的主要货币，为了便于计价结算，美国从 1978 年 9 月 1 日起采用间接标价法（但美元对英镑的汇率，仍然沿用直接标价法）。

在间接标价法中，本国货币的数额保持不变，外国货币的数额随着本国货币币值的变化而变化。一定数额的本币能兑换的外币数额比前期少，表明外币币值上升，本币币值下降，即外汇汇率下跌；反之，如果一定数额的本币能兑换的外币数额比前期多，则说明外币币值下降、本币币值上升，即外汇汇率上升，即外汇的价值和汇率的升跌成反比。因此，间接标价法与直接标价法相反。

无论在哪种标价法下，数量固定不变的货币称"标准货币"或"基础货币"，数量不断变化的货币称"标价货币"或"从价货币"。在直接标价法下，标准货币是外国货币，标价货币是本国货币；而在间接标价法下，情况正好与之相反。两种标价法都是以标价货币的数量表示标准货币的价格。

### (三) 美元标价法

非本币货币之间的汇价往往以一种国际上的主要货币或关键货币为标准。第二次世界大战以后，由于美元是世界货币体系的中心货币，各国外汇市场上公布的外汇牌价均以美元为标准，这就是"美元标价法"。

美元标价法又称纽约标价法，是指在纽约国际金融市场上，除对英镑用直接标价法外，对其他外国货币用间接标价法的标价方法。美元标价法由美国在 1978 年 9 月 1 日制定并执行，目前是国际金融市场上通行的标价法。在国际商品市场上，无论是黄金市场还是石油市场，都采用美元标价法，即国际商品的结算都通过美元计价结算。

银行汇价挂牌时，标出美元与其他各种货币之间的比价，如果需要计算美元以外的两种货币之间的比价，就必须通过美元进行套算，因此产生了套算汇率，又称交叉汇率 (Cross Rate)。例如，假定 1 美元=1.601 0 瑞士法郎，1 美元=1.801 0 德国马克，则 1 德国马克=1/1.801 0×1.601 0=0.889 0 瑞士法郎。由于美元是国际外汇市场上最主要的货币，美元标价法有利于比较不同外汇市场的汇率行情，方便交易的进行。

## 三、汇率的种类

汇率虽然被概括地定义为两种货币的兑换比率，但基于不同的划分标准，其表现形式多种多样。根据实际应用的不同需要，汇率可以划分为若干具体的种类。

### (一) 基准汇率和交叉汇率

按制定汇率的角度不同，汇率可划分为基准汇率和交叉汇率。

#### 1. 基准汇率

通常选择一种国际经济交易中最常使用、在外汇储备中所占的比重最大的可自由兑换的关键货币作为主要对象，与本国货币对比，定出汇率，这种汇率就是基本汇率。关键货币一般是指世界货币，是被广泛用于计价、结算、储备货币、可自由兑换、国际上可普遍接受的货币。第二次世界大战后，由于美元取代了英镑而成为国际结算中使用最多、在各国国际储备中占比最大的关键货币，故美元被大多数国家接受，成为本国货币对外价值的定值标准或计价单位，各国货币同美元的汇率自然就成为基准汇率。

我国基准汇率包括五种：人民币与英镑之间的汇率、人民币与美元之间的汇率、人民币与日元之间的汇率、人民币与欧元之间的汇率以及人民币与港元之间的汇率。人民币基准汇率是由中国人民银行根据前一日银行间外汇市场上形成的美元对人民币的加权平均价，公布当日主要交易货币(美元、日元和港元)对人民币交易的基准汇率，即市场交易中间价。

2. 交叉汇率

交叉汇率又称套算汇率，是指两种货币之间的汇率通过第三种货币(媒介货币)计算出来的汇率(多由基准汇率计算出套算汇率)。

在国际市场上，几乎所有的货币兑美元都有一个兑换率。一种非美元货币对另一种非美元货币的汇率，往往需要通过这种对美元的汇率进行套算，这种套算出来的汇率就称为交叉汇率。交叉汇率的一个显著特征是，一个汇率所涉及的是两种非美元货币间的兑换率。

如果投资者想卖出日元买入瑞士法郎，他可能先卖出日元买美元，随后卖出美元买入瑞士法郎。所以，虽然该交易只涉及日元和瑞士法郎，但美元汇率起到了基准的作用。

在实际外汇买卖交易时，各币种的汇价是由我国各允许进行外汇买卖的商业银行，参照全球联网的外汇市场交易系统所发布的国际金融市场的即时汇率(包括各种交叉盘汇率)，加上一定幅度的买卖差价后确定的。

### (二)买入汇率、卖出汇率、中间汇率和现钞汇率

从银行买卖外汇的角度，汇率可划分为买入汇率、卖出汇率、中间汇率和现钞汇率。

1. 买入汇率与卖出汇率

买入汇率也称汇率买入价，是银行向同业或客户买入外汇时使用的汇率。一般而言，外币折合本币数较少的那个汇率，就是买入汇率(表示买入一定数额的外汇需要付出多少本国货币)。

卖出汇率也称卖出价，是外汇银行向同业或客户卖出外汇时使用的汇率。一般而言，外币折合本币数较多的那个汇率，就是卖出汇率(表示卖出一定数额的外汇需要收回多少本国货币)。

外汇银行买卖外汇的目的是追求利润，他们通过低价买进、高价卖出来赚取差价。也就是说，买入汇率和卖出汇率的差额就是银行经营外汇业务的利润。买入汇率和卖出汇率的差额一般为 0.1% ~0.5%。

2. 中间汇率

中间汇率也称中间价，是买入汇率和卖出汇率的平均数。各种新闻媒体在报道外汇行情时大多采用中间汇率，人们研究汇率变化时，也往往参照中间汇率。

3. 现钞汇率

现钞汇率也称现钞价，是银行同客户买卖外币现钞时使用的汇率。现钞买入价一般低于外汇买入价，而现钞卖出价与外汇卖出价相同。

为什么现钞买入价一般低于外汇买入价？因为银行在买进外汇(外币支付凭证)后，资金通过划账很快就可以存入外国银行，开始生息或调拨使用。而现钞却只能在其发行国使用，或存入其发行国银行或外国银行才能获得利息收入。因此，银行买进外国钞票后，要经过一段时间，等外币现钞积累到一定数量后，才能将其运送并存入外国银行调拨使用。在此以前，买进外币钞票的银行要承受一定的利息损失，并且将外币现钞运送并存入外国银行的过程中还有运费和保险费等支出。银行要将这些损失及费用转嫁给卖出外币现钞的客户，故银行买入外币现钞的价格低于买入外汇的价格。

### (三)官方汇率和市场汇率

按外汇管制的程度划分，汇率可分为官方汇率和市场汇率。

1. 官方汇率

官方汇率又称法定汇率，是指在外汇管制比较严格的国家或地区，由政府授权的官方机构(如财政部、中央银行或外汇管理机构等)制定并公布的汇率。这些国家一般没有外汇市场，一切外汇交易都必须以官方汇率为准。官方汇率是外汇管制的一种形式，其目的在于奖励出口、限制进口，限制资本的流入或流出，以改善国际收支状况。官方汇率一般不会频繁调整，这虽然有助于汇率稳定，但也使汇率缺乏弹性。

2. 市场汇率

市场汇率是指在外汇管制比较松弛的国家或地区(一般是市场机制较发达的国家或地区)，外汇市场上自由买卖外汇的价格。在这些国家或地区，汇率受外汇供求关系影响而经常性地自发变化。官方机构为了控制汇率波动的幅度和频率，一般通过参与外汇市场活动来加以干预。

### (四)电汇汇率、信汇汇率和票汇汇率

按外汇交易中支付方式的不同，汇率可划分为电汇汇率、信汇汇率和票汇汇率。

1. 电汇汇率

电汇汇率也称电汇价，是指银行卖出外汇时用电信方式通知境外联行或代理行支付外汇给收款人所使用的外汇价格。在电汇方式下，银行一般用电传、传真等方式通知国外分行支付款项，外汇付出迅速，银行很少占用客户的资金。在国际金融市场上，汇率很不稳定，进出口商为避免外汇风险，往往在贸易合同中约定使用电汇方式。银行同业买卖外汇或资金划拨也都使用电汇。因而电汇汇率成为一种具有代表性的汇率，其他汇率都是以电汇汇率为基础计算出来的。各国公布的外汇汇率，一般是指电汇汇率。由于电汇付款快，银行无法占用客户资金头寸，同时，国际上的电报费用较高，所以电汇汇率较一般汇率高。但是电汇调拨资金速度快，有利于加速国际资金周转，因此在外汇交易中占相当大的比重。

2. 信汇汇率

信汇汇率也称信汇价，是指用信函方式通知境外联行或代理行付款的外汇价格。由于航空邮寄函件比电信通知需要的时间长，银行在一定时间内可以占用客户的资金，因此信汇汇率比电汇汇率低一些。

3. 票汇汇率

票汇汇率是指银行在卖出外汇时，开立一张由其国外分支机构或代理行付款的汇票给汇款人，由其自带或寄往国外取款所使用的汇率。由于票汇从卖出外汇到支付外汇有一段间隔时间，银行可以在这段时间内占用客户的头寸，所以票汇汇率一般比电汇汇率低。票汇有短期票汇和长期票汇之分，其汇率也不同。由于银行能更长时间运用客户资金，所以长期票汇汇率较短期票汇汇率低。

### (五)即期汇率和远期汇率

按外汇交易的交割时间，汇率可分为即期汇率和远期汇率。

1. 即期汇率

即期汇率也称现汇汇率，是指外汇买卖双方在外汇买卖成交后的两个营业日内办理交割的汇率，它是由成交时的外汇供求关系决定的。除非特别注明，外汇市场的汇率及官方牌价均为即期汇率。

2. 远期汇率

远期汇率也称期汇汇率，是在未来一定时期进行交割，而事先由买卖双方签订合同、达成协议的汇率。到了交割日期，由协议双方按预定的汇率、金额进行钱汇两清。远期外汇买卖是一种预约性交易，是由于外汇购买者对外汇资金需要的时间不同，以及为了避免外汇汇率变动风险而引起的。远期外汇的汇率与即期汇率相比是有差额的。这种差额叫远期差价，有升水、贴水、平价三种情况，升水表示远期汇率比即期汇率贵，贴水则表示远期汇率比即期汇率便宜，平价表示两者相等。

### (六)固定汇率和浮动汇率

按汇率制度的不同，汇率可分为固定汇率和浮动汇率。

1. 固定汇率

固定汇率是指一国货币与外币的比价基本固定，并且汇率的波动被限制在一定的范围内，当汇率波动超出规定的界限时，货币当局有义务对外汇市场进行干预，以维持汇率稳定。国际金本位制度和布雷顿森林体系下的汇率制度就属于固定汇率制。固定汇率是基本固定，汇率的波动幅度限制在一个规定的范围内。第二次世界大战以后，国际货币基金组织规定，成员国的货币平价一律以一定数量的黄金或美元来表示，成员国的货币汇率，仅能按金平价之比在一定幅度内作上下限各1%的浮动。当某国货币对美元的汇率波动超过这一幅度时，该国官方有义务将汇率波动限制在规定上下限之内。

2. 浮动汇率

浮动汇率是指本国货币与其他国家货币之间的汇率不由官方制定，而是根据市场供求变化而自发形成的汇率。官方在汇率出现过度波动时才干预市场。浮动汇率是布雷顿森林体系解体后西方国家普遍实行的汇率制度。在这种汇率制度下，货币管理部门不规定汇率波动的界限，原则上也没有维持汇率稳定的义务，但往往会根据经济政策的需要，主要通过市场机制对汇率施加一定的影响。

### (七)名义汇率和实际汇率

按汇率是否剔除通货膨胀因素划分，汇率可分为名义汇率和实际汇率。

1. 名义汇率

名义汇率是指由官方公布的(或在市场上通行的)、没有剔除通货膨胀因素的汇率。名义汇率又称"市场汇率"，是一种货币能兑换另一种货币的数量。名义汇率通常先设定一个特殊的货币加美元、特别提款权作为标准，然后确定与此种货币的汇率。汇率依美元、特别提款权的币值变动而变动。名义汇率不能反映两国货币的实际价值，是随外汇市场上外汇供求变动而变动的外汇买卖价格。

2. 实际汇率

实际汇率是指在名义汇率的基础上剔除了通货膨胀因素的汇率。实际汇率是用两国价格水平对名义汇率进行调整后的汇率，即

$$s = eP*/P$$

式中，$s$ 为实际汇率；$e$ 为直接标价法下的名义汇率，即用本币表示的外币价格；$P*$ 为以外币表示的外国商品价格水平；$P$ 为以本币表示的本国商品价格水平。

实际汇率反映了以同种货币表示的两国商品的相对价格水平，从而反映了本国商品的国际竞争力。

## 四、决定汇率的基础

汇率是两国货币之间的比价。两国货币为什么具有这种可比性，为什么一定时期内一种单位货币只能换取一定数量的另一种货币，而不能更多或更少？这就是研究决定汇率的基础所要解决的问题。各国货币之间之所以具有可比性，是因为它们都具有或代表一定的价值。

币值是一个常用的概念，用来泛指货币的购买能力。从国内角度考察，币值相当于物价的倒数，称为货币的"对内价值"，即货币的购买力。一国货币的币值还可以用另一国的货币来表示，称为货币的"对外价值"，即汇率。汇率(货币的对外价值)不仅取决于两种货币各自的对内价值，还取决于两种货币的相对供求状况。国与国之间货币购买力之比，与汇率所标示的货币兑换比率，往往存在着明显差异，这称为对内价值与对外价值的偏离。

从短期来看，一国的汇率由对该国货币兑换外币的需求和供给所决定。外国人购买本国商品、在本国投资以及利用本国货币进行投机会影响本国货币的需求，本国居民想购买外国产品、向外国投资以及外汇投机影响本国货币供给。

从长期来看，汇率主要取决于商品在本国的价格与在外国的价格的对比关系。以一种商品为例，如果 1 个单位商品在美国生产需要 5 美元，在中国生产需要 50 元人民币，则就这个单位商品而言，美元与人民币的汇率就是 5 : 50，即 1 美元兑换 10 元人民币。汇率是所有进出口商品本国价格与外国价格的相对比价。

在不同时期，两种货币的兑换比率(即汇率)有差异，是因为不同时期两种单位货币代表的价值量不同所致。在不同的货币制度下，货币所具有或代表的价值量的测定不同，或者说价值量的具体表现形式不同，因此，决定汇率的基础也有所不同。在金本位制下，黄金为本位货币。两个实行金本位制的国家的货币单位可以根据它们各自的含金量来确定其比价，即汇率。如在实行金币本位制时，英国规定 1 英镑的重量为 123. 274 47 格令，成色为 22 开金，即含金量为 113. 001 6 格令纯金；美国规定 1 美元的重量为 25.8 格令，成色为 900‰，即含金量为 23. 22 格令纯金。根据两种货币的含金量对比，1 英镑 = 4. 866 5 美元，汇率就以此为基础上下波动。在纸币制度下，各国发行纸币作为金属货币的代表，并且参照过去的做法，以法令规定纸币的含金量，称为金平价，金平价的对比是两国汇率的决定基础。但是纸币不能兑换成黄金，因此，纸币的法定含金量往往形同虚设。所以在实行官方汇率的国家，由国家货币当局(财政部、中央银行或外汇管理当局)规定汇率，一切外汇交易都必须按照这一汇率进行。在实行市场汇率的国家，汇率随外汇市场上货币的供求关系变化而变化。

## 汇率决定理论的演变及应用

传统汇率决定理论是从外汇流量的角度对汇率决定及其变动进行解释的。这一理论认为，外汇市场上本外币流量的差异引起汇率的变动，换言之，外汇的供需取决于消费者对商品与劳务的需求。

在传统汇率决定理论中，最为核心及基础的是购买力平价理论。该理论的基本思想是，货币的价值在于其具有购买力。从长期趋势看，在任何两个国家之间，购买同一组商品和服务所花费的货币价值是一样的，而不同货币的兑换比率会朝着这个方向逼近，最终使购买者付出同样的代价。因此，汇率与各国的物价水平之间有直接的联系。

购买力平价理论最生动的应用例子是巨无霸指数。巨无霸汉堡在多个国家均有供应，它在各地的制作流程相同，依据本地原料的采购价格进行定价，这些因素使该指数能有意义地比较各国货币的币值。按照 2013 年《经济学人》杂志公布的巨无霸指数，巨无霸在美国售价为 4.2 美元，在欧元区售价为 3.49 欧元，则欧元兑美元的汇率为 1.203 4，而 2013 年 1 月欧元兑美元的汇率均值为 1.265 8。

购买力平价理论是从货币的支付功能角度分析货币的交换问题，用简单的表达式对汇率问题进行描述，可以反映汇率的长期变动趋势。但在国际资金流动规模不断扩大的情况下，购买力平价理论无法解释即期汇率的变动，而利率平价理论在一定程度上可以弥补这一缺陷，对短期汇率的变动比较具有解释力。

利率平价理论认为，两国在相同时期内，只要有利率差存在，投资者即可利用套汇或套利等方式赚取价差，两国货币间的汇率将因为此种套利行为而产生波动，直到套利的空间消失为止。依据利率平价理论，两国间利率的差距会影响两国的币值水平及资金的移动，进而影响远期汇率与即期汇率的差价。

20 世纪 70 年代后，浮动汇率制的实施使市场汇率水平变动剧烈。传统汇率决定因素无法解释市场汇率的波动性。例如，在外汇供求变动较小时，市场汇率反而出现大幅波动。因此，西方学者在对传统汇率理论质疑和修正的基础上，引入了新的变量，形成了新的现代汇率理论。相比传统理论的专注于货币的流量以及货币的使用价值方面的研究，现代汇率决定理论是金融资产市场上的汇率决定理论，更专注于货币存量或将存量与流量结合考虑来分析问题。

货币学派认为，汇率是由一国的货币供给与需求所决定的，假设其他条件不发生变化，一国货币供给量增加，会导致一国货币同比例贬值；而一国货币需求增加，便会使一国货币升值。资产组合学派认为，汇率在短期内的变动最主要是受国际不同国家的金融资产预期报酬率的影响。当某种资产的供给存量或者预期收益率发生变化的时候，私人部门就会对各种资产的持有比例进行相应的调整，最终使资产市场重新实现平衡。在资产组合的调整过程中，本国资产与外国资产之间的替换会引发外汇供求的变化，进而导致市场汇率发生变化。

总而言之，现代汇率决定理论从货币供需因素、经济基本因素、投资者心理预期因素以及市场因素等方面对均衡汇率的决定因素和汇率的变动因素进行了深入的探讨与研究。

（资料来源：毛磊，王永红．汇率决定理论的演变及应用［N］．期货日报，2014-07-17（003）．）

### 五、影响汇率变动的主要因素

影响汇率变动的因素是多方面的。总的来说，一国经济实力的变化与宏观经济政策的选择，是决定汇率长期发展趋势的根本原因。从短期来看，引起汇率变动最直接的原因应该是外汇供求关系的变化。在自由兑换的条件下，某种外汇供过于求，这种外汇的价格就下跌；某种外汇供不应求，这种外汇的价格就上升。在经济活动中，有许多因素影响汇率变动，主要包括以下几个方面。

1. 国际收支状况

国际收支状况是决定汇率趋势的主导因素。国际收支是一国对外经济活动中的各种收支的总和。一般情况下，国际收支逆差将引起本币贬值、外币升值，即外币汇率上升。国际收支顺差则引起外汇汇率下降。国际收支变动决定汇率的中长期走势。

例如，自20世纪80年代中后期，美元在国际经济市场上长期处于下降的状况，而日元恰恰相反，一直在不断升值。究其原因就是美国长期以来出现国际收支逆差，而日本持续出现巨额顺差。仅以国际收支经常项目的贸易部分来看，当一国进口增加而产生逆差时，该国对外国货币产生额外的需求，这时，在外汇市场就会引起外汇升值、本币贬值；反之，当一国的经常项目出现顺差时，就会引起外国对该国货币需求的增加与外汇供给的增长，本币汇率就会上升。

2. 国民收入

国民收入的变动引起汇率升还是降，取决于国民收入变动的原因。如果国民收入是因增加商品供给而提高的，则在一个较长时间内该国货币的购买力得以加强，外汇汇率就会下降；如果国民收入因扩大政府开支或扩大总需求而提高，在供给不变的情况下，差额的需求必然要通过扩大进口来满足，这就使外汇需求增加，外汇汇率就会上升。

3. 通货膨胀率

通货膨胀率是影响汇率变化的基础。在纸币流通条件下，两国货币的兑换比率是根据各自所代表的实际价值量决定的。如果一国的货币发行过多，流通中的货币量超过了商品流通过程中的实际需求，就会造成通货膨胀。通货膨胀使一国的货币在国内购买力下降，使货币对内贬值，在其他条件不变的情况下，货币对内贬值，必然引起对外贬值。因为汇率是两国币值的对比，发行货币过多的国家，其单位货币所代表的价值量减少，因此在该国货币折算成外国货币时，就要付出比原来多的该国货币。

通货膨胀率的变动，将改变人们对货币的交易需求量以及对债券收益、外币价值的预期。通货膨胀造成国内物价上涨，在汇率不变的情况下，出口亏损，进口有利。在外汇市场上，外国货币需求增加，本国货币需要减少，从而引起外汇汇率上升，本国货币对外贬值。

相反，如果一国通货膨胀率降低，外汇汇率一般会下跌。

当然，分析时还应注意的是，一国货币的对内贬值转移到货币的对外贬值，会有一个相对较长的时间过程。

### 4. 货币供给

货币供给是决定货币价值、货币购买力的首要因素。如果本国货币供给减少，则本币由于稀少而更有价值。通常货币供给减少与银根紧缩、信贷紧缩相伴而行，从而造成总需求、产量和就业下降，商品价格也下降，本币价值提高，外汇汇率将相应地下跌。如果货币供给增加，超额货币则以通货膨胀的形式表现出来，本国商品价格上涨，购买力下降，这会导致相对低廉的外国商品大量进口，外汇汇率将上涨。

### 5. 财政收支

一国的财政收支状况对国际收支有很大的影响。财政赤字扩大，将增加总需求，常常导致国际收支逆差及通货膨胀加剧，结果本币购买力下降，外汇需求增加，进而推动汇率上涨。当然，如果财政赤字扩大时，在货币政策方面辅之以严格控制货币量、提高利率的举措，反而会吸引外资流入，使本币升值，外汇汇率下跌。

### 6. 利率

一国利率的上升，会使该国的金融资产对本国和外国的投资者更有吸引力，从而导致资本内流，汇率升值。当然不能不考虑一国利率与别国利率的相对差异，如果一国利率上升，但别国也同幅度上升，则汇率一般不会受到影响；如果一国利率虽有上升，但别国利率上升更快，则该国利率相对来说反而下降了，其汇率也会下跌。利率因素对汇率的影响是短期的。一国紧靠高利率来维持汇率强盛，其效果是有限的，因为这很容易引起汇率的高估，而汇率高估一旦被市场投资者（投机者）所利用，很可能产生更严重的本国货币贬值风潮。

例如，20世纪80年代初期，里根入驻白宫以后，为了缓和通货膨胀，促进经济复苏，采取了紧缩性的货币政策，大幅度提高利率，其结果使美元在20世纪80年代上半期持续上扬。但是1985年，伴随美国经济的不景气，美元高估的现象已经相当严重，从而引发了1985年秋天美元大幅度贬值的现象。

### 7. 各国汇率政策和对市场的干预

各国汇率政策和对市场的干预，在一定程度上影响汇率的变动。在浮动汇率制下，各国央行都尽力协调各国间的货币政策和汇率政策，力图通过影响外汇市场中的供求关系来达到支持本国货币稳定的目的，中央银行影响外汇市场的主要手段是：调整本国的货币政策，通过利率变动影响汇率；直接干预外汇市场；对资本流动实行外汇管制。

### 8. 投机活动与市场心理预期

自1973年实行浮动汇率制以来，外汇市场的投机活动愈演愈烈，投机者往往拥有雄厚的实力，可以在外汇市场上推波助澜，使汇率的变动远远偏离其均衡水平。投机者常利用市场顺势对某一币种发动攻击，攻势之强，使各国央行甚至西方七国央行联手干预外汇市场也难以阻挡。过度的投机活动加剧了外汇市场的动荡，阻碍了正常的外汇交易，歪曲了外汇供求关系。

另外，外汇市场的参与者和研究者，包括经济学家、金融专家和技术分析员、资金交易员等每天致力于汇市走势的研究，他们对市场的判断及对市场交易人员心理的影响以及交易者自身对市场走势的预测等，都是影响汇率短期波动的重要因素。当市场预计某种货币趋跌时，交易者会大量抛售该货币，造成该货币汇率下浮；反之，当人们预计某种货币趋于坚挺时，又会大量买进该种货币，使其汇率上扬。由于公众预期具有投机性和分散性的特点，加剧了汇率短期的振荡。

9. 政治与突发因素

政治与突发因素对外汇市场影响是直接和迅速的，这些因素包括政局的稳定性，政策的连续性，政府的外交政策以及战争、经济制裁和自然灾害等。另外，西方国家大选也会对外汇市场产生影响。政治与突发事件因其突发性及临时性，使市场难以预测，故容易对市场造成冲击。

总之，影响汇率的因素是多种多样的，这些因素的关系错综复杂，有时这些因素同时起作用，有时个别因素起作用，有时甚至起互相抵消的作用；有时这个因素起主要作用，另一因素起次要作用。但是从一段长时间来观察，汇率变化的规律受国际收支的状况和通货膨胀所制约，因而国际收支的状况和通货膨胀是决定汇率变化的基本因素，利率因素和汇率政策只能起从属作用，即增强或削弱基本因素所起的作用。一国的货币政策对汇率的变动起着决定性作用。一般情况下，各国的货币政策中，将汇率确定在一个适当的水平已成为政策目标之一。通常，中央银行运用三大政策工具来执行货币政策，即存款准备金政策、贴现政策和公开市场政策。投机活动只是在其他因素所决定的汇价基本趋势上起推波助澜的作用。

## 六、汇率变动对经济的影响

汇率变动对一国经济有重要影响。汇率变动首先会在短期内引起进出口商品的国内价格变化，继而波及整个国内物价，从而影响整个经济结构，导致汇率变动对经济产生长期影响。

### （一）汇率对进出口的影响

汇率变动会对进口商品的国内价格产生影响。本国货币汇率上升，会使进口商品的国内价格降低，本国进口的消费资料和原材料的国内价格就随之降低。本国货币汇率下降，会使进口商品的国内价格提高，本国进口的消费品和原材料因本币汇率下跌而不得不提高售价以减少亏损。

汇率变动会对出口商品的国内价格产生影响。外国货币汇率上升，会使出口商品的国内价格提高。因为以本币所表示的外汇汇率上涨，即外币购买力提高，外国进口商会增加对本国出口商品的需求，若出口商品的供应数量不能相应增长，则出口商品的国内价格必然会有较大幅度的增长。外国货币汇率下降，外汇购买力下降，会引起对本国出口商品需求的减少，从而引起出口商品价格的下降。

汇率变动会对国内其他商品的价格产生影响。汇率变动不仅影响进出口商品的国内价格，也影响着国内其他商品的价格。外币汇率上升即本币汇率下降，导致进口商品和出口商品在国内的售价提高，必然要导致国内其他商品价格的提高，从而导致整个物价的上涨。外币汇率下降或本币汇率上升，导致进口商品和出口商品在国内的价格降低，必然会促进国内整个物价水平下降。如本币汇率上升，进口商品国内价格降低，以进口原料生产的本国商品的价格由于生产成本降低而下降。

### （二）汇率对物价水平的影响

从进口消费品和原材料来看，汇率下降要引起进口商品在国内的价格上涨，其对物价总指数影响的程度，则取决于进口商品和原材料在国民生产总值中所占的比重。反之，本币升值，其他条件不变，进口商品的价格有可能降低，从而可以起到抑制物价总水平的作用。

从出口商品看，汇率下降有利于扩大出口。但在出口商品供给弹性小的情况下，出口扩大会引起国内市场抢购出口商品，从而抬高出口商品的国内收购价格，甚至有可能波及物价总水平。

如果某种或某些品种的出口商品由于汇率下降而引起国内收购价格的提高，那么，对于这种或这些品种的出口商品而言，汇率降低刺激出口增加的作用将会部分乃至全部被抵消。汇率的变动导致物价总水平的波动，其影响就不仅限于进出口，而将影响整个经济进程。

当然，由于经济运行的复杂性，汇率变动对国内物价的影响及程度有时不是那么直接和明显，还要视商品的生产等条件而定，但是，无论如何，汇率的变动总会引起国内物价的变动，而一国国内物价发生变化必然会不同程度地对国民经济各部门产生影响和发生作用。

### （三）汇率对资本流动的影响

就长期资本流动而言，本币贬值的影响不大，因为长期资本流动更注重的是投资的整体环境。但在其他条件不变的情况下，本币贬值后，1单位外币折合更多的本币，外币的购买力相对上升，会促使外国资本流入，有利于吸引外商到货币贬值国进行投资。本币贬值后，需用更多的本币才能兑换1单位外币，本币购买力相对下降，会使本国资本流出减少。

汇率变动对短期资本的流出与流入影响较大，而且要从动态的角度来把握。本币对外价值将贬未贬时，也就是外汇汇价将升未升时，会引起本国资本外逃。但当本币贬值甚至超跌时，在一定程度上又会促使外资流入。反之，当本币对外价值将升未升时，也就是外汇汇价将跌未跌时，为获取本币升值的好处，资本流入会增加。但当本币超升时，为回避下调的风险，也可能引起资本的外逃。

另外，汇率变化对资本流动的影响方向和影响程度还要受其他因素如政府的管制、资本投资的安全性等方面的制约。

### （四）汇率对国际储备的影响

汇率变动对官方储备的影响主要体现在两个方面。

第一，汇率变动后，会对一国国际收支平衡表中的经常项目和资本项目产生影响，从而使该国的官方储备发生变动。如果汇率的变动有利于增加经常项目和资本项目的顺差，则汇率变动将使该国的外汇储备增加。如果汇率的变动不利于该国经常项目和资本项目顺差的增加或者使经常项目和资本项目的逆差扩大，则官方储备减少。

第二，储备货币汇率的变动，将使持有该储备货币的国家的储备资产的实际价值增加或减少。不论是以单一币种为储备还是以多元币种为储备，储备货币汇率变化都会直接影响到一国外汇储备的价值。

**（五）汇率变动对国民收入和就业的影响**

一般而言，一国货币汇率下跌有利于出口而不利于进口，因此汇率下跌会促使资源向出口部门和进口替代部门转移，促使这些部门收入水平和就业水平的提高。如果此时国内有闲置资源的话，将提高整体的国民收入和就业水平。相反，一国货币汇率上升，就有减少生产、国民收入和就业的影响。总之，本币贬值后，贸易收支的改善通过乘数效应会扩大总需求，带动投资、消费增加，使社会总产量倍数扩张，从而推动经济增长，扩大就业。

因此，世界各国都把汇率作为十分重要的经济杠杆，通过汇率调整达到奖出限入，实现充分就业、经济增长的目标。但前提条件是国内尚未达到充分就业，还有闲置资源可供利用。否则，对经济增长作用不大，还会造成通货膨胀的压力。

**拓展阅读3-3**

### 汇率变动带来的影响不容忽视

随着人民币汇率双向浮动弹性不断增强，人民币汇率单边走势和单边预期被打破，可预测性不断降低。相应地，企业面临的汇率风险也不断增大。继2015—2016年人民币对美元汇率贬值，造成三大航空公司连续两年出现百亿元的汇兑损失后。近期由于人民币对美元汇率升值，又有不少企业出现汇兑损失。2月1日，广东汕头超声电子股份有限公司预告汇兑损失，因人民币升值，预计1月份产生汇兑损失约4 500万元。

一般来说，企业汇率风险主要包括经营风险、交易风险和折算风险。经营风险是指未预料到的汇率变化导致企业未来经营状况发生变化的风险，主要通过对企业产品价格、生产成本及销售量的影响表现出来。如2017年以来人民币汇率升值，导致部分原材料和初级产品出口企业出口价格优势减弱，出现订单减少、客户流失、合同违约等问题，对其生产经营产生了明显的不利影响。交易风险是指汇率变化导致企业应收账款和应付债务价值发生变化的风险。如2015—2016年人民币汇率贬值，导致航空公司等外币负债较重的企业出现巨额汇兑损失。折算风险是指汇率变动导致企业资产负债表中某些项目的价值发生变化的风险。外贸企业大都以美元为主要计价、结算货币，而外贸企业的收付款往往存在一定的时滞，汇率变动可能导致收入和支出折算成人民币后出现一定的波动。

随着人民币汇率市场化改革的深入推进，未来人民币汇率双向浮动弹性将进一步增强，汇率风险将成为外贸企业的重要风险之一。外贸企业应高度重视，树立正确的风险意识，将人民币汇率波动视为常态，积极运用远期、期货、期权等衍生金融工具，有效管控汇率风险。

（资料来源：刘健. 人民币汇率波动加大　企业汇率风险不容忽视[N]. 证券日报，2018-03-03（A03）.）

# 第三节　汇率制度

## 一、汇率制度的含义与类型

汇率制度是指一国货币当局对本国汇率变动的基本方式所进行的一系列安排或规定，是一国经济制度的重要组成部分。具体应包括确定汇率的原则和依据，维持与调整汇率的办法，管理汇率的法令、体制和政策，以及制定、维持与管理汇率的机构。

在布雷顿森林体系的早期，成员国很难找到一个与其国际收支均衡相一致的平价，以及伴随货币危机而来的对平价的重新调整，人们由此开始了对固定汇率和浮动汇率的持久争论。传统上的汇率制度分类是两分法，分为固定汇率制和浮动汇率制，这也是最简单的汇率制度分类。

### 1. 固定汇率制

固定汇率制是指汇率的制定以货币的含金量为基础，形成汇率之间的固定比值。这种汇率或是由黄金的输入与输出予以调节，或是在货币当局调控之下，在法定幅度内进行波动，因而具有相对稳定性。在固定汇率制下，两国货币的含金量之比（平价）决定两国货币的兑换率。平价一经确定基本保持不变，在市场的自发调节或货币管理部门干预下，市场汇率围绕平价在很小的范围内上下波动。

从历史发展进程来看，自 19 世纪中末期金本位制在西方各国确定以来，一直到 1973 年，世界各国的汇率制度基本上属于固定汇率制。固定汇率制经历了两个阶段：一是从 1816 年到第二次世界大战前国际金本位制时期的固定汇率制；二是从 1944 年到 1973 年的布雷顿森林体系的固定汇率制。前者通过市场自发调节来保持汇率相对稳定，后者则通过货币当局的干预来促使汇率趋于稳定。

（1）金本位制下的固定汇率制。

在实行金本位制的国家，其货币汇率是由铸币平价决定的；由于金币可以自由铸造、银行券可以自由兑换金币、黄金可以自由输出与输入，汇率受黄金输送点的限制，波动幅度局限于很狭窄的范围内。可以说，金本位制下的固定汇率制是典型的固定汇率制。

（2）布雷顿森林体系下的固定汇率制。

1944 年，在美国布雷顿森林召开了一次国际货币金融会议，确定了以美元为中心的汇率制度，被称为布雷顿森林体系下的固定汇率制。其核心内容为：美元规定含金量，其他货币与美元挂钩，两种货币兑换比率由黄金平价决定，各国的中央银行有义务使本国货币与美元汇率围绕黄金平价在规定的幅度内波动，各国中央银行持有的美元可按黄金官价向美国兑取黄金。

固定汇率制的影响有利有弊。从有利影响来看，在固定汇率制下，汇率具有相对稳定性，汇率的波动范围或自发地维持、或人为地维持，这使进出口商品的价格确定、国际贸易成本计算和控制、国际债权债务的清偿都能比较稳定地进行，减少了汇率波动带来的风险。此外，汇率比较稳定，也在一定程度上抑制了外汇投机活动。因此，固定汇率制对世界经济发展起到一定促进作用。从不利影响方面来看，在固定汇率条件下，汇率不能发挥对国际收支的自动调节作用。因汇率波动幅度被限制在一定范围内，在国际收支出现逆差时，不能在本币的自发贬值下刺激出口和限制进口，改善国际收支状况。同时不利于国内经济平衡发展，容易在国与国之间传递通货膨胀，并且不易防范国际游资冲击。

2. 浮动汇率制

浮动汇率制是指一国不规定本国货币与外国货币的比价，不限制汇率波动的上下限，汇率随外汇市场供求状况而变动的一种汇率制度。

1976 年 1 月，国际货币基金组织国际货币制度临时委员会达成《牙买加协定》，同年 4 月 1 日，国际货币基金组织理事会通过《IMF 协定第二次修正案》（《第一次修正案》是在 1968 年，授权国际货币基金组织发行特别提款权），认可了 1971 年以来国际金融的重大变化，废除以美元为中心的国际货币体系，确立了浮动汇率的合法地位，国际货币关系从此迈入一个新时代。

按照政府对汇率是否干预，浮动汇率制分为自由浮动汇率和管理浮动汇率。自由浮动汇率是指政府对外汇市场不加任何干预，完全听任外汇市场供求力量的对比自发地决定本国货币对外国货币的汇率，这种浮动也称清洁浮动。管理浮动汇率是指政府对外汇市场进行公开或不公开的干预以影响外汇供求关系，使汇率向有利于自己的方向变动，这种浮动也称肮脏浮动。

按照汇率的浮动方式，浮动汇率制可分为单独浮动、联合浮动、钉住浮动和联系汇率制。单独浮动是指一国货币不与任何国家货币发生固定联系，其汇率根据外汇市场供求变化而自动调整，美元、日元、加拿大元、澳大利亚元和少数发展中国家的货币，采取单独浮动。联合浮动又称共同浮动，是指国家集团在成员国之间实行固定汇率，同时对非成员国货币采取共同浮动的方法，如在欧元推出之前，欧洲货币体系成员国实行联合浮动。钉住浮动是指一国货币与外币保持固定比价关系，随外币的浮动而浮动。依据钉住货币种类不同，分为钉住单一货币和钉住合成货币两种。钉住单一货币浮动是一些国家由于历史上的原因，对外经济往来主要集中于某一发达国家，或主要使用某种外币，这些国家使本币汇率钉住该国货币变动。钉住合成货币是指一些国家为了摆脱本币受某一种货币支配的状况，将本币与一篮子货币挂钩。一篮子货币或是复合货币单位，或是以贸易额为权数计算出来的货币篮子，是由与该国经济联系最为密切的国家的货币组成的。联系汇率制是特殊钉住汇率制，最典型的是港元联系汇率制。

**拓展阅读 3-4**

### 香港联系汇率制

香港联系汇率制是一种货币发行制度。联系汇率制 1983 年 10 月 17 日在香港实施，通过严谨、稳健和透明的货币发行制度，使港元汇率稳定在 7.75 至 7.85 港元兑 1 美元的区间内。在这一制度下，货币基础得到外汇储备的十足支持，货币基础的任何变动都必须有外汇储备按固定汇率计算的相应变动完全配合。香港金融管理局（简称金管局）提供兑换保证，承诺在 7.75 港元兑 1 美元的强方兑换保证水平，按银行要求卖出港元；并在 7.85 港元兑 1 美元的弱方兑换保证水平，按银行要求买入港元。

若市场对港元的需求大过供应，令市场汇率转强至 7.75 港元兑 1 美元的强方兑换保证汇率，金管局随时准备向银行沽出港元、买入美元，使总结余(货币基础的一个组成部分)增加及港元利率下跌，从而令港元汇率从强方兑换保证汇率水平调整至 7.75 到 7.85 的兑换范围内。

若港元供过于求，令市场汇率转弱至 7.85 港元兑 1 美元的弱方兑换保证汇率，金管局随时准备向银行买入港元，使总结余减少及港元利率推高，港元汇率随之由弱方兑换保证汇率水平调整至兑换范围内。

(资料来源：香港金融管理局网站。)

浮动汇率制可以防止国际金融市场上大量游资对硬货币的冲击，防止某些国家的外汇储备和黄金流失，有利于国内经济政策的独立性。但是不利于国际贸易和国际投资，使进出口贸易不易准确核算成本或使成本增加，因此影响长期贸易合同的签订。此外，浮动汇率制助长了国际金融市场上投机活动，使国际金融局势更加动荡；可能导致竞争性货币贬值；各国采取以邻为壑政策，实行贬值，在损害别国利益前提下改善本国国际收支逆差状况。

## 二、汇率制度的选择

由于汇率的特定水平及其调整对经济有重大影响，并且不同的汇率制度本身也意味着政府在实现内外均衡目标的过程中需要遵循不同的规则，所以，选择合理的汇率制度是一国乃至国际货币制度面临的非常重要的问题。

汇率制度的选择是一个非常复杂的问题，是一国政府的政策行为。它首先建立在一国所具有的特殊经济特征的基础之上；并且在不同的时期，由于所追求的政策目的不同，政府所选择的汇率制度也不同；在经济全球化的趋势下，一国汇率制度的选择还受其对外经济贸易关系的影响，受国际经济和金融大环境的制约。

一国经济的结构性特征是汇率制度选择的基础。小国比较适于实行固定汇率制，因为小国一般与少数几个国家的贸易依存度较高，汇率的浮动会给它的对外贸易带来不利影响；此外，小国经济内部的结构调整成本较低。相反，大国由于对外贸易的商品构成多样化及贸易的地区分布多元化，很难选择一种货币作为参照货币实行固定汇率，加之大国经济内部结构调整的成本较高，并且往往倾向于追求独立的经济政策，因此，大国一般比较适于实行浮动汇率制。

特定的政策意图是汇率制度选择的政策目的。在一国政府面临较高的国内通货膨胀率时，政府的政策意图是控制国内的通货膨胀，固定汇率制就比较受青睐。这时候若采取浮动汇率制，则本国的高通货膨胀使本国货币贬值，本国货币贬值又通过成本、工资收入机制等进一步加剧国内的通货膨胀。若一国政府的政策意图是防止从国外输入通货膨胀，则应该选择浮动汇率制。因为在浮动汇率制下，一国货币政策的自主性较强。

一国与其他国家的经济合作情况对汇率制度的选择有重要的影响。当两国之间存在非常密切的经济贸易往来时，两国货币保持固定比价较有利于各自的经济发展。区域经济合作关系比较密切的国家之间，也适于实行固定汇率制，如欧洲货币体系的汇率机制。

国际经济和环境制约着一国的汇率制度选择。在国际资本流动日益频繁且资本流动规模日益庞大的背景下，一国国内金融市场与国际金融市场联系越是密切，本国政府对外汇市场的干预能力越有限，则该国实行固定汇率制的难度很大。

在汇率制度的选择上，美国经济学家罗伯特·赫勒提出了"经济论"。这一理论认为，一国汇率制度的选择主要是由经济方面的因素决定的。这些因素有经济开发程度、经济规模、进出口贸易的商品结构和地区分布、国内金融市场的发达程度及其与国际金融市场的联系程度、相对的通货膨胀率等。如果一国的对外开放程度高，经济规模小，进出口的商品结构单一（集中在某几种商品）或进出口的地区相对集中，则该国倾向于实行固定汇率制或钉住汇率制。相反，对外开放程度低，进出口商品多样化或进出口的地区分布多元化，国内通货膨胀率较高的国家，则倾向于实行浮动汇率制。

发展中国家的经济学家，也集中讨论了发展中国家的汇率制度选择问题，提出了汇率选择的"依附论"。这一理论认为，发展中国家的汇率制度的选择，主要取决于它们在经济、政治、军事等方面的对外联系特征。发展中国家在实行钉住汇率制时，采用哪一种货币作为"参考货币"（被钉住的货币），主要取决于它们在经济、政治、军事等方面的对外依附关系。从美国的进口在其进口总额中占很大比重的国家，或者从美国得到大量军事赠予或从美国大量购买军需物资的国家，同美国有复杂的条约关系的国家，往往将本国货币钉住美元；同法国有传统殖民地联系的非洲国家，则倾向于钉住法国法郎；同美国等主要工业国家的政治经济关系较为"温和"的国家，则选择钉住其他货币。

综合以上理论可以看出，汇率制度的选择应该考虑以下因素。

（1）经济活动规模的大小。一般来讲，经济活动规模大的国家，在经济上的独立性更强，更不愿意保持固定汇率而使国内的经济政策受制于其他国家；而经济活动规模小的国家，则正好相反。

（2）经济开放程度。经济的开放程度反映了一国与外部经济的联系程度，它可以用多种指标来反映，比如用进出口贸易额占 GDP 的比例、资本流动的规模占 GDP 的比例等。一般来讲，一国的经济开放程度越高，贸易品价格在整体物价水平中的比例就越大，汇率变动对国家整体经济的影响也就越显著。为了在最大限度上稳定国内价格水平，越开放的国家越倾向于选择钉住汇率制。

（3）本国货币的国际化程度。本国货币的国际化程度即在国际贸易、国际结算、国际投资、国际借贷等国际经济活动中使用本国货币的比率。只有本国货币是自由兑换货币时，才有可能采用浮动汇率制。否则，浮动汇率制就缺乏实行的条件。

（4）相对的通货膨胀率。与别国的通货膨胀率不同的国家，由于在经济政策上很难与别的国家取得协调，因此，在汇率上也难以与别的国家保持稳定而采取浮动汇率制；相反，与别国通货膨胀率差异较小或相同的国家，更易于实行固定汇率制。

（5）进出口贸易的地区结构。主要与一个国家或地区发生贸易关系的国家，通常选择使本国货币与其货币钉住的钉住汇率制；而进出口贸易的地区结构表现出多元化的国家，则多采用别的汇率制度。

（6）与大国的经济政治依附程度。如果一国的经济、政治甚至军事对于某一个大国的依附程度较高，则出于维护本国经济稳定发展的考虑，该国则会采取本国货币与该大国货币相挂钩的钉住汇率制;如果一国的经济、政治、军事不是依附于一个大国,而是依附于几个工业发达的大国,则该国往往采取让本国货币钉住这几个国家合成货币的汇率制度。

另外,还必须考虑到本国的其他一些条件,比如经济的市场化程度、金融市场的发育程度、法律体系的完备程度及经济信息的披露程度等。

## 三、人民币汇率制度

### (一)人民币汇率制度的历史演变

汇率管理是我国外汇管理的前提和基础性内容,外汇制度改革的目标是逐步实现人民币的完全可兑换。我国人民币汇率制度自诞生之后,几经变迁,先后经历过频繁调整的钉住美元汇率制度(1949—1952 年)、基本保持固定的钉住美元汇率制度(1953—1972 年)、钉住一篮子货币(1973—1980 年)、官方汇率与贸易结算汇率并存的双重汇率制度(1981—1985 年)、官方汇率与外汇调剂价并存的新的双重汇率制度(1985—1993 年)和以市场供求为基础的、单一的、有管理的浮动汇率制(1994—2005 年)。2005 年 7 月 21 日起,我国开始实行以市场供求为基础、参考一篮子货币进行调节、有管理的浮动汇率制。

1. 计划经济时期的人民币汇率制度(1949—1978 年)

1949 年 1 月 8 日,中国人民银行开始在天津公布人民币汇率。随后,上海、广州在中央的统一管理下,以天津汇率为标准,根据当地物价状况,公布各自的汇率。计划经济时期,人民币汇率在一个较长的历史时期内实行固定汇率安排,一直钉住一篮子货币。

2. 转轨经济时期的人民币汇率制度(1979—1993 年)

实行贸易内部结算价和对外公布汇率的双重汇率制度。1981—1984 年,人民币官方汇率实行了贸易内部结算价和非贸易公开牌价的双重汇率制度。1985 年 1 月 1 日起取消内部结算价,重新实行单一汇率,汇率为 1 美元折合 2.8 元人民币,这是人民币汇率的第一次并轨。

根据内外物价变化调整官方汇率。1985—1990 年期间,我国根据国内物价的变化,多次调整汇率。至 1990 年 11 月 17 日,1 美元折合 5.22 元人民币。

实行官方汇率和外汇调剂市场汇率并存的汇率制度。自 1980 年起,全国各地开始陆续实行外汇调剂制度,设立外汇调剂中心,开办外汇调剂公开市场业务,形成了官方汇率和调剂市场汇率并存的局面。从 1991 年 4 月 9 日起,我国实行有管理的浮动汇率,1993 年年底调至 1 美元折合 5.8 元人民币。

3. 汇率并轨与有管理的浮动汇率制时期(1994 年—2005 年 7 月)

1994 年国家外汇体制改革的总体目标是"改革外汇管理体制,建立以市场供求为基础的、单一的、有管理的浮动汇率制和统一规范的外汇市场,逐步使人民币成为可兑换的货币"。具体措施包括:第一,实行以市场供求为基础的、单一的、有管理的浮动汇率制,1994 年 1 月 1 日实行人民币官方汇率与外汇调剂价并轨;第二,实行银行结售汇制,取消外汇留成和上缴;第三,建立全国统一的、规范的银行间外汇交易市场,央行通过参与该市场交易管理人民币汇率,人民币对外公布的汇率即为该市场所形成的汇率。1996 年 12 月我国实现人民币经常项目可兑换，从而实现了人民币自由兑换的重要一步。

1994 年以后，我国实行以市场供求为基础的管理浮动汇率制，但人民币对美元的名义汇率除了在 1994 年 1 月到 1995 年 8 月期间小幅度升值外，始终保持相对稳定状态。亚洲金融危机以后，由于人民币与美元脱钩可能导致人民币升值，不利于出口增长，我国政府进一步收窄了人民币汇率的浮动区间。1999 年，国际货币基金组织对中国汇率制度的划分也从"管理浮动"转为"钉住单一货币的固定钉住制"。

### 4. 人民币汇率形成机制改革(2005 年 7 月至今)

2005 年 7 月 21 日，我国对完善人民币汇率形成机制进行改革，人民币汇率不再钉住单一美元，而是选择若干种主要货币组成一个货币篮子，同时参考一篮子货币计算人民币多边汇率指数的变化。实行以市场供求为基础、参考一篮子货币进行调节、有管理的浮动汇率制。人民币汇率形成机制改革以来，以市场供求为基础，人民币总体小幅升值。

2005 年 7 月 21 日人民币汇率形成机制改革后，中国人民银行在每个工作日闭市后公布当日银行间外汇市场美元等交易货币对人民币汇率的收盘价，作为下一个工作日该货币对人民币交易的中间价。自 2006 年 1 月 4 日起，中国人民银行授权中国外汇交易中心于每个工作日上午 9 时 15 分对外公布当日人民币对美元、欧元、日元和港元的汇率中间价，作为当日银行间即期外汇市场以及银行柜台交易汇率的中间价，保持人民币汇率在合理均衡水平上的基本稳定。这一汇率制度的平稳实施充分证明了"以市场供求为基础、参考一篮子货币进行调节、有管理的浮动汇率制"符合我国汇制改革主动性、可控性、渐进性的要求。人民币汇率将以市场供求为基础，参考一篮子货币，在合理、均衡的水平上保持基本稳定。

### (二)现行人民币汇率制度特点

#### 1. 以市场供求关系为基础

根据新的人民币汇率制度确定的汇率与当前的进出口贸易、通货膨胀水平、国内货币政策、资本的输出与输入等经济状况密切相连，经济的变化情况会通过外汇供求的变化作用到外汇汇率上。

#### 2. 有管理的汇率

我国的外汇市场需要继续健全和完善，政府必须用宏观调控措施来对市场的缺陷加以弥补，因而必须对人民币汇率进行必要的管理。主要体现在：国家对外汇市场进行监管，国家对人民币汇率实施宏观调控，中国人民银行进行必要的市场干预。

#### 3. 浮动的汇率

浮动的汇率制度是一种具有适度弹性的汇率制度。中国人民银行于每个工作日闭市后公布当日银行间外汇市场美元等交易货币对人民币汇率的收盘价，作为下一个工作日该货币对人民币交易的中间价格。2015 年 8 月 11 日，中国人民银行宣布调整人民币兑美元中间价报价机制，由做市商参考上一日银行间外汇市场收盘价汇率，向中国外汇交易中心提供中间价报价。

#### 4. 参考一篮子货币

一篮子货币，是指按照我国对外经济发展的实际情况，选择若干种主要货币，赋予相应的权重，组成一个货币篮子。同时，根据国内外经济金融形势，以市场供求为基础，参考一篮子货币计算人民币多边汇率指数的变化，对人民币汇率进行管理和调节，维护人民币汇率在合理和均衡水平上的基本稳定。篮子内的货币构成，将综合考虑在我国对外贸易、外债、外商直接投资等对外经贸活动中占较大比重的主要国家、地区及其货币。参考一篮子表明外币之间的汇率变化会影响人民币汇率，但参考一篮子货币不等于钉住一篮子货币，还需要将市场供求关系作为另一个重要依据，据此形成有管理的浮动汇率。这种制度将有利于增加汇率弹性，抑制单边投机，维护多边汇率。

拓展阅读 3-5

### 人民币汇率制度的演进：2005—2019 年

自 2005 年放弃固定汇率制以来，中国的汇率制度经历了持续的渐进式改革。随着时间的推移，人民币汇率变得更加有弹性，但仍处于央行的审慎管理下。这一时期人民币汇率制度主要经历以下发展阶段。

第一阶段：放弃固定汇率制，但保持人民币兑美元的相对稳定（2005 年 7 月—2015 年 6 月）。中国人民银行宣布，中国正在"参照一篮子货币，进行基于市场供求关系的，有管理的浮动汇率制"。然而，央行对于一篮子参照货币并没有具体说明，宣布的制度依然是与美元汇率紧密挂钩的。具体而言，在交易日开始前宣布的每日汇率（中间价汇率）将作为当日人民币兑美元汇率区间的中间值。

第二阶段：尝试增加弹性和市场波动，紧接着是有管理的贬值（2015 年 8 月—2016 年 12 月）。2015 年 8 月 11 日，中国人民银行发布公告，改变了人民币兑美元的中间价报价机制，旨在提高市场力量在人民币汇率变动中的作用。在新机制下，银行被要求提交报价，报价需要将前一日收盘价汇率、外汇市场供需关系和主要货币的汇率变动纳入考虑。2015 年 12 月，中国外汇交易中心（China Foreign Exchange Trade System）公布了可追溯至 2014 年 12 月 31 日的"CFETS 汇率指数"，指导市场按照一篮子货币参照运行是政策的焦点。

第三阶段：对 CFETS 一篮子货币保持稳定性（2016 年年中—2017 年年底）。为了进一步引导市场走向稳定，2017 年 5 月 26 日中国外汇交易中心调整了对做市银行中间价报价的指导。银行被要求在其报价中加入"逆周期因子"，目的是减少"非理性"贬值预期和"顺周期"的羊群效应。央行对于"逆周期因子"没有给出任何定义，每个银行都使用自己的参数进行计算，反映其对经济基本面的评估。

第四阶段：更加追求汇率的弹性（2018 年至今）。与 2005 年中国开始汇率制度改革时相比，人民币现在与 CFETS 一篮子货币挂钩，相对于美元汇率更加灵活了。这种近期的 CFETS 一篮子货币挂钩制度，使中国能够针对更多的贸易伙伴管理货币竞争力，而不仅仅是盯着美国。央行的声明强调了人民币在短期内的稳定性，同时保持货币汇率在长期由市场力量决定。

（资料来源：张寒堤，李钰婕. 人民币汇率制度的演进：2005 年—2019 年[J]. 新金融，2019(05)：6-12.）

## 本章小结

1. 外汇是国际汇兑的简称，有动态和静态之分。动态的外汇是指人们为了清偿国际的债权债务关系，将一种货币兑换成另一种货币的行为。静态的外汇有广义和狭义之分，广义的静态外汇泛指可以清偿对外债务的一切以外国货币表示的资产或债权。狭义的静态外汇是指以外币表示的可用于国际结算的支付手段。一种外币资产能够成为外汇，需要具备三个条件：可自由兑换性、普遍性和可偿还性。

2. 汇率是一国货币用另一国货币表示的价格。汇率的表示方法包括：直接标价法、间接标价法、美元标价法。从不同角度汇率有不同的划分：按制定汇率的角度不同，划分为基准汇率与交叉汇率；从银行买卖外汇的角度，划分为买入汇率、卖出汇率、中间汇率和现钞汇率；按外汇的汇付方式不同，划分为电汇汇率、信汇汇率和票汇汇率；按外汇交易的交割时间不同，划分为即期汇率和远期汇率；按汇率制度不同，划分为固定汇率和浮动汇率等。

3. 在现实生活中，汇率的变动主要受到国际收支状况、国民收入、通货膨胀率、利率、财政收支和货币供给等因素的影响。同时，汇率也影响着进出口、物价水平、资本流动、国际储备、国民收入和就业等方面，其效果要视具体情况而定。另外，货币制度不同，汇率的决定基础是不一样的。随着国际经济的发展，汇率理论将不断取得突破性进展，每一种新理论的问世都有很强的针对性。

4. 汇率制度是一国货币当局对本国汇率变动的基本方式所进行的一系列安排和规定。目前，世界上对汇率的管理方法主要有三种，一是固定汇率，二是有管理的浮动汇率，三是自由浮动汇率。固定汇率是货币当局把本国货币对其他货币的汇率加以基本固定，波动幅度限制在一定的范围之内；有管理的浮动汇率是指货币当局通过各种措施和手段干预市场，使汇率在一定幅度内浮动，或维持在对本国有利的水平上；自由浮动汇率是指货币当局对外汇市场很少干预，汇率由外汇市场的供求状况自发决定，但在现实中，完全自由浮动的汇率制度是不存在的。因此，国家汇率体系趋向复杂化、市场化。汇率制度选择的目标是实现内外均衡，为此应该遵循一定的原则和考虑多方面的因素。

5. 人民币汇率制度是我国金融体系的重要组成部分。改革开放以来，人民币汇率经历了曲折的发展和变化过程，逐步实行以市场供求为基础的、参考一篮子货币进行调节的、有管理的浮动汇率制，顺应了社会主义市场经济的发展要求。

## 思考题

1. 中国 A 贸易公司从美国 B 公司进口价值 50 万美元的美国甜橙，双方约定用美元作为结算货币，A 公司到当地中国银行，申请签发面值为 50 万美元的银行汇票。试分析此案例中的动态外汇和静态外汇。

2. USD 100＝CNY 687.24 在上海和纽约外汇市场上分别是哪种标价法？分析当纽约外汇市场上汇率由 USD 100＝CNY 687.24 变成 USD 100＝CNY 698.49 时，本币汇率和外币汇率的变化。

3. 中国人民银行授权中国外汇交易中心公布，某日银行间外汇市场美元等交易货币对人民币汇率的中间价为：1 美元兑人民币 6.827 0 元，1 欧元兑人民币 10.213 2 元，1 英镑兑人民币 11.159 8 元，100 日元兑人民币 7.516 2 元，1 港元兑人民币 0.880 9 元。

思考：

（1）上述外币中哪种汇率最高、哪种最低？说明判断依据。

（2）上述汇率是怎么决定的呢？

**综合训练**

### 人民币跨境结算

近年来，我国进出口贸易发展迅速，人民币在国际上的地位逐渐攀升，越来越多的贸易伙伴选择使用人民币进行结算，人民币国际化的趋势日益增强，跨境人民币支付系统的日臻完善又助推了人民币国际化的进程。

据统计，目前至少有 28 个国家正式宣布使用人民币进行国际经贸往来，包括俄罗斯、委内瑞拉、日本、阿尔及利亚、印度、马来西亚、越南、巴基斯坦、伊朗和埃及等国家。跨境人民币支付系统的使用量增长速度也非常快，截至 2018 年年底，结算量已经超过了 10 万亿元。据统计，总部设在上海的 83 家世界 500 强企业中，71 家已经在办理跨境人民币业务。在这些公司中，超过 30 家企业的人民币跨境收入和支出占比超过 50%，一些跨国公司的占比甚至更多，与国内公司的所有业务已转换为以人民币进行结算。随着改革开放新格局的出现，将人民币作为国际贸易结算货币的国家越来越多，跨境人民币支付系统的使用范围会越来越广。

（资料来源：杨素燕. 人民币跨境结算助推其国际化进程[N]. 河南日报，2019-08-21（008）.）

**试分析：**

1. 你见过外币吗？请举例说明。

2. 如果一种外币要成为国际货币，应具备哪几个条件？

3. 我国为什么要实行人民币跨境结算？其意义何在？

4. 我国应如何进一步推进人民币跨境结算？

# 第四章

# 信 用

### 信用时代：超前消费究竟是对还是错？

中国人民银行日前公布的《2018年第三季度支付体系运行总体情况》显示，截至第三季度末，全国银行卡在用发卡数量为73.85亿张，环比增长2.75%。全国银行卡发卡量持续增长的同时，银行卡信贷规模也持续扩大。尤其引人关注的是，截至第三季度末，信用卡逾期半年未偿信贷总额达880.98亿元，环比增长16.43%，占信用卡应偿信贷余额的1.34%。而"信用卡逾期半年未偿信贷总额"这个指标，在2014年是357.64亿元，在2010年是76.86亿元。

2018年8月，富达国际与蚂蚁金服联合发布的2018《中国养老前景调查报告》显示，目前，中国年青一代平均每月储蓄1 339元，超半数尚未制定养老计划。年青一代对此解释，他们储蓄有限的最大原因是没有充足的资金。"透支""月光"已经是贴在年青一代身上的标签。

然而这种特有模式，并不完全局限于年青一代。消费者长期入不敷出，很大程度上归咎于过度膨胀的消费欲望和盲目追捧的超前消费理念。过度消费使他们忽视了一个朴素的逻辑：解决缺钱问题，应该踏实赚钱，而不是盲目借钱。可见，对于消费者而言，树立健康的消费观念很重要。

还有一个值得消费者重视的问题是信用逾期。随着国家对征信的重视程度和配套制度逐步完善，个人征信在越来越多的场景被调用。互联网经济环境下，个人征信被认为是个人的"经济身份证"。一旦个人因为信用逾期被列为失信被执行人，未来在交通出行、出入境、金融贷款等生活的诸多方面会受到限制。

除了消费者的内在需求，外部环境也在推波助澜。一方面，2017年国家发布《中国人民银行关于信用卡业务有关事项的通知》，借着这股东风，银行等传统金融机构各显神通，纷纷抢占信用卡市场。工、农、中、建、交五大行2017年财报显示，当年各家银行的信用卡贷款(透支)金额均同比大幅增长。另一方面，多样的分期消费平台通过"互联网+分期消费"

模式，将服务延伸至传统金融机构未能覆盖的客户群体。"花呗""白条"等新型消费工具积极推广超前消费理念，通过花样繁多的营销活动持续刺激客户的消费欲望，挖掘客户的消费潜力。

消费者忙着透支消费，金融机构忙着获客，随之产生的大量信用卡逾期未偿增量敲了警钟。进行健康的消费教育是金融行业应履行的社会责任，金融机构不应一味逐利，需谨防授信过度带来的风险。

（资料来源：李建菲. 消费需理不能让过度消费蚕食信用［N］. 农村金融时报，2019-01-14（A08）.）

**【学习导引】**

信用对个人工作和生活的影响会越来越大，良好的个人征信记录成为消费者的第二张"身份证"。除了个人之外，信用对企业、国家的发展也很重要，但同时也会带来风险。这体现出金融是把双刃剑。如何界定信用的范畴？信用的表现形式有哪些？如何合理运用各种信用工具？通过本章的学习，会对信用及其相关概念有一个深入的了解。

# 第一节　信用的基本概念

## 一、信用的经济学解释

在经济范畴中，信用是指以偿还本金和支付利息为条件的借贷行为，因此，偿还性与支付利息是信用活动的基本特征。这个特征体现了信用活动中的等价交换原则。在一般的商品买卖中，买卖双方一手交钱，一手交货，二者进行等价交换，买卖行为完成后，双方不存在任何经济上的权利与义务。在信用活动中，商品或货币的贷方（出让方）在向借方（受让方）让渡自己的商品或货币时，并没有同时从借方获得等额的价值补偿。在这种情况下，贷者之所以还愿意贷出，是因为借者承诺在约定时间内归还本金或货款，并支付利息。从这个意义上讲，约期归还并支付利息是等价交换原则在信用活动中的具体体现。

经济学意义上的"信用"与日常生活和道德范畴里的"信用"既有联系又有区别。道德范畴中的"信用"指的是诚信，是经济主体通过诚实履行自己承诺而取得他人的信任。从经济意义上看，信用的含义转化和延伸为以借贷为特征的经济行为，是以还本付息为条件的，体现着特定的经济关系。它既区别于一般商品货币交换的价值运动形式，又区别于财政分配等其他特殊的价值运动形式，是不发生所有权变化的价值单方面的暂时让渡或转移。这两个范畴的信用密切相关。诚信是交易、支付和借贷活动顺利进行的基础。借贷活动是以收回为条件的付出，或以归还为义务的取得。货者之所以贷出，是因为有权取得利息，借者之所以可能借入，是因为承担了支付利息的义务。如果没有当事人之间最基本的信任，就不会发生借贷活动。诚信是借贷活动的基础。如果失信成为信用行为中的主导方面，借贷活动就会萎缩甚至中断。而借贷活动的发展，使经济活动参与者日益意识到诚信的重要性，进而使诚信成为经济生活的重要准则之一。

## 二、信用的产生原因

信用产生的基础是商品经济的发展。随着商品生产和交换的发展，在商品买卖中，由于生产周期长短不一，以及商品购销地点的远近不同等，信用造成商品生产者和商品购买者在出卖商品和购买商品时的时间和空间差异，信用为了维持正常的社会再生产，出现了商品买卖中的延期支付和赊销买卖，从此产生了信用交易。卖者因为赊销商品，成为信用交易中的债权人，而买者则成为信用交易中的债务人，到期时买者再以货币清偿债务。货币在这里不是作为流通手段，而是作为支付手段在发挥作用，从而实现价值的转移和债务的清算。

信用产生于商品流通，但又不局限于商品流通的范围。随着商品经济的深入发展，货币的支付手段超出了商品流通的范围，因而产生了与货币支付手段相联系的信用关系，信用也就不仅仅表现在商品赊购赊销，信用货币借贷的信用关系日渐显现。货币成为契约上的一般商品，一方面，一些人手中积累了货币，或者一些企业在生产流转过程中出现了闲置的货币，需要寻找运用的场所；另一方面，一些人或企业则需要货币用于生活或从事生产经营，从而要求通过信用形式进行货币余缺的调剂。

## 三、信用的特征

经济学和金融学范畴中的信用，其基本特征是偿还和付息，即信用是一种借贷行为，借贷的条件是到期要按时偿还本金，并支付使用资金的代价——利息。在这里，信用是价值运动的特殊形式，所有权没有发生转移，而改变的是资金使用权。首先，通过信用方式融通资金，促成了资金的再分配和利润率的平均化。生产资金固定在特定的自然形态上，只能用于一定的用途，不能自由转移。闲置的货币资金都可以通过信用方式聚集起来投放到任何产业，使资金在各产业之间进行再分配，从利润较低的产业转向利润较高的产业，因而促成了各产业利润率的平均化，并自发调节各产业间的比例关系。其次，信用加速了资本的集中和积累。大资本通过银行信贷的支持，使其在竞争中加速了对中小资本的吞并，使资本更加集中。同时信用把各企业零散的、用作积累的利润汇合为巨额货币资本，用于支持追加资本扩大再生产的企业，加快了资本的积累过程。最后，信用可以节省流通费用，加速资本的周转。信用工具的广泛使用，节约了现金流通及其相关的各项费用，也加速了商品的销售过程，节省了商品保管、运输等费用。

信用的这一特征与信用的社会性、信用的伦理和文化特征紧密相关，资金融通存在一定风险，以信用方式融通资金的风险更大，授信者不仅要考虑能否获得相应的利息收入，还要分析本金能否收回的风险。由于授信在前，收回本金和获得利息收入在后，要经历或长或短的时间，所以为了确保资金的安全，获得利息收入，授信者势必要在授信前对受信主体进行资信评估，对于资信好的企业和个人，才能提供资金融通，而对于资信不好、有不良记录的企业和个人，则不能提供资金融通。由此可见，作为社会道德范畴的信用是作为经济和金融范畴的信用的基础和前提。这也说明为什么在社会信用环境缺失的情况下，信用资金规模会出现萎缩。

# 第二节 信用的形式

## 一、商业信用

### （一）内涵

商业信用是社会信用体系中最重要的一个组成部分，它具有很大的外在性，在一定程度上影响着其他信用的发展。可以说，只要有商业活动，就存在商业信用。商业信用是指企业单位之间在买卖商品时，以延期付款或预付货款的形式提供的信用。它是以商品形态提供的信用，有着多样的具体表现形式，如赊销赊购、分期付款、预付货款等。商业信用必须与商品交易直接联系在一起，这是它与银行信用的主要区别。

商业信用产生的根本原因是，在商品经济条件下，在产业资本循环过程中，各个企业相互依赖，但它们在生产时间和流通时间上往往不一致，从而使商品运动和货币运动在时间和空间上脱节。而通过企业之间相互提供商业信用，则可满足企业对资本的需要，从而保证整个社会的再生产顺利进行。

商业信用直接与商品生产和流通相联系，有广泛的运用范围，因而构成了整个信用制度的基础。在小商品经济条件上，商业信用只是个别、零星的社会经济现象；在现代市场经济条件下，商业信用得到广泛发展，成为普遍的、大量的社会经济现象，几乎所有的工商企业都处于商业信用链条中。商业信用链条以商业票据这个载明了债权债务关系并受法律保护的信用工具为纽带。商业信用作为一种融资方式，其最大的特点是容易取得，它无须办理正式手续，而且如果没有现金折扣或使用带息票据，它还无须支付筹资成本，大、中、小企业以及个体工商户都能够轻易取得，因而普遍存在于商业活动之中。商业信用流程如图 4-1 所示。

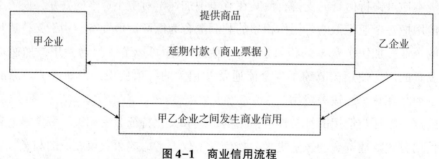

**图 4-1　商业信用流程**

### （二）特点及形式

商业信用具有三个特点。

第一，商业信用的主体是工商企业。其债券人和债务人都是企业。信用是市场经济的"基石"，作为市场主体的企业，其信用是社会信用体系的重要组成部分。

第二，商业信用的客体是商品资本。商业信用提供的是处于再生产过程中的商品资本。

第三，商业信用与产业资本的变动是一致的。在经济复苏、繁荣时期，产业资本扩大，商业信用的规模随之扩大；反之，规模则会缩小。

商业信用主要包括以下三种表现形式。

（1）应付账款。应付账款是供应商为企业提供的一个商业信用。由于购买者往往在到货一段时间后才付款，商业信用就成为企业短期资金来源。如企业规定对所有账单均见票后若干日付款，商业信用就成为随生产周转而变化的一项内在的资金来源。当企业扩大生产规模时，其进货和应付账款相应增长，商业信用就提供了增产需要的部分资金。

（2）应计未付款。应计未付款是企业在生产经营和利润分配过程中已经计提但尚未以货币支付的款项，主要包括应付工资、应缴税金、应付利润或应付股利等。以应付工资为例，企业通常以半月或月为单位支付工资，在应付工资已计但未付的这段时间，就会形成应计未付款。它相当于职工给企业的一个信用。应缴税金、应付利润或应付股利也有类似的性质。应计未付款随着企业规模的扩大而增加，企业使用这些自然形成的资金无须付出任何代价。但企业不是总能控制这些款项，因为其支付是有一定时间的，企业不能总拖欠这些款项。

（3）预收货款。预收货款是指销货单位按照合同和协议规定，在发出货物之前向购货单位预先收取部分或全部货款的信用行为。购买单位对于紧俏商品往往乐于采用这种方式购货；销货方对于生产周期长、造价较高的商品，往往采用预收货款方式销货，以缓和本企业资金占用过多的矛盾。

**（三）局限性**

虽然商业信用在调节企业之间的资金余缺、提高资金使用效益、节约交易费用、加速商品流通等方面发挥着巨大作用，但它存在以下三个方面的局限性。

（1）严格的方向性。商业信用是工商企业之间发生的、与商品交易直接相联系的信用形式，它严格受商品流向的限制。比如，矿山开采企业可向冶炼企业提供商业信用，而冶炼企业则不能向矿山开采企业提供商业信用，因为矿山开采企业不是以冶炼企业的产品为原材料的。一般来说，是上游产品企业向下游产品企业，亦即供给生产资料的企业向需要生产资料的企业提供信用，但在预付方式中，情况可能刚好相反。即便如此，也以产品相互需要为条件，并不改变产品需要这一前提条件。

（2）产业规模的约束性。商业信用所能提供的债务或资金是以产业资本的规模为基础的。一般来说，产业资本的规模越大，商业信用的规模也就越大；反之，就越小。

（3）信用链条的不稳定性。商业信用是由工商企业相互提供的，可以说，一个经济社会有多少工商企业就可能有多少个信用关系环节。如果某一环节因债务人经营不善而中断，就有可能导致整个债务链条的中断，引起债务危机的发生，往往会冲击银行信用。

鉴于上述局限，商业信用不可能从根本上改变社会资金和资源的配置与布局。它虽然是商品经济社会的信用基础，但它终究不能成为现代市场经济信用的中心和主导。

拓展阅读4-1

### 2019 中国城市商业信用环境指数排名出炉

2019 年 11 月 16 日，中国城市商业信用环境指数（CEI 指数）课题组在北京发布了全国 252 个地级城市及 36 个大城市的商业信用环境指数排行榜。这是该指数自 2010 年首次发布以来的第六次发布。

CEI 指数是由中国管理科学研究院诚信评价研究中心、企业管理创新研究所以及中国市场学会信用工作委员会牵头的课题组编制的商务诚信综合评价指数，自 2010 年开始发布以来，一直是显示中国城市信用体系建设进展和运行效果的一个"风向标"，也是测度城市商业环境优劣的一个客观视角。

在 2019 CEI 大城市排行榜上，北京市蝉联 CEI 综合排名榜单第一名，上海市位列第二名，广州市的排名较上次提升一位，首次荣登 CEI 大城市排名前三名。

在 2019 年 252 个地级城市 CEI 排行榜中，荣获前三名的城市分别是广东省珠海市、江苏省苏州市和山东省烟台市。

（资料来源：新华网，《2019 中国城市商业信用环境指数排名出炉》，2019-11-21.）

## 二、银行信用

### （一）内涵

银行信用是银行及其他金融机构为了满足社会生产需要，以货币形式通过存款、贷款等业务而进行的借贷活动。银行信用是伴随着现代银行产生，在商业信用的基础上发展起来的。银行信用与商业信用一起构成现代经济社会信用关系的主体。银行信用克服了商业信用的局限性，在现代商品经济下，银行信用无论是在规模、范围上，还是在期限上，都比商业信用占有优势，近几十年来，银行信用不断发展，借贷资本逐渐集中在大银行手中，后来又为大垄断组织服务，促进了银行资本的结合。银行信用已成为现代经济中最基本的、占主导地位的信用形式。

银行信用是间接信用，是存贷款人的中介。但银行作为中介人与一般商业经纪人、证券经纪人不同，存款人除按期取得利息外，对银行如何运用存入资金无权过问，正因如此，银行在资本主义经济中由简单的中介人逐步发展成"万能的垄断者"。在资本主义社会，银行信用是主体，商业信用是整个信用制度的基础。因为银行贷款一般是针对商业票据进行抵押或贴现，银行直接对企业发放的不要任何担保品的信用贷款只占一定比重。没有银行信用的支持，商业票据就不能转化为银行信用，商业信用等直接信用的运用和发展就会受到极大削弱。

### （二）特点

银行信用具有以下三个特点。

第一，银行信用的债权人主要是银行，也包括其他金融机构；债务人主要是从事商品生产和流通的工商企业和个人。当然，银行和其他金融机构在筹集资金时又作为债务人承担经济责任。银行和其他金融机构作为投融资中介，可以把分散的社会闲置资金集中起来统一进行借贷，克服了商业信用受制于产业资本规模的局限。

第二，银行信用所提供的借贷资金是从产业循环中独立出来的货币，它可以不受个别企业资金数量的限制，聚集小额的可贷资金满足大额资金借贷的需求。同时可把短期的借贷资本转换为长期的借贷资本，满足对较长时期的货币需求，不再受资金流转方向的约束，从而在规模、范围、期限和资金使用的方向上都大大优于商业信用。

第三，银行和其他金融机构可以通过信息的规模投资，降低信息成本和交易费用，从而有效地改善信用过程的信息条件，减少了借贷双方的信息不对称以及由此产生的逆向选择和道德风险问题，其结果是降低了信用风险，增加了信用过程的稳定性。

银行信用可以把短期、小额可贷货币连接起来，满足长期、大额借贷。银行信用在整个经济社会信用体系中占据核心地位，发挥着主导作用。虽然银行信用成为当今经济中信用的主要形式，但是它不能完全替代商业信用。

**拓展阅读4-2**

### 大数据助力银行服务中小企业融资

近年来，我国经济和科技发展迅速，使得金融领域也开始利用信息技术来发展，尤其是互联网和银行的结合，带来了较高的效益。在大数据背景下，小微企业的贷款开始有了技术上的支持，同时对银行的业务也起到了拓展的作用。

小微企业信息透明度较低、信息相对较为分散，贷款银行需要通过不同方法去收集小微企业的各种信息，使得收集信息的工作强度加大，增添了信息收集成本。此外，小微企业在经营中存在较大的不稳定性，这增加了商业银行了解小微企业经营情况的难度，银行无法按照正常的信息收集方式去获取完善的信息，从而无法建立完善的信息评价体系。

商业银行在为我国小微企业提供贷款时，一般要求小微企业自己提供一些企业的数据和担保品，银行可以通过互联网数据对小微企业进行判断和实时监控，保证小微企业的贷款资金去向与贷款信息相对称，这样可以有效地降低银行在贷款过程中的风险，也可以及时对小微企业的还款能力进行数据分析。

（资料来源：朱学军. 大数据背景下的银行服务小微企业策略浅析[N]. 山西经济日报，2019-04-16（007）.）

## 三、国家信用

### （一）内涵

国家信用是指国家和地方政府以债务人的身份向社会举债、筹集资金的一种信用形式。国家信用包括国内信用和国际信用两种形式。国内信用是国家以债务人身份向国内居民、企业、团体取得信用，它形成国家的"内债"。国际信用是国家以债务人身份向国外居民、企业、团体和政府取得的信用，它形成国家的"外债"。这里只谈国内信用。

## （二）作用

国家信用在现代经济发展中起着重要的作用。国家信用与商业信用、银行信用不同，它与生产流通过程无密切关系。国家利用这种筹资形式，可以发挥以下特殊作用，主要表现在以下三个方面。

第一，国家信用是弥补财政赤字的重要手段。中央财政部门通过发行国库券等途径来实现财政收支的基本平衡。解决财政赤字的途径不外有三：增税、向银行透支、举债，增税不仅立法程序繁杂，而且容易引起公众的不满，抑制投资和消费；向银行透支容易导致通货膨胀，而且按照我国中央银行法的规定，也禁止财政向银行透支。举债是一种信用行为，有借有还，有经济补偿，相对说来问题少一些。当然，国家信用的过度膨胀，会导致财政赤字巨大，长期看还会排斥民间投资、加剧通货膨胀，妨碍国民经济健康发展。

第二，国家信用是调节经济的重要手段。中央财政通过发行政府债券，一方面可以增加政府的消费和投资支出，对经济起补充作用；另一方面，吸收社会分散的闲置资金，减少流通中的货币，抑制过热的经济。发行政府债券既可以筹集大量资金，搞基础设施和市政建设，如修铁路、道路、水利工程等，为社会经济发展创造良好的社会环境，也可以为社会公众提供投资机会，因为，政府债券信誉好、收益高、流动性强，是公众投资的理想途径之一。

第三，国家信用可以成为国家宏观经济调控的重要手段。中央银行通过买进或卖出政府债券来调节货币供给量，影响金融市场上的资金供求关系。通过国家信用，能迅速集中社会闲散的资金，将它变为巨大的国家财力，由国家统一安排和集中使用。政府不仅可以主动利用国家信用，在总量上调节总需求，还可以通过有选择的支出安排和优惠政策等来调节社会总产品需求的结构，也可以根据产业政策和国民经济发展战略的要求，解决基础设施工程、重大建设项目等的资金短缺问题，从而促进国民经济的协调发展。

## （三）基本形式

国家信用基本形式主要有三种。

第一，发行政府公债。这是一种国家为满足弥补财政赤字或进行国家重点建设资金的需要而发行的中长期政府债券，是国家信用的主要形式。

第二，发行国库券。这是为了应对国家短期内预算支出的需要而发行的一种短期政府公债，期限一般在1年以内。

第三，向中央银行借款或透支。即政府向本国中央银行实现短期的资金融通。一般而言，中央银行只向政府提供短期借款，并且政府在一定期限内从中央银行获得的短期贷款有最高限额。《中华人民共和国中国人民银行法》（以下简称《中国人民银行法》）规定，中国人民银行不得向地方政府、各级政府部门提供贷款。

另外，需要注意的是，一国政府要防止国家债务规模过大、期限结构不合理，以防造成国家信用危机。国家的债务规模要和本国的经济发展相适应，从实际来看，曾经出现严重债务危机的国家也是存在的。

**拓展阅读4-3**

### 从欧洲债务危机看国家信用的重要性

一个国家以其主权做担保进行融资活动，就形成了主权债务。2009年年底希腊爆发主权债务危机，这场危机席卷了整个欧元区，包括法国、意大利、西班牙等国家都受到了严重影响，欧元区能否继续存在备受质疑。大举借债满足无限制的财政支出，严重透支了国家信用，主权债务危机爆发的背后实际上也是这些国家的信用出现了严重危机。

在欧洲债务危机中，包括法国在内的许多欧元区成员国的主权信用遭到了不同程度的降级，而债务危机的发端国希腊一度被评级机构惠誉和穆迪下调至最低的C级。国家信用危机给欧元区带来了严重后果，主要表现在以下几个方面。

第一，引发了包括希腊、西班牙在内的国家国债利率飙升。美国爆发金融危机以来，全球经济陷入衰退，欧盟启动了欧洲经济恢复计划，这项计划需要政府大量借债。而债务危机前夕，希腊的国债总额与国内生产总值的比率已经处在110%以上的高位，远高于60%的警戒线水平。当政府不得不再次借债时，国债利率直线飙升。

第二，违约风险升高，各国银行系统流动性紧缺。各国国债大部分由商业银行、基金等机构投资者持有。政府的违约会导致银行出现大量呆坏账，部分银行不得不破产或裁撤网点。为了控制政府违约给银行带来的风险，银行会缩减信贷规模，以提高资本充足率，这会导致企业难以筹集资金，中小企业面临破产的困境，失业率不断攀升。

第三，导致欧元大跌，国际货币地位受到冲击。在债务危机爆发之前，欧元被市场认为是最可能与美元抗衡的国际货币，但是希腊爆发债务危机之后，欧元大幅贬值，欧元兑美元的汇率从2009年12月的1∶1.4下跌至2010年6月的1∶1.2。欧元下跌对欧元的国际货币地位产生严重损害，人们对欧元的信心也受到影响。

第四，欧洲一体化进程受到阻碍。在这次危机中，欧元区各国表现出了复杂的矛盾关系。这场债务危机让欧洲各国明白，货币一体化的欧元区只是一个跛足的货币联盟。各国缺乏财政纪律的约束，为债务危机爆发提供了温床。要真正实现经济政治一体化，需要化危为机，推动财政乃至政治上的一体化。对于发展程度、民族文化都有较大差异的欧洲各国来说，欧洲经济政治的一体化仍然要走很长的路。

第五，对全球经济发展造成了巨大阻碍。现在欧洲央行、英格兰银行都维持了实际负利率，实际上就是通过通货膨胀减轻债务。欧洲与美国采取的货币宽松政策作用相互重叠，带来全球性的通胀压力，新兴市场因此饱受通货膨胀之苦，经济发展受到严重阻碍。

欧元区债务危机的实际情况表明，国家信用危机通常是政府财政与经济政策不合理、社会资源浪费的结果。

（资料来源：周宏.从欧洲债务危机看国家信用的重要性[J].求是，2013(16).）

### 四、消费信用

#### (一)内涵

消费信用是由企业、银行或其他消费信用机构向消费者个人提供的信用。消费信用可以解决消费品购买力特别是耐用消费品购买力和消费品供给之间的不平衡,同时能促进耐用消费品生产的发展,提前实现居民生活水平的提高,从而提高现代科学技术的发展和生产力水平的提高,促进产品更新换代。目前,以消费信贷为载体的消费信用在世界范围内快速发展。从各国信用消费的构成来看,住房信用消费、汽车信用消费和信用卡消费所占比例在90%以上,是信用消费的主体部分。

消费信用的产生缘由有以下三个方面。

第一,对高档耐用消费品的需求增加。随着消费水平的提高,消费结构中满足生存需要的消费所占比重降低,满足发展和享受需要的消费所占比重提高,对耐用消费品的需求提高。高档耐用消费品通常价值较高,使用年限较长,完全依靠家庭和个人的资金来满足对这类消费品的需求,一般需要较长时间的积累,客观上要求通过消费信贷来提前满足其消费需要。

第二,解决家庭收支在时间上不匹配的需要。家庭的生命周期可分为若干阶段,在不同的阶段有不同的收入和消费特征。经济学家认为,消费者通常追求其一生(非某一时的)效用最大化,也就是说,消费者会通过年轻时的提前消费和中年时的推迟消费(储蓄)来实现一生中消费的大体平衡。由于人们的收入随着技能的提高、经验的增长和资历的增加而逐渐上升,在中年达到顶峰后随知识的老化、体能的下降而降低,直至退休时工薪收入接近于零。因此,为实现一生的平衡消费,年轻时和年老后均存在收支不匹配的问题。年老后的消费通过提取储蓄来实现,年轻时的消费则通过消费信贷将未来收入提前使用来实现。从经济学角度来看,这种方式,使消费者一生的效用得以最大化。

第三,消费观念的转变。儒家文化提倡节俭,鼓励储蓄,而年青一代越来越接受西方"及时享乐"的消费观念。同时,国家政策的鼓励,福利分房制度的取消,也对改变居民消费观念产生了一定的影响。居民融资需求的增长,推动了消费信贷业务的发展及金融机构资产结构的改变。

#### (二)表现形式

消费信用根据提供商的不同,可以分为企业提供的消费信用和银行提供的消费信用。其中由企业提供的消费信用主要有赊销和分期付款两种形式。赊销主要是对那些没有现款或现款不足的消费者采取的一种信用出售的方式;而分期付款则更多地用于某些价值较高的耐用消费品的购买行为。具体来看,消费信用又表现出以下几种形式。

(1)住房信贷,通常称为居民住宅抵押贷款,是消费信贷的一个主要品种,在促进住宅消费发展方面发挥了重要作用。在一些发达国家,房地产贷款占银行全部贷款余额的30%~50%,对个人发放的住宅贷款占房地产贷款的60%左右。在我国,居民住宅抵押贷款通常称为按揭贷款。所谓按揭贷款,是指商业银行为解决开发商售房难和用户购房难的问题,通过开发商向借款人提供购房资金的一种融资方式,这种贷款实质是要求开发商为购房者(借款人)作担保,或以借款人将要或已经购置的住房产权为抵押的担保抵押贷款。按揭贷款期限较长,通常在10~30年,以住房本身作抵押,采取分期付款的方式。

(2)汽车消费信贷,即对申请购买轿车的借款人发放的人民币担保贷款,是银行与汽车销售商向购车者一次性支付车款所需的资金提供担保,并联合保险、公证机构为购车者提供保险和公证。汽车消费信贷在商业银行的消费信贷业务中也占有重要地位。但由于汽车消费信贷市场的竞争,商业银行在汽车消费信贷市场上的份额日趋下降。在主要发达国家的汽车消费信贷市场,竞争者主要有三类:银行和其他金融机构、专做汽车贷款的财务公司以及汽车制造商。由于汽车属于高折旧率的耐用品,汽车贷款的期限必须考虑汽车加速折旧的要求,所以汽车贷款属于中短期贷款,一般最长不超过10年,比较常见的是3~5年。

(3)通过信用卡获得贷款是当今最流行的消费信贷方式之一。当前,全世界消费信用卡的数量已超过10万亿张。信用卡由银行或非银行信用卡公司发行,持卡人因各自资信状况不同而获得不同资信级别的授信额度。在此授信额度内,持卡人可以通过信用卡所代表的账户在任何接受此卡的零售商处购买商品或劳务及进行转账支付等。接受信用卡的零售商定期与发卡机构进行结算。如果持卡人在规定的期限内一次付清账单,就可以免费获得融资服务;如果不能在规定的期限内一次性付清账单,就要为所借款项支付高额利息。因此,信用卡的分期付款用户能为发卡银行或信用卡公司带来高额利润。信用卡属于无担保贷款,贷款额度确定的主要根据是持卡人以往的信用记录,因而面临较高的信用风险,由信用卡引发的犯罪也正成为一个全球性的问题。

除了上面提到的住房信贷、汽车消费信贷和信用卡之外,消费信用的表现形式还包括教育贷款、旅游贷款、家用电器贷款、房屋修缮贷款、小额消费贷款等。

拓展阅读4-4

**新消费模式促信用经济时代登场**

信用骑车、信用住店、信用医疗……"无现金社会"的背后,不仅是人们支付方式的改变,更是每一笔支付累积的信用。信用体系的建立正在推动整个社会综合治理的发展,信用经济的到来也并不遥远。

随着信用经济的发展,移动互联网、大数据、云计算技术与金融深度结合,普惠金融、互联网金融应运而生。值得注意的是,近年来兴起的消费分期借贷正是基于每个人的信用基础而提供的贷款服务。以前的消费贷款,需要客户提供房产证明、用途证明、收入证明等,有时候还需要担保,而现在即使是没有信用卡的人,只要此前各方面信用状况良好,也能申请贷款后分期还款。不少大学生告诉记者,现在在网上购物经常使用蚂蚁花呗和京东白条,有些人出国旅游和举办婚礼也会用网上提供的分期支付。

蚂蚁金服行业总监介绍,蚂蚁花呗自2015年4月第一次上线以来,累积了超1亿的用户,用户中有60%没有绑过信用卡。从占比来看,将近五成是"90后",他们是非常守信的一群人,99%的用户都能按时还款。数据显示,每四个用支付宝买手机的用户里面,就有一个是用花呗分期付款的,分期付款已经成为品牌首发、商户大促非常有效的运营工具。

从大数据的角度来看，蚂蚁花呗通过支付宝的庞大用户交易数据，依托于芝麻信用，把控用户的消费习惯及诚信记录，进而建立一套更完善的信用体系。支付宝芝麻信用把每年的 6 月 6 日定为"66 信用日"。信用积分的高低影响着生活的方方面面，比如贷款额度和利率的高低，比如签证的办理。在蚂蚁金服 CEO 看来，10 年后，国内绝大多数城市将成为信用城市。随着信用的普及，超过 90% 的押金会逐渐消失。未来，信用在一定程度上极大地取代了支付的动作，不用现场付钱会逐渐成为潮流。

在当今社会，信用已经成为人们的第二身份，信用缺失或者信用不良可能寸步难行，而作为面向个人客户的消费金融业务，更与信用息息相关。随着互联网经济和信用关系的发展，货币经济的作用正在后退，信用经济登场将成为必然。

（资料来源：新消费模式促信用经济时代登场［J］. 阿坝科技，2017（1）：39-40.）

## 五、国际信用

### (一)内涵

国际信用指一个国家的政府、银行及其他自然人或法人对别国的政府、银行及其他自然人或法人所提供的信用。国际信用与国内信用不同，表示的是国际的借贷关系，债权人与债务人是不同国家的法人，直接表现资本在国际的流动。国际信用是国际货币资金的借贷行为。最早的票据结算就是国际上货币资金借贷行为的开始，经过几个世纪的发展，现代国际金融领域内的各种活动几乎都同国际信用有紧密联系。如果没有国际借贷资金不息的周转运动，国际经济、贸易往来就无法顺利进行。

国际信用同国际金融市场关系密切。国际金融市场是国际信用赖以发展的重要条件，国际信用的扩大反过来又推动国际金融市场的发展。国际金融市场按资金借贷时间长短可分为两个市场，一是货币市场，即国际短期资金借贷市场；二是资本市场，即国际中长期资金借贷市场。国际金融市场中规模最大的是欧洲货币市场，这个市场上的借贷资本是不受各国法令条例管理的欧洲货币。欧洲货币市场是巨额国际资金的供求集散中心，它和由其延伸出来的其他众多国际金融市场及离岸金融市场，将世界各地的金融活动纳入庞大的金融网络，使借贷资金的国际化有更深入的发展。

### (二)种类

国际信用以领域划分，可分为贸易信用和金融信用两大类。贸易信用是以各种形式与对外贸易业务联系在一起的信用。信用的提供以外贸合同的签订为条件，它只能用于为合同规定的商品交易供应资金。这种商业信用又可分为公司信用（即出口商以延期支付的方式出售商品，向进口商提供信用）和银行信用（银行向进口商或出口商提供贷款）。金融信用没有预先规定的具体运用方向，可用于任何目的，包括偿还债务，进行证券投资等。金融信用又可分为银行信用（即由银行向借款人提供贷款）和债券形式的信用（即由借款人发行债券以筹集资金）。

国际信用按其期限可分为短期信贷、中期信贷和长期信贷。不同国家的出口商与进口商相互提供的商业信用，通常是短期的，但在市场竞争激烈的情况下，这种信用往往也具有长期的性质。此外，商业银行对进口商和出口商提供的信用大多也是短期的。中期和长期信用基本上用于购买工业装备或支付技术援助等。第二次世界大战前，动员长期资金多采用发行债券的方式，第二次世界大战后，这种方式的作用降低了，银行信用和政府间信用的作用则提高了。

### (三)表现形式

在经济全球化的时代，国际贸易呈蓬勃发展之势，国际信用已日益成为国家结算的重要工具，主要表现为以下几种形式。

(1)出口信贷。出口信贷是指出口国银行向本国出口商提供信贷担保，或直接向外国进口商或其银行提供的贷款。出口信贷一般与出口贸易相结合，是出口国政府为了加强本国的出口竞争力，支持本国的出口贸易，以信贷担保和政府补贴的方式提供的贷款。

(2)政府贷款。政府贷款是指一国政府运用财政资金向另一国政府提供的贷款，一般表现为发达国家对发展中国家提供的长期优惠贷款，具有友好援助性质，利率较低，期限较长，通常与出口信贷搭配使用。

(3)国际商业银行信贷。国际商业银行信贷是以国际商业银行为主体提供的国际信用形式，授信主体可以是一家商业银行，也可以是由一家或几家大银行牵头，联合多家银行组成的银团，主要针对外国借款人提供贷款。

(4)国际金融机构贷款。国际金融机构贷款是一种由国际金融机构为授信主体，向其成员方提供贷款的国际信用形式。这种贷款期限较长，而且条件优惠，但是贷款项目和用途一般由国际金融机构事先确定，贷款申请条件也比较严格。世界上的国际金融机构主要包括国际货币基金组织、世界银行及其附属机构(国际金融公司和国际开发协会)，以及亚洲开发银行、非洲开发银行等。

(5)国际商业信用。国际商业信用是指不同国家的企业之间相互提供的信用。通常发生在不同国家之间的商业活动中，凭借信用来进口或者出口商品，主要有国际租赁、补偿贸易、延期付款等方式。

## 六、民间信用

### (一)内涵

民间信用又称民间借贷，其定义有狭义和广义两种解释。狭义上的民间信用，一般是指在金融机构之外的个人、企业、其他经济主体相互之间发生的资金借贷行为，这也是民间借贷的相关司法解释所采纳的定义，如于2015年8月发布的《最高人民法院关于审理民间借贷案件适用法律若干问题的规定》，就是如此定义民间借贷的。广义上，西方国家认为，民间信用是指国家信用之外的一切信用形式，包括商业信用和银行信用。我国民间信用指个人之间以货币或实物形式所提供的直接信贷，故又称个人信用。民间信用是一种古老的信用形式，主要是适应个人之间为解决生活或生产的临时需要而产生的，这种信用形式一直存在。民间信用通过非正规金融机构在个人之间进行直接的有偿借贷。非正规金融机构一般是指未经管理当局批准的、未纳入监管体系的组织或机构，例如私人借贷、民间合会、民间轮会、私人典当等，利息一般是商议决定的。民间信用一般是因经济交易的需要而自发形成的，具有内生性和自发性特征。民间信用在方式上比较灵活、简便，可随时调节个人之间的资金余缺，能在一定范围内弥补银行的不足。资金供求结构性失衡在发展中国家普遍存在，使民间信用有了生长的土壤。但是民间信用关系的产生具有随意性，并且借贷双方信息不对称，一般较分散、隐蔽，利率高低不一，借款形式不规范，风险较大。

### (二) 特点

我国目前的民间信用与历史上的民间借贷比较，具有如下特点。

第一，规模范围扩大。借贷范围从本村本乡发展到跨乡、跨县甚至跨省；交易额从几十元、几百元发展到几千元甚至上万元；借贷双方关系从亲朋好友发展到非亲非故，只要信用可靠，即可发生借贷关系；借贷期限从春借秋还或 2~3 个月，发展到 1~2 年，最长 5~10 年。

第二，借贷方式由繁到简。从借钱还物、借物还钱、借物还物、借钱还钱发展到以货币借贷为主。

第三，借款用途从解决温饱、婚丧嫁娶或天灾人祸等生活费用和临时短缺需要，发展到以解决生产经营不足为主，主要用于购买生产资料、运输工具、扩大再生产，一部分大额借贷用于建房。城市居民之间发生借贷主要用于购买耐用消费品或个体户用于生产经营。

### (三) 表现形式

我国民间信用的组织形式复杂多样，具有鲜明的时代特色和区域特征。

(1) 亲朋好友间借贷。亲朋好友间借贷通常低息甚至无息，也无须抵押和担保，完全建立在信用基础上，主要依赖地缘和血缘纽带联结。

(2) 高利贷。高利贷往往索取较高的利息，导致借款者的借贷成本很高，还贷压力很大。一般只有在特殊情况下，人们才会举借高利贷。当还款者无力还贷时，放贷者经常通过暴力等非法手段追讨账款，甚至酿成严重的刑事案件。

(3) 钱庄。钱庄属于较高层次的民间金融组织形式，主要存在于我国经济较发达的南方地区。

(4) 民间票据贴现。民间票据贴现是民间票据贴现者对企业持有的未到期的商业票据进行贴现，其中既有个人，也有组织化的民间票据机构或企业。这种形式具有高效、便利的优势，较好地适应了经济发展的需要，在浙江、江苏、福建、广东等地发展较快。

(5) 互联网借贷。互联网借贷是指资金借入者和资金借出者利用网络平台实现借贷，借贷方式灵活，通常借贷额度较小，无须抵押。但互联网借贷由于资金借入者和资金借出者或许双方互不相识，资金借入者应谨慎，避免陷入"套路贷"等。

## 第三节　信用工具

### 一、信用工具及分类

信用工具也称融资工具，是信用存在的最规范形式，也是重要的金融资产、金融市场上重要的交易对象。信用工具是以书面形式发行和流通、借以保证债权人或投资人权利的凭证，是资金供应者和需求者之间继续进行资金融通时，用来证明债权的各种合法凭证。信用工具是记载信用活动的金额、期限、利息等内容的书面文件，对债权债务双方具有法律约束效力。随着信用在经济生活中越来越广泛的运用，随着人们对信用工具多种多样的功能需求，信用工具的种类呈现各式各样、丰富多彩的局面。

信用工具从不同的角度可以进行不同的划分。

**(一)按偿还期限的长短划分**

按偿还期限的长短来划分，信用工具可分为短期信用工具和长期信用工具。

(1)短期信用工具，又称货币市场工具，是指偿还期在 1 年及 1 年以内的信用工具，包括各类票据、国库券、大额可转让定期存单、信用卡等。

(2)长期信用工具，又称资本市场工具，是指偿还期在 1 年以上的信用工具，包括股票、债券等。

**(二)按发行者的融资方式和地位划分**

按发行者的融资方式和地位来划分，信用工具可分为直接信用工具和间接信用工具。

(1)直接信用工具是指资金需求者在金融市场上向资金供应者进行直接融资时所使用的信用工具，一般是非金融机构(如工商企业、个人、政府)所发行的商业票据、股票、公司债券、国债等。

(2)间接信用工具是指金融机构所发行的银行票据、大额可转让定期存单、人寿保单等，是以商业银行为代表的金融机构作为中介完成信用活动时所使用的信用工具。

以上两种是比较常见的划分标准，还有很多种其他划分标准。按信用形式来划分，信用工具可分为商业信用工具、银行信用工具、国家信用工具、消费信用工具等；按与实际信用活动是否直接相关来划分，信用工具可分为基础性信用工具和衍生性信用工具；按是否拥有所投资产的所有权来划分，信用工具可分为债务信用工具和所有权信用工具；按信用工具发行的地理范围来划分，信用工具可分为地方性信用工具、全国性信用工具、世界性信用工具。

## 二、信用工具的基本特征

**(一)偿还性**

偿还期是指借款人从拿到借款开始，到借款全部偿还清为止所经历的时间。各种信用工具在发行时一般都具有不同的偿还期。从长期来说，有 10 年、20 年、50 年。还有一种永久性债务，即借款人同意以后无限期地支付利息，但始终不偿还本金，这是长期的一个极端。在另一个极端，银行活期存款随时可以兑现，其偿还期实际上等于零。

**(二)收益性**

信用工具能定期或不定期地带来收益，这是使用信用工具的目的。信用工具的收益有三种。一种为固定收益，即投资者按事先规定好的利息率获得的收益，如债券和存单在到期时，投资者即可领取约定利息。固定收益在一定程度上就是名义收益，是信用工具票面收益与本金的比例。另一种是即期收益，又叫当期收益，就是按市场价格出卖时所获得的收益，如股票买卖价格之差即为一种即期收益。还有一种是实际收益，指名义收益或当期收益扣除因物价变动而引起的货币购买力下降后的真实收益。在现实生活中，实际收益并不真实存在，投资者所能接触到的是固定收益和当期收益。

### (三)流动性

流动性是指金融资产在转换成货币时，其价值不会蒙受损失的能力。除货币以外，各种金融资产都存在不同程度的不完全流动性。其他的金融资产在到期之前要想转换成货币的话，或者打一定的折扣，或者花一定的交易费用，一般来说，信用工具如果具备下述两个特点，就可能具有较高的流动性：第一，发行金融资产的债务人信誉高，在以往的债务偿还中能及时、全部履行其义务；第二，债务的期限短，这样它受市场利率的影响很小，变现时所遭受亏损的可能性就小。

### (四)风险性

风险性是指投资于信用工具的本金是否会遭受损失的风险。风险可分为两类。一是债务人不履行债务的风险。这种风险的大小主要取决于债务人的信誉以及债务人的社会地位高低。二是市场的风险，这是金融资产的市场价格随市场利率的上升而跌落的风险。当利率上升时，金融证券的市场价格就下跌；当利率下跌时，金融证券的市场价格上涨。证券的偿还期越长，则其价格受利率变动的影响越大。一般来说，本金安全性与偿还期成反比，即偿还期越长，其风险越大，安全性越小。本金安全性与流动性成正比，与债务人的信誉也成正比。

## 三、几种典型的基础信用工具

### (一)票据

票据是指出票人依法签发的由自己或指示他人无条件支付一定金额给收款人或持票人的有价证券，即某些可以代替现金流通的有价证券。广义的票据泛指各种有价证券和凭证，如债券、股票、提单、国库券、发票等。狭义的票据指以支付金钱为目的的有价证券，即出票人根据票据法签发的，由自己无条件支付确定金额或委托他人无条件支付确定金额给收款人或持票人的有价证券。在我国，票据是汇票(银行汇票和商业汇票)、支票及本票(银行本票)的统称。

票据是在市场交换和流通中发生的，反映了当事人之间的债权债务关系。票据是代表一定数量货币请求权的有价证券，即货币证券。有价证券是一种代表财产所有权或债权的，以一定金额来记载的证书。具体地说，在财产(商品、货币及其他财产权利)交换中，双方当事人各自享有财产方面的一定的权利和义务，即发生了债权债务关系，这就要求以书面形式确定和表现出来，以保障双方实现各自的权利和义务，票据正是在这个基础上产生的。没有真实的债权债务关系，就没有票据。所以，反映债权债务关系的书面凭证，是票据的基本性质之一。

汇票是最常见的票据类型之一，《中华人民共和国票据法》(以下简称《票据法》)第十九条规定："汇票是出票人签发的，委托付款人在见票时或者在指定日期无条件支付确定的金额给收款人或者持票人的票据。"汇票是国际结算中使用最广泛的一种信用工具。按付款人的不同，汇票分为银行汇票和商业汇票。其中，银行汇票的签发人是银行，付款人是其他银行；商业汇票的签发人为企业或者个人，付款人是其他企业、个人或银行。

本票是指发票人自己于到期日无条件支付一定金额给收款人的票据。这种票据只涉及出票人和收款人两方。出票人签发本票并自负付款义务。本票一般应载明"本票"字样，无条件支付承诺，收款人或其指定人（无收款人名字则以持票人为收款人），支付金额，签发日期和地点，付款日期和地点，发票人签名等。本票按票面是否载明收款人姓名，可分为记名本票和不记名本票；按票面有无到期日期，可分为定期本票和即期本票。本票无须承兑，出票人出票后即负付款责任。

支票是出票人签发的，委托办理支票存款业务的银行或者其他金融机构在见票时无条件支付确定的金额给收款人或者持票人的票据。支票的特征表现在：其一，支票是委付证券，但支票的付款人比较特殊，必须是有支票存款业务资格的银行或非银行金融机构；其二，我国的支票只有即期支票，支票无承兑制度。

**拓展阅读4-5**

### 电子商业汇票

电子商业汇票（简称电票）是出票人以数据电文形式制作的，委托付款人在指定日期无条件支付确定的金额给收款人或者持票人的票据。电子商业汇票分电子银行承兑汇票和电子商业承兑汇票。与纸质商业汇票相比，电子商业汇票具有以数据电文形式签发、流转，并以电子签名取代实体签章的特点。电子票据的核心思想就是将实物票据电子化，电子票据可以如同实物票据一样进行转让、贴现、质押、托收等行为。

央行于2016年下发《关于规范和促进电子商业汇票业务发展的通知》，规定自2017年1月1日起，单张出票金额在300万元以上的商业汇票应全部通过电票办理；自2018年1月1日起，原则上单张出票金额在100万元以上的商业汇票应全部通过电票办理。纸票将逐渐退出市场。

那么，相对于纸质票据，电子票据有什么好处呢？

首先，企业在使用电子商业汇票过程中能够不受时间和空间的限制，交易效率大大提高，提高了企业资金周转速度，畅通了企业的融资渠道，提升了企业的融资效率。

其次，电子商业汇票以数据电文代替纸质票据，采用电子签名代替实体签章，确保了电子商业汇票使用的安全性，大大降低了票据业务的欺诈风险。

最后，电子商业汇票的付款期最长为一年，增强了企业的短期融资能力，有助于进一步降低企业短期融资成本，减少企业财务费用。

（资料来源：搜狐网，《一文看懂电子商业汇票的前世今生》，2016-09-20.）

### （二）信用证

假设有两家企业进行商品买卖，买方是一家美国公司，开户行是花旗银行；卖方是中国某公司，开户行是中国银行。双方买卖交易流程如下：美国公司在收到中国公司签订的合同后向花旗银行提出开证申请；花旗银行接受申请，开立信用证，并传递给中国银行；中国银行接到信用证以后，通知中国公司，并把信用证交给中国公司；中国公司在备货制单、完成交货后，把全套单证交给中国银行。中国银行审核无误后，可以直接付款给中国公司，或者暂不付款而将全套单证转交给花旗银行，由花旗银行付款。在这个例子中，国际贸易商之间直接的商业信用就得到了银行的担保证明，这份证明"信用"的文件，就是信用证。

信用证是指开证银行应申请人（买方）的要求并按其指示向第三方开立的载有一定金额的、在一定的期限内凭符合规定的单据付款的书面保证文件。信用证是国际贸易中最主要、最常用的支付方式。在国际贸易活动，买卖双方可能互不信任，买方担心预付款后，卖方不按合同要求发货；卖方也担心在发货或提交货运单据后，买方不付款。因此需要两家银行作为买卖双方的保证人，代为收款交单，以银行信用代替商业信用，在这一活动中所使用的工具就是信用证。可见，信用证是银行有条件保证付款的证书，是国际贸易活动中常见的结算方式。按照这种结算方式的一般规定，买方先将货款交存银行，由银行开立信用证，通知异地卖方开户银行转告卖方，卖方按合同和信用证规定的条款发货，银行代买方付款。

## （三）信用卡

信用卡又叫贷记卡，是由商业银行或信用卡公司对信用合格的消费者发行的信用证明。其形式是一张正面印有发卡银行名称、有效期、号码、持卡人姓名等，背面有磁条、签名条的卡片。持有信用卡的消费者可以到特约商业服务部门购物或消费，再由银行同商户和持卡人进行结算，持卡人可以在规定额度内透支，到账单日时再进行还款。

信用卡分为贷记卡和准贷记卡，贷记卡是指银行发行的、给予持卡人一定信用额度且可在信用额度内先消费后还款的信用卡；准贷记卡是指银行发行的，持卡人按要求交存一定金额的备用金，当备用金账户余额不足以支付时，可在规定的信用额度内透支的准贷记卡。通常所说的信用卡，一般指贷记卡。

拓展阅读4-6

**信用卡的由来**

信用卡于1915年起源于美国，最早的发行机构不是银行，是一些百货公司等经营机构。这些机构为了招揽顾客、推销商品，在一定范围内发放给客户消费购物的凭证（商业信用卡）。由于经营这些计划的高成本性，当时的信用卡只发放给能够支付高昂费用的VIP。

据说20世纪50年代的一天，美国商人弗兰克·麦克纳马拉在纽约一家饭店招待客人用餐，就餐后发现忘记带钱包，他不得不打电话叫妻子带现金来饭店结账，很是难堪，于是麦克纳马拉产生了创建信用卡公司的想法。1950年春，麦克纳马拉与他的好友施奈德合作投资一万美元，在纽约创立了"大来俱乐部"（Diners Club），此即大来信用卡公司的前身。大来俱乐部为会员们提供一种能够证明身份和支付能力的卡片，会员凭卡片到指定27间餐厅就可以记账消费，不必付现金，这是最早的信用卡。这种无须银行办理的信用卡属于商业信用卡。

当时的信用卡收入源于利息和采购商的服务费，银行家们看到了经营商的成功，就想在有利可图的信用卡业务上插一脚。50 年代，几个商业银行试图将信用卡业务扩展到更广泛的市场，但是每笔业务的成本太高，均以失败告终。60 年代后期，计算机技术的发展降低了信用卡的交易成本，银行再次推出该业务，这次努力产生了两个成功的银行信用卡计划：VISA 和 MasterCard。

### （四）股票

资本市场之所以魅力十足，在很大程度上是因为有股票的存在。股票一方面使股份公司能够在不增加负债的情况下迅速筹集大量的资金，促进企业的规模扩张、技术进步和收益增加；另一方面，更为重要的是，股票给予股票持有者一个分享企业经营收益却只需承担有限责任的机会，同时，二级市场上股票的涨涨落落还有很大的可能使得投资者获取丰厚利润。也正是因为以上这些特点，股票市场几乎成为资本市场的代名词。那么股票是什么呢？

股票是一种永不偿还的有价证券，股份公司不会对股票的持有者偿还本金。一旦购入股票，就无权向股份公司要求退股，股东的资金只能通过股票的转让来收回，将股票所代表着的股东身份及其各种权益让渡给受让者，股价在转让时受到公司收益、公司前景、市场供求关系、经济形势等多种因素的影响。所以说，投资股票是有一定风险的。

对于上市企业来说，发行股票的作用在于筹集资金、分散投资风险、实现资本增值和进行广告宣传。发行股票可以把社会上闲置的分散资金集结并形成巨大的生产资本，满足生产所需的大额经费。企业通过股市获得的资金可以进行技术创新或投入前景不太明朗的项目，这样即便投资失败，企业的投资风险也会降到最低。与此同时，上市企业会把资产划分为一个个等额股本来交易，这样一旦市场看好，就会提升发行股价，进而实现企业总股本的大幅增值。另外，上市企业发行股票，不仅可以在股票市场得到一定的曝光率，还可在整个社会上形成一种无形的企业信誉，毕竟上市公司在人们心中都是可靠的大企业。

在股票市场中，发行股票的公司根据不同投资者的投资需求，发行不同的股票。按照不同的标准，股票的分类也不同。股票最普遍的分类是分为普通股股票和优先股股票。

持有普通股股票的股东享有同等的权利，都能参加公司的经营决策，其所分到的股息、红利是随着股份公司经营利润的变化而变化的。而对于其他类型的股票，其股东的权益或多或少要受到一定条件的限制。我们通常所说的股票，是指在上海证券交易所、深圳证券交易所挂牌交易的 A 股，这些 A 股是普通股，也称为流通股、社会公众股。

持有优先股股票的股东的权益要受一定的限制。优先股股票的发行一般是股份公司出于某种特定的目的和需要，且在票面上要注明"优先股"字样。优先股股东的特别权利就是可优先于普通股股东以固定的股息分取公司收益并在公司破产清算时优先分取剩余资产，但一般不能参与公司的经营活动，具体的优先条件在公司章程中明确。

除了分为普通股股票和优先股股票外，根据股票持有者对股份公司经营决策的表决权，股票可分为表决权股股票和无表决权股股票；根据股票的票面是否记载有票面价值，股票可分为有额面股股票和无额面股股票；根据股票的票面是否记载有股东姓名，股票可分为记名股票和不记名股票；除此之外，还有库藏股股票、偿还股股票、职工内部股票和储蓄股股票等。

股票作为一种所有权证书，最初是采取有纸化印刷方式的，如上海的"老八股"。在这种有纸化方式中，股票纸面通常记载着股票面值、发行公司名称、股票编号、发行公司成立登记的日期、该股票的发行日期、董事长及董事签名、股票性质等事项。随着现代电子技术的发展，电子化股票应运而生，这种股票没有纸面凭证，一般将有关事项储存于数据中心，股东只持有一个股东账户卡，通过电脑终端可查到持有的股票品种和数量，这种电子化股票又称无纸化股票。目前，我国在上海证券交易所和深圳证券交易所上市的股票基本采取这种方式。

### （五）债券

如果被问起近年来最受投资者青睐的产品是什么，相信很多人都会回答"债券"。在股票市场低迷的状况下，债市特别是国家债券一般都能保持强势不衰、蒸蒸日上的势头。因此债券向来都是理财市场的常青树，是主要的投资工具。债券是一种金融契约，是政府、金融机构、工商企业等直接向社会借债筹措资金时，向投资者发行，同时承诺按一定利率支付利息并按约定条件偿还本金的债权债务凭证。债券的本质是债的证明书，具有法律效力。债券购买者或投资者与发行者之间是一种债权债务关系，债券发行人即债务人，投资者（债券购买者）即债权人。

债券之所以受青睐，是因为其具有以下优点。第一，安全性高。由于债券发行时就约定了到期后支付本金和利息，故其收益稳定、安全性高。特别是国债，其本金及利息的给付是由政府做担保的，几乎没有什么风险。各国政府大多采取立法的形式来保证债券本金的安全，有些债券的发行方还专门设立保障投资者资金安全的偿债基金作为还本付息的准备资金。第二，收益率高。在我国，债券的利率高于银行存款的利率。投资于债券，投资者一方面可以获得稳定的、高于银行存款利率的利息收入，另一方面可以利用债券价格的变动买卖债券，赚取差价。第三，流动性强。上市债券具有较强的流动性。当债券持有人急需资金时，可以在交易市场随时卖出，而且随着金融市场的进一步开放、市场政策的进一步完善、交易网点的增加、投资者投资意识的增强，债券的流动性将会不断增强。

债券按照不同方式可以划分为不同种类。按照发行主体划分，可分为政府债券、金融债券和公司债券；按照财产担保划分，可分为抵押债券和信用债券；按照债券形态划分，可分为实物债券、凭证式债券和记账式债券；按照是否可转换划分，可以分为可转换债券和不可转换债券；按照付息方式划分，可分为零息债券、定息债券和浮息债券；按照是否提前偿还划分，可分为可赎回债券和不可赎回债券；按照偿还方式不同划分，可分为一次到期债券和分期到期债券；按照计息方式划分，可分为单利债券、复利债券和累进利率债券；按照债券是否记名分类，可分为记名债券和无记名债券，等等。

拓展阅读 4-7

**增持规模创新高　外国人抢购中国债券**

随着我国债券市场对外开放的步伐扩大，以及外国投资者对中国经济的信心，外国人越来越踊跃地抢购中国债券。根据彭博汇总计算，截至 2019 年 5 月，外国投资者净买入至少 1 092.8 亿元的中国债券，外国投资者在 2019 年 5 月增持中国债券规模创近年来最高。

中国外汇交易中心公布的数据显示，5月份共有108家境外机构投资者通过债券通渠道入市，交易量达1 586亿元，日均交易量超过76亿元；当月净买入达522亿元。数据还显示，截至2019年5月末，债券通境外机构投资者数量为947家，5月份迎来首批泰国投资者，投资者范围扩展至全球28个国家和地区。

来自中国中央国债登记结算公司的数据也表明，全球投资者正持续买入人民币债券，进入中国债市的热情不减。5月末，境外机构债券托管余额为16 106亿元人民币。当月净增持规模扩大至766亿元。截至5月末，境外机构已经连续6个月净增持。

《中国证券报》文章认为，当前至少有三大因素支撑境外投资者继续净买入中国债券。一是中国资本市场持续稳步扩大开放，中国债券逐渐被纳入国际主要指数，持续吸引外资投资中国债券。二是今年以来中外债券利差明显扩大，提升中国债券对外资的吸引力。5月下旬以来，中美10年期国债利差已突破100基点，6月3日达117个基点，达到2018年以来的高位水平。三是在主要经济体中，中国经济仍保持较高增速，坚定了全球投资者对人民币资产的信心。

（资料来源：增持规模创新高　外国人抢购中国债券[N].金陵晚报，2019-06-13.）

## 四、衍生性信用工具

### (一)衍生性信用工具的含义与功能

衍生性信用工具又称金融衍生工具，指建立在基础产品或基础变量之上，其价格随基础金融产品的价格(或数值)变动的派生金融产品。这里所说的基础产品是一个相对的概念，不仅包括现货金融产品(如债券、股票、银行定期存款单等)，也包括金融衍生工具。作为金融衍生工具基础的变量包括利率、汇率、各类价格指数、通货膨胀率甚至天气(温度)指数等。

衍生性信用工具主要具有以下两种功能。

#### 1. 市场风险的规避和管理

金融市场处处充满风险。有买卖股票经历的人都清楚，今天股票还赚钱，可能明天就亏本了。在这时时刻刻都可能让人惊心动魄的市场里，没有比能少输钱或不输钱更重要的了。在进入金融市场开始投资时，没有一个人认为自己会输钱，否则就不会投资了。但是大家都知道，天下没有免费的午餐，没有人可能毫无代价地赚钱。每个人想赚钱的同时，也很可能会输钱。这种输钱的可能就是风险。而金融衍生工具就是要帮助投资者减少损失的可能性，实际上也就是帮投资者规避市场风险。

有人就会想，不参与股票的买卖，也不在银行、证券、保险等金融部门就职，那么就不会碰到金融市场风险。未必！如果一家公司是进出口公司，可能就要跟外汇打交道，就会碰到外汇汇率波动的风险。如果这家公司是一家生产性企业，那么就可能会碰到石油燃料的价格波动，也可能会碰到金属产品的价格波动等。而合理运用金融衍生工具就能帮助这家公司去规避外汇汇率、石油燃料、金属产品等价格波动的风险，从而降低蒙受这些价格波动所引起的损失的可能性。

即使碰不到上面所说的各种市场风险，任何一家公司也肯定会有融资的需要，会有去银行贷款、到股票市场上市、发行企业债券、发行可转换债券等的需要。那么，金融衍生工具也有用武之地，它可帮助企业用最少的成本融资，帮助企业规避融资过程中的利率风险。

### 2. 发现套利机会

金融衍生工具的第二个用途就是帮助投资者寻求市场或对手的漏洞，发现套利机会。市场之所以存在套利，是因为市场总是不完美的，它始终处于发展之中，而许多金融衍生工具的创新都是在解决市场漏洞的过程中发展起来的。在这里，寻求市场套利的含义是非常广泛的。比如采取新的金融工具降低交易成本就是解决市场套利的一个手段，通过金融衍生工具的使用进行合理的避税也是一种套利，由两个市场或两种产品之间的差价而获得套利的机会也是金融衍生工具的一项重要应用。

### (二)衍生性信用工具的种类

常见的衍生性信用工具包括四大类：远期、期货、互换和期权。

#### 1. 远期

远期是买卖双方的一个协议，双方承诺在将来某一天以确定的价格买进或卖出一定数量的某项资产。现在粮食企业与农户签订的"订单"，就是远期合约。在合约中规定在将来买入标的物的一方称为多方，而在未来卖出标的物的一方称为空方。标的物可以是大豆、铜等实物商品，也可以是股票指数、债券指数、外汇等金融产品。

例如，2019年12月，你决定购买一台笔记本电脑。在选定想要的品牌后，你去电脑城找到这一品牌的经销商。在经销商的展示厅里，你确定了所要买的电脑，并最终议定了交易价格。经销商告诉你，如果你今天就签下订单，你就可以在1个月之内取货。如果在1个月之内交易商对所有的电脑打折，或者你所选电脑型号价格上涨，都不会对你们的交易产生影响。电脑的交货价格已经由你和经销商协定，不再改变。这时你所订立的就是一份远期合约——你拥有在一个月之内购买这部电脑的权利和义务。

对于粮食的生产商和使用者来说，他们总是设法锁定未来的收入和成本，从而更好地计划他们的生意。同样道理，石油、金属、贷款、外汇等，都可以通过签订远期合约的方式，提前锁定收入和成本。

远期合约是场外的、自发形成的交易行为，没有固定的、集中的交易场所，不利于信息交流和传递，不利于形成统一的市场价格，市场效率较低。每份远期合约千差万别，流通不便，因此远期合约的流动性较差。远期合约需要建立在双方信用度较高的前提下，不然履约没有保证，违约风险较高。但是远期合约是其他衍生信用工具的基础。

#### 2. 期货

与远期不同的是，期货是标准化的远期合约，品种、数量都已标准化。需要有保证金，逐日结算。买卖双方在到期日均有义务执行合约，违约风险小。期货合约是指由期货交易所统一制定的、规定在将来某一特定的时间和地点交割一定数量标的物的标准化合约。对期货合约所对应的现货，可以是某种商品，如铜或原油，也可以是某个金融工具，如外汇、债券，还可以是某个金融指标，如三个月同业拆借利率或股票指数的金融期货。期货合约的买方，如果将合约持有到期，那么他有义务买入期货合约对应的标的物；而期货合约的卖方，如果将合约持有到期，那么他有义务卖出期货合约对应的标的物。一般来说，在期货合同成交后直至交易所当期最后交易日的每一个营业日结束时，交易所清算机构通过买卖双方的保证金账户实行"逐日盯市"制度，及时清算买卖双方的保证金账户因期货价格变动所产生盈亏的现金流动。

3. 互换

互换是约定两个或两个以上当事人按照商定条件，在约定的时间内，交换一系列现金流的合约。互换市场的起源可以追溯到 20 世纪 70 年代末，当时的货币交易商为了逃避英国的外汇管制而开发了货币互换。而 1981 年 IBM 与世界银行之间签署的利率互换协议则是世界上第一份利率互换协议。从那以后，互换市场发展迅速。利率互换和货币互换名义本金金额从 1987 年年底的 8 656 亿美元猛增到 2002 年的 823 828.4 亿美元，15 年增长了近 100 倍，可以说，这是增长速度最快的金融产品市场。

常见的互换种类包括利率互换、货币互换和商品互换。其中，利率互换是指双方同意在未来的一定期限内根据同种货币同样的名义本金交换现金流，其中一方的现金根据浮动利率计算出来，而另一方的现金流根据固定利率计算。货币互换是指将一种货币的本金和固定利息与另一货币的等价本金和固定利息进行交换。商品互换是一种特殊类型的金融交易，交易双方为了管理商品价格风险，同意交换与商品价格有关的现金流。它包括固定价格及浮动价格的商品价格互换和商品价格与利率的互换。除此之外，还包括股权互换、信用互换、气候互换和期权互换等。

互换与其他金融衍生工具相比有着自身的优势：第一，互换交易集外汇市场、证券市场、短期货币市场和长期资本市场业务于一身，既是融资的创新工具，又可运用于金融管理；第二，互换能满足交易者对非标准化交易的要求，运用面广；第三，用互换套期保值可以省却对其他金融衍生工具所需头寸的日常管理，使用简便且风险转移较快；第四，互换交易期限灵活，长短随意，最长可达几十年；第五，互换仓库的产生使银行成为互换的主体，所以互换市场的流动性较强。

当然，互换也存在自身局限性：首先，为了达成交易，互换合约的一方必须找到愿意与之交易的另一方，如果一方对期限或现金流等有特殊要求，就常常难以找到交易对手；其次，由于互换是两个对手之间的合约，因此，如果没有双方的同意，互换合约是不能更改或终止的；第三，对于期货和在场内交易的期权而言，交易所对交易双方都提供了履约保证，而互换市场则没有人提供这种保证，因此，互换双方都必须注意对方的信用。

4. 期权

期权是指买方向卖方支付一定数量的金额(指权利金)后拥有的在未来一段时间内(指美式期权)或未来某一特定日期(指欧式期权)以事先规定好的价格(指履约价格)向卖方购买或出售一定数量的特定标的物的权利，但不负有必须买进或卖出的义务。

期权是在期货的基础上产生的一种金融工具。从其本质上讲，期权实质上是在金融领域中将权利和义务分开进行定价，权利的受让人在规定时间内有权利选择交易是否进行、权利是否行使，而义务方必须履行。在期权的交易中，购买期权的合约方称作买方，而出售合约的一方则叫作卖方；买方即是权利的受让人，而卖方则是必须履行买方所行使权利的义务人。

例如，一个投资者在购买了一份"XYZ 股票 Jul 55 看涨美式期权"后，就获得了一个权利：在 7 月期权到期之前，这个投资者有权利在任何时候以 55 元的价格向该期权的出售方买入 100 股 XYZ 股票。为了获得这个权利，期权买方要支付一笔费用，就是期权费；而该期权的出售方由于收取了期权费，就只有义务而没有权利，只要期权买方提出购买，出售方就必须满足买方的要求。通过这个例子可以得出以下结论：一是作为期权的买方（无论是看涨期权还是看跌期权）只有权利没有义务，他的风险是有限的（亏损最大值为权利金），但在理论上获利是无限的；二是作为期权的卖方（无论是看涨期权还是看跌期权）只有义务而无权利，在理论上他的风险是无限的，但收益显有限的（收益最大值为权利金）；三是期权的买方无须付出保证金，卖方则必须支付保证金以作为必须履行义务的财务担保。

**拓展阅读 4-8**

### 用金融衍生工具规避风险

金融市场发挥风险管理的功能主要是通过风险转移——对冲、保险和分散来实现的，而金融衍生品是实现风险转移的重要工具，股指期货也不例外。那么，衍生品发挥风险转移功能的基本逻辑是什么呢？

一家中国企业预期一年后有 1 000 万美元的现金支出，一年后美元有可能升值，这时企业就要拿出更多的人民币兑换 1 000 万美元，很显然，企业面临着人民币兑美元的汇率风险。如果现在没有外汇期货或者外汇期权等衍生品，企业能否管理这样的风险？答案是能。企业可以现在就拿出人民币换成美元，然后存到银行里一年，去赚美元利息，保证一年到期时有 1 000 万美元的总收入，拿这 1 000 万美元来应对现金流支出。可以看到，这个过程中没有用到任何的衍生品，但同样可以把未来的人民币成本锁定，锁定的成本就是期初拿出的人民币数额。

那么，衍生品存在的意义在哪里呢？在这个例子里，企业需要在当下就拿出一笔人民币现金，而如果使用期货就只需要在一年后有足够资金就可以。虽然没有衍生品也可以管理风险，但成本比较高，有时候甚至由于交易制度障碍而不可行。正是在这个意义上，我们说衍生品是风险管理不可或缺的重要工具。衍生品是帮助投资者把风险转移给市场上愿意并有能力承担这部分风险的人。这是包括股指期货在内的金融衍生品对金融市场风险的最优配置功能。

（资料来源：韩乾. 从三个例子说起：金融衍生品到底能发挥怎样的风险管理功能？[N]. 证券日报，2019-02-12.）

## 本章小结

1. 信用作为现代金融的基石，是指以偿还本金和支付利息为条件的借贷行为。根据借贷主体的不同，信用可分为商业信用、银行信用、国家信用、消费信用、国际信用、民间信用等。

2. 信用工具是信用存在的最规范形式。信用工具的种类很多，其共同特点是偿还性、收益性、流动性和风险性。常见的信用工具包括票据、信用证、信用卡、股票、债券以及衍生性信用工具。

## 思考题

1. 如何理解个人信用是当代居民的"经济身份证"？

2. 我国长期以银行为主导的融资模式导致企业融资过度依赖银行信用，商业信用没有得到很好的发展，市场上一直缺乏能够使商业信用顺畅流转的机制。那么你认为商业信用还有存在的必要吗？

3. 支付宝是一种信用工具吗？请说出理由。

4. 金融衍生品是一把双刃剑。请解释这一观点。

5. 与现金、支票等信用工具相比，信用卡的优点是什么？在使用过程中有哪些注意事项呢？

## 综合训练

### 从战略高度推动社会信用体系建设

人无信不立，业无信不兴，国无信不强。

从首部国家级《社会信用体系建设规划纲要（2014—2020 年）》出台，到加强政务诚信建设、商务诚信建设等纳入全面深化改革部署，再到统一社会信用代码等制度实施，党的十八大以来，社会信用体系顶层设计日趋完善，建设步伐明显加快。以国务院办公厅印发的《关于加快推进社会信用体系建设构建以信用为基础的新型监管机制的指导意见》（以下简称《意见》）为标志，作为我国信用建设新的顶层设计，其首次对构建以信用为基础的新型监管机制进行系统、全面的规划，并提出了一系列创新性、具体化措施。

但是，我们要清醒地认识到，当前信用立法亟待推进，社会信用体系呈现一定程度的碎片化，很多领域仍然存在较为严重的失信现象。对于我国经济社会健康发展，尤其是对于建设现代化经济体系而言，从战略高度推动社会信用体系建设势在必行。

现代市场经济是法治经济、信用经济。信用既是现代经济体系中的基本制度构成，又是维护现代经济体系的重要制度保障。信用对于市场经济的重要作用，主要表现在两个方面。一方面，通过信用制度有效降低市场主体之间的交易成本，如前期的信息搜集、缔约过程中的反复谈判、交易进行中的各类担保手段，最终增加交易机会、提高交易效率。另一方面，通过信用制度有力维护交易安全，特别是对失信者的惩戒，能够消除潜在的违约行为和违规心理，形成"言必信，行必果"的社会风气，进而给人们提供稳定的交易预期，维护交易秩序。

（资料来源：张世君. 从战略高度推动社会信用体系建设[N]. 光明日报，2019-10-16（02）.）

**试分析：**

1. 在现代经济活动中，信用的重要性体现在哪些方面？

2. 信用在经济生活中的表现形式有哪些？

3. 你对中国的信用体系建设有何建议？

# 第五章

# 利息与利率

**央行下调贷款市场利率释放了什么信号？**

2020年2月20日，每月报价一次的中国贷款市场报价利率（LPR）公布，其中一年期利率直降10个基点，从4.15降至4.05；五年期以上利率从4.8降至4.75。下调LPR市场报价贷款利率到底对当下经济带来怎样的影响，尤其对楼市、股市和居民生活带来多大的影响？

利率被称为金融市场的"晴雨表"，因为它可以直接反映金融市场中资金供求情况，所有国家都把利率作为宏观经济调控的重要工具之一。在经济低迷时期，利用降低利率来扩大货币供应，刺激经济发展。在经济过热时期，提高利率，货币供给量会减少，储蓄就会增加，恶性经济发展会受到抑制。当然，利率的变化会影响一个国家的经济，但这种效果不是马上可以显现出来的，会反映在宏观经济指标中。

本次央行下调LPR市场贷款利率意味着整个社会融资成本会呈下降态势，因为央行LPR具有市场资金引导作用，LPR下降会诱发金融机构融资成本的下降，从而降低企业的融资成本，让企业少支付融资财务成本，从一定程度上也是对企业的资金"输入"。对于楼市来说，随着融资成本降低，房地产企业向金融机构融资的热情会有所上涨，民众购房积极性会增强。对于股市来说，也会起到一定的提振作用。对于居民来说，房贷利率会呈下降态势，这会让更多有房贷的普通民众受益。

（资料来源：腾讯网，莫开伟的《央行下调贷款利率对企业、楼市股市及居民生活将带来多大影响?》）

【学习导引】

利率是经济学中一个重要的金融变量，几乎所有的金融现象、金融资产均与利率有着或多或少的联系。当前，世界各国频繁运用利率杠杆来实施宏观调控，利率政策已成为各国中央银行调控货币供求，进而调控经济的主要手段，利率政策在中央银行货币政策中的地位越来越重要。利率和利息是什么关系？利息从何而来？在实际中利率为什么多种多样？什么决定了利率，利率又决定了什么？通过本章的学习，找到答案。

## 第一节　货币的时间价值与利息

### 一、货币的时间价值

借钱需要付利息，这似乎是常识，可为什么钱会生钱呢？其本质就是货币的时间价值。所谓货币的时间价值，是指货币经历一定时间的投资和再投资所增加的价值，也称资金的时间价值。在商品经济中，货币的时间价值是客观存在的。例如，将资金存入银行可以获得利息，将资金运用于公司的经营活动可以获得利润，将资金用于投资可以获得投资收益。这种由于资金运用实现的利息、利润或投资收益，就表现为货币的时间价值。

"时间就是金钱"是对货币时间价值的最好解读。你更愿意得到现在的 100 元还是 5 年后的 100 元呢？毫无疑问，你肯定会选择现在的 100 元，因为现在的 100 元无论是存在银行还是做其他投资，5 年后的价值肯定会超过 100 元。由于货币具有时间价值，今天的 100 元和 1 年后的 100 元是不等值的。今天将 100 元存入银行，在银行利率为 10% 的情况下，1 年以后会得到 110 元，多出的 10 元利息就是 100 元经过 1 年时间的投资所增加的价值，即货币的时间价值。显然，从货币价值的角度讲，今天的 100 元与 1 年后的 110 元相等。

为什么货币具有时间价值？

首先，货币的时间价值是资源稀缺性的体现。经济和社会的发展要消耗社会资源，现有的社会资源构成现存社会财富，利用这些社会资源创造出来的物质和文化产品构成了将来的社会财富，由于社会资源具有稀缺性特征，又能够带来更多社会产品，所以当前物品的效用要高于未来物品的效用。在货币经济条件下，货币是商品的价值体现，当前的货币用于支配当前的商品，将来的货币用于支配将来的商品，所以当前货币的价值自然高于未来货币的价值。市场利息率是对平均经济增长和社会资源稀缺性的反映，也是衡量货币时间价值的标准。

其次，货币的时间价值是信用货币制度下，流通中货币的固有特征。在当前的信用货币制度下，流通中的货币是由中央银行基础货币和商业银行体系派生存款共同构成的，由于信用货币有增加的趋势，所以货币贬值、通货膨胀成为一种普遍现象，现有货币也总是在价值上高于未来货币。市场利息率是可贷资金状况和通货膨胀水平的反映，反映了货币价值随时间的推移而不断降低的程度。

最后，货币的时间价值是人们认知心理的反映。由于人在认识上的局限性，人们总是对现存事物的感知能力较强，而对未来事物的认识较模糊，结果人们存在一种普遍的心理，就是比较重视当下而忽视未来，当前的货币能够支配当前商品满足人们的现实需要，而将来货币只能支配将来商品满足人们不确定的需要，所以当前单位货币价值要高于未来单位货币的价值。为使人们放弃当前货币及其价值，必须付出一定代价，利息便是这一代价。

### 二、利息的内涵

#### (一)利息的含义

利息是资金所有者由于借出资金而取得的报酬，它来自生产者使用该笔资金发挥营运职能而形成的利润的一部分，是货币资金在向实体经济部门注入并回流时所带来的增值额。利息就是因存款、放款而得到的本金以外的钱。

在市场经济活动中，人们把放弃持有货币而投资于实物资产或证券得到的收益看成持有货币的机会成本。由于货币的时间价值，今天的 1 元货币用于投资会带来收益，如果你不投资而贷出，同样能够带回一定的利息收入。这刚好证明货币的使用是有偿的。这种有偿使用货币所付出的成本就是利息，所以利息是货币这种特殊商品的使用报酬。

### (二)利息产生的原因

*1. 延迟消费*

放款人把金钱借出，就等于延迟了对消费品的消费。根据时间偏好原则，相较于未来的商品，消费者会偏好现时的商品，因此在自由市场会出现正利率。

*2. 预期的通胀*

经济出现通货膨胀，代表一定数量的金钱，在未来可购买的商品会比现在少。因此，借款人须向放款人补偿此段时期的损失。

*3. 代替性投资*

放款人可选择把金钱放在其他投资上。由于机会成本，放款人把金钱借出，等于放弃了其他投资的可能回报。借款人须与其他投资竞争这笔资金。

*4. 投资风险*

借款人随时有破产、潜逃或欠债不还的风险，放款人需收取额外的金钱，以保证在出现这些情况的时候，仍可获得补偿。

*5. 流动性偏好*

人们会偏好其资金或资源可随时立即交易，而不是需要时间或金钱才可取回，利息是对此的一种补偿。

## 三、利息在市场经济运行中的作用

利息作为资金的使用价格在市场经济运行中起着十分重要的作用，主要表现在以下几个方面。

*1. 影响企业行为*

利息作为企业的资金占用成本，直接影响企业的经济效益水平。企业为降低成本、增加效益，就要千方百计减少资金占压量，同时在筹资过程中对各种资金筹集方式进行成本比较。全社会的企业若将利息支出的节约作为一种普遍的行为模式，那么，经济成长的效率也肯定会提高。

*2. 影响居民资产选择行为*

在中国居民实际收入水平不断提高、储蓄比率日益加大的条件下，出现了资产选择行为。金融工具的增多为居民的资产选择行为提供了客观基础，而利息收入则是居民资产选择行为的主要诱因。居民部门重视利息收入并自发地产生资产选择行为，无论是对宏观经济调控还是对微观基础的重新构造都产生了不容忽视的影响。从中国目前的情况看，高储蓄率已成为中国经济的一大特征，这为经济高速增长提供了坚实的资金基础，而居民在利息收入诱因下的种种资产选择行为，又为实现各项宏观调控做贡献。

### 3. 影响政府行为

由于利息收入与全社会的赤字部门和盈余部门的经济利益息息相关，因此，政府也能将其作为重要的经济杠杆对经济运行实施调节。例如，中央银行若采取降低利率的措施，货币就会更多地流向资本市场，当提高利率时，货币就会从资本市场流出。政府可以用高于银行同期限存款利率的价格来发行国债，吸收民间的货币资金，用于各项财政支出。

## 第二节　利率的分类与计算

### 一、什么是利率

利率，又称利息率，是指在一定时间内利息与本金的比率，是决定利息多少的因素与衡量标准，能够反映借贷资本的价格水平。利率决定着债务人的利息成本，也影响着债权人的利息收入。比如你在某银行存了 10 000 元，一年后银行里的钱变成了 10 500 元，那么这里面的 500 元就是银行发给你的利息。利率就等于利息(500 元)与本金额(10 000 元)的比率，也就是说一年期的银行存款利率为 5%。而如果你从某银行贷款 10 000 元，一年后银行要求你还 11 000 元，这其中本金为 10 000 元，利息为 1 000 元，那么一年期的贷款利率就是 10%。贷款利率总是大于存款利率，否则银行会经营不下去。

利率表示着借贷资本的使用价格，所有的金融资产与利率都有或多或少、或直接或间接的联系，利率的影响无处不在。因此，几乎所有国家都把利率作为宏观调控的重要工具之一，由国家的中央银行控制。利率不仅受经济社会中许多因素的制约和影响，利率的变动也会牵动整个经济社会的神经，会对经济产生重大的、多方面的影响。

### 二、利率的种类

#### (一)名义利率与实际利率

##### 1. 名义利率

名义利率，是央行或其他提供资金借贷的机构所公布的未调整通货膨胀因素的利率，即利息(报酬)的货币额与本金的货币额的比率。例如，张某在银行存入 100 元的一年期存款，一年到期时获得 5 元利息，利率则为 5%，这个利率就是名义利率。

名义利率并不是投资者能够获得的真实收益，还与货币的购买力有关。考虑贷款成本的时候，一定不能只看名义利率，这样估计出来的贷款成本非常不准确，甚至常常带有误导性。更准确地说，以名义利率估算的贷款成本通常低于(且更通常的是大大低于)真实水平。因为如果发生通货膨胀，投资者所得的货币购买力会贬值，因此投资者所获得的真实收益必须剔除通货膨胀的影响。

2. 实际利率

所谓实际利率，其实可以理解为内含报酬率（或称内部收益率），是指使未来现金流入量现值等于未来现金流出量现值时对应的贴现率。目前监管机构已经出台了相关规定，正规的贷款机构都会向客户展示综合年化实际利率。

3. 二者关系

名义利率与实际利率存在着下述关系。

（1）当计息周期为一年时，名义利率和实际利率相等；计息周期短于一年时，实际利率大于名义利率。

（2）名义利率不能是完全反映资金的时间价值，实际利率才真实地反映了资金的时间价值。

（3）以 $i$ 表示实际利率，$r$ 表示名义利率，$p$ 表示借贷期内的通货膨胀率，那么名义利率与实际利率之间的关系为

$$1 + r = (1 + i) \times (1 + p) \tag{5-1}$$

一般简化为

$$r = i + p \tag{5-2}$$

（4）名义利率越大，周期越短，实际利率与名义利率的差值就越大。

例如，如果银行一年期存款利率为 2%，而同期通胀率为 3%，则储户存入的资金实际购买力在贬值。实际利率为-1%（2%-3%），也就是说，存在银行里是亏钱的。因此，扣除通胀成分后的实际利率才更具有实际意义。在中国经济快速增长及通胀压力难以消化的长期格局下，很容易出现实际利率为负的情况，即便央行不断加息，也难以消除。所以，名义利率可能越来越高，但理性的人士仍不会将主要资产以现金方式在银行储蓄。只有实际利率也为正时，资金才会从消费和投资逐步回流到储蓄。

拓展阅读5-1

**全球债务规模与负利率范围持续扩大**

国际货币基金组织（IMF）发布的报告显示，截至 2018 年年末，全球公共和私人债务总额已经达到 188 万亿美元，比 2017 年增加 3 万亿美元。2018 年全球平均债务占 GDP 的比率已升至226%。其中，发达经济体的平均债务比率有所下降，而新兴市场经济体和低收入发展中国家的平均债务比率则进一步上升，且新兴市场新增加的债务主要源于公共债务。全球债务的脆弱性正显著增加。

也正是由于全球各国债务总体规模的持续扩大，全球各国每年在还本付息上需支出的额度快速增加，全球债务增速有超过 GDP 增速的趋势，这也就直接导致了一个结果，那就是市场利率必须大幅下降，否则负债率高的国家债务违约率会快速上升。

事实也的确如此，在传统经济学中，利率降到 0 即发生了所谓的流动性陷阱，但各国央行早已将此发扬光大，利率不仅可降到 0，还可降到负数。从 2016 年日本央行首次实施负利率以来，全球有越来越多的国家加入了负利率的阵营。彭博社

2019年6月公布的数据显示，全球利率低于0的债券总额已经超过1.3万亿美元，多个国家5年期和更短期的国债收益率已降到0以下，一些国家长短期国债收益率出现了"倒挂"，全球主要经济体中利率正常化的国家只剩中国和美国。但美国利率正常化之路也不那么顺畅，2015年年末开启的加息周期仅维持了3年便在2019年又重启了降息操作，远低于此前加息周期所持续的时间。

当前全球债务总规模已创历史峰值，总杠杆率也接近历史峰值，受此影响，各发达国家不得不采取负利率政策，但未来全球各国如继续持续债务扩大和负利率的扭曲操作最终会导致债务链条越来越脆弱。解决这一问题不仅需要各国最高决策机构改变目前仅通过货币政策刺激经济的方式，更需要加大财政政策调节贫富差距的力度，还需要经济学界诞生出适应目前经济环境的理论指引。

（资料来源：范欣. 全球债务规模与负利率范围持续扩大何解？[N]. 中国经营报，2020-01-20（A06）.）

### （二）固定利率与浮动利率

按照货币资金借贷关系持续期间利率水平是否变动来划分，利率可分为固定利率与浮动利率。

#### 1. 固定利率

固定利率是指在整个借贷期限内不随物价或其他因素的变化而调整的利率。固定利率在稳定的物价背景下便于借贷双方进行经济核算，能为微观经济主体提供较为确定的融资成本预期。但若存在严重的通货膨胀，固定利率有利于借款人而不利于贷款人。在一年以上的贷款业务中，贷款合同往往要规定一个借贷双方都同意的利率标准来计算利息，该利率标准就称为该项贷款的固定利率。

#### 2. 浮动利率

浮动利率是指在借贷期限内随物价或其他因素变化相应调整的利率。某人在银行有一笔两年期的存款，第一年发放了100元的利息，第二年发放了150元的利息，两年的利息不相等，此即为浮动利率。借贷双方可以在签订借款协议时就规定利率可以随物价或其他市场利率等因素进行调整。浮动利率可避免固定利率的某些弊端，但计算依据多样，手续繁杂。一般来说，短期借款（一年以下）采用固定利率，而中长期借款（一年以上）的利率是浮动的。

### 拓展阅读5-2

#### 房贷利率有变化　选哪个利率好？

中国人民银行日前公告称，将于2020年3月至8月期间，进行存量浮动利率贷款定价基准转换，其中与大家钱包息息相关的就是房贷利率了。

公告中最关键的变化就是，将以前房贷钉住的贷款基准利率，转换成贷款市场报价利率（LPR）。以前，说到房贷利率时，一般说"基准利率打几折或上浮多少"；现在再提起房贷利率，就是"LPR利率下浮或上浮多少"了。

在存量房贷定价转换时，购房者面临两个选择。第一，选择固定利率。也就是说，房贷利率与当前利率水平保持不变，以后不管 LPR 利率怎么变化，购房者房贷利率保持不变。比如，以前房贷利率为基准利率上浮 10%，那么选择固定利率后，到期前购房者房贷利率水平维持 5.39% 不变。第二，选择浮动利率。这意味着，房贷利率将根据 LPR 变动而变化。假设重新定价周期为 1 年，此前房贷利率为基准利率上浮 10%，2019 年 12 月份，5 年期以上 LPR 为 4.8%，那么，加点幅度应为 0.59 个百分点(5.39%-4.8%＝0.59%)。2020 年，房贷水平不变。从 2021 年开始，购房者房贷利率为 2020 年 12 月 31 日的 5 年期 LPR+0.59%，此后每年以此类推。

两种方式，该如何选择？民生银行首席研究员温彬认为，尽管银行会提供浮动和固定两种贷款报价，但在预期 LPR 下降的背景下，客户通常会选择浮动利率报价，因为点差已经固定了。如果因经济回升、通胀上行，LPR 处于上升周期，则房贷利率也会随之走高。但如果此前选择的是固定利率，则房贷成本不变。

(资料来源：陈果静.房贷利率有变化　浮动固定哪个好[N].经济日报，2020-01-03.)

### (三)市场利率与官定利率

#### 1.市场利率

市场利率是指由资金市场上供求关系决定的利率。市场利率因受到资金市场上的供求变化而经常变化。在市场机制发挥作用的情况下，由于自由竞争，信贷资金的供求会逐渐趋于平衡，经济学家将这种状态下的市场利率称为"均衡利率"。能够及时反映短期市场利率的指标有银行间同业拆借利率、国债回购利率等。市场利率一般参考伦敦同业拆借利率 LIBOR(London Interbank Offered Rate)、美国联邦基金利率(Federal Funds Rate)。中国也有银行间同业拆借市场，其利率 SHIBOR(Shanghai Interbank Offered Rate)也是市场利率。

#### 2.官定利率

由政府金融管理部门或者中央银行确定的利率，通常称为官定利率或官方利率，也叫法定利率。它是国家为实现政策目标采取的一种经济手段，反映了非市场的强制力量对利率形成的干预。官定利率包括银行利率，如中央银行对商业银行及非银行金融机构的再融资利率，包括再贴现率和再贷款利率；有价证券利率，包括债券、国库券等债券发行利率；商业银行存贷款的高限利率。

### (四)年利率、月利率、日利率

年利率、月利率、日利率是按照计算利息的期限单位划分的。年利率以年为计算单位，一般以本金的%(百分之)表示，称为年息几厘。月利率以月为计算单位，一般以本金的‰(千分之)表示，称为月息几厘。一般银行在房贷合同上的利率都用月利率来表示。日利率以日为计算单位，一般以本金的万分之几表示，称为日息几厘。三者可相互换算：年利率＝12×月利率＝360×日利率。

银行公布出来的月利息，基本上是以年利率来表示的，举例来说，三个月的年化存款利率为 2.6%（银行挂牌），其实真正算到三个月的当期实际收益率也只有 0.65%。日息 1 厘，即本金 1 元，每日利息是 0.001 元。

拓展阅读 5-3

**利率约定不明时怎样确定利息？**

2016 年张某向李某某借款 5 万元，借条载明："今借到张某现金 5 万元，利息 2%。李某某 2016 年 7 月 1 日。"2017 年李某某多次向张某索要借款未果之下，诉至法院要求偿还本息。

本案存在的争议集中在借条中利息是日利率、月利率、年利率还是整个借款期间的利率，当事人在签订借条时未约定明确。所以，这种情况是利息约定不明之下视为无息借款，还是利息约定明确利率不明，司法实践中尚存在争议。

一种观点认为，根据《中华人民共和国合同法》（以下简称《合同法》）第二百一十一条："自然人之间的借款合同对支付利息没有约定或者约定不明确的，视为不支付利息。"张某与李某某在签订协议时对利息约定不明，应视为无息借款，张某无须向李某某支付利息。

另一种观点认为，张某与李某某对支付利息约定明确，但支付多少利息存在争议。本案中李某某与张某借条中的"利息 2%"是当地普遍的一种写法，按月利率计算更符合当地交易习惯，故张某应支付李某某月利率 2% 的利息。

笔者倾向于第二种意见。理由如下。

一是《合同法》第二百一十一条规定的利息约定不明确是指对支付利息与否约定不明确，本案中对是否支付利息约定明确，而是对支付多少利息存在争议。若本案中利息以日利率、年利率、借款期间利率计算，明显高于或低于中国人民银行同期贷款利率，有悖常理，显失公平。

二是实践中，自然人之间的借款常受到当事人文化水平、当地交易习惯等因素影响，出现约定不规范、有瑕疵的情况。本案中的利率应按照《合同法》第一百二十五条的合同解释的一般规则，从借条的整体语境，并结合本地借款时交易习惯进行解释，认定利息为月利率 2% 更为合理，也更契合当事人签订协议时的真实意思。

（资料来源：吴克成. 利率约定不明时怎样确定利息 [N]. 江苏经济报，2019-08-07（B03）.）

### （五）短期利率与长期利率

短期利率与长期利率的划分是以信用行为的期限为标准的。一般来说，一年以下的信用行为通常叫短期信用行为，相应的利率则是短期利率，如短期资金市场的国库券利率、票据贴现利率、银行短期存贷款利率及银行间同业拆借利率。一年以上的信用行为通常叫长期信用行为，相应的利率则是长期利率，如资本市场上的长期债券利率、长期抵押贷款利率等。

## 三、利率的计算

### (一)单利与复利

#### 1. 单利

单利是指按照固定的本金计算的利息。按照单利计算的方法，只要本金在贷款期限中获得利息，不管时间多长，所生利息均不加入本金重复计算利息。这里所说的"本金"是指贷给别人以收取利息的原本金额。"利息"是指借款人付给贷款人的超过本金部分的金额。

单利利息的计算公式为：

$$I = P \times i \times t \tag{5-3}$$

其中，$I$ 代表利息，$P$ 代表本金，$i$ 代表利息率，$t$ 代表时间。

若用 $FV$ 代表本息之和，则

$$FV = P + I = P(1 + i \times t) \tag{5-4}$$

例如，一笔期限 5 年，年利率为 6% 的 10 万元贷款，按照单利的计息方式，到期后应支付的利息与本息和为：

$$I = P \times i \times t = 100\,000 \times 6\% \times 5 = 30\,000(元)$$
$$FV = P(1 + i \times t) = 100\,000 \times (1 + 6\% \times 5) = 130\,000(元)$$

#### 2. 复利

复利是指在每经过一个计息期后，都要将所生利息加入本金，以计算下期的利息。这样，在每一个计息期，上一个计息期的利息都将成为生息的本金，即以利生利，也就是俗称的"利滚利"。

复利的计算公式是：

$$FV = P(1 + i)^n \tag{5-5}$$
$$I = FV - P \tag{5-6}$$

其中，$n$ 代表期数。

以上题为例，如果采取复利的计息方式，到期后应支付的利息与本息和为：

$$FV = P(1 + i)^n 100\,000 \times (1 + 6\%)^5 = 133\,822.56(元)$$
$$I = FV - P = 133\,822.56 - 100\,000 = 33\,822.56(元)$$

用单利法计算利息手续简便，易于计算借款成本，有利于减轻借款者的利息负担。用复利法计算利息，有利于加强资金的时间观念，有利于发挥利息杠杆的调节作用和提高社会资金的使用效率。

### (二)终值与现值

如果今天给你 100 元和 10 年以后给你 200 元，你会选择哪一个呢？为了回答这个问题，需要用某种方法来比较不同时点上的货币价值，由此引入两个经济学的概念——现值($PV$)和终值($FV$)。我们在制定经济决策时，必须考虑货币的时间价值、货币的机会成本。由于货币在不同的时间有不同的价值，所以不同时间的货币收支不宜直接进行比较，只有把它们换算到相同的时间上，才能进行比较。人们习惯于把货币资金现在的价值简称为现值，用

*PV* 表示；把货币资金在未来某个时间的价值称为终值，用 *FV* 表示。终值又称将来值，是现在一定量的资金折算到未来某一时点所对应的金额，俗称本利和。现值又称本金，是指未来某一时点上的一定量资金折算到现在所对应的金额。现值和终值是一定量资金在前后两个不同时间上对应的价值，其差额即为资金的时间价值。利率是资金的时间价值的一种具体表现，现值和终值对应的时点之间可以划分为若干期，相当于计息期。

一般来说，利息可以看成资金的时间价值，这是因为即使你将资金搁在手中，不做任何的投资，这笔资金本来就有一笔很确定的收益：存款的利息收入。这笔收益并不因为将资金搁在手中而消失，这就是你将资金搁在手中的机会成本，也是资金的时间价值。有了利息，也就等于有了利率，现值与终值就可以相互转化了（一般均以复利计息）。

为了解决上面这个问题，可以这样考虑：如果今天把 100 元存入银行，假设银行存款利率为 10%，这 100 元钱 10 年后的本息和是多少（即这 100 元钱 10 年后的终值是多少）？按照式(5-5)，10 年后的终值为：

$$FV = P \times (1 + i)^n = 100 \times (1 + 10\%)^{10} = 259.37(元)$$

通过计算，可知今天的 100 元的价值等于 10 年后的 259.37 元的价值，也就是说今天的 100 元在利率为 10% 的水平下，10 年后的终值是 259.37 元，所以应该选择得到今天的 100 元，而不应该选择得到 10 年后的 200 元。我们还可以这样认为，在利率是 10% 的条件下，10 年后的 259.37 元在今天的现值是 100 元。

这里需要注意的是，做出选择的关键是利率，如果利率发生变化，做出的选择可能不同。如果银行存款的利率变为 5%，100 元在 10 年后的终值则变为 162.89 元，在这种情况下，你应该选择得到 10 年后的 200 元，而不应该选择得到今天的 100 元。当然，现值与终值是最简单的货币时间价值，现实生活中的住房分期付款、养老金、长期储蓄计划等都要比现值、终值复杂得多。

拓展阅读5-4

### 复利的魔力

1626 年，荷兰人用价值约 24 美元的东西，从印第安人手里买下了纽约。当时买到的土地，总面积约为 22 平方英里(约 57 平方千米)。这么便宜地把纽约卖掉，人们通常认为印第安人是上了荷兰人的当，但是，如果我们用复利终值公式计算一下，却可能得出印第安人是最为精明的商人的结论。假如当时印第安人把这 24 美元存入银行，按每年 6% 的复利计算，那么到 2008 年大约就变成了 1 051 亿美元；按每年 7% 的复利计算，那么到 2008 年大约是 37 621 亿美元；按每年 8% 的复利计算，那么到 2008 年大约是 130 万亿美元。而美国 2007 年的国民生产总值是 11.6 万亿美元。如果这 24 美元能够每年得到 8% 的收益率，他的后代现在用这笔钱不要说可以买回纽约，就是买回整个美国也绰绰有余。另外，我们可能还会注意到一个问题，就是收益率即使有很小的差别，在很多年后计算的终值也会差别很大。这就是复利增长的魔力所在，因此爱因斯坦把复利称为"有史以来最伟大的数学发现"。

## 第三节　利率的决定与作用

### 一、利率的影响因素

利率作为资金的价格，决定和影响的因素很多、很复杂。利率水平最终是由各种因素的综合影响所决定的。

1. 利润率水平

在社会主义市场经济中，利息仍作为平均利润的一部分，因而利率也是由平均利润率决定的。根据中国经济发展现状与改革实践，这种制约作用可以概括为：利率的总水平要适应大多数企业的负担能力。也就是说，利率总水平不能太高，太高了大多数企业承受不了；相反，利率总水平也不能太低，太低了不能发挥利率的杠杆作用。

2. 资金供求状况

在平均利润率既定时，利息率的变动取决于平均利润分割为利息与企业利润的比例。而这个比例是由借贷资本的供求双方通过竞争确定的。一般地，当借贷资本供不应求时，借贷双方的竞争结果将促使利率上升；相反，当借贷资本供过于求时，竞争的结果必然导致利率下降。在市场经济条件下，由于作为金融市场上的商品的"价格"——利率与其他商品的价格一样受供求规律的制约，因而资金的供求状况对利率水平仍然有决定性作用。

3. 物价变动幅度

由于价格具有刚性，变动的趋势一般是上涨，因而怎样使自己持有的货币不贬值，或遭受贬值后如何取得补偿，是人们普遍关心的问题。这种关心使得从事经营货币资金的银行必须让吸收存款的名义利率适应物价上涨的幅度，否则难以吸收存款；同时也必须使贷款的名义利率适应物价上涨的幅度，否则难以获得投资收益。所以，名义利率水平与物价水平具有同步发展的趋势，物价变动的幅度制约着名义利率的水平。

4. 国际经济环境

改革开放以后，我国与其他国家的经济联系日益密切。在这种情况下，利率也不可避免地受国际经济因素的影响，表现在以下几个方面：国际资金的流动，通过改变我国的资金供给量影响我国的利率水平；我国的利率水平也要受国际商品竞争的影响；我国的利率水平还受国家的外汇储备量和利用外资政策的影响。

5. 政策性因素

自 1949 年以来，我国的利率基本上属于管制利率类型，利率由国务院统一制定，由中国人民银行统一管理，在利率水平的制定与执行中，要受到政策性因素的影响。我国长期实行低利率政策，以稳定物价、稳定市场。1978 年以来，对一些部门、企业实行差别利率，体现出政策性的引导或政策性的限制。可见，在中国社会主义市场经济中，利率不是完全随信贷资金的供求状况自由波动的，它还取决于国家调节经济的需要，并受国家的控制和调节。

## 二、利率的作用

### （一）利率具有引导储蓄和消费的作用

利率水平不仅影响储蓄的总量，而且影响储蓄的结构。储蓄是利率的增函数，较高的利率会促进储蓄总量的增加，特别是对储蓄存款的促进作用更加明显。在其他条件不变的情况下，从短期来看，利率的提高必然会使消费减少，利率的变化会影响消费总量，消费是利率的减函数。从长期来看，利率影响的只是即期消费量，提高利率，则减少即期消费量，但却会使远期消费量增加，即增加社会消费基金总量。

### （二）利率对投资的影响

投资可分为实质性投资和证券投资。利率对实质性投资和证券投资的影响是不一样的。实质性投资是指对生产流通领域进行的投资活动。实质性投资与利率的水平有着密切的关系。一般理论认为，低利率对实质性投资有刺激作用，高利率则不利于投资规模的扩大。

在正常的经济情况下，利率与证券价格成反方向变化，即当市场利率下跌时，资金更多地流向证券，证券价格会上升。市场利率变化是影响证券行情的一个重要因素。

### （三）利率对经济核算的影响

对存款人来说，利息是让渡资金使用权的报酬。适当的利率水平可以鼓励居民勤俭节约，促进企业加强经济核算，将节约的资金存入银行，以取得更多利息。

银行还可以运用利率杠杆，对那些经营管理不善、资金周转慢、贷款逾期不还的企业实行高利率，对那些经营管理好、资金效益高、信用状况好的企业实行优惠利率，从而促进企业加强核算，提高资金使用效益。

### （四）利率对通货膨胀的影响

利率作为经济杠杆，如果运用得好，可以起到稳定物价、抑制通货膨胀的作用。利率对通货膨胀的抑制作用是通过以下途径实现的：第一，调节货币供给量；第二，调节社会总供给和总需求。

### （五）利率对调节经济的作用

利率对宏观经济和微观经济都有重要的调节作用。利率对经济的调节作用主要是通过以下途径实现的：第一，聚集社会闲散资金；第二，优化产业结构；第三，调节货币流通；第四，平衡国际收支。

## 三、利率市场化

### （一）利率市场化的含义

利率市场化是指在市场经济中，利率水平及其结构由经济主体自主决定的过程。通常包括三方面的含义。

（1）利率水平由市场供求关系所决定；

（2）形成一个以中央银行利率为核心、货币市场利率为中介，由市场供求决定存贷款利率的体系；

（3）中央银行作为利率调节的主体。

利率市场化实质上是一个逐步发挥市场机制在利率决定中的作用，进而实现资金流向和配置不断优化的过程。但是利率市场化并不意味着利率的完全自由化，中央银行仍可以通过公开市场操作影响市场基准利率，进而影响其他金融产品的定价。

### （二）我国推进利率市场化改革的原因

我国推进利率市场化是十分必要的。其原因在于以下几点。

（1）利率市场化是发挥市场配置资源作用的一个重要方面。1992年，我国确立了建立社会主义市场经济体制的改革目标，要让市场在资源配置中起基础性作用，以此实现资源配置优化。利率作为非常重要的资金价格，应该在市场有效配置资源过程中起基础性调节作用，实现资金流向和配置的不断优化。同时，利率也是其他很多金融产品定价的参照基准。

（2）利率市场化的要点是体现金融机构在竞争性市场中的自主定价权。我国市场化改革从一开始就强调尊重企业的自主权，其中最主要的一条是尊重企业定价权。在金融业，除个别政策性金融机构外，目前我国金融机构一般是按照企业方式来运行的，反映金融企业自主经营权的一个重要环节正是其对自身产品和服务的自主定价权。

（3）利率市场化也反映了客户有选择权。金融机构的客户既有居民，也有企业，还有各种各样的其他类型实体。这些客户在竞争性市场中有选择权，其对金融机构提供的服务和价格，可以表示满意或不满意，可以选择这家或那家，也可以选择不同价格的类似金融产品作为替代。通过利率市场化，金融机构会提供多样化的金融产品和服务。

（4）利率市场化反映了差异性、多样性金融产品和服务的供求关系，以及金融企业对风险的判断和定价。在市场经济条件下，就像其他商品一样，金融产品会出现更多的差异化，同类产品可能有不同的品牌、规格和目标群体。同时，不同金融机构对同一项目、同一客户的风险判断也会出现差异，这些差异在其金融产品的定价中会得到反映。

（5）利率市场化反映了宏观调控的需要。宏观调控，特别是在我国社会主义市场经济条件下以间接调控为基本特征的中央银行货币政策，需要有一个顺畅、有效的传导机制，并对市场价格的形成产生必要的影响。

### （三）利率市场化的外部条件

利率市场化并非在任何情况下都可进行。在银行微观经营机制不健全、基层银行和非银行金融机构不能进行自我约束的条件下，放开利率还有可能造成利率恶性竞争、金融秩序混乱的后果。借鉴国际经验，结合我国实际，利率市场化要顺利实现，必须具备以下四个方面的条件。

1. 充分有效的金融监管

目前，我国的金融监管相对于前几年无疑有突破性的进展，它使利率主体行为更为规范，但金融监管尚未完全实现规范化。所以，应按市场化金融运行的要求，尽快建立既适合我国国情又符合国际惯例的金融监管法规体系，并且选拔和培养一支高素质的监管队伍，从而提高我国金融监管水平。

2. 宏观经济稳定

大多数学者认为，宏观经济对利率水平的影响是通过银行和企业来进行的。当宏观经济稳定时，银行和企业间维持稳定的关系，有利于保持市场利率平稳，降低波动幅度；当宏观经济不稳定时，利率放开，在无完善监管机制时，银行就会出现道德风险，为追求高收益而提高利率，容易引发借款人的冒险行为。而且宏观经济不稳定会使企业投资的不确定性增加，还会引起企业对短期信贷的过度需求，导致短期利率骤升，对利率市场化极为不利。

### 3. 微观基础的完善

微观基础是指经营性金融机构和企业。利率作为货币政策传导机制的一个重要条件是经营性金融机构和企业对利率变动必须反应灵敏，并迅速调整。从我国看，利率市场化微观基础的构造重点是国有银行商业化和一般企业的完全企业化。由于目前未实现完全的银企企业化，利率市场化缺乏相应的基础，若强行推行利率市场化，则银行和企业可能用别人的财产去冒险，不顾利率水平高低，从而产生恶劣后果。考虑到银企企业化的现实，可逐步放开票据贴现利率，扩大贷款利率浮动范围和幅度。

### 4. 建立完善的金融市场

利率市场化的过程，实质上是一个让金融市场由低水平向高水平、由简单形态向复杂形态转化的过程。一旦这一过程完成，利率市场化也就实现了。经典的利率自由化理论认为，利率市场化要求的金融市场具有如下特征：①品种齐全、结构合理的融资工具体系；②规范的信息披露制度；③金融市场主体充分而富有竞争意识；④建立以法律和经济手段为特色的监管体制。而目前我国的金融市场仍存在诸多缺陷，其中比较明显的有：①金融市场各子市场发育不平衡；②债券、股票发行向国有大中型企业倾斜；③机构投资者数量不足，影响利率作用的深化；④市场监管不完善，导致金融市场利率功能扭曲。因此，只有尽快发展和完善金融市场，培育高素质的投资队伍，提高信用评级服务质量，才能为利率市场化的最终实现创造条件。

**拓展阅读5-5**

#### 推进利率市场化改革依然任重道远

央行日前宣布，即日起各银行应在新发放贷款中主要参考贷款市场报价利率（LPR）定价，并在浮动利率贷款合同中采用LPR作为定价基准；LPR报价行应于每月20日（遇节假日顺延）9时前，按公开市场操作利率（主要指中期借贷便利MLF操作利率）加点形成方式，向全国银行间同业拆借中心报价。后者按去掉最高、最低报价后算术平均方式，计算出贷款市场报价利率。

央行的这一小步，标志着利率市场化迈出了决定性一步，意味着贷款定价锚由此前的贷款基准利率转变为"货币政策利率-LPR-贷款利率"，这必将有利于疏通货币政策传导机制、降低实体经济融资成本。

在过去的利率双轨制状态下，货币、债券市场等金融同业市场利率已基本实现市场化，但存贷利率由央行的存贷基准利率决定，市场利率波动性、央行基准利率固定性导致货币政策传导机制阻滞。比如，当流动性充裕导致市场利率下行时，信贷市场的企业融资成本仍参考央行基准利率，融资成本居高不下。

长期以来，我国以银行信贷为主要融资模式，银行通过央行制定的息差，在负债端以低利率削弱储户收益，在资产端让企业承受过高融资成本。如今要求银行服务实体经济、实现利率市场化，即是为高质量发展创造良好金融环境。在存款利率仍属管制状态前提下，率先推动贷款利率市场化，有利于降低银行的息差收入、整体融资成本。

若当前也放开存款利率，则可能导致银行间竞争性吸储、抬升存款利率，从而使信贷利率难以下行，与当前要求降低融资成本是相冲突的；若不放开存款利率，储户则会承受损失，不利于增加居民的财产性收入。因此，推进利率市场化改革依然任重道远。在特殊经济环境下，信贷利率市场化改革有利于满足市场降成本需求、维护经济稳定。目前，LPR 报价尚非一个完全基于市场利率的价格，存在与市场利率较大偏离的可能，需不断完善并最终实现由市场决定。

（资料来源：石径．推进利率市场化改革依然任重道远［N］．贵州政协报，2019-08-23（B01）．）

## 本章小结

1. 利息是资金所有者因贷出货币的使用权而从借款者那里取得的一种报酬。利率是指借贷期内所形成的利息与所贷资金的比率。利率的计量方式分为单利和复利。利率主要分为实际利率和名义利率、固定利率和浮动利率、市场利率和官定利率、短期利率和长期利率等。

2. 利率市场化就是利率由市场资金的供求状况来决定，由市场配置资金流向和资金价格。推进中国的利率市场化改革是我国发挥市场经济作用的一个重要方面。我国实现利率市场化的前提条件是充分有效的金融监管、稳定的宏观经济、完善的微观基础和建立完善的金融市场。

## 思考题

1. 辨析题。

（1）国家大幅度下调银行存款利率，有利于搞活企业，但会影响居民储蓄存款的实际收益。

（2）近期余额宝等产品的收益率下跌，许多大额资金重新回归传统银行，毕竟在用户看来银行的安全性更高。这一现象表明储蓄存款比较安全，风险较低。

（3）利率对投资有重要影响，利率越低，越能激发投资热情。

（4）在现实生活中，会出现利率随着时间的延长而下降的现象。

2. 简答题。

（1）某人于 2018 年 1 月 5 日将 5 万元存入商业银行，选择了 2 年期的定期存款，于 2020 年 1 月到期。但在 2019 年 1 月 5 日由于急于购买住房，需要资金，鉴于定期存款未到期支取将视同活期存款，损失很多利息收入，因此，决定不将存款取出，而是先向商业银行申请 1 年期贷款，然后等存款到期时归还。试分析上述决定是否合理？并阐述理由。（2018 年 1

月份 2 年期定期存款利率为 2.25%，2019 年 1 月活期存款利率为 0.35%，2019 年 1 月份 1 年期贷款利率为 4.75%。)

(2)某人出国三年，请你代付房租，每年租金为 10 000 元，每年的租金在该年年末缴纳，设银行存款利率为 10%，试问你应当让他现在在银行存入多少钱？如果在年初缴纳又该存入多少呢？

## 综合训练

### 降低小微企业贷款实际利率

2019 年 12 月 23 日，李克强总理在成都考察期间，来到成都银行自贸区支行，了解小微企业贷款规模和贷款利率等情况。银行负责人提出"三点愿望"：一是适时降低存款准备金率；二是推动贷款需要的涉企信息共享；三是促进大中小银行形成服务小微企业的合理分工机制。

李克强总理表示，国家将进一步研究采取降准和定向降准、再贷款和再贴现等措施，推动小微企业融资难、融资贵问题的解决。同时，李克强总理要求他们兑现"一个承诺"——进一步提高小微企业贷款比重，切实降低小微企业贷款实际利率和综合融资成本。

"让小微企业融资成本再降低 1 个百分点"和"将小微企业不良贷款容忍度再放宽 1 个百分点"，是李克强总理从年初以来强调的支持小微企业发展的"两项政策要求"。一年时间过去了，央行、银保监会等部门及时制定和完善监管政策措施，银行机构积极行动实践，把李克强总理提出的"确保小微企业贷款实际利率进一步降低"的要求真正落到了实处。截至 2019 年 10 月末，普惠型小微企业贷款余额同比增长 23.3%，比全部贷款增速高近 11 个百分点，利率下降 0.64 个百分点。10 月下旬银保监会有关负责人表示，今年小微企业融资成本下降已超 1 个百分点。

成绩属于过去，任务依然艰巨。2020 年，我国经济发展仍然面临十分复杂的国际国内形势，打好三大攻坚战、保持经济运行在合理区间、促进经济高质量发展，需要中小企业持续稳定健康发展。这就需要为中小企业发展提供良好的营商环境和更好的金融支持。对此，中央经济工作会议提出了"更好缓解民营和中小微企业融资难、融资贵问题"的政策方针。

(资料来源：卓尚进. 将降低小微企业贷款实际利率和综合融资成本要求落到实处[N]. 金融时报，2019-12-28(004).)

**试分析：**

1. 我国小微企业融资成本高的原因是什么？

2. 利率市场化与小微企业融资成本之间有什么关系？

3. 如何进一步推进利率市场化改革、破解中小企业融资难题？

# 第六章

# 金融市场

### 如何警惕金融市场"卖你没商量"？

最近，有两件关于投资者保护的事件很受关注。一是中国证券投资基金业协会在2017年12月25日紧急发文，提醒投资者要警惕关于私募基金业绩的公开宣传，包括"年底私募分红榜单""阳光私募业绩排名""业绩最佳""一骑绝尘"等措辞均属违规。二是中信建投证券因"违规给大学生开通股票账户"被江苏证监局出具警示函，这是国内首例因违反《证券期货投资者适当性管理办法》监管开出的罚单。

这两件事情看似毫无关联，但实际上都是《证券期货投资者适当性管理办法》自2017年7月1日正式实施以来，监管部门和证券公司用其来解决过去常犯的"卖你没商量"难题的案例，意义非同寻常。这说明，过去部分金融机构单边强调"买者自负，卖者无责""卖你没商量"或者"买卖自由、毫无限制"的问题正拉开从严整治的大幕，以前那些向低风险投资者兜售高风险金融产品或实行风险套利的做法将行不通了。

与其他市场相比，金融市场强买强卖的现象，往往因为投资者和金融机构信息不对称而得不到有效反馈和举报。此前多年，投资者到银行柜台办理业务，被所谓的理财规划师推销保险产品，持有这样的"理财产品"直至巨亏之后，才发现该产品竟然"与银行没有关系"；一些所谓的私募股权基金，公开在互联网叫卖，或者在公共场所发放传单，声称以众筹、团购等方式购买高收益、低门槛的金融产品……这些行为在本质上都是有些金融机构利用信息不对称的"门槛"，未考虑或选择性忽视产品设计的风险底线，兜售与投资者风险不匹配的金融产品，甚至有个别人打着互联网金融平台的旗号从事非法集资和资金池业务，危害投资者权益乃至金融市场安全。

这些问题多年来得不到根治，一个重要原因就是过去缺少专门针对"买者自负，卖者有责"的规章制度。从这个意义上说，《证券期货投资者适当性管理办法》及首例违反投资者适当性管理办法罚单的出现，填补了投资者保护领域基础制度的短期空白，既是对所有金融机构的鞭策，也是对各类投资者的提醒，更是从建章立制角度夯实投资者保护的制度基础。

从投资者角度看，无论是首例违反投资者适当性管理办法罚单，还是借阳光私募为投资者提供警示，其意义不止于明确"买者自负"的尺度，还要求广大投资者树立风险意识与自我保护意识，诚实守信、告知实情。根据自身实际情况进行判断，独立承担投资风险。

从金融机构角度看，警示和罚单的意义已经超越"卖者有责"范畴，要求金融机构在从事任何经营销售活动之前，必须了解投资者、产品或服务，给予投资者充分的风险提示和信息披露，对投资者与产品或服务正确匹配，同时强化适当性内部管理。

从长远视角来审视，处罚显然不是目的，保护市场主体合法权益才是长久之计。适当性管理办法的出发点，是对市场主体和金融产品分门别类、正确匹配。只有更加系统规范地对投资者、金融产品和金融机构分类，才能更好地明确产品分级和职责分工，才能营造奖惩分明、有效激励和约束的投保环境，让市场各方清楚哪些是底线、哪些是红线，从制度上保证金融市场平稳健康发展。

（资料来源：小舟. 金融市场"卖你没商量"行不通了 [N]. 经济日报，2018 - 01 - 04（009）.）

**【学习导引】**

金融市场是人们从事金融活动、资金进行流动的场所。一个国家经济的发展离不开发达的金融市场，只有发达的金融市场才能够提供充足的资金。金融市场有哪些子市场？它们的重要作用是什么？与其对应的又有哪些融资工具？通过本章的学习，你会对这些问题有一个清晰的认识。

# 第一节　金融市场概述

## 一、金融市场的含义与特性

### （一）金融市场的含义

金融市场又称资金市场，包括货币市场和资本市场，是资金融通市场。所谓资金融通，是指在经济运行过程中，资金供求双方运用各种金融工具调节资金盈余的活动，是所有金融交易活动的总称。在金融市场上交易的是各种金融工具，如股票、债券、储蓄存单等。资金融通简称融资，一般分为直接融资和间接融资两种。直接融资是资金供求双方直接进行资金融通的活动，也就是资金需求者直接通过金融市场向社会上有资金盈余的机构和个人筹资；与此对应，间接融资则是指通过银行所进行的资金融通活动，也就是资金需求者采取向银行等金融中介机构申请贷款的方式筹资。金融市场对经济活动的各个方面都有直接的深刻影响，如个人财富、企业的经营、经济运行的效率，都直接取决于金融市场的活动。

### （二）金融市场的特性

金融市场是货币资金或金融商品交易的场所，它主要进行货币借贷以及各种票据、有价证券、黄金和外汇买卖。通过金融市场的交易活动，沟通资金供求双方的关系，实现资金融通。金融市场同其他各商品市场既有联系又有区别。

1. 金融市场同其他市场之间的联系

一是金融市场为商品市场提供交易的媒介，使商品交换得以顺利进行；二是金融市场可以有力地推动商品市场的发展，在外延的广度上促进商品市场的发展；三是通过金融市场的带动和调节，使商品市场进行流动和组合，从而实现对资源的重新配置。

2. 金融市场同其他市场的区别

一是交易场所的区别。一般商品交易有其固定的场所，以有形市场为主；而金融市场既有有形市场，在更大的范围内也有通过电话、电报、电传、电脑等通信工具进行交易的无形市场，这种公开广泛的市场体系，可以将供求双方最大限度地结合起来。

二是交易对象的特殊性。一般商品的交易是普通商品或劳务，其本身含有一定的价值和使用价值，一经交易就进入消费；金融市场的交易对象是金融商品，其价值和使用价值有不同的决定方式：使用价值是为其所有者带来收益的功能，价值则具有多重的决定方式。

三是交易方式的特殊性。一般商品的交易，遵循等价交换的原则，通过议价、成交、付款、交货而使交易结束，双方不再发生任何关系；金融市场的交易是信用、投资关系的建立和转移过程，交易完成之后，信用双方、投融资双方的关系并未结束，还存在本息的偿付和收益分配等行为。可见，在金融市场的交易中，作为金融商品的买卖关系虽然已经结束，但作为信用或者投资关系却没有结束。

四是交易动机的不同。一般商品交易的卖者为了实现价值取得货币，买者则为了取得使用价值满足消费的需求；而在金融市场上交易的目的，卖者是取得筹资运用的权利，买者则是取得投融资利息、控股等权利，此外，还有派生中保值、投机等种种动机。

## 二、金融市场的构成要素

### （一）交易主体

金融市场的交易主体，就是金融市场的参与者，可以分为资金的供应者、需求者、中介者和管理者。具体讲，又可以分为金融机构、企业、家庭和个人、政府部门、海外投资者、中央银行。不同的交易主体在金融市场中的作用不同。

（1）金融机构是金融市场的主导力量。它既是资金的供应者，也是资金的需求者。在资金供应方面，它通过发放贷款、拆借、贴现、抵押、买进债券等方式，向市场输出资金；作为资金的需求者，它通过吸收存款、再贴现、拆借等手法，将资金最大限度地集中到自己手里。金融机构还提供信用工具，如支票、汇票、存单、保单等，向金融市场提供资金交易的工具，在提供这些金融工具的同时，也就为自身筹集了资金。金融机构还充当资金交易的媒介，办理金融批发业务，既有对信贷资金的批发，也有对股票和债券的承销。

（2）企业是金融市场运行的基础。金融市场为其提供了筹集和运用资金的场所，使其可以保持适度的资金量，因而，它和银行之间总保持着存款、贷款关系，也与其他企业或金融机构保持着筹资或投资关系。

（3）家庭和个人是金融市场上资金的供应者，以储蓄存款的方式参与金融市场的活动。此外，个人通过购买证券，也向金融市场输送资金。家庭和个人也是资金的需求者，除以消费信贷的形式借用贷款之外，可以抛出证券从金融市场抽回资金。

(4)政府部门作为金融市场上资金的需求者，通过在国内外市场上发行国家债券、筹集资金，以弥补赤字或者扩大建设规模；作为资金的供给者，它将自己所拥有的财政性存款和外汇储备汇集到金融市场上，成为金融机构的重要资金来源。

(5)海外投资者随着金融市场的对外开放越来越多地来国内投资和筹资，进行存贷款活动、投资活动；在岸和离岸金融市场进一步开放之后，有更多的海外投资者投入国内的金融市场中。

(6)中央银行除了作为金融市场的管理者外，还以资金的供给者、需求者、中介者三位一体的身份活动在金融市场上。作为资金的供给者，它以向商业银行等金融机构通过再贴现、再贷款、购回证券与票据、收购黄金外汇等方式投放基础货币。中央银行在提供资金过程中，以货币发行者的身份向社会发行货币，向金融市场提供流通手段和支付手段。作为资金的需求者，中央银行主要是吸纳商业银行的存款准备金，通过公开市场业务抛售证券、票据，回收金融市场上过多的资金。作为中介者，中央银行为商业银行之间的资金往来提供清算服务。

### (二)交易对象

金融市场的交易对象就是金融市场参与者进行交易的标的物——金融工具，如票据(支票、汇票、本票)、大额可转让定期存单、债券、国库券、基金、证券及各种衍生金融工具等。货币资金具有一定的价值，不能无偿转让，也不能空口无凭地借出，需要有一种契据、凭证，以其为载体，才能推动资金安全运转。信用工具是证明金融交易金额、期限、价格的书面文件，对债权债务双方的权利和义务具有法律约束意义。

### (三)交易价格

在金融市场上，交易对象的价格就是货币资金的价格。在借贷市场上，借贷资金的价格就是借贷利率。而在证券市场上，资金的价格较为隐蔽，直接表现出的是有价证券的价格，从这种价格反映货币资金的价格。至于外汇市场，汇率反映了货币的价格。直接标价法反映了外币的价格，而间接标价法反映了本币的价格。在黄金市场上，一般表现的是黄金的货币价格；如果反过来，就显示出单位货币的黄金价格。

### (四)组织形式

组织形式是指金融市场的交易场所。金融市场的交易既可以在有形市场进行，又可以在无形市场中进行。有形市场的组织形式主要有两种：有固定场所的交易和柜台(店头)交易。其中，前者是指一种有组织、有制度、集中进行交易的方式，如证券交易所。后者是指在金融机构的柜台上进行的分散交易。

## 三、金融市场的功能

### (一)融通资金功能

融通资金是指将储蓄转化为投资，是金融市场最基本的功能，通过这个功能可以有效地筹集和调剂资金。金融市场是一种多渠道、多形式、自由灵活地筹资与融资的场所。在金融市场上，金融工具多种多样，能适应不同资金供应者在利率、期限、方式等方面的要求，具有高度的选择性。因此，通过金融工具的买卖既能使资金增强流动性，调节货币资金余缺，又可增加收益性；对资金需求者来讲，可以根据生产经营活动状况，季节性、临时性的变化和资金需求的数量、期限，在金融市场上通过贷款和发行证券等方式去筹措资金；对金融机构来讲，它为金融机构之间的资金相互融通、交换金融票据或银行间同业拆借、调剂金融机构的头寸提供了方便。可见，金融市场不仅起到了广泛动员、筹集调剂资金和分配社会闲散资金的功能，也有利于社会经济的发展。

### （二）资源配置功能

在金融市场上，随着金融工具的流动，相应地发生了价值和财富的再分配。金融是物资的先导，金融资产的流动带动了社会物质资源的流动和再分配。金融市场中的供求双方通过竞争决定了金融资产的价格，或者说确定了金融资产要求的收益率。公司所发行的金融资产，其回报越丰厚，金融资产的价格也就越高。营运效率越高的公司，其股价也就越坚挺。金融市场的这一特点引导着资金在金融资产间进行分配。金融市场能够将资源从低效率利用的部门转移到高效率利用的部门，从而实现稀缺资源的合理配置和有效利用。

### （三）流动性功能

流动性功能是指金融市场通过转换证券、将其他金融资产变现，为人们提供一系列筹集资金的手段。对于以金融工具形式保有财富的持有者，金融市场为其提供了低风险变现的机会。现金与活期存款是现代社会最主要的支付方式，不需要变成其他形式来支付。但是，这些货币资产的回报率较低，因此，财富的持有者通常会尽量减少现金与活期存款的持有。而当他们需要花钱时，又必须将各种形式的金融资产换成现金与活期存款。金融市场提供了这种变现机会，满足着人们对资金流动性要求。从经济总体来看，金融市场所提供的流动性是经济健康运行的保证。

### （四）风险分散功能

在市场经济中，经济主体面临各种各样的风险，无论是投资于实业还是投资于金融资产，都可能面临价格风险、通货膨胀风险、利率风险、汇率风险、经营风险等。风险是客观存在的现象，人们无法消灭风险，但可以利用金融市场分散风险、回避风险。金融市场为它的参与者提供了分散、降低风险的机会，利用投资组合，可以分散投资于单一金融资产所面临的非系统性风险。金融衍生品，已成为各类经济主体进行风险管理的重要工具。

### （五）信息反映功能

金融市场之所以有信息反映功能，是因为金融市场的存在与高度发达的市场经济是一国市场体系的枢纽。首先，金融市场是反映微观经济运行状况的指示器。由于证券买卖大部分是在证券交易所进行的，人们可以随时通过市场了解各种上市证券的交易行情，并据此制定投资决策。在一个有效的市场中，证券价格的涨跌实际上反映着发行企业的经营管理情况和发展前景。一个健全、有序的市场要求证券上市公司定期或不定期地公布其经营信息和财务状况，以帮助投资者及时、有效地了解及推断上市公司及其相关企业、行业的发展前景。其次，金融市场交易直接和间接反映国家货币供给量的变动。货币是宽松还是紧缩均是以金融市场为媒介来实现的，实施货币政策时，金融市场通过出现相应的波动来反映货币放松或紧缩的程度。金融市场反馈的宏观经济运行方面的信息，有助于政府部门及时制定和调整宏观经济政策。最后，金融市场有大量专门人才长期从事商情研究和分析，他们与各类工商企业保持着不间断的直接接触，能及时、充分了解企业的发展动态。而且金融市场有着广泛而及时的收集和传播信息的通信网络，使人们可以及时了解世界经济的变化。

### （六）宏观调控功能

宏观调控功能是指金融市场作为政府宏观调节机制的重要组成部分，具有调节宏观经济的作用。在现代市场经济中，货币像一根无形的纽带，把众多分散的局部经济运行联合起来，形成社会经济的整体运动。国家对国民经济运行的计划调控，转换成一系列金融政策，通过中央银行传导到金融市场，引起货币流量和流向的变动。货币流量和流向变动产生的一系列金融信号又通过金融市场传导到国民经济的各个部门，引起国民经济的局部变动或整体变动。中央银行正是利用金融市场宏观调控功能，通过公开市场业务，在金融市场上买卖有价证券，回笼货币，收缩货币供给量；当流通中货币量过少时，中央银行在金融市场上购买有价证券，增加货币供给量，从而使货币供给与需求相适应。

## 四、金融市场的分类

在金融市场的形成和发展进程中，金融市场根据资金融通与金融产品交易的需要，其内在结构持续地发生变化。金融市场体系的完整性成为判断一个国家金融市场发展水平和经济发达程度的重要标志之一。下面从资金借贷的不同特征出发，对金融市场的分类进行详细介绍。

### （一）货币市场和资本市场

金融市场根据期限划分，可以分为货币市场和资本市场。企业与银行通常将其临时性的盈余资金投放于货币市场，在实现资金周转的同时赚取收益。

如果你有一笔流动资金以便随用随取，此时银行的活期存款年利率为 0.36%，相同存款若购买三个月期的短期国债，会获得 1.5% 的年收益，毫无疑问，个人和企业都会积极地将钱从银行取出，购买国债。这种资金的撤离就是通过货币市场实现的。货币市场又称短期金融市场，是指短期资金的融通活动及其场所的总和。所谓短期，习惯上是指 年或 年以内。短期资金多在商品流通过程中发挥货币的职能，主要解决市场主体的短期性、临时性资金需求。在经济生活中，政府、企业、家庭和银行等金融机构，都需要短期资金用于周转，因而成为短期金融市场的主体。需要注意的是，货币市场上交易的金融工具，并不是通常所说的纸币，而是具有短期性和高流动性的有价证券，它们这种特性与货币接近。货币市场使用的金融工具主要包括短期国库券、大额可转让定期存单、小额定期与储蓄存款、银行承兑汇票、商业票据、货币基金、回购协议等，它们因偿还期限短、风险小及流动性强而往往作为货币的代用品。

如果说金融市场是一个国家经济发达程度的重要标识，那么资本市场就是金融市场的核心所在。资本市场又称长期金融市场，是指期限在一年以上的中长期资金融通活动及其场所的总和。资本市场的交易期限短则数年，长的可达数十年。长期资金大都参加社会再生产过程，在生产过程中发挥资本的作用，主要是满足政府、企业等部门对长期资本的需求。资本市场的交易工具主要是各种有价证券，如政府公债、企业债券、股票等。这些金融工具偿还期长、流动性较差、风险较大。

### (二)现货、远期、期货和期权市场

根据金融交易合约的性质不同，金融市场可分为现货市场、远期市场和期货市场、期权市场。

现货市场是指现货交易活动及其场所的总和。一般而言，现货交易是交易协议达成后立即或在一两个交易日内办理交割的交易。

远期市场和期货市场一般是指交易协议达成后，在未来某一特定时间才办理交割的交易。成交和交割的分离是此类市场的主要特征。在交易中，由于交割要按成交时的协议价格进行，而证券价格的升或降，就可能使交易者获得利润或蒙受损失。此类市场对于交易的参加者而言既具有套期保值功能，又具有投机功能。

期权市场是各类期权交易活动及其场所的总和，它是期货交易市场的发展和延伸。期权交易指买卖双方按成交协议签订合同，允许买方在交付一定的期权费用(或保险费)后，取得在特定时间内，按协议价格买进或卖出一定数量的证券的权利。如果直至协议合同到期，购买期权的一方没有行使该权利，期权合同则自动失效。

### (三)一级市场和二级市场

金融市场还可以分为一级市场和二级市场。

一级市场也称初级市场或发行市场，是初次发行的有价证券交易的市场，是筹集资金的公司或政府机构将其新发行的股票和债券等证券销售给最初购买者的金融市场。一级市场是金融市场的基础环节，其主要功能是为办公机械、金融产品设备和货物的新投资筹集金融资本。投资者购买一家公司新发行的股票，或者是为一个企业、家庭提供抵押或信用贷款等活动，均属于一级市场活动。一级市场并不为公众所熟悉，因为将证券销售给最初的购买者的过程并不是公开进行的。协助证券在一级市场上首次出售的重要金融机构是投资银行。投资银行通过承销的方式，确保公司证券能够按照某一担保价格销售出去，之后再向公众推销这些证券。

二级市场是已经发行证券的交易市场，其主要功能在于为证券投资者提供流动性，也就是给金融产品的投资者提供一个将投资转换为现金的渠道。上海证券交易所和深圳证券交易所是典型的二级市场。在证券交易所交易的都是已经发行的股票，包括外汇市场、期货市场等。证券经纪人和交易商对于运转良好的二级市场而言至关重要。经纪人是投资者的代理人，他们负责匹配证券的买方和卖方；交易商按照报价买卖证券，从而将买卖双方连接起来。

当你在二级市场上买入证券时，出售证券的人通过让渡证券获取了货币，但发行这种证券的公司并不会得到新的资金。公司只有在其证券在一级市场上首次发行时才获取资金。通常，二级市场的交易规模比一级市场的交易规模大。一方面，二级市场可以为证券提供流动性支持。二级市场使得为筹资而出售金融工具的行为更加容易和快捷，使金融工具具有更好的流动性。金融工具流动性越高，人们就更愿意购买，从而使发行企业在一级市场上的销售更加容易。另一方面，在二级市场中能够实现股票价格形成与发现。二级市场决定了发行企业在一级市场上销售证券的价格。投资者在一级市场上购买证券的价格不会高于他们对二级

市场上该证券价格的预期。二级市场上证券价格越高，发行企业在一级市场上销售证券的价格就越高，所筹集到的资金规模也就越大。因此，二级市场上的状况与发行证券的企业密切相关。

当然，一级市场和二级市场是互动的，二级市场证券价格的上涨，也会引起一级市场发行证券定价的提高。之所以会如此，是因为不同市场间存在套利机制，使不同市场间价格与收益的利差趋于缩小并消失。

# 第二节　货币市场

## 一、同业拆借市场

同业拆借市场是除中央银行之外的金融机构之间进行短期资金融通的市场，即金融机构之间利用资金融通的地区差、时间差调剂资金头寸，由资金多余的金融机构对临时资金不足的金融机构短期放款。同业拆借的资金主要用于银行暂时的存款票据清算的差额及其他临时性的资金短缺需要。同业拆借市场能够为准备金不足的非中央银行金融机构提供融资需求，还能及时反映资金供求和货币政策意图。该市场形成的同业拆借利率不仅影响其他货币市场，对资本市场和金融衍生品市场也会产生很大的影响。

同业拆借市场包括银行间同业拆借市场和短期拆借市场。其中，银行间同业拆借市场是指银行业同业之间短期资金的拆借市场。各银行在日常经营活动中会经常发生头寸不足或盈余的情况，银行同业间为了支持对方业务的正常开展，并使多余资金产生短期收益，就产生了银行同业之间的资金拆借交易。这种交易活动一般没有固定的场所，主要通过电信手段成交。期限按日计算，有1日、2日、5日不等，一般不超过1个月，最长期限为120天，期限最短的甚至只有半日。拆借的利息叫"拆息"，其利率由交易双方自定，通常高于银行的筹资成本。拆息变动频繁，灵敏地反映资金供求状况。银行间同业拆借每笔交易的数额较大，以满足银行经营活动的需要。日拆一般无抵押品，单凭银行间的信誉。期限较长的拆借常以信用度较高的金融工具为抵押品。短期拆借市场又叫"通知放款"，主要是商业银行与非银行金融机构(如证券商)之间的一种短期资金拆借形式，其特点是利率多变，拆借期限不固定，随时可以拆出，随时偿还。交易所经纪人大多采用这种方式向银行借款。具体做法是，银行与客户间订立短期拆借协议，规定拆借幅度和担保方式，在幅度内随用随借，担保品多是股票、债券等有价证券。借款人在接到银行还款通知的次日即须偿还，如到期不能偿还，银行有权出售其担保品。

拓展阅读6-1

**货币市场"闹钱荒"**

2013年6月20日，这个日子深深地烙在中国金融业人士的心头。在银行间拆借市场连续数天飘高之后，6月20日，资金市场几乎失控而停盘：隔夜拆借利率突然疯涨至13.44%，盘中最高成交利率竟然高达30%，相当于一年期贷款基准利率的 5 倍。与此同时，各种传言满天飞，某国有大行被曝违约、央行铁血手腕纠偏……市场的种种诡异现象让人们不禁发问，银行资金面究竟怎么了？

"同业拆借利率的骤升背后存在众多原因，包括季节性流动资金需求（纳税、监管规定和理财产品的成熟）及供应面因素（打击虚报出口导致资本流入量大幅下滑以及银行流动资金的囤积）。"摩根大通的一位中国首席经济学家这样分析。临近月末、季末、年中，存款准备金率的缴存、财政存款的上缴、企业分红以及银行年中考核等多种因素叠加，使资金紧张程度加剧。而评级机构惠誉国际近日发布的报告更是指出，随着超过 1.5 万亿元人民币（2 450 亿美元）理财产品在本月内陆续到期，在上周四创下新纪录的中国银行间拆借利率将会面对更大的上行压力。"平均有 20% 到 30% 的存款被置入理财产品，特别是中等规模银行会随着流动性紧张的加剧陷入最大的困境。发行新的产品以及从银行间市场进行拆借是最常见的为到期产品进行融资的方式。"惠誉解释道。

近年来，银行间市场快速发展，金融机构通过同业拆借往往可以以很低的成本从其他金融机构快速获得大量资金，再通过杠杆投资和期限错配，令这些资金帮助其在其他市场获得更高的收益，只要合理安排好到期资金计划，通过循环往复的交易，就可以实现无风险套取可观的利差。这种"借短炒长"的业务模式近几年在银行业大肆扩张，一旦银行流动性管理出问题，借不到钱了，那么资金链就会出现问题。而近日市场曝出的个别银行出现资金紧张，甚至违约等传闻更是令其他银行胆战心惊。6 月 20 日当天，一家国有大行被曝出违约，其后被证实并非违约。该行人士对北京商报记者表示，"实际上是部分资金链非常紧张的银行找我行进行同业拆借。由于它们资金链存在一定风险，我们没把资金拆借给他们，而给外界形成所谓违约的假象。"一位国际金融问题专家对记者表示，导致市场利率急速飙升更强烈的原因是市场的恐慌心理，很多机构一紧张就不愿意拆出资金了，实际上资金并没有那么紧张。他表示，我国不存在资金大量流出的机制，贸易结售汇相对比较平稳，所以不会有大量的资金撤出。对于近日资金面的紧张局面，实际上反映了国内市场的不成熟。

（资料来源：闫瑾，孟凡霞．透视银行"钱荒"疑云［N］．北京商报，2013-06-22．）

## 二、票据市场

票据市场指的是在商品交易和资金往来过程中产生的以汇票、本票和支票的发行、担保、承兑、贴现、转贴现、再贴现来实现短期资金融通的市场。票据市场是短期资金融通的主要场所，是直接联系产业资本和金融资本的枢纽。作为货币市场的子市场，票据市场在整个货币体系中是最基础、交易主体最广泛的货币市场。票据市场可以把"无形"的信用变为"有形"，把不能流动的挂账信用变为具有高度流动性的票据信用。票据市场的存在与发展不仅为票据的普及提供了充分的流动性，还集中了交易信息，极大地降低了交易费用，使票据更易为人所接受。票据市场按照发行主体可分为商业票据市场和银行承兑汇票市场。票据的发行与流通如图 6-1 所示。

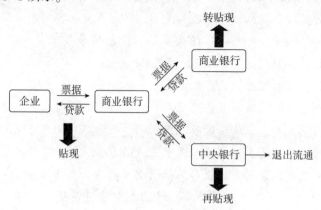

图 6-1　票据的发行与流通

商业票据市场是商业票据的流通及转让的市场。商业票据发行市场由发行人、包销商和投资人三方面参加。由于商业票据是一种无担保的筹资工具，因而其发行人主要是一些资信等级较高的大工商企业。各国对商业票据发行企业的评级标准基本是根据资产负债和业务状况，由高到低把企业分成若干个等级，信誉等级高的企业发行的商业票据易于销售，信誉等级低的企业发行的商业票据易遭违约风险，有到期不能偿还的可能。票据的主要发行者包括：大企业的子公司、银行控股公司、其他获得银行信用额度支持的企业、外国企业。票据市场的投资者主要包括中央银行、投资公司、非金融机构、政府部门等，个人投资者较少。

银行承兑汇票市场是以银行承兑票据为交易对象的市场。银行承兑汇票市场的参与者主要是承兑银行、市场经纪人和投资者。银行承兑汇票市场由发行市场和二级市场构成。发行市场涉及的票据行为有出票和承兑，二级市场上有贴现和再贴现。银行是第一责任人，出票人是第二责任人。

与其他货币市场金融工具相比，银行承兑汇票某些特点非常具有吸引力，深受借款人、银行和投资人的欢迎。首先，借款人通过银行承兑汇票融资的成本较低。银行承兑汇票的企业实际上就是借款者，它要支付一定的手续费给银行，当它向银行贴现后，又取得现款，故其融资成本为贴息和手续费之和。而传统的银行贷款，除必须按贷款利率支付贷款利息外，银行一般还要求借款者保持一定的补偿性余额，这部分存款既非企业正常周转所需资金，又没有存款利息，构成了企业的非利息成本。其次，银行运用承兑汇票可以增加收益。银行创造银行承兑汇票，一般无须动用自己的资金就可以赚取手续费，尽管银行有时也用自己的资金贴进承兑汇票，但由于银行承兑汇票具有庞大的二级市场，变现容易，因此银行承兑汇票不仅不会影响银行的资产流动性，反而提供了传统的银行贷款所无法提供的多样化的投资组合。最后，从投资者的角度来看，银行承兑汇票也符合其收益、安全和流动性的需求。汇票的投资收益要高于短期国库券，与货币市场的其他信用工具的收益相差不大，票据的承兑银行负有不可撤销的一手责任，汇票的背书人负有二手责任，转手的次数越多，责任人越多，银行承兑汇票的安全性就越高。此外，质量好的银行承兑汇票投资者很多，流动性很强，可以随时转让。

### 三、国库券市场

#### (一)国库券市场的概念

国库券市场是指由国家财政部发行、政府提供信用担保、期限在 1 年以内的短期债券市场。世界上最早的国库券市场在 1877 年诞生于英国，美国的国库券市场诞生于 1929 年，而我国真正意义上的国库券市场直到 1995 年才诞生。国库券市场是国债市场中的一个不可或缺的组成部分。在美国，国库券的发行量要占整个国债发行量的 35%。国库券市场之所以能赢得众人的青睐，其原因有两点。

(1)与其他货币市场工具比较，国库券具有以下特点。一是安全性高。国库券是由国家财政部发行的，一般不存在违约风险。因而，国库券利率往往被称为无风险利率，成为其他利率确定的依据。二是流动性强。极高的安全性以及组织完善、运行高效的市场赋予国库券极强的流动性，使持有者可随时在市场上转让变现。三是税收优惠。政府为增强国库券的吸引力，通常给予购买者税收方面的优惠。

(2)国库券市场具有其他货币市场不可替代的作用。一是它有助于协调商业银行经营"三性"(安全性、流动性、盈利性)的矛盾。二是它有助于弥补财政临时性、季节性收支短缺。三是它有助于中央银行宏观调控基础的建立。

#### (二)国库券的发行动机与发行方式

1. 发行动机

财政部发售国库券主要是为政府筹措短期资金以弥补季节性、临时性财政赤字，或应付其他短期资金需求，如偿还到期国库券。

2. 发行方式

国库券的发行一般采用招投标方式进行。国库券的投标分为竞争性和非竞争性两种。竞争性投标者应在标书中列明购买的价格和数量，投标人可能因出价太低而失去购买机会，或者因投标价格太高而造成损失，因而风险较高；非竞争性投标者应在投标书中标明参加非竞争性投标，他们不提出投标价格，而以竞争性投标者的平均价格为买入价格，但购买数量会有限制。

#### (三)国库券的流通市场

在流通市场购买国库券有两种途径。

(1)通过银行购买国库券，这是最方便的方法。某些大银行往往既是国库券的投资者，也是国库券的承销商。

(2)通过证券交易商购买国库券。但不同交易商的收费有所不同。大交易商收费较少，小交易商因需要向银行或大交易商购买国库券，收费较高。银行和交易商主要是从买进和卖出的微小价差中获利，因而较为关注大宗买卖，对于零散交易常常提高其手续费标准。此外，投资者还可向财政部直接购买国库券，这样可以免交差价和手续费，但手续麻烦。

### 四、企业短期融资券市场

#### (一)企业短期融资券的概念和特点

企业短期融资券发源于商品交易，是买方由于一时资金短缺而开给卖方的付款凭证。但是现代企业短期融资券大多已和商品交易脱离关系，而成为出票人(债务人)融资、筹资的手段。企业短期融资券具有以下特点。

(1)获取资金的成本较低。即利用企业短期融资券融资的成本通常低于银行的短期借款成本。一些信誉卓著的大企业发行企业短期融资券的利率，有时甚至可以低至同等银行同业拆借利率。

(2)筹集资金的灵活性较强。用企业短期融资券筹资，发行者可在约定的某段时期内，不限次数及不定期地发行企业短期融资券。

(3)对利率变动反应灵敏。在西方国家金融市场上，企业短期融资券利率可随着资金供需情况变化而随时变动。

(4)有利于提高发行公司的信誉。企业短期融资券在货币市场上是一种标志信誉的工具，公司发行短期融资券实际上达到了免费宣传和提高公司信用和形象的效果。

(5)一级市场发行量大而二级市场交易量很小。这主要是由于大多数短期融资券的偿还期很短，一旦买入一般不会再卖出。

#### (二)企业短期融资券市场的主体

名义上，各类金融公司、非金融公司(如大企业、公用事业单位等)及银行控股公司等，都是企业短期融资券的发行者，但实际上只有资力雄厚、信誉卓著，经过评级被称作主要公司的一些企业才能享有经常大量发行短期融资券的条件。近十几年的发展中，商业银行已成为企业短期融资券发行市场上的重要角色。它们通过提供信贷额度支持、代理发行短期融资券等形式，促进了企业短期融资券市场的发展。企业短期融资券的主要投资者是大商业银行、非金融公司、保险公司、养老金、互助基金会、地方政府和投资公司等。通常个人投资者很少，这主要是由于企业短期融资券面值较大或购买量较大，个人一般无力购买。

#### (三)发行企业短期融资券需要考虑的因素

(1)发行成本。发行者往往要对各种借款方式进行成本比较，确定是否采取发行短期融资券筹资。

(2)发行数量。一般来讲，其发行数量主要取决于市场短期资金的供求状况。

(3)发行方式。企业短期融资券的发行方式主要分为直接发行和交易商发行。直接发行一般为资信卓著的大公司，而且其发行数量巨大，发行次数频繁。交易商发行虽然简便，但费用高。

(4)发行时机。发行短期融资券往往与其资金使用计划相衔接，发行过早，筹集到的资金不能立即使用，就会增加利息负担；发行时间过晚，需用资金时又无法使用，从而影响生产周转。

(5)发行承销机构。直接发行由大公司附设的金融公司发行；如果采用交易商发行，通常应选择那些资力雄厚、社会信誉高，又与发行公司有密切合作关系的交易商作为代理发行人。

（6）发行条件。发行条件主要包括利率、发行价格、发行期限、兑付和手续费等。

（7）评级。未经评级的短期融资券发行较为困难，特别是那些资信不为投资者广泛了解的企业，发行的短期融资券很可能无人问津。

### 五、证券回购市场

某一证券公司刚刚用手头可以动用的全部资金购买了面值 5 000 万元的人民币国债，却发现一家收益前景十分看好的公司将于次日上市，证券公司打算以不多于 5 000 万元资金购入这种股票。虽然两天后证券公司将有现款收入足以支付这个款项，但次日在手头上却无现钱，这时，证券公司可以到回购市场上，将手中持有的 5 000 万元国债以回购协议的方式出售，并承诺在第三天如数购回。以上描述的正是回购的事例，证券公司充当资金借入方，为正回购交易。

证券回购市场又称回购协议市场，是指通过回购协议进行短期资金融通交易的场所，市场活动由正回购与逆回购组成。这里的回购协议是指资金融入方在出售证券的同时和证券购买者签订的、在一定期限内按原定价格或约定价格购回所卖证券的协议。

从回购形式上看，证券回购包括买断式和质押式。买断式回购是指债券持有人将债券卖给债券购买方的同时，与买方约定在未来某一日期，由卖方再以约定价格从买方买回相等数量同种债券的交易行为。质押式回购是指债券持有人将债券质押给资金融出方的同时，与买方约定在未来某一日期，以约定的价格从资金融出方买回该债券。二者主要区别在于标的券种的所有权归属不同。买断式回购债券所有权发生了转移，具备了融资和融券双重功能；质押式回购融券方不拥有标的券种的所有权，在回购期内，融券方无权对标的债券进行处置，只具备融资功能（买断式拥有所有权）。在我国二级交易市场，国债交易绝大部分交易量集中在回购上，而回购形式则主要集中在质押式回购上。

从本质上看，回购协议是一种质押贷款协议。在这里应该把握两个要点：一是虽然回购交易是以签订协议的形式进行交易的，但协议的标的物却是有价证券；二是我国回购协议市场上回购协议的标的物是经中国人民银行批准的，可用于在回购协议市场进行交易的政府债券、中央银行债券及金融债券。证券回购市场之所以吸引投资者，是因为该市场为剩余资金的短期投资提供了现成的工具。

### 六、大额可转让定期存单市场

大额可转让定期存单亦称大额可转让存款证，是银行印发的一种定期存款凭证，凭证上印有一定的票面金额、存入和到期日以及利率，到期后可按票面金额和规定利率提取全部本利，逾期存款不计息。大额可转让定期存单可流通转让，自由买卖。

大额可转让定期存单最初是 20 世纪 60 年代由美国花旗银行为避开金融管制而设计的一种金融创新业务，这一金融工具的出现既有利于银行也有益于投资者，所以在货币市场上发展很快，成为一种颇受欢迎的金融工具。

大额可转让定期存单的发行对象是居民个人，与一般定期存款相比，其具有以下特点。

（1）大额可转让定期存单不记名，可以流通转让；而一般定期存款记名，不可以流通转让。

(2)大额可转让定期存单的金额较大，如在美国最少为10万美元；定期存款的金额一般不固定。

(3)大额可转让定期存单的利率一般比同期定期存款利率高。

(4)大额可转让定期存单不可以提前支取，但可以在二级市场流通转让；定期存款可以提前支取，但要损失部分利息。

在我国，根据《大额存单管理暂行办法》的规定，大额存单指由银行业存款类金融机构面向非金融机构投资人(包括个人、非金融企业、机关团体等)发行的、以人民币计价的记账式大额存款凭证，是银行存款类金融产品，属一般性存款。个人认购大额存单起点金额不低于30万元，机构认购大额存单起点金额不低于1 000万元。大额存单期限包括1个月、3个月、6个月、9个月、1年、18个月、2年、3年和5年。它与定期存款的性质基本相同，并且都被纳入存款保险范围，不同的是，大额存单利率与定期存款利率相比相对较高，目前已发行大额存单的收益率大约为同期限存款基准利率的1.4倍。另外，大额存单可转让、提前支取和赎回，与定期存款相比，大额存单的流动性显然更好。

# 第三节　资本市场

## 一、股票市场

比起货币市场，老百姓参与更多的是资本市场。提起资本市场，更多的会让人想起股票市场，甚至有些西方国家，"market"指代的就是股票市场。股票市场每天的交易量十分巨大，它是一个能让人一夜暴富的地方，也可能让人一夜间一无所有；股票市场的资金吞吐量无比巨大，可能是一个国家GDP的几十倍。

股票市场是股票发行和交易的场所，包括发行市场和流通市场两部分。股份公司通过面向社会发行股票，迅速集中大量资金，实现生产的规模经营；而社会上分散的资金盈余者本着"利益共享、风险共担"的原则投资股票，谋求财富的增值。

### (一)股票发行市场

#### 1. 股票发行市场的特点

股票发行市场也称一级市场、初级市场，它是指股份公司向社会增发新股的交易场所，包括公司初创期发行的股票及公司增资扩股所发行的股票。这个市场是股票从无到有的增创过程，也是股份公司借以筹集资金的过程。股票发行市场的特点：一是无固定场所，公开出售新股票可以在投资银行、信托投资公司和证券公司等处，也可以在市场上进行；二是没有统一的发行时间，由股票发行者根据自己的需要和市场行情走向自行决定何时发行。

#### 2. 股票发行市场的构成

股票发行市场由三个主体因素相互联结而组成。这三者就是股票发行者、股票承销商和股票投资者。发行者的股票发行规模和投资者的实际投资能力，决定着发行市场的股票容量和发达程度；同时，为了确保发行事务的顺利进行，使发行者和投资者都能顺畅地实现自己的目的，承购和包销股票的中介发行市场代发行者发行股票，并向发行者收取手续费。这样，发行市场就以承销商为中心，一手联系发行者，一手联系投资者，积极开展股票发行活动。

3. 股票发行的类型

（1）首次公开发行。首次公开发行是拟上市公司首次在证券市场公开发行股票募集资金并上市的行为。通常，首次公开发行是发行人在满足必须具备的条件，并经证券监管机构审核、核准或注册后，通过证券承销机构面向社会公众公开发行股票并在证券交易所上市的过程。通过首次公开发行，发行者不仅募集到所需资金，而且完成了股份有限公司的设立或转制，成为上市公司。

（2）上市公司增资发行。股份有限公司增资是指公司依照法定程序增加公司资本和股份总数的行为。增资发行是指股份公司上市后为达到增加资本的目的而发行股票的行为。我国《上市公司证券发行管理办法》规定，上市公司增资的方式有：向原股东配售股份、向不特定对象公开募集股份、发行可转换公司债券、非公开发行股票。

①向原股东配售股份，简称配股，是公司按股东的持股比例向原股东分配公司的新股认购权，准其优先认购股份的方式。通常按老股一股配售若干新股，以保护原股东的权益及其对公司的控制权。

②向不特定对象公开募集股份，简称增发，是股份公司向不特定对象公开募集股份的增资方式，是常用的增资方式。增发的目的是向社会公众募集资金，扩大股东人数，分散股权，增强股票的流通性，并可避免股份过分集中。增发的股票价格大都以市场价格为基础。

③发行可转换公司债券。可转换公司债券是指其持有者可以在一定时期内按一定比例或价格将之转换成一定数量的另一种证券的债券，通常是转化为普通股票。公司发行可转换债券的主要原因是增强证券对投资者的吸引力，能以较低的成本筹集到所需的资金。可转换债券一旦转换成普通股票，能使公司将原来筹集期限有限的资金转化成长期稳定的股本，扩大了股本规模。

④非公开发行股票，也被称为定向增发，是股份公司向特定对象发行股票的增资方式。特定对象包括公司控股股东、实际控制人及其控制的企业；与公司业务有关的企业、往来银行；证券投资基金、证券公司、信托投资公司等金融机构；公司董事、员工等。公司可以对认购者的持股期限有所限制。这种增资方式会直接影响公司原股东利益，须经股东大会特别批准。

### （二）股票流通市场

1. 股票流通市场的作用

股票流通市场包含了股票流通的一切活动。股票流通市场的存在和发展为股票发行者创造了有利的筹资环境，投资者可以根据自己的投资计划和市场变动情况，随时买卖股票。由于解除了投资者的后顾之忧，他们可以放心地参加股票发行市场的认购活动，有利于公司筹措长期资金；股票流通的顺畅也为股票发行起了积极的推动作用。对于投资者来说，通过股票流通市场的活动，可以使长期投资短期化，在股票和现金之间随时转换，增强了股票的流动性和安全性。股票流通市场上的价格是反映经济动向的晴雨表，能灵敏地反映资金供求状况、市场供求、行业前景和政治形势的变化，是进行预测和分析的重要指标。对于企业来说，股权的转移和股票行市的涨落是其经营状况的指示器，能及时提供大量信息，有助于它们的经营决策和改善经营管理。可见，股票流通市场具有重要的作用。

2. 股票流通市场的构成

股票流通市场的构成要素主要有：

（1）股票持有人，在此为卖方。

（2）投资者，在此为买方。

（3）为股票交易提供流通、转让便利条件的信用中介操作机构，如证券公司或证券交易所。

股票流通市场包括交易所市场和场外市场两部分。

交易所市场是股票流通市场最重要的组成部分，也是交易所会员、证券自营商或证券经纪人在证券市场内集中买卖上市股票的场所，是二级市场的主体。具体来说，交易所市场具有固定的交易所和固定的交易时间。接受和办理符合有关法律规定的股票上市买卖，使原股票持有人和投资者有机会在市场上通过经纪人进行自由买卖、成交、结算和交割。证券公司也是二级市场上重要的金融中介机构之一，其最重要的职能是为投资者买卖股票等证券，并提供为客户保存证券、为客户融资融券、提供证券投资信息等业务服务。

场外市场又称店头市场或柜台市场。它与交易所共同构成一个完整的证券交易市场体系。场外交易市场实际上是由千万家证券商行组成的抽象的证券买卖市场。在场外交易市场内，每个证券商行大都同时具有经纪人和自营商双重身份，随时与买卖证券的投资者通过直接接触或电话、电报等方式迅速达成交易。证券商往往根据自身的特点，选择几个交易对象，从而具有创造市场的功能。作为经纪证券商，同时，证券商以代理人的身份替顾客与某证券的交易商行进行交易。他不承担任何风险，只收少量的手续费作为补偿。

**（三）我国股票市场的构成**

我国股票市场由场内市场和场外市场两部分构成。场内市场包括主板（含中小板）、创业板（俗称二板），场外市场包括全国中小企业股份转让系统（俗称新三板）、区域性股权交易市场、证券公司主导的柜台市场。

1. 主板市场

主板市场也称一板市场，指传统意义上的证券市场（通常指股票市场），是一个国家或地区证券发行、上市及交易的主要场所。中国内地主板市场的公司在上海证券交易所和深圳证券交易所两个市场上市。主板市场是资本市场中最重要的组成部分，很大程度上能够反映经济发展状况，有"国民经济晴雨表"之称。主板市场对发行人的营业期限、股本大小、盈利水平、最低市值等方面的要求较高，上市企业多为大型成熟企业，具有较大的资本规模以及稳定的盈利能力。2004年5月，经国务院批准，中国证券监督管理委员会（以下简称证监会）批复同意深圳证券交易所在主板市场内设立中小企业板块，所以中小企业板块从资本市场架构上也从属于一板市场。

## 2. 二板市场

二板市场又称创业板市场，是地位次于主板市场的二级证券市场，以纳斯达克市场为代表，在我国特指深圳创业板。二板市场在上市门槛、监管制度、信息披露、交易者条件、投资风险等方面和主板市场有较大区别，其目的主要是扶持中小企业，尤其是高成长性企业，为风险投资和创投企业建立正常的退出机制，为自主创新国家战略提供融资平台，为多层次的资本市场体系建设添砖加瓦。2012 年 4 月 20 日，深圳证券交易所正式发布《深圳证券交易所创业板股票上市规则》，并将于 5 月 1 日起正式实施。

## 3. 三板市场（"新三板"）

三板市场（新三板）是全国中小企业股份转让系统，是经国务院批准设立的全国性证券交易场所，全国中小企业股份转让系统有限责任公司为其运营管理机构。2012 年 9 月 20 日，公司在国家工商总局注册成立，注册资本 30 亿元。上海证券交易所、深圳证券交易所、中国证券登记结算有限责任公司、上海期货交易所、中国金融期货交易所、郑州商品交易所、大连商品交易所为公司股东单位。

## 4. 四板市场

四板市场为区域性股权交易市场（下称区域股权市场），是为特定区域内的企业提供股权、债券的转让和融资服务的私募市场，一般以省级为单位，由省级人民政府监管。区域股权市场对于促进企业特别是中小微企业股权交易和融资，鼓励科技创新和激活民间资本，加强对实体经济薄弱环节的支持，具有积极作用。目前全国建成并初具规模的区域股权市场有青海股权交易中心、天津股权交易所、齐鲁股权托管交易中心、上海股权托管交易中心、武汉股权托管交易中心、重庆股份转让中心、前海股权交易中心、广州股权交易中心、浙江股权交易中心、江苏股权交易中心、大连股权托管交易中心、海峡股权交易中心等十几家股权交易市场。

### 拓展阅读 6-2

**"多渠道促进居民储蓄有效转化为资本市场长期资金"是鼓励居民炒股吗？**

这种认识是有偏差的。首先，资本市场包括股票市场以及国债、地方债、企业债等组成的债券市场；其次，将居民储蓄有效转化为资本市场长期资金不是通过个人炒股，而是由机构投资者配置，通过年金、理财产品、信托产品等多个渠道进入资本市场，而不是储蓄资金直接进入资本市场。

自 2000 年以来，中国经济进入高速发展期，居民财富高速增长，储蓄率与储蓄规模不断提高，但同时房价和物价也持续上涨。为了实现储蓄的增值保值，中国居民增值保值的投资选择非常少，只有买房和炒股。事实上，人们以购房为主的投资行为助长了资产泡沫，给宏观经济带来严重影响。地产投资遇冷之后，居民储蓄需要新的投资渠道。

股市在过去 30 多年并没有给大多数投资者带来保值增值的功能，过于波动的市场也影响了直接融资功能。首先，上市公司存在很多问题，缺少足够有吸引力的分红，鼓励了投资者运作股价。其次，大部分机构投资者不能为投资者带来安全的、可持续的收益，导致股市散户化严重，人们不相信机构投资。

散户化的市场以及高度的投机性对市场而言会增加许多偶发因素，散户为主的交易结构也推动机构投资者倾向于"散户化操作"，这导致股市缺乏长期投资价值支撑，成为日交易量巨大的"互割市场"。

股市的这种高风险特征使得资金另寻他路。

各类理财产品应运而生，由于债务刚兑现象的存在以及地方政府、国企以及地产企业对资金的渴求，以及互联网理财带来的竞争，我国的理财收益率在相当长的一段时间里居高不下，抬高了融资成本，也导致了金融机构通过加杠杆以不透明的方式在金融体系内投机。与此同时，缺乏监管的互联网金融以高收益吸引投资者，最终导致大量投资者血本无归。

可以看出，在高速增长阶段伴随着资产价格持续上涨，中国居民对收益率有过高期待，一定程度上有投资行为的扭曲。中国资本市场的不发达、不健全也影响了直接融资，依附于需求扭曲结构上的金融机构表现出缺乏长期投资的能力而呈现短期化特征。

我国启动供给侧结构性改革后，不断理顺需求侧结构，同时推动金融供给侧结构性改革，大力推进证券市场改革，恢复资本市场正常的融资功能。与此同时，房住不炒的政策定位，逐步解决 P2P 等互联网金融业务存在的问题。那些高风险、投机性的个人投资渠道被关闭。

我国居民需要安全的、可持续的长期投资渠道，这个时候大力发展投资机构，给予居民通过年金、理财产品、信托产品等渠道进行长期投资的选择，变得十分必要和紧迫。而这种稳定的长期投资有利于扩大直接融资。考虑到金融业不断扩大开放，给了居民更多国际金融服务选择，将会刺激国内金融机构提升竞争力。但是，整个金融体系与资本市场的有效性最终还是有赖于监管机构的大力改革与有效监管，这是确保整个市场健康运行的关键。

（资料来源：促进居民存款进入资本市场不等于鼓励炒股[N]．21 世纪经济报道，2020-01-09(001)．）

## 二、债券市场

### (一)债券市场的功能

债券市场是发行和买卖债券的场所，是金融市场的重要组成部分，也是一国金融体系中不可或缺的部分。一个统一、成熟的债券市场可以为全社会的投资者和筹资者提供低风险的投融资工具。债券的收益率曲线是社会经济中一切金融商品收益水平的基准，因此债券市场也是传导中央银行货币政策的重要载体。可以说，统一、成熟的债券市场构成了一个国家金融市场的基础。

债券市场在社会经济中占有重要的地位，是因为它具有以下几项重要功能。

1. 融资功能

债券市场作为金融市场的一个重要组成部分，具有使资金从资金剩余者流向资金需求者，为资金不足者筹集资金的功能。我国政府和企业先后发行多批债券，有利于弥补财政赤字，并为国家的许多重点建设项目筹集了大量资金。

2. 资金流动导向功能

效益好的企业发行的债券通常较受投资者欢迎，因而发行时利率低，筹资成本小；相反，效益差的企业发行的债券风险相对较大，受投资者欢迎的程度较低，筹资成本较大。因此，通过债券市场，资金得以向优势企业集中，从而有利于资源的优化配置。

3. 宏观调控功能

一国中央银行作为国家货币政策的制定与实施部门，主要依靠存款准备金、公开市场业务、再贴现和利率等政策工具进行宏观经济调控。其中，公开市场业务就是中央银行通过在证券市场上买卖国债等有价证券，从而调节货币供给量，它是实现宏观调控的重要手段。

### (二)债券市场的分类

1. 发行市场和流通市场

根据债券的运行过程和市场的基本功能，可将债券市场分为发行市场和流通市场。

(1)债券发行市场，又称一级市场，是发行单位初次出售新债券的市场。债券发行市场的作用是将政府、金融机构及工商企业等为筹集资金向社会发行的债券分散发行到投资者手中。

(2)债券流通市场，又称二级市场，指已发行债券买卖、转让的市场。债券一经认购，即确立了一定期限的债权债务关系，但通过债券流通市场，投资者可以转让债权，把债券变现。

债券发行市场和流通市场相辅相成，是互相依存的整体。发行市场是整个债券市场的源头，是债券流通的前提和基础。发达的流通市场是发行市场的重要支撑，是发行市场扩大的必要条件。

2. 场内交易市场和场外交易市场

根据市场组织形式不同，债券流通市场可进一步分为场内交易市场和场外交易市场。

(1)证券交易所是专门进行证券买卖的场所，如我国的上海证券交易所和深圳证券交易所。在证券交易所内买卖债券所形成的市场，就是场内交易市场，这种市场组织形式是债券流通市场的较为规范的形式，交易所作为债券交易的组织者，本身不参加债券的买卖和价格的决定，只是为债券买卖双方创造条件，提供服务，并进行监管。

(2)场外交易市场是在证券交易所之外进行证券交易的场所。柜台市场是场外交易市场的主体。许多证券经营机构都设有专门的证券柜台，通过柜台进行债券买卖。在柜台交易市场中，证券经营机构既是交易的组织者，又是交易的参与者，此外，场外交易市场还包括银行间交易市场，以及一些机构投资者通过电话、电脑等通信手段形成的市场等。

3. 国内债券市场和国际债券市场

根据债券发行地点的不同，债券市场可以划分为国内债券市场和国际债券市场。国内债券市场的发行者和发行地点属于同一个国家，而国际债券市场的发行者和发行地点不属于同一个国家。

### (三)我国的债券市场体系

债券市场是我国金融市场的重要组成部分。我国债券市场从1981年恢复发行国债开始至今，经历曲折探索后进入快速发展阶段，近年来也越来越为广大投资者所熟知。截至2019年12月末，我国债券市场托管余额为99.1万亿元，位列全球第二。目前，我国债券市场形成了银行间市场、交易所市场和商业银行柜台市场三个子市场在内的统一分层的市场体系。

银行间债券市场无论是从债券存量还是从交易量看，都是我国债券市场的主体，在我国债券市场上发挥主导作用。目前，在银行间债券市场交易流通的债券品种主要是央行票据、国债、政策性银行债、商业银行债、短期融资券、中期票据和企业债等。商业银行、保险机构、证券公司、基金类机构等都是银行间债券市场的活跃投资者。

交易所市场属于集中撮合交易的零售市场，是我国债券场内交易的场所，目前上海证券交易所和深圳证券交易所均有债券交易业务，参与主体为在交易所开立证券账户的非银行投资者，实际上是证券公司、保险公司和城乡信用社。在交易所债券市场交易流通的债券品种主要是公司债、可转债及部分跨市场的国债和企业债。

与普通投资者关系最密切的是商业银行柜台市场，主要是储蓄国债的发行场所。这个市场的参与主体为在商业银行开户的个人和企业投资者。目前投资者通过商业银行柜台市场可以投资的债券品种有凭证式国债和记账式国债，几乎没有流通转让的功能。

### 拓展阅读6-3

#### 个人投资者参与债券市场

个人投资者如何才能参与债券市场，并获取债券市场上涨的回报呢？面对不同债券资产表现分化，投资者又应如何做细分类别的投资？我们知道，投资者参与债券市场存在三种途径。一是直接投资债券现券；二是投资债券型基金，这里的债券型基金特指主要投资于国债、政策性金融债和信用债的主动管理型债券型基金；三是投资债券指数基金，包括指数型基金和债券。其中，个人投资者直接投资债券现券门槛很高，投资范围有限。当前，主动管理的债券型基金是个人投资者参与债券市场的主要手段。

长期以来，主动管理的债券型基金为投资者创造了良好的回报，受到了投资者的广泛欢迎。但与此同时，债券型基金的投资者中个人投资者占比仍然较低。其原因之一是基金管理人和个人投资者间存在较大的信息不对称：基金定期信息披露仅公告基金持有规模前五或前十只债券，个人投资者往往并不知晓整个基金的投资标的，如果基金管理人下沉信用评级以增强收益，就可能在个人投资者不知情的情况下增加投资者面临的信用风险。

随着国内债券市场的投资者结构日趋丰富，主动型债券基金创造超额收益的难度越来越大。截至11月30日，中债综合指数（财富）收益已达7.34%，而同期反映主动纯债债券基金业绩的中证纯债债基指数收益仅为5.73%。因而，通过债券指数基金、债券ETF投资债券市场，分享债券市场收益，成为投资者日益关注的话题。

（资料来源：李宪. 个人投资者分享债券市场收益的新工具，你找到了吗？[N]. 中国证券报，2018-12-03（A03）.）

### 三、投资基金市场

#### (一)投资基金概述

1. 投资基金的概念

证券投资基金一般称为投资基金，是一种利益共享、风险共担的集合投资方式，即通过发行基金单位，集中投资者的资金，由基金托管人托管，由基金管理人管理和运用资金，从事股票、债券、外汇、货币等金融工具投资，以获得投资收益和资本增值。投资基金在不同国家或地区的称谓有所不同，美国称为"共同基金"，英国和中国香港称为"单位信托基金"，日本和中国台湾称为"证券投资信托基金"。

2. 投资基金的种类

根据不同标准可将投资基金划分为不同的种类。

(1)根据基金单位是否可增加或赎回，投资基金可分为开放式基金和封闭式基金。开放式基金是指基金设立后，投资者可以随时申购或赎回基金、基金规模不固定的投资基金；封闭式基金是指基金规模在发行前已确定，在发行完毕后的规定期限内，基金规模固定不变的投资基金。

(2)根据组织形态的不同，投资基金可分为公司型投资基金和契约型投资基金。公司型投资基金是具有共同投资目标的投资者组成以营利为目的的股份制投资公司，并将资产投资于特定对象的投资基金；契约型投资基金也称信托型投资基金，是指基金发起人依据其与基金管理人、基金托管人订立的基金契约，发行基金单位而组建的投资基金。

(3)根据投资风险与收益的不同，投资基金可分为成长型投资基金、收入型投资基金和平衡型投资基金。成长型投资基金是指把追求资本的长期成长作为其投资目的的投资基金；收入型投资基金是指以能为投资者带来高水平的当期收入为目的的投资基金；平衡型投资基金是指以支付当期收入和追求资本的长期成长为目的的投资基金。

(4)根据投资对象的不同，投资基金可分为股票基金、债券基金、货币市场基金、期货基金、期权基金、指数基金和认股权证基金等。股票基金是指以股票为投资对象的投资基金；债券基金是指以债券为投资对象的投资基金；货币市场基金是指以国库券、大额可转让定期存单、商业票据、公司短期融资券等货币市场短期有价证券为投资对象的投资基金；期货基金是指以各类期货品种为主要投资对象的投资基金；期权基金是指以能分配股利的股票期权为投资对象的投资基金；指数基金是指以某种证券市场的价格指数为投资对象的投资基金；认股权证基金是指以认股权证为投资对象的投资基金。

(5)根据投资货币种类的不同，投资基金可分为美元基金、日元基金和欧元基金等。美元基金是指投资于美元市场的投资基金；日元基金是指投资于日元市场的投资基金；欧元基金是指投资于欧元市场的投资基金。

(6)此外，根据资本来源和运用地域的不同，投资基金可分为国际基金、海外基金、国内基金、国家基金和区域基金等。国际基金是指资本来源于国内，并投资于国外市场的投资基金；海外基金也称离岸基金，是指资本来源于国外，并投资于国外市场的投资基金；国内基金是指资本来源于国内，并投资于国内市场的投资基金；国家基金是指资本来源于国外，并投资于某一特定国家的投资基金；区域基金是指投资于某个特定地区的投资基金。

**（二）封闭式基金市场的运作**

**1. 封闭式基金的发行**

（1）发行方式。封闭式基金的发行方式可按两种标准分类。一是按发行对象和发行范围，可以分为公募与私募两种发行方式。前者是指向广大社会公众发行的方式，具体包括包销、代销和自销三种形式。在我国，目前不允许封闭式基金采用自销的方式，而必须委托证券承销机构代销。后者是指基金发起人面向少数特定的投资者发行基金的方式，由于发行对象特定，故发行费用相对较低。二是按照发行环节，可分为自行发行与代理发行两种方式。自行发行不需要通过承销商，私募基金多采用这种方式。代理发行则需要通过投资银行、证券公司、信托投资公司等承销商来进行。

（2）发行价格。发行价格是指投资者购买封闭式基金的单价。在我国，封闭式基金的发行主要采用网上定价发行的方式，其发行价格由两部分组成：一是基金面值，一般为人民币1元；二是发行费用，一般为人民币0.01元。发行时每份基金单位的发行价格一般为1.01元。

（3）发行费用。发行费用是指发行基金份额而向投资者收取的费用。我国目前规定，上网定价发行封闭式基金的手续费由沪深证券交易所按实际认购基金成交金额的3.5%提取。其中，中签认购部分的发行费在扣除基金发行中会计师事务所审计费、律师见证费、发行公告费、材料制作费、上网发行费等费用后的余额归基金所有，计入基金资产。上网定价发行，对投资者只按正常交易收取申购委托费，而不收取佣金、过户费和印花税等费用。

（4）发行期限。在我国，封闭式基金的募集期限为3个月，其计算起始日为基金批准成立日。在规定募集期内，只有当实际募集规模超过规定募集规模80%时，基金方可成立；当实际募集规模不足规定募集规模80%时，基金不得成立。一旦在规定募集期内实际募集规模达不到规定的募集规模，则被视作基金募集失败，基金发起人必须承担基金募集费用，已募集资金和按活期存款利率计算的活期存款利息一并在30天内退还给基金认购人。

**2. 封闭式基金的流通**

（1）上市交易的条件与程序。封闭式基金申请上市交易须提交上市申请书、验资报告书和上市公告书等必要的文件。交易所对基金管理人提交的上市申请文件进行审查，认为满足上市要求的，将申请文件、审查意见及拟定上市时间等一并报中国证监会批准，批准后由交易所出具上市通知书。上市前要与交易所签订上市协议，并在中国证监会指定的报刊上公布上市公告书。

（2）交易账户的设立。根据现行规定，每个身份证只允许开设一个基金账户，已开设股票账户的投资者不得再开设基金账户；开设基金账户须本人亲自在本地办理，既不得由他人代办，也不得在异地开办；一个资金账户只能对应一个基金账户或股票账户（证券账户）；基金账户不得用于买卖股票，而股票（证券）账户既可以买卖基金，也可以买卖股票；基金账户的开设费用为每户5元人民币。

（3）交易的委托与交收。在我国，封闭式基金的委托与交易与股票类似，也是通过证券营业部委托申报或通过无形报盘、电话委托等方式申报买卖基金单位的。所不同的是，价格变化单位不是 0.01 元，而是 0.001 元。

（4）交易的费用。封闭式基金上市交易的费用通常包括委托手续费、佣金、过户费等，根据现行法规规定，在沪深证券交易所上市的封闭式基金，其佣金统一为成交金额的 0.25%，起点为 5 元，不收过户费，免征印花税。

### （三）开放式基金市场的运作

**1. 营销**

（1）销售途径。开放式基金销售的途径大致有两个。一是代理销售。大多数开放式基金至少有一家销售代理商。目前世界上开放式基金的销售代理机构主要是由商业银行来充当的。二是直接销售，即投资者通过邮寄、电话、银行电汇、到基金组织开设的办事处购买等途径直接从基金管理人那里购买基金单位。

（2）营销模式。目前开放式基金通常采用的服务模式有以下四种。一是专人服务模式。对于投资金额庞大的客户，基金管理公司会指派专人对客户提供一对一的售前与售后服务，除定期提供书面投资报告以外，还要提供上门服务。二是电话中心服务模式。对于许多小额客户，基金管理公司会设置数人至数十人不等的电话中心来提供不定时的服务。

（3）语音传真自动服务模式。对于关心基金净值变动的投资者，基金公司设立自动语音与自动回传的服务系统，只要其随时按键就可以知道最新的行情信息。

（4）互联网服务模式。基金公司为方便客户的交易与咨询建立了容量庞大的网站，通过它既可以了解基金的基本常识和浏览行情信息，也可以进行网上交易。

**2. 申购**

（1）开立账户。开立账户时，投资人需要提供姓名、身份证复印件以及印章（或签名）等信息，如果是每月自动扣款或是网络交易，投资人还需要与银行签订自动扣款委托协议或网上交易协议。

（2）确认申购金额。由于开放式基金申购价格是以当日原基金净值为参考，因此，申购基金时只能填写购买多少金额的基金，至于能购买多少单位的基金只有到第二天公布了前一天的基金净值以后才能知晓。

（3）支付款项。在国外，银行汇款和支票是投资人支付开放式基金款项的主要方式，投资人在支付款项时要加上申购的手续费，世界各国开放式基金的手续费标准不一，从 1.5%～5% 不等。近年来，出于促销的目的，开放基金申购手续费呈下降的趋势，在美国，甚至兴起了许多无申购手续费的开放式基金。

（4）申购确认。基金公司在确认投资人的申购款项确已划出后，按照申购日的基金净值将相应的基金单位数记入投资人的账户，并向投资人提交成交确认书；投资人也可以通过语音电话查询最终申购的基金单位数。

**3. 赎回**

开放式基金赎回是投资者卖出基金份额收回投资的过程。其中，较为关键的事项有三。

（1）赎回指令。基金持有人可以通过直销和代销机构向基金公司发出赎回指令，赎回指令既可采用传真、电话、互联网等现代通信方式发出，也可到基金公司柜台及代销机构发出。

（2）赎回价格基准。在国际市场上，基金的赎回价格是赎回当日的基金净值。有些基金公司会加上赎回手续费，从而有买进和赎回两种报价。

（3）领取赎回款项。投资人一般要在 3～5 日后才能收回赎回基金的款项，因为基金管理公司在接到客户赎回指令后，要经过一系列步骤才能将赎回款项送达投资人。当市场急跌、赎回压力增加到一定程度时，基金公司可启用公开说明书中所规定的暂停赎回条款。

4. 费用

（1）销售手续费。投资者在购买开放式基金的时候，需要向基金的销售机构支付一定的手续费，目前国内开放式基金的销售手续费一般为基金金额的 1%～1.5%。在基金发行期的销售手续费叫认购费，发行期结束后的日常销售费叫申购费。

（2）赎回费。目前国内基金在赎回的时候还要收取赎回费，主要是支付在赎回时的操作费用。一般的赎回费率占赎回金额的 0.5% 左右。

（3）管理费。基金是委托专家理财，应支付一定的管理费。目前国内的年管理费一般为 0.3%～1.5%，视投资目标和管理的难易程度不同而有所区别。

（4）托管费。基金的管理原则是"投资与托管分离"。托管机构负责基金资产的保管、交割等工作，同时还有监督基金公司的职能，所以需要付给托管机构托管费。

**拓展阅读 6-4**

### 余额宝"瘦身"如何应对？

"又没抢到！"4 月 28 日，在安庆市一家事业单位上班的方琛，抓住空闲时间打开余额宝，发现又是"今日额度已经用完，明早 9 点开售"的通知，"这才 9 点半，就没额度了。从 2 月份开始，转账进余额宝就得靠抢了。"

和方琛一样，合肥市民陈娇也是余额宝的老用户，她从 2015 年开始上班之后，就一直将工资存在余额宝里，需要时随时提取。"余额宝里的数字越来越大，收益也从一颗茶叶蛋变为一杯奶茶，我觉得很开心。"陈娇说，"不过，这种持续买进的过程现在难以继续进行了。"

余额宝的管理方——天弘基金此前发布公告，2 月 1 日至 3 月 15 日，限制余额宝货币市场基金的单日申购额度，每天 9 点起发售，当天购完为止，并且在此期间自动转入功能暂停执行。天弘基金相关负责人表示，"为保持余额宝货币市场基金稳健运行，当前仍暂时需要继续限制余额宝每日申购总量，具体恢复时间，以余额宝页面提示为准。"

天弘余额宝货币市场基金发布的 2017 年年度报告显示，截至 2017 年 12 月 31 日，余额宝总规模将近 1.58 万亿元，相比 2016 年年底的 0.8 万亿元增长了超过 7 700 亿元，资产规模几乎翻了一倍。而作为对比，2016 年余额宝规模仅增长了 1 876 亿元。

不仅余额宝增长迅猛，以余额宝为代表的其他货币基金增长速度也惊人，如微信理财通规模已经超过 3 000 亿元，京东小白理财用户数超过了 1 亿人。

　　安徽大学经济学院教授郑兰祥告诉记者，货币基金是聚集社会闲散资金，由基金管理人运作，基金托管人保管资金的一种开放式基金，专门投向风险小的货币市场工具，区别于其他类型的开放式基金，具有高安全性、高流动性、稳定收益性的特征。

　　有业内人士指出，金融的定位就是服务于实体经济。余额宝作为一个中间产品，对投资者而言，有了一个投资渠道；对整个金融活力的提升也起到了很好的作用。下一步就是如何引导类似基金产品更好地服务实体经济。

　　郑兰祥建议，投资者应做好多样化资产配置，不要把鸡蛋放在一个篮子里，打赢"钱包保卫战"；应把握资产轮动，确定投资目标，优化资产配置。在明确目标的前提下，可以参考标准普尔家庭资产配置图进行资产配置，将资产在不同类别之间进行合理分配。

　　(资料来源：何珂. 余额宝"瘦身"投资者如何应对[N]. 安徽日报，2018-05-07(010).)

# 第四节　其他金融市场

## 一、黄金市场

　　黄金市场是集中进行黄金买卖和金币兑换的市场。有的国家的黄金市场对黄金输出与输入加以限制，有的则不加限制。目前世界上最主要的黄金市场在伦敦、苏黎世、纽约、香港等地。伦敦黄金市场的价格对世界黄金市场影响较大。

　　进行黄金交易的有世界各国的公司、银行和私人以及各国官方机构。黄金交易的去向主要是工业用金、私人贮藏、官方储备、投机商谋利等。第二次世界大战后一段时期，由于国际货币基金组织限制其成员的黄金业务，规定各国官方机构不得按与黄金官价(每盎司黄金合 35 美元)相背离的价格买卖黄金，因此西方官方机构绝大部分是通过美国财政部按黄金官价交易的。1968 年黄金总库解散，美国及其他西方国家不再按官价供应黄金，听任市场金价自由波动。1971 年 8 月 15 日，美国宣布不再对外国官方持有的美元按官价兑换黄金。从此，世界上的黄金市场就只有自由市场了。世界上约有 40 多个城市有黄金市场。在不允许私人进行黄金交易的某些国家，存在着非法黄金市场(黑市)。黑市金价一般较高，因而也伴有走私活动。各国合法的黄金自由市场一般由经营黄金业务的几家银行组成银行团办理。20 世纪 70 年代以后黄金期货交易发展迅速，但期货交易的实物交割一般只占交易额的 2%左右。黄金买卖大部分是现货交易，交易最多的是金条、金砖和金币。

　　目前，世界上已经形成七大黄金交易中心。

　　(1)苏黎世黄金交易中心。瑞士苏黎世由于其银行业雄厚实力的支持，在 20 世纪 30 年代就已成为世界黄金交易中心之一。自 60 年代起，苏黎世成为世界第二大黄金交易市场。在瑞士三大银行的共同努力下，苏黎世一直保持着世界黄金交易的中心地位。

　　(2)伦敦黄金交易中心。英国伦敦黄金市场堪称世界最古老的黄金交易市场，已有近

300 年的历史。1968 年以前，其在南非黄金的收购及黄金储备上都居于垄断地位。但在 1968 年，伦敦金市临时停市，给了苏黎世市场一个机会，由此伦敦金市结束了它的垄断时代。

（3）纽约黄金交易中心。美国纽约商品交易所是世界上最大的黄金期货交易市场。自 1974 年 12 月 31 日黄金非货币化以后，该市场就在世界黄金交易中占据了重要地位。在美国购买实金往往由小黄金交易商提供服务，因此通过电话进行期货交易就成了交易主体。

（4）东京黄金交易中心。日本是一个贫金国家，其黄金几乎全部依赖进口。自 1973 年后，日本政府允许黄金交易商直接进口黄金。到 1980 年，日本黄金市场全部解禁，因而得到迅速发展。东京的黄金交易量相当于纽约的 2/3。

（5）新加坡黄金交易中心。新加坡的实金市场成立于 1869 年，1973 年后新加坡成为自由黄金交易市场。1992 年，新加坡的黄金进口量占全球黄金总交易的 20%，确立了该国在实金交易上的重要地位。

（6）中国香港黄金交易中心。中国香港高度发达的首饰制造业注定了该地在世界黄金市场的重要地位。中国香港的"金银业贸易场"日交易量为 15 万 ~ 20 万两。

（7）悉尼和墨尔本黄金交易中心。悉尼和墨尔本作为黄金交易中心，是基于澳大利亚产金大国的优势地位。

## 二、外汇市场

### （一）外汇市场概述

外汇市场是指经营外币和以外币计价的票据等有价证券买卖的市场。国际上因贸易、投资、旅游等经济往来，不免产生货币收支关系。但各国货币制度不同，要想在国外支付，必须先以本国货币购买外币。此外，从国外收到外币支付凭证也必须兑换成本国货币才能在国内流通。这样就产生了本国货币与外国货币的兑换问题。西方国家中央银行为执行外汇政策，影响外汇汇率，经常买卖外汇。所有买卖外汇的商业银行、专营外汇业务的银行、外汇经纪人、进出口商，以及其他外汇供求者，都经营着各种现汇交易及期汇交易。这一切外汇业务组成一国的外汇市场。

外汇交易市场没有实体的场所供交易进行，交易主要是通过电话及计算机终端在世界各地进行。直接的银行间市场以具有外汇清算交易资格的交易商为主，他们的交易构成总体外汇交易中的大额交易，创造了外汇市场的交易巨额，也使外汇市场成为最具流通性的市场。

外汇市场是全球最大的金融市场，单日交易额高达 1.5 兆美元。世界上交易量大且有国际影响的外汇市场有伦敦、纽约、巴黎、法兰克福、苏黎世、东京、卢森堡、香港、米兰、蒙特利尔和阿姆斯特丹等。在这些市场上买卖的外汇主要有美元、英镑、欧元、瑞士法郎、日元、加拿大元等多种货币。在传统印象中，外汇交易仅适合银行、财团及财务经理人，但是外汇市场经过这些年持续成长，已联结了全球的外汇交易人，包括银行、中央银行、经纪商及公司组织（如进出口从业者）及个别投资人，许多机构组织包括美国联邦银行都通过外汇赚取了丰厚的利润。现今，外汇市场不仅为银行及财团提供了获利的机会，也为个别投资者带来了获利的契机。

### (二)外汇市场的形式

外汇市场有正式的市场和非正式的市场两种形式。

正式的市场指有具体交易场所的外汇市场，如同一般商品交易一样，参与者在一定时间集合于一定地点买卖外汇。欧洲大陆的德国、法国、荷兰、意大利等国固定的外汇交易所即属此类。此种方式的市场称为大陆式市场。

非正式的市场指参与者利用电报、电话或电传、互联网等通信工具进行交易，没有固定的交易地点。英、美、加拿大及瑞士等国均采用此种方式，称为英美式外汇市场。

第二次世界大战后，由于国际经济往来日趋频繁，外汇交易日趋复杂，国际外汇交易日益重要。同时，由于通信工具的发展，欧洲大陆各国外汇交易中的大部分也由电信办理。传统的正式市场由于功能有限，只能做部分的当地现货交易。由于现代化电信工具的发展，遍及全世界的电话、电报、电传线路网络的形成，全球各地区外汇市场已能够按照时区的差异相互衔接，出现了全球性的 24 小时不间断的连续外汇交易。

### (三)外汇市场的功能

#### 1. 实现购买力的国际转移

国际贸易和国际资金融通至少涉及两种货币，而不同的货币对不同的国家形成购买力，这就要求将本国货币兑换成外币来清理债权债务关系，使购买行为得以实现。这种兑换就是在外汇市场上进行的。外汇市场所提供的就是这种购买力转移交易得以顺利进行的经济机制，它的存在使各种潜在的外汇售出者和外汇购买者的意愿联系起来。当外汇市场汇率变动使外汇供应量正好等于外汇需求量时，所有潜在的出售和购买愿望都得到了满足，外汇市场处于平衡状态。外汇市场提供了一种购买力国际转移机制。同时，由于发达的通信工具已将外汇市场在世界范围内连成一个整体，货币兑换和资金汇付能够在极短时间内完成，购买力的这种转移变得迅速和方便。

#### 2. 提供资金融通

外汇市场向国际的交易者提供了资金融通的便利。外汇的存贷款业务集中了各国的社会闲置资金，从而能够调剂余缺，加快资本周转速度。外汇市场为国际贸易的顺利进行提供了保证，当进口商没有足够的现款提货时，出口商可以向进口商开出汇票，允许延期付款，同时以贴现票据的方式将汇票出售，拿回货款。外汇市场便利的资金融通功能也促进了国际借贷和国际投资活动的顺利进行。美国发行的国库券和政府债券中很大部分是由外国官方机构和企业购买并持有的，这种证券投资在脱离外汇市场的情况下是不可想象的。

#### 3. 提供外汇保值和投机的机制

在以外汇计价成交的国际经济交易中，交易双方都面临着外汇风险。由于市场参与者对外汇风险的判断和偏好不同，有的参与者宁可花费一定的成本来转移风险，而有的参与者则愿意承担风险以实现预期利润，由此产生了外汇保值和外汇投机两种不同的行为。在金本位和固定汇率制下，外汇汇率基本上是平稳的，因而不会形成外汇保值和投机的需要及可能。而在浮动汇率制下，外汇市场的功能得到了进一步的发展，外汇市场的存在既为套期保值者提供了规避外汇风险的场所，又为投机者提供了承担风险、获取利润的机会。

### 三、保险市场

#### (一)保险市场概述

保险市场有狭义和广义之分，前者是指固定的保险交易场所，如保险交易所；后者是指所有实现保险产品让渡的交换关系的总和。随着保险业的不断发展，保险产品推销的区域化与全球化趋势日趋明显。信息产业和互联网技术的飞速发展，让网络保险进入我们的生活，人们足不出户就可以轻松、便捷地完成保险产品的交易活动。因而，我们应从广义上去理解保险市场的含义。

保险市场是指参与保险产品交易的各类要素及其相互作用的方式以及实现交易的机制。保险市场机制是指制约保险市场运转的内在因素及市场运转的作用，也就是价格、竞争、供求和风险为主的诸要素所形成的有机制约体系。

#### (二)保险市场的构成要素

1. 保险市场的主体

保险市场的主体是指保险市场交易活动的参与者，包括保险市场的供给方和需求方，以及充当供求双方媒介的中介方。

(1)保险市场的供给方。保险市场的供给方是指在保险市场上，提供各类保险产品，承担、分散和转移他人风险的各类保险人。如国有保险人、私营保险人、合营保险人、合作保险人、个人保险人。通常他们必须是经过国家有关部门审查认可并获准专门经营保险业务的法人组织。

(2)保险市场的需求方。保险市场的需求方是指保险市场上所有现实的和潜在的保险产品的购买者，即各类投保人。根据保险消费者不同的需求特征，可以把保险市场的需求方划分为个人投保人和团体投保人等；根据保险需求的层次，还可以把保险市场的需求方划分为当前的投保人与未来的投保人等。

(3)保险市场的中介方。保险市场的中介方既包括活动于保险人与投保人之间，充当保险供求双方的媒介，把保险人和投保人联系起来并建立保险合同关系的人；还包括独立于保险人与投保人之外，以第三者身份处理保险合同当事人委托办理的有关保险业务的公证、鉴定、理算、精算等事项的人。保险市场的中介方具体有保险代理人(或公司)、保险经纪人(或公司)、保险公估人(行)、保险律师、保险精算师等。

2. 保险市场的客体

保险市场的客体是指保险市场上供求双方具体交易的对象，即保险产品。保险产品是一种特殊形态的商品。从经济学角度看，保险市场的客体是一种无形的服务商品。保险产品形式是保险合同，保险合同实际上是保险产品的载体，其内容是保险事故发生时提供经济保障的承诺。保险费率是保险产品的价格，它是被保险人为取得保险保障而由投保人向保险人支付的价金。

3. 保险市场的监督管理者

在我国，保险监督管理部门是中国银行保险监督管理委员会。设立保险监管部门的主要目的是维护保险市场秩序，保护被保险人和社会公众利益。我国还有一些政府监管机构也对保险市场实施监督管理，如工商管理机构、劳动管理机构和税务管理部门等。

### (三)保险市场的类型

**1. 按保险业务承保的程序不同，可分为原保险市场和再保险市场**

原保险市场可称为直接业务市场，是保险人与投保人之间通过订立保险合同而直接建立保险关系的市场。再保险市场可称为分保市场，是原保险人将已经承保的直接业务通过再保险合同转分给再保险人，由此形成保险关系的市场。

**2. 按照保险业务性质不同，可分为人身保险市场和财产保险市场**

人身保险市场是专门为社会公民提供各种人身保险产品的市场。财产保险市场是从事各种财产保险产品交易的市场。

**3. 按保险业务活动的空间不同，可分为国内保险市场和国际保险市场**

国内保险市场是专门为本国境内提供各种保险产品的市场，按经营区域范围又可分为全国性保险市场和区域性保险市场。国际保险市场是国内保险人经营国外保险业务的保险市场。

**4. 按保险市场的竞争程度不同，可分为自由竞争型保险市场、垄断型保险市场、垄断竞争型保险市场**

自由竞争型保险市场是保险市场上存在数量众多的保险人、保险产品交易完全自由、价值规律和市场供求规律充分发挥作用的保险市场。垄断型保险市场是由一家或几家保险人独占市场份额的保险市场，包括完全垄断型保险市场和寡头垄断型保险市场。垄断竞争型保险市场是大小保险公司在自由竞争中并存，少数大公司在保险市场中分别具有某种业务的局部垄断地位的保险市场。

## 四、金融衍生品市场

金融衍生品是指以杠杆或信用交易为特征，在传统的金融产品如货币、债券、股票等的基础上派生出来的具有新的价值的金融工具，如期货合同、期权合同、互换及远期协议合同等。金融衍生品市场是由一组规则、一批组织和一系列产权所有者构成的一套市场机制，主要包括金融期货市场、金融期权市场、金融远期市场和金融互换市场。

### (一)金融期货市场

金融期货市场主要由外汇期货市场、利率期货市场和股票期货市场组成。

金融期货市场的特征是：交易场所限于交易所；交易很少以实物交割；交易合约系标准化合约；交易每天进行结算。

金融期货市场主要有两大功能。一是转移价格风险的功能。在日常金融市场活动中，市场主体常面临着利率、汇率和证券价格波动等风险。有了期货交易后，他们就可以利用期货多头或空头把价格风险转移出去，从而实现避险目的。应该注意的是，对单个主体而言，利用期货交易可以达到消除价格风险的目的，但对整个社会而言，期货交易通常并不能消除价格风险，期货交易发挥的只是价格风险的再分配，即价格风险的转移作用。并且，在有些条件下，期货交易还具有增大或减少整个社会价格风险总量的作用。二是价格发现功能。期货价格是所有参与期货交易的人对未来某一特定时间的现货价格的期望或预期。不论期货合约是多头还是空头，都会依其个人所持立场或所掌握的市场资讯，并在对过去的价格表现加以研究后，进行买卖委托。而交易所通过电脑撮合公开竞价出来的价格，即为此瞬间市场对未来某一特定时间现货价格的平均看法。

### （二）金融期权市场

金融期权是指赋予其购买者在规定期限内按双方约定的价格购买或出售一定数量某种金融资产权利的合约。对于期权的买方来说，期权合约所赋予的只有权利，而没有任何义务。他可以在规定期限以内的任何时间(美式期权)或期满日(欧式期权)行使其购买或出售标的资产的权利，也可以不行使这个权利。对期权的出售者来说，他只有履行合约的义务，而没有任何权利。按期权买者的权利，期权可分为看涨期权和看跌期权。凡是赋予期权买者购买标的资产权利的合约，就是看涨期权；而赋予期权买者出售标的资产权利的合约，就是看跌期权。按照期权合约的标的资产，金融期权合约可分为利率期权、货币期权(或称外汇期权)、股价指数期权、股票期权以及期货期权等，而期货期权又可分为利率期货期权、外汇期货期权和股价指数期货期权三种。

与期货交易不同的是，期权交易场所不仅有正规的交易所，还有一个规模庞大的场外交易市场。交易所交易的是标准化的期权合约，场外交易的则是非标准化的期权合约。对于场内交易期权来说，其合约有效期一般不超过9个月，以3个月和6个月最为常见。跟期货交易一样，由于有效期(交割月份)不同，同一种标的资产可以有好几个期权品种。此外，同一标的资产还可以规定不同的协议价格而使期权有更多的品种，同一标的资产、相同期限、相同协议价格的期权还分为看涨期权和看跌期权两大类，因此，期权品种远比期货品种多。为了保证期权交易的高效、有序，交易所对期权合约的规模、期权价格的最小变动单位、期权价格的每日最高波动幅度、最后交易日、交割方式、标的资产的品质等有明确规定。

### （三）金融远期市场

金融远期市场是进行远期合约交易的市场，交易按约定条件在未来某一日期交割结算。远期外汇市场是成交最活跃的金融远期市场。远期外汇市场指成交日交易双方以约定的外汇币种、金额、汇率，在约定的未来某一日期交割结算的交易市场。

远期外汇市场的经济功能体现在四个方面。

(1)提供了外汇市场中进行风险管理的新工具。外汇远期交易最为直接的经济功能，就是为外币资产或者负债的持有者(包括进出口商)的外汇需求、国际资本流动等提供了套期保值的工具。在浮动汇率制下，当计价货币的汇率发生变动时，如果市场主体拥有外汇资产或者负债，就必然要承担相应的市场风险。此时，市场主体可以通过买入或者卖出与自己持有的外汇负债或者资产相应的远期外汇，规避汇率风险。在发达的外汇市场中，由于存在套利行为，远期外汇市场的汇率就成为即期外汇市场汇率的预报器。

(2)为商业银行提供了更大的业务空间。对于商业银行来说，远期交易对其流动性管理、风险管理以及短期融资都起到了重要的作用。远期外汇市场的发展，为商业银行提供了更大的盈利空间，商业银行在充分运用远期交易获取交易利润、管理风险的同时，还可以为客户提供更为全面的服务，增强对客户的吸引力。

（3）为中央银行提供了新的政策工具。远期外汇市场的发展，能够丰富中央银行对外汇市场干预的手段，改变中央银行在外汇市场被动入市干预本国货币汇率的困难处境。远期外汇市场的发展，也将在一定程度上改变货币政策在外汇市场上的传导机制，从而使中央银行可以运用多种干预工具的搭配来影响本国货币汇率的走势，达到货币政策的目标。

（4）提供了健全的套期保值机制。在外汇市场的运行中，当出口商向银行售出外汇以套期保值时，银行和出口商达成一个交易合约，根据该合约，出口商承诺在未来某一日期向银行支付外汇，以便获得提前约定的一定规模的本币。出口商获得本币的规模取决于银行进行套期保值的净成本。银行在国际外汇市场上借入外汇，与出口商将收回的外汇数量相等、期限相等。随后，银行在当地外汇市场将借入的外汇卖出，获得本币。银行将通过出售外汇而产生的收益存入当地货币市场。现在银行的外币账户是均衡的，因为从出口商那里的应收款和对外国货币市场的负债相等。同时，银行的国内货币账户也是均衡的，因为银行对出口商的本币负债与其在国内货币市场上的同一期限的存款相匹配。银行在到期日，从出口商那里收回的外汇用来偿还在外国货币市场上借入的外汇；对于出口商的本币负债将由银行在国内货币市场上的存款所支付。银行能够向出口商支付的本币数量显然取决于银行套期保值的净成本。银行需要向其在国际外汇市场上所借外汇支付利息，与此同时，银行还可以从其在本币货币市场上的存款那里获得利息。

因此，进出口商可以通过其在货币市场上的运作对其面临的外汇风险进行套期保值。出口商可以借入与其应收款数量相等的外汇，将其在兑换为本币后存入当地的货币市场。到期时，出口商将其收回的外汇用于支付外汇借款。在效率较高的市场上，出口商由借入外汇到存入本币所经历的净成本，对于有效的远期汇率的形成，基本上和银行提出的价格相等。商业银行也可以将其面临的风险头寸，通过与另一家进行远期交易而非借助货币市场运作来规避。对于同一个初始交易，这种运作可以发生很多次。因此，一次银行与客户之间的远期交易可以产生许多的附属交易。

### （四）金融互换市场

互换，或称掉期，具有双重含义。在外汇市场上它是指掉期，即双方同时进行两笔金额相等、期限不同、方向相反的外汇交易；在资金市场上它是指互换，即双方按事先预定的条件进行一定时期的债务交换。

金融互换市场包括利率互换市场和货币互换市场。利率互换是指双方同意在未来的一定期限内根据同种货币、同样的名义本金交换现金流，其中一方的现金流根据浮动利率来计算，而另一方的现金流根据固定利率计算。互换的期限通常在 2 年以上，有时甚至在 15 年以上。双方进行利率互换的主要原因是双方在固定利率和浮动利率市场上分别具有比较优势。最基本的、最常用的利率互换形式是固定利率对浮动利率互换。由于利率互换只交换利息差额，因此信用风险很小。货币互换是将一种货币的本金和固定利息与另一种货币的等价本金和固定利息进行交换。货币互换的主要原因是双方在各自国家中的金融市场上具有比较优势。由于货币互换涉及本金互换，因此当汇率变动很大时，双方将面临一定的信用风险。当然这种风险仍比单纯的贷款风险小得多。

## 本章小结

1. 金融市场是实现货币资金借贷、办理各种票据及进行各种有价证券买卖的场所。金融市场可以是有形的，也可以是无形的。金融市场的构成要素包括交易主体、交易对象、交易价格和组织形式。金融市场的功能主要表现为融通资金、资源配置、流动性、风险分散、信息反映、宏观调控等功能。金融市场的子市场包括货币市场、资本市场、黄金市场、外汇市场、保险市场、金融衍生品市场等。

2. 货币市场是指期限在一年以内的资金交易市场，货币市场主要包括同业拆借市场、票据市场、国库券市场、企业短期融资券市场、证券回购市场、大额可转让定期存单市场；资本市场包括股票市场、债券市场和投资基金市场。资本市场是政府和企业筹集资金的主要场所。

## 思考题

1. 辨析题。

(1)二级市场并不能为企业筹措资金，因此一级市场的重要性高于二级市场。

(2)对于个人投资者而言，大额存单有门槛，利率却没有互联网货币基金高，因此大额存单对投资者没有吸引力。

(3)如果市场利率上升，回购协议中的买方认为市场优于协议价格而容易履行合同。

2. 简答题。

(1)假定你某年积攒了 10 000 元，在有和没有金融市场的情况下，你分别会怎样处理这笔资金？

(2)假如你刚结婚，有一份称心如意的工作，工资收入可观，打算购置一套房子，但由于刚刚工作，积蓄有限。此时，有和没有金融市场对于你会有什么不同的影响？

(3)某上市公司股票价格下跌对该公司的投资影响是什么？

(4)一般情况下银行承兑汇票和商业票据哪个价格高？为什么？

## 综合训练

### 资本市场服务民企大有可为

《中共中央国务院关于营造更好发展环境支持民营企业改革发展的意见》(以下简称《意见》)提出，完善民营企业直接融资支持制度。作为直接融资的主阵地，资本市场将从深化股票发行、再融资制度改革，完善创业板、新三板、区域股权市场等多层次资本市场体系，支持债券发行等方面加力提效。

毋庸置疑，民营经济已成为推动我国经济发展不可或缺的力量。第四次全国经济普查结果显示，2018 年年末全国私营企业 1 561.4 万个，比 2013 年年末增加 1 001 万个，增长 178.6%，占全部企业法人单位的比重由 68.3% 提高到 84.1%。在资本市场，特别是在科创板、创业板、新三板和区域股权市场，民企和中小企业是挂牌主体。不少民企是细分领域的龙头，在科技创新、人才培养、引领地方经济发展、开拓国际市场等方面发挥着重要作用。

由于经济下行压力加大、行业变化和企业经营失误，目前部分上市民企面临债务违约、股权质押等风险。在监管部门大力推进民企纾困的一年多时间里，鼓励民企股权、债权融资的政策环境持续优化，民企融资难问题得到较大改善，但完善民企直接融资支持制度是一项长期工程，更需在此轮资本市场改革中予以强化。

（资料来源：费杨生．资本市场服务民企大有可为[N]．中国证券报，2019-12-23（A01）．）

**试分析：**

1. 我国多层次资本市场体系构成是什么？

2. 对我国来说，资本市场的多层次发展对民营企业融资问题有何现实意义？

3. 如何完善多层次的资本市场体系，提升资本市场服务民企的效能？

# 第七章

# 金融机构体系

### 金融机构如何提高服务实体经济的效率？

金融是实体经济的血脉，为实体经济服务是金融的天职，是金融的宗旨。2019 年，金融机构服务实体经济质效不断提升。具体来看，主要体现在三个方面。

一是金融资源更多流向重点领域和薄弱环节，加强了对先进制造业、战略性新兴产业、低碳循环经济的支持。2019 年，银行业新增人民币贷款 17 万亿元，同比多增 1.1 万亿元，其中制造业贷款较年初增加 7 800 亿元；科技型企业贷款余额突破 4.1 万亿元，较年初增长 24%；基础设施建设贷款余额 29.2 万亿元，比年初增加 2.8 万亿元。推动保险机构发起设立各类投资计划，目前支持长江经济带、京津冀协同发展的资金规模分别超过 6 000 亿元和 2 500 亿元。

二是民营小微企业"融资难、融资贵"有效缓解。2019 年，继续推动银行建立对民营企业的"敢贷、愿贷、能贷"的长效机制。8 月，启动"百行进万企"融资对接试点工作，银行通过填写在线问卷、"走街串巷"上门服务等形式，听取企业对银行金融服务的意见建议，为小微企业提供融资解决方案。截至目前，初步统计全国已经有近 800 万户正常经营、正常纳税的小微企业纳入"百行进万企"范畴。在多项政策推动下，2019 年民营企业贷款累计增加 4.25 万亿元。到 2019 年年末，普惠型小微企业贷款余额是 11.6 万亿元，同比增长 25%；有贷款余额户数 2 100 多万户，较年初增加 380 万户；新发放普惠型小微企业贷款平均利率较 2018 年平均水平下降 0.64 个百分点。5 家大型银行普惠型小微企业贷款增长超过 55%，综合融资成本下降 1 个百分点以上。银行业金融机构服务小微企业的"两增两控"目标得以实现。

三是积极支持社会民生事业发展。2019 年，在北京、天津、上海等 10 个试点城区开展社区家庭服务业金融创新，助力养老、家政、托幼等社区家庭服务业发展。继续推动商业养老保险和商业健康保险发展。联合农业农村部加大对生猪产业的支持力度，深化保险资金支农支小融资试点。2019 年，保险业为全社会提供保险金额约 6 470 万亿元，赔付和给付支出

1.29 万亿元。

（资料来源：本报编辑部. 金融机构服务实体经济质效不断提升[N]. 中国银行保险报，2020-01-16(003).）

**【学习导引】**

金融机构是金融体系运行的重要参与者。在现实生活中，金融机构的种类繁多、名称各异，它们在金融体系中各执其能，分工合作。商业银行是我们最熟悉的金融机构，大中型商业银行在业务分工上是否存在不同呢？除了商业银行之外，在金融机构体系之中还有哪些重要的金融机构？通过本章的学习，不仅要掌握金融机构在金融体系中的重要作用，还要能对不同的金融机构之间的业务差异进行区分，最终能够对金融体系的构成形成整体上的认识。

# 第一节　金融机构体系概述

## 一、金融机构体系的含义

金融机构体系是指金融机构的组成及其相互联系的统一整体。在市场经济条件下，各国金融体系大多数是以中央银行为核心来进行组织管理的，因而形成了以中央银行为核心、商业银行为主体、各类银行和非银行金融机构并存的金融机构体系。在我国，就形成了以中国人民银行为领导，国有商业银行为主体，城市信用合作社、农村信用合作社等吸收公众存款的金融机构以及政策性银行等银行业金融机构，金融资产管理公司、信托投资公司、财务公司、金融租赁公司以及经国务院银行业监督管理机构批准设立的其他金融机构，外资金融机构并存和分工协作的金融机构体系。

## 二、金融机构的产生与发展

金融机构是商品经济不断发展的产物，是逐步适应社会经济融资、投资需求及转移、管理风险的必然产物。最早的金融机构是银行，它起源于古代的银钱业和货币兑换业，货币兑换业规则是现代银行业的先驱。古代银钱业及货币兑换交易大多发生在寺庙周围，及定期集市上。从商人阵营中逐渐分离出来的货币兑换商，最初只为各国的朝拜者和国际贸易兑换货币，并收取一定的手续费。随着商品生产和交换的持续扩大和发展，为避免自己保管货币和长途携带货币的不便和风险，部分异地贸易商和国际贸易商便将货币交由拥有良好保管设施的货币兑换商保管，并委托后者办理异地支付、结算业务。此时的货币兑换商就转变为货币经营商，他们在从事收取手续费的货币兑换、保管、异地划拨等业务中，积聚了大量货币，并利用商人货币存、取或汇之间的稳定余额，开展放贷业务，谋取更多利润。

现代意义上的银行起源于文艺复兴时期的意大利。当时，地中海沿岸各国和地区经济发展较快，贸易也异常活跃，处于地中海中心的意大利成为当时世界的贸易和金融中心，产生了世界上最早的银行。此后，随着世界商业贸易、金融中心逐步北移至荷兰的阿姆斯特丹，银行业扩展至欧洲其他国家。

社会的日趋细密，市场经济的不断发展及其引致的多元金融需求，促成了其他金融机构的产生和发展。各类专业银行，如投资银行、不动产抵押银行、进出口银行等逐步出现；信托投资公司、证券公司、保险公司、金融公司、典当行等专业化金融机构，也渐次出现并在各自领域发挥重要作用。但德国等国家推行的全能银行制，则使商业银行的业务覆盖所有金融领域。因此，现代各国都建立了分工精细、种类多样、规模庞大的金融机构体系。

由于金融自由化的发展推动了金融业由分业经营向混业经营的转变，世界上金融机构经营业务全球化与混业化趋势越来越明显。一方面，大型金融机构推崇金融超级市场、金融百货公司，认为这种超级复合体能分散风险，增强竞争实力，同时也给消费者带来实惠；另一方面，技术革命和经济全球化促进了这种全能式金融机构的发展。尽管世界上各种全能式的金融机构层出不穷，但专业化金融机构仍然有存在空间。相比之下，具有良好产权结构的专业化金融机构能够为服务对象提出更有针对性的服务内容，能够紧密联系客户以提高信息的对称度，从而减少自己面临的道德风险和客户逆向选择的机会。另外，随着经济全球化进程的加快，金融机构的发展还出现了很多新的趋势，如大型金融机构的跨国经营和国际联合、通过并购以增强竞争力等。

### 三、金融机构的性质与职能

#### (一)金融机构的基本性质

在现代经济中，经济部门的运行与金融活动已不可分割，加之不同种类的金融机构不断涌现，现代金融业务的错综复杂，人们往往追求金融的过度繁荣而忽略金融机构的基本性质。因此，强调金融机构作为金融中介为经济部门提供融资服务的基本性质，对金融稳定和经济健康的发展极为重要。

金融机构作为一种特殊的企业，与一般经济单位相比既有共性，又有差异性。共性主要表现为金融机构也需要具备普通企业的基本要素，如有一定的自有资本、向社会提供特定的商品和服务、必须依法经营、独立核算、自负盈亏、照章纳税等。差异性主要表现在金融机构具有特殊的经营对象与经营内容(金融机构的经营对象是货币资金这种特殊的商品，经营内容则是货币的收付、借贷及各种与货币资金运动有关或与之相联系的各种金融业务)、特殊的经营关系与经营原则(金融机构与客户之间主要是货币资金的借贷或投资关系，金融机构在经营中必须遵循安全性、流动性和盈利性原则)、特殊的经营风险(信用风险、挤兑风险、利率风险、汇率风险等)。

#### (二)金融机构的职能

1. 融资中介

不同时期经济的发展程度决定了当时金融机构的功能特点。20 世纪 70 年代之前，金融机构的功能以"融资中介"为核心，即金融机构为资金供给者和需求者实现资金融通，为其他金融活动提供服务，以实现资金融通和作为其他金融活动的场所。金融机构是专业化的融资中介人，作为存款人和贷款人中介，以吸收存款或发行融资证券的方式汇集各种期限和数量的资金，通过信贷等方式投向需要资金的社会各部门，使融资双方的融资交易活动顺利进行，促进了资金从盈余者向资金短缺者的流动。融资中介是金融机构的基本功能。

## 2. 财富管理

金融机构能够在一定程度上降低融资交易中的融资成本，通过规模经营和专业化运作，可以合理控制利率，并节约融资交易的各项费用支出，使交易成本降低。随着市场的日趋完善和财富规模的增长、结构的变化，金融市场上的信息不对称现象和交易成本明显下降，金融机构的功能空前丰富多样，养老基金、共同基金等非存款类金融机构快速增长。支撑金融机构快速增长的核心功能已经发生了变化，不再是传统的以"融资中介"为核心，而是以"财富管理"为核心。

现代金融机构的"财富管理"功能包括资产定价、流动性提供、风险分散和转移、价值增值，上述四个功能有机联系，缺一不可。

## 3. 改善信息不对称

信息不对称所引致的巨额交易成本限制了信用活动的发展，阻碍了金融市场正常功能的发挥。而以银行为主的间接融资形式可以比直接融资更好地解决信息不对称问题。金融机构所处的位置特殊，既是债务人又是债权人。为了保证债务债权关系以及其他的资金融通有关的契约关系的顺利建立和清偿，必须对资金供给者和需求者的信息有充分的了解和必要的监督。因此，改善信息不对称被作为金融机构的一个独立的功能，并得到了特殊的关注。

## 四、现代金融机构体系的基本构成

金融机构体系是指金融机构的组成及其相互联系的统一整体。在市场经济条件下，各国金融体系因国情和经济金融发展水平的差异而各有特点，但在机构种类和构成上大致相同，大多数是以中央银行为核心来进行组织管理的，因而形成了以中央银行为核心、商业金融机构并存的金融机构体系。从大多数国家来看，金融机构体系的基本构成包括监督管理性金融机构、商业性金融机构、政策性金融机构。

(1)监督管理性金融机构是为保证金融体系的安全稳定而利用一定的金融政策来对金融活动进行调控及监督管理的机构。监督管理性金融机构主要指的是一国的货币当局，即中央银行，也包括其他相关金融类监管机构。

(2)商业性金融机构是指那些以营利为目的，通过为客户提供各种金融中介服务，运营资金以实现利润最大化的金融机构。目前，按照国际货币基金组织的统计分类，各国金融机构体系主要分为存款型金融机构和非存款型金融机构两大类。其中，存款类金融机构是能够吸收存款并将存款作为其运营资金主要来源的金融机构，非存款类金融机构是指不通过吸收存款而是通过发行证券或以契约性的方式聚集社会闲散资金的金融机构，也可以称作其他金融性公司。

(3)政策性金融机构是由政府投资设立或担保的、根据政府的决策和意向发放贷款、不以营利为目的金融机构。政策性金融机构有特定的资金来源，一般不向公众吸收存款，基本任务是向特定的部门或产业提供资金，促进该部门或该产业的发展。

# 第二节　我国的金融机构体系

## 一、金融监管机构

金融监管机构是根据法律规定对一国的金融体系进行监督管理的机构。其职责包括按照规定监督管理金融市场；发布有关金融监督管理和业务的命令和规章；监督管理金融机构的合法合规运作等。2018年4月8日，中国银行保险监督管理委员会（以下简称银保监会）正式挂牌。我国的金融监管机构包括"一行两会"，即中国人民银行、银保监会和证监会。这里主要介绍我国金融监管机构中"两会"，即银保监会和证监会。

中国银行保险监督管理委员会成立于2018年，是国务院直属事业单位，其主要职责是依照法律法规统一监督管理银行业和保险业，维护银行业和保险业合法、稳健运行，防范和化解金融风险，保护金融消费者合法权益，维护金融稳定。在此前，我国银行业和保险业由中国银行业监督管理委员会（以下简称银监会）和中国保险监督管理委员会（以下简称保监会）分别监管。两者合并意义在于深化金融监管体制改革，强化综合监管，优化监管资源配置，更好地统筹重要性金融机构的监管事宜。

中国证券监督管理委员会于1992年10月宣告成立。1998年9月，国务院进一步明确证监会为国务院直属事业单位，是全国证券期货市场的主管部门，进一步强化和明确了证监会的职能。加强对证券期货业的监管，强化对证券期货交易所、上市公司、证券期货经营机构、证券投资基金管理公司、证券期货投资咨询机构和从事证券期货中介业务的其他机构的监管，提高信息披露质量、加强对证券期货市场金融风险的防范和化解工作等，都属于证监会的职责。

**拓展阅读7-1**

### 实控人恶意操纵自家股证监会开出17.6亿天价罚单

证监会官网发出一份行政处罚决定书，揭开了一起恶性操纵事件。一家公司实际控制人专门组织操盘团队，通过自买自卖等异常交易手法，制造该公司股份交易活跃假象，借机减持股份，大额套现。证监会行政处罚决定书显示，新三板挂牌公司明利股份实控人林军等人被"没一罚五"，罚没金额超17亿元。

证监会调查显示，林军组织、指使手下何忠华、陈志强控制32个证券账户，集中资金优势、持股优势，采用多种手段操纵"明利股份"。"明利股份"第一笔交易出现在2015年4月24日，至2016年12月23日停牌，共有255个交易日。一是集中资金优势和持股优势连续买卖操纵"明利股份"股价和交易量。账户组通过参与两次股票定向增发加强持股优势，共持有明利股份原始股票4 950万股。同时，连续交易操纵"明利股份"股价和交易量，在2015年4月24日至2016年12月23日，账户组每个交易日均交易"明利股份"，交易股票数量为11.43亿股，成交金额达56.67亿元。同期"明利股份"总成交量为14.66亿股，成交金额为70.39亿元。

账户组交易"明利股份"成交量在市场总成交量中占比为 77.9%，账户组成交金额在市场总成交金额中占比为 80.5%。

二是通过在自己控制的账户之间进行交易，操纵"明利股份"股价和交易量。协议转让期间，账户组有 36 个交易日在自己实际控制的账户之间交易，账户组内成交金额为 1.27 亿元，占"明利股份"总成交金额 3.52 亿元的 35.98%。做市转让期间，林军控制的账户组虽通过做市商进行交易，但实际上达到了将股票在其控制的不同账户间进行交易、做大成交量的目的，虚假交易意图明显。

证监会认定，林军作为明利股份的实际控制人，是违法行为的组织者、决策者和主要实施者；何忠华、陈志强具体负责控制账户组的相关交易，是违法行为的主要执行者。林军系主要责任人员，何忠华、陈志强系其他直接责任人员。证监会决定，没收林军、何忠华、陈志强违法所得 2.93 亿元，并处以 14.67 亿元罚款。其中，对林军处以 14.64 亿元罚款，对何忠华、陈志强分别处以 150 万元罚款。

（资料来源：程丹. 实控人恶意操纵自家股　证券会开出 17.6 亿天价罚单[EB/OL]. (2020-01-8)[2020-06-14]. httpstock. stcn. com20200010815587070. shtml.）

## 二、存款型金融机构

### (一)商业银行

商业银行是金融机构体系中的骨干和中坚，以经营工商业存款、贷款为主要业务，并为顾客提供多种服务。它通过办理转账结算实现国民经济中的绝大部分货币周转，同时起创造存款货币的作用。商业银行机构数量多、业务渗透面广和资产总额比重大，始终居于其他金融机构不能代替的重要地位。有关商业银行的产生和发展、性质、职能和业务等在第九章详细讨论。

1. 大型商业银行

大型商业银行包括中国工商银行、中国农业银行、中国银行、中国建设银行、交通银行和中国邮政储蓄银行。大型商业银行是我国银行体系的主体，以获取利润为经营目标，以经营存贷款、办理转账结算为主要业务，以多种金融资产和金融负债为经营对象，具有综合性服务功能，对我国金融的发展起重要作用。

2. 股份制商业银行

股份制商业银行是大型商业银行以外的全国性股份制商业银行、区域性股份制商业银行的总称。在我国现有 12 家全国性股份制商业银行，分别为招商银行、浦发银行、中信银行、中国光大银行、华夏银行、中国民生银行、广发银行、兴业银行、平安银行、浙商银行、恒丰银行、渤海银行。

3. 城市商业银行

城市商业银行是中国银行业的重要组成和特殊群体，其前身是 20 世纪 80 年代设立的城市信用社，当时的业务定位是：为中小企业提供金融支持，为地方经济搭桥铺路。从 20 世纪 80 年代初到 20 世纪 90 年代，全国各地的城市信用社发展到 5 000 多家。然而，随着中国金融事业的发展，城市信用社在发展过程中逐渐暴露出许多风险管理方面的问题。很多城市信用社也逐步转变为城市商业银行，为地方经济及地方居民提供金融服务。

### （二）农村金融机构

农村金融机构主要包括农村信用合作社、农村商业银行、农村合作银行、村镇银行、农村资金互助社和小额贷款公司，主要从事农村地区的银行金融服务业务。

农村信用合作社是由农民入股组成，实行入股社员民主管理，主要为入股社员服务的合作金融组织，是经中国人民银行依法批准设立的合法金融机构。其主要任务是筹集农村闲散资金，为农业、农民和农村经济发展提供金融服务。同时，组织和调节农村基金，支持农业生产和农村综合发展支持各种形式的合作经济和社员家庭经济，限制和打击高利贷。在中华人民共和国成立初期的社会主义改造过程中，个人对生产资料所有权被取消，随着公有化程度的提高，农村信用合作社的合作性质被淡化，并被转化成国家银行在农村的基层机构。进入 20 世纪 80 年代以后，这种"官办"的制度安排不适应农村经济的发展变化。1984 年，我国农村信用合作社开始推行以恢复组织上的群众性、管理上的民主性和经营上的灵活性为基本内容的体制改革。2004 年，在全国范围内进行深化农村信用合作社改革并持续至今。

农村合作银行是由辖内农民、农村工商户、企业法人和其他经济组织入股组成的股份合作制社区性地方金融机构。其主要任务是为农民、农业和农村经济发展提供金融服务。1996 年国务院出台《关于农村金融体制改革的决定》，提出要建立以合作金融为基础，商业金融和政策金融分工协作的新农村金融体系。在城乡一体化程度较高的地区，已经商业化经营的农村信用合作可合并建成农村合作银行。农村合作银行从性质上来说，是介于合作金融与商业金融之间的一个过渡层次。组建农村合作银行，丰富了我国农村金融机构的种类，满足了不同层次农户的金融需求，促进了符合"三农"特点的"多层次、广覆盖、可持续"的农村金融组织体系架构的完成。

农村信用合作社是整个农村金融体制改革中最重要的部分，而农村合作银行作为农村信用合作社改革的组织模式之一，在很大程度上实现了农村信用合作社改革的目标。

### （三）外资银行

外资银行是指在本国境内由外国独资创办的银行，在我国的具体形式是依照有关法律、法规，经批准在中华人民共和国境内设立的外商独资银行、中外合资银行、外国银行分行、外国银行代表处。外资银行的经营范围根据各国银行法律和管理制度的不同而有所不同。有的国家为稳定本国货币，对外资银行的经营范围加以限制；也有些国家对外资银行的业务管理与本国银行一视同仁。外资银行凭借其对国际金融市场的了解和广泛的国际网点等有利条件，为在其他国家的本国企业和跨国公司提供贷款，支持其向外扩张和直接投资。外资银行有的是由一个国家的银行创办的，也有的是几个国家的银行共同投资创办的。

### （四）民营银行

民营银行就是由民间资本控制与经营的，权、责、利统一的现代金融企业，或者说民营银行是由民有、民治、民责、民益四有构成的统一体。民营银行的资本金主要来自民间，其对利润最大化有更为强烈的追求，如果没有健全的监管机制进行有效监管，民营银行往往会因风险问题而失败。民营银行具有两个十分重要的特征：一是自主性，民营银行的经营管理权，包括人事管理等不受任何政府部门的干涉和控制，完全由银行自主决定；二是私营性，即民营银行的产权结构主要以非公有制经济成分为主，并以此最大限度地防止政府干预行为的发生。

2020 年，我国一共有 19 家民营银行开业运营。2014 年 3 月，我国首批 5 家民营银行试点方案确定，7 月份原银监会批准了深圳前海微众银行、温州民商银行、天津金城银行三家民营银行的筹建申请。9 月，原银监会同意杭州市筹建浙江网商银行，同意上海市筹建上海华瑞银行。

### 三、非存款型金融机构

#### (一)证券类金融机构

1. 证券交易所

证券交易所是为证券集中交易提供场所和设施，组织和监督证券交易，实行自律管理的法人，目前包括上海证券交易所和深圳证券交易所。

2. 证券公司

证券公司指经批准而成立的专门经营证券业务，具有独立法人地位的有限责任公司或者股份有限公司，可以承销发行、自营买卖或自营兼代理买卖证券。普通个人的证券投资都要通过证券公司来进行。

3. 证券服务机构

证券服务机构是从事证券投资咨询、证券资信评估、证券集中保管等证券服务业务的法人机构。

4. 期货公司

期货公司是指依法设立的、接受客户委托、按照客户的指令、以自己的名义为客户进行期货交易并收取交易手续费的中介组织，其交易结果由客户承担。期货公司是交易者与期货交易所之间的桥梁。

5. 基金管理公司

基金管理公司是指依据有关法律法规设立的，对基金的募集、基金份额的申购和赎回、基金财产的投资、收益分配等基金运作活动进行管理的公司。证券投资基金的依法募集由基金管理人承担，基金管理人由依法设立的基金管理公司担任。

#### (二)保险类金融机构

1. 保险公司

保险公司是依照法律法规和国家政策设立的经营商业保险和政策性保险的金融机构。

2. 保险中介机构

保险中介机构是介于保险人和被保险人之间，专门从事保险业务咨询与推销、风险管理与安排、保险价值评估、损失鉴定与理算等中间服务活动，并获取佣金或手续费的组织。

### (三)其他金融机构

#### 1. 金融资产管理公司

我国的金融资产管理公司是经国务院决定设立的收购国有独资商业银行不良贷款,管理和处置因收购国有独资商业银行不良贷款形成的资产的国有独资非银行金融机构。金融资产管理公司以最大限度保全资产、减少损失为主要经营目标,依法独立承担民事责任。

我国有 4 家资产管理公司,即中国华融资产管理公司、中国长城资产管理公司、中国东方资产管理公司、中国信达资产管理公司,分别接收从中国工商银行、中国农业银行、中国银行、中国建设银行剥离出来的不良资产。

#### 2. 信托公司

信托公司是指依照《中华人民共和国公司法》、根据《信托公司管理办法》规定设立的主要经营信托业务的金融机构。信托公司以信任委托为基础、以货币资金和实物财产的经营管理为形式,融资和融物相结合的多边信用行为。

信托业务主要包括委托和代理两个方面的内容。前者是指财产的所有者为自己或其指定人的利益,将其财产委托给他人,要求按照一定的目的,代为妥善地管理和有利地经营;后者是指一方授权另一方,代为办理的一定经济事项。

当前能够从事资产管理业务的公司除了证券公司、基金公司、信托公司外,还有第三方理财公司。从某种意义上来说,第三方理财公司在资产管理市场上的拓展和定位有些类似于如今的私募基金,将专家理财和灵活的合作条款捆绑嫁接作为打开资产管理市场的突破口。信托业务方式灵活多样,适应性强,有利于搞活经济,加强地区间的经济技术协作;有利于吸收国内外资金,支持企业的设备更新和技术改造。

#### 3. 企业集团财务公司

企业集团财务公司(以下简称财务公司)是以加强企业集团资金集中管理和提高企业集团资金使用效率为目的,为企业集团成员单位提供财务管理服务的非银行金融机构。

在我国,财务公司依据《中华人民共和国公司法》和《企业集团财务公司管理办法》,由企业集团内部集资组建的。我国财务公司的产生既是我国企业集团发展到一定程度的客观要求,又是我国经济体制改革和金融体制改革的必然产物。自 1987 年 5 月我国第一家企业集团财务公司成立以来,全国能源电力、航天航空、石油化工、钢铁冶金、机械制造等关系国计民生的基础产业和各个重要领域的大型企业集团几乎都拥有了自己的财务公司。

由于财务公司的经营大多以企业集团为主,因此在运营方面有以下特点:业务范围广泛,但以企业集团为限,其经营范围只限于企业集团内部,主要是为企业集团内的成员企业提供金融服务。财务公司的业务包括存款、贷款、结算、担保和代理等一般银行业务。财务公司的资金来源主要有两个方面:一是由集团公司和集团公司成员投入的资本金,二是集团公司成员企业在财务公司的存款。财务公司的资金主要用于为本集团公司成员企业提供资金支持,少量用于与本集团公司主导产业无关的证券投资方面。由于财务公司的资金来源和运用都限于集团公司内部,因而财务公司对集团公司的依附性强,其发展状况与其所在集团公司的发展状况相关。

4. 金融租赁公司

金融租赁公司是指经国务院银行业监督管理机构批准，以经营融资租赁业务为主的非银行金融机构。

5. 汽车金融公司

汽车金融公司是指经国务院银行业监督管理机构批准设立的，为我国境内的汽车购买者及销售者提供金融服务的非银行金融机构。

6. 货币经纪公司

货币经纪公司是指经批准在我国境内设立的，通过电子技术或其他手段，专门从事促进金融机构间资金融通和外汇交易等经纪服务，并从中收取佣金的非银行金融机构。

7. 消费金融公司

消费金融公司是指经国务院银行业监督管理机构批准，在中华人民共和国境内设立的，不吸收公众存款，以小额、分散为原则，为我国境内居民个人提供以消费为目的的贷款的非银行金融机构。

## 四、政策性金融机构

### (一)政策性金融机构的存在意义

政策性金融机构是指由政府创立、参股、支持或担保的，不完全以营利为目的的，专门为贯彻政府经济政策或意图，在特定的业务领域直接或间接从事融资活动，从而充当政府发展经济、促进社会进步、进行宏观经济管理工具的金融机构。政策性金融机构提供的贷款具有期限长、利率低的特点，其放款对象和产业体现了政府的经济发展意图。政策性金融机构对重大的基础性设施的投资具有其他商业性金融机构不可替代的作用，对国家产业政策的贯彻有重要作用。政策性金融机构对商业性金融机构不愿介入的收益低或者投资期限长但关系国计民生的一些产业具有重要的扶助作用，如农业、外贸及一些基本建设项目等。

政策性金融机构主要产生于一国政府提升经济发展水平和安排社会经济发展战略或产业结构调整的政策要求。一般来说，处于现代化建设起步阶段的经济欠发达国家，由于国家财力有限，不能满足基础设施建设和战略性资源开发所需的巨额、长期投资需求，最需要设立政策性金融机构。一些经济结构需要进行战略性调整或升级，薄弱部门和行业需要重点扶持或强力推进的国家，也可设立政策性金融机构，以其特殊的融资机制，将政府和社会资金引导到重点部门、行业和企业，以弥补单一政府导向的财政不足和单一市场导向的商业性金融不足。

### (二)政策性金融机构的特殊性

1. 政策性金融机构具有政策性和金融性双重特征

从政策性来看，作为政府机构，政策性金融机构要服从和服务于政府的某种特殊产业或社会政策目标。一是政策性金融机构要执行国家的宏观经济政策，要从政府的角度和社会公共利益出发，按照政府的经济政策和意图从事投融资活动。二是国家必须给予政策性金融机构各种优惠政策。政府为了保证政策性金融机构的有效运转，必须为其提供贴息，税收及融资方面的各种优惠政策。三是政策性金融机构要对特定的贷款项目或企业予以政策性的支持，比如通过发放利率优惠的贷款或期限较长的贷款等方式支持被扶持对象。

从金融性来看，政策性金融机构要按金融运行的一般规则办事，即要遵循货币信用规律，保障其正常运转和社会金融秩序的稳定。政策性金融机构的资金不同于财政资金，因而不能采用无偿拨款方式、赈济方式或配给方式。政策性金融机构的资金使用是有偿的，是要支付利息的。

当然，政策性金融机构的政策性与金融性是辩证统一的。其中，政策性是前提，是方向；金融性是基础，是实现政策性的手段。如果只强调政策性而忽视金融性，则政策性金融机构就只能是一个政府机构；但只强调金融性，而忽视政策性，则它就只能是一个一般的商业性金融机构。所以，必须把两者紧密结合起来，才能构成一个完整意义上的政策性金融机构。

2. 政策性金融机构具有一定的财政职能

财政资金的分配具有无偿性和单项性，政策性金融机构虽然不是财政机构，但它是具有财政职能的特殊金融机构，是财政和金融的结合体。一是政策性金融机构的资金来源具有财政性，通常由政府直接出资或参股创办。二是政策性金融机构同政府有着密切的联系。由于多数政策性金融机构的资本金由政府出资形成，因此，其董事会、监事会及行长（总经理）的组成是由政府批准或任命的。三是政策性金融机构始终将政府的利益放在首位，其主要任务是贯彻执行国家的产业政策和区域发展政策，支持产业经济和区域经济的发展。

3. 政策性金融机构是特殊的金融企业

政策性金融机构虽然承担了贯彻执行国家社会经济政策的职能，但是它的本质是金融企业，无论政府赋予它多大的政策性职能，都无法改变其金融企业的属性。

首先，政策性金融机构是金融企业。它拥有一定的资本金，具有企业法人资格；其业务活动的领域是金融领域，经营的对象是货币；它具有信用中介的职能，实现货币资金从贷出者到借入者的融通；它发放的贷款是有偿的，要按期收回本金和利息；它同样对贷款对象和贷款项目拥有自主选择权，在国家政策所限定的范围内，它有权利本着安全性、流动性和盈利性的原则对具体的贷款对象与贷款项目进行筛选。它与其他金融企业一样要进行经济核算，讲求保本经营，实现政策性和效益性的统一。

其次，政策性金融机构不是一般的金融企业，而是一种特殊的金融企业。其特殊性具体表现在：它与政府有着特殊而密切的关系，大多由政府出资创立，政府为其筹资进行担保、对其政策性亏损予以补贴等；它的经营活动不以营利为目的，而是为了配合政府的社会经济政策或意图；它一般不接受活期存款，不创造派生存款，不增加货币供给；它不办理结算和现金收付等业务，不与商业性金融机构竞争业务。

**（三）我国的政策性金融机构**

1. 国家开发银行

国家开发银行成立于 1994 年 3 月，总部设在北京，在国内若干城市设有分行或代表处。

其定位是促进工业化，配合国家经济发展振兴计划或产业振兴战略，其贷款和投资多以基础设施、基础产业、支柱产业的大中型基本建设项目和重点企业为对象，例如西部大开发、振兴东北老工业基地等。2015 年 3 月，国务院明确国家开发银行定位为开发性金融机构，从政策性银行序列中剥离。

2. 中国农业发展银行

中国农业发展银行成立于 1994 年 11 月，总部设在北京，在全国各省、自治区、直辖市广泛设立分支机构。其定位是筹集农业政策性信贷资金，承担国家规定的农业政策性金融业务并代理财政性支农资金拨付，为农业和农村经济发展服务。中国农业发展银行以推进农业现代化进程、贯彻和配合国家振兴农业计划和农业保护政策为目的，其资金源于政府拨款、发行以政府为担保的债券、吸收特定存款和向国内外市场借款，贷款和投资多用于支持农业生产经营者的资金需要、改善农业结构、兴建农业基础设施、支持农产品价格、稳定和提高农民收入等。

3. 中国进出口银行

中国进出口银行成立于 1994 年 5 月，总部设在北京，在国内若干城市和个别国家设有代表处。

4. 中国出口信用保险公司

中国出口信用保险公司成立于 2001 年 12 月，是我国唯一承办出口信用保险业务的政策性保险公司，总部设在北京，营业机构包括总部部门及各地分公司，已形成覆盖全国的服务网络，并在英国伦敦、南非约翰内斯堡设有代表处。中国出口信用保险公司是中国机电产品、成套设备和高新技术产品出口和对外承包工程及各类境外投资的政策性融资主渠道、外国政府贷款的主要转贷行和中国政府援外优惠贷款的承贷行。

## 五、金融行业自律组织

### (一)中国银行业协会

中国银行业协会是经中国人民银行和民政部批准成立，并在民政部登记注册的全国性非营利社会团体，是中国银行业的自律组织。2003 年银监会成立后，中国银行业协会主管单位由中国人民银行变更为银监会(今为银保监会)。

### (二)中国证券业协会

中国证券业协会是依据《中华人民共和国证券法》(以下简称《证券法》)和《社会团体登记管理条例》的有关规定设立的证券业自律性组织，属于非营利性社会团体法人，接受证监会和民政部的业务指导和监督管理。

### (三)中国期货业协会

中国期货业协会是依据《证券法》《期货交易管理条例》和《社会团体登记管理条例》的有关规定设立的期货行业自律性组织，属于非营利性社会团体法人，接受证监会和民政部的业务指导和监督管理。

### （四）中国证券投资基金业协会

中国证券投资基金业协会是依据《证券法》《中华人民共和国证券投资基金法》和《社会团体登记管理条例》的有关规定设立的证券投资基金业自律性组织，属于非营利性社会团体法人，接受证监会和民政部的业务指导和监督管理。

### （五）中国保险行业协会

中国保险行业协会是经国务院保险监督管理机构审查同意并在民政部登记注册的中国保险业的全国性自律组织，是自愿结成的非营利性社会团体法人。

### （六）中国银行间市场交易商协会

中国银行间市场交易商协会是由市场参与者自愿组成的，包括银行间债券市场、同业拆借市场、外汇市场、票据市场和黄金市场在内的银行间的市场自律组织，是经国务院、民政部批准成立的全国性非营利性社会团体法人。

## 第三节　国际金融机构体系

### 一、国际金融组织的含义

国际金融组织是指从事国际金融事务管理和国际金融活动的超主权性质的金融机构，其能够在重大的国际经济金融事件中协调各国行动，提供短期资金缓解国际收支逆差以稳定汇率，提供长期资金促进各国经济发展。为适应国际经济发展的需要，先后曾出现各种进行国际金融业务的政府间国际金融机构。其发端可以追溯到1930年5月在瑞士巴塞尔成立的国际清算银行。第二次世界大战后，布雷顿森林国际货币体系建立，并建立了几个全球性国际金融机构，作为实施这一国际货币体系的组织机构。1957年到20世纪70年代，欧洲、亚洲、非洲、拉丁美洲、中东地区的国家为发展本地区经济的需要，通过互助合作方式，先后建立起区域性的国际金融机构，如泛美开发银行、亚洲开发银行、非洲开发银行等。从目前来看，国际金融组织按地区分可分为全球性的国际金融机构和区域性的国际金融机构。

### 二、国际金融组织的构成

#### （一）国际货币基金组织

国际货币基金组织是根据1944年7月在美国布雷顿森林召开的联合国货币金融会议上通过的《国际货币基金协定》，于1945年12月正式成立的，总部设在美国首都华盛顿。它是联合国的一个专门机构。该组织的宗旨是：通过一个常设机构来促进国际货币合作，为国际货币问题的磋商和协作提供方法；通过国际贸易的扩大和平衡发展，把促进和保持成员国的就业、生产资源的发展、实际收入的水平作为经济政策的首要目标；稳定国际汇率，在成员国之间保持有秩序的汇价安排，避免竞争性的汇价贬值；协助成员国建立经常性交易的多边支付制度，消除妨碍世界贸易的外汇管制；在有适当保证的条件下，组织向成员国临时提供普通资金，使其有信心利用此机会纠正国际收支的失调，而不采取危害本国或国际繁荣的措施；按照以上目的，缩短成员国国际收支不平衡的时间，减轻不平衡的程度等。国际货币基金组织成立之初只有 44 个会员国，至 2020 年已发展到 189 个会员国。我国是创始会员国之一。

**（二）世界银行集团**

世界银行集团（World Bank Group，WBG）是联合国的专门金融机构，是与国际货币基金组织密切联系、相互配合的全球性国际金融机构，也是布雷顿森林协议的产物，于 1945 年 12 月与国际货币基金组织同时成立。世界银行集团总部在美国华盛顿特区，包含有 5 个国际组织的集团，分别是国际复兴开发银行、国际开发协会、国际金融公司、多边投资担保机构、国际投资争端解决中心。其中，国际复兴开发银行与国际开发协会常被合称为"世界银行"。然而"世界银行"一词在非正式场合也被作为世界银行集团的简称。国际复兴开发银行于 1945 年成立，主要提供基于主权担保的债务融资；国际金融公司于 1956 年成立，主要提供不需要主权担保的多种形式的融资，主要针对私人企业；国际开发协会于 1960 年成立，主要提供优惠的融资（无息贷款）和赠款，经常需要主权担保；多边投资担保机构于 1988 年成立，主要与政府合作，减小投资风险；国际投资争端解决中心于 1966 年成立，提供针对国际投资争端的调解和仲裁。

**（三）国际清算银行与巴塞尔银行监管委员会**

国际清算银行（Bank for International Settlements，BIS）于 1930 年成立于瑞士巴塞尔，是世界上最早的国际金融组织，其目的是处理第一次世界大战后德国赔款的支付和解决德国国际清算问题。此后，其宗旨改为促进各国中央银行间的合作，为国际金融往来提供额外便利，以及接受委托或作为代理人办理国际清算业务等。该行建立时只有 7 个成员国，现已发展到 50 多个国家和地区。

巴塞尔银行监管委员会（Basel Committee on Banking Supervision），原称银行法规与监管事务委员会，是由美国、英国、法国、德国、意大利、日本、荷兰、加拿大、比利时、瑞典十大工业国的中央银行于 1974 年年底共同成立的，作为国际清算银行的一个正式机构，以各国中央银行官员和银行监管当局为代表，总部在瑞士的巴塞尔。每年定期集会 4 次，其拥有近 30 个技术机构执行每年集会所制定的目标或计划。巴塞尔银行监管委员会本身不具有法定跨国监管的权力，其结论或监管标准与指导原则在法律上也没有强制效力，仅供参考。但因该委员会成员来自世界主要发达国家，影响力大，一般仍预期各国将会采取立法规定或其他措施，并结合各国实际情况，逐步实施其所制定监管标准与指导原则，或实务处理相关建议事项。在国外银行业务无法避免监管与适当监管原则下，消除世界各国监管范围差异，是巴塞尔银行监管委员会运作追求的目标。巴塞尔银行监管委员会制定了一些协议、监管标准与指导原则，如《关于统一国际银行资本衡量和资本标准的协议》《有效银行监管核心原则》等。这些协议、监管标准与指导原则统称为巴塞尔协议。制定这些协议的目的是完善与补充单个国家对商业银行监管体制的不足，减轻银行倒闭的风险与代价，对稳定国际金融秩序起到了积极作用。

**（四）区域性国际金融组织**

区域性国际金融组织的共同宗旨是通过发放贷款和进行投资、技术援助及协助规划，促进本地区的经济发展与合作，这里主要介绍亚洲开发银行、亚洲基础设施投资银行、非洲开发银行、美洲开发银行、欧洲复兴开发银行。

1. 亚洲开发银行

亚洲开发银行(Asian Development Bank，ADB)是 1965 年 3 月根据联合国亚洲及远东经济委员会(也称联合国亚洲及太平洋地区经济社会委员会)第 21 届会议签署的《关于成立亚洲开发银行的协议》而创立的，1966 年成立于东京，行址设在菲律宾首都马尼拉。其宗旨是通过发放贷款和进行投资、技术援助，促进本地区的经济发展与合作。我国在亚洲开发银行的合法席位于 1986 年恢复，为亚洲开发银行的第三大认股国。

2. 亚洲基础设施投资银行

亚洲基础设施投资银行(Asian Infrastructure Investment Bank，AIIB)简称亚投行，是一个政府间性质的亚洲区域多边开发机构。重点支持基础设施建设，成立宗旨是为了促进亚洲区域的建设互联互通化和经济一体化的进程，并且加强中国及其他亚洲国家和地区的合作，是首个由中国倡议设立的多边金融机构，总部设在北京，法定资本为 1 000 亿美元。截至 2019 年 7 月 13 日，亚投行有 100 个成员。

3. 非洲开发银行

非洲开发银行(African Development Bank，ADB)在联合国非洲经济委员会的赞助下，于 1964 年正式成立，行址设在科特迪瓦首都阿比让。其宗旨是为成员国经济和社会发展服务，提供资金支持；协助非洲大陆制定发展规划，协调各国的发展计划，以期达到非洲经济一体化的目标。我国于 1985 年加入该行，成为正式成员国。

4. 美洲开发银行

美洲开发银行(Inter-American Development Bank，IDB)成立于 1959 年 12 月 30 日，是世界上成立最早和最大的区域性多边开发银行。总行设在华盛顿。美洲开发银行是美洲国家组织的专门机构，其他地区的国家也可加入，但非拉美国家不能利用该行资金，只可参加该行组织的项目投标。其宗旨是集中各成员国的力量，为拉丁美洲国家的经济、社会发展计划提供资金和技术援助，并协助它们单独地和集体地为加速经济发展和社会进步做贡献。

5. 欧洲复兴开发银行

欧洲复兴开发银行(European Bank for Reconstruction and Development，EBRD)成立于 1991 年。建立欧洲复兴开发银行的设想是由法国总统密特朗于 1989 年 10 月首先提出来的，他的设想得到欧洲共同体(今欧盟的前身)各国和其他一些国家的积极响应。1991 年，该银行拥有 100 亿欧洲货币单位(约合 120 亿美元)的资本。欧盟委员会(前欧洲共同体委员会)、欧洲投资银行和 39 个国家在欧洲复兴开发银行中拥有股权。最大股份拥有者是美国，占 10%；其次是法国、德国、意大利、日本和英国，各占 8.5%；东欧国家总共拥有股份 11.9%。欧洲复兴开发银行的宗旨是在考虑加强民主、尊重人权、保护环境等因素下，帮助和支持东欧、中欧国家向市场经济转化，以调动上述国家中个人及企业的积极性，促使他们向民主政体和市场经济过渡。投资的主要目标是中欧、东欧国家的私营企业和这些国家的基础设施。

## 本章小结

1. 多元化的金融服务需求决定了现代金融机构体系的多元化。金融机构在金融体系中发挥着重要的融资功能。在市场经济条件下，各国金融体系大多数是以中央银行为核心来进行组织管理的，因而形成了以中央银行为核心、商业银行为主体，各类银行和非银行金融机构并存的金融机构体系。我国形成了以中央银行(中国人民银行)为领导，国有商业银行为主体，城市信用合作社、农村信用合作社等吸收公众存款的金融机构以及政策性银行等银行业金融机构，金融资产管理公司、信托投资公司、财务公司、金融租赁公司以及经国务院银行业监督管理机构批准设立的其他金融机构，外资金融机构并存和分工协作的金融机构体系。不同的金融机构在为经济发展提供各具特色的金融服务。

2. 国际金融体系是现代全球经济的核心，在促进经济全球化，服务于全球经济的交流和合作，维护全球金融稳定中发挥着越来越重要的作用。国际金融体系主要是由国际货币基金组织、世界银行集团、国际清算银行与巴塞尔银行监管委员会和区域性国际金融组织等构成。

## 思考题

试判断在一般情况下，下列金融业务中的 A 最有可能是什么金融机构。

(1)某证券公司员工把刚刚分到的 2 000 元奖金存入 A。

(2)A 为某企业发行了 1 000 万元的股票筹资。

(3)A 是我国目前网点分布最广的金融机构。

(4)某工厂以厂房作抵押，向 A 借入 500 万元。

(5)A 为券商提供固定的交易场所和设施，并发布上市公司信息。

(6)东航飞机失事后，东航从 A 处得到一笔机身赔偿金。

(7)A 向甘肃省贫困地区提供一笔低息贷款，扶持当地农业发展。

(8)A 获得财政部拨付款项 2 亿元，作为其资金来源。

## 综合训练

### 推进多层次金融机构体系的构建

企业界对目前的金融体系不能够有效服务于实体经济的诟病由来已久。除了既有金融机构的效率因素外，很大一个原因是我国整体上尚未建立起一个多层次、广覆盖、差异化的金融机构体系。

由于不同的企业风险和投资回报差别很大，而金融机构自身的风险承受能力和资本回报诉求也不相同，那么由同类型的金融机构或者单一层次的金融市场主导的金融服务，在基础设施上就已经没有办法来提供不同类别实业企业所需要的金融服务，更谈不上不同层次市场之间的竞争效率了。

所以，把基本的多层次、广覆盖、差异化的金融框架先做起来，再考虑提高效率和精益求精的目标，效果就会相对比较明显。

在商业银行信贷主导的间接融资市场，以及股票和债券等主导的直接融资市场里，单一性的改革推进是不行的。商业银行主导的信贷体系中，商业银行自身受制于利率市场化的改革进度，尚不能够较好地对不同风险的企业融资需求进行差别化定价。有意见认为，传统商业银行只能做利率浮动差异不大的资金产品，这是比较片面的。如果传统商业银行能够甩下负债端全额刚性兑付的包袱，就能在资产端或者产品端进行差异化和贴近市场需求的产品设计和风险管理。也就是说，存款保险系统和只对部分负债给予刚兑的制度设定，将会让商业银行体系的金融服务回归市场本来面目。

在建设服务于实体经济的多层次、广覆盖和差异化的金融服务体系上，从总体性的经济发展目标看，服务企业的资金融通需求应是基本着力点，同时，包括机构和散户在内的各类投资者也要求"创富"，但市场应该真正以市场化的宗旨为企业的经营发展提供有效服务。

（资料来源：郭小扬. 继续推进多层次金融机构体系[N]. 21 世纪经济报道，2015－10－21(004).)

**试分析：**

1. 什么是多层次的金融机构体系？

2. 我国建立并完善多层次金融机构体系的必要性体现在哪些方面？

3. 推进多层次金融机构体系建立并完善的途径有哪些？

# 第八章

# 商业银行

**导入思考题**

**互联网金融时代给商业银行带来哪些新挑战？**

近年来，互联网日益成为社会变革的先导力量，深刻改变着社会生产生活方式。与传统银行业相比，互联网金融具有资金配置效率高、交易成本低、支付便捷、普惠性好等特点，打破了传统银行业的时空限制，给人们带来了前所未有的高效、便捷以及更具可得性的实际利益。与此同时，互联网金融与传统银行的业务边界日趋模糊，通过长尾效应、迭代效应和社区效应等途径冲击传统银行的经营模式与运行格局，弱化银行中介职能，加速金融脱媒，挤压盈利空间。

互联网金融对传统商业银行提出了新挑战。

第一，商业银行弱中介化。互联网技术拓展了支付方式和渠道，冲击了商业银行的支付中介地位。电子商务的发展，催生了支付宝、财富通等一大批第三方支付平台，其更为快捷、开放、人性化的支付体验以及将商务、理财、物流、结算等环节高度融合的特性，割裂了银行和终端用户的直接联系，吸引了越来越多的支付需求，动摇了传统银行的支付垄断地位，银行从原来支付体系中的唯一主体演变为目前电子支付链中的最末端。

第二，收入来源受威胁。随着第三方支付和网络信贷服务内容的不断增加，商业银行传统信贷业务和中间业务都面临新的竞争。随着第三方支付范围的不断延伸，商业银行经营的部分中间业务被逐步取代，威胁银行的中间业务收入来源。按照相关规定，互联网企业可以进入网上或者电话支付结算、部分银行卡业务、货币汇兑等领域开展金融服务，如收付款、转账汇款、电费缴纳、保险代缴、手机话费缴纳等结算和支付服务，且运行成本更低。

第三，客户黏性降低。互联网金融市场中的客户一般会主动寻找适合的网络平台，具有开放式网络平台、提倡交互式营销、重视客户个性化服务体验、金融服务与互联网移动通信技术高效融合，可以看作互联网金融相较于传统银行业来说最为鲜明的特点。而商业银行面对激烈竞争，推出的客户策略一般只强调优质客户，且在信息收集、市场定位、个性化营销服务等方面缺乏有效的技术手段，很多大型商业银行并不能完全满足小微客户的金融服务需求。随着互联网技术的飞速发展、移动终端的普及，加上商业银行在金融市场上脱媒的现状，商业银行原有客户群体很可能成为互联网金融市场的目标客户和潜在客户，最终造成商业银行客户群的大量流失。

未来，商业银行应该如何面对前所未有的重重挑战？应该采取什么措施才能把握机遇，在未来的竞争中掌握先机？

（资料来源：齐东伟，徐子奇．互联网金融时代商业银行转型战略［N］．金融时报，2016-10-17.）

【学习导引】

商业银行因其历史最为悠久、机构数量最多、业务范围最广（办理所有的金融业务）、资产总额比重最大，始终居于其他金融机构不能代替的重要地位，是各国金融机构体系的骨干力量。在一国经济活动中，商业银行扮演着多重角色，为家庭、个人、企业、国家政府提供各种各样的金融服务。通过本章的学习，你将会系统地了解商业银行的产生与发展、性质与职能、地位与作用，了解商业银行的经营管理原则以及商业银行的组织结构。

# 第一节　商业银行概述

## 一、商业银行的产生与发展

### （一）近代西方商业银行的起源和演变

英语"Bank"的意义源于拉丁文中的"Banco"一词，"Banco"的意思是"长板凳"。在中世纪中期的欧洲，各国之间的贸易往来日益频繁，意大利的威尼斯、热那亚等港口城市由于水运交通便利，各国商贩云集，成为欧洲最繁荣的商业贸易中心。各国商贾带来了五花八门的金属货币，不同的货币由于品质、成色、大小不同，兑换起来有些麻烦，于是就出现了专门为商人鉴别、估量、保管、兑换货币的人。按照当时的惯例，这些人都在港口或集市上坐着长板凳，等候需要兑换货币的人。渐渐地，这些人就有了一个统一的称呼——"坐长板凳的人"。"坐长板凳的人"由于经常办理保管和汇兑业务，手里就有一部分没有取走的现金，他们把这部分暂时不用兑付的现金借给急需用钱的人，以赚取利息。老百姓（现称为客户）有了闲钱就可以存到"坐长板凳的人"那里去，需要时取出来。这些人就像一个个存钱的箱子，所以后来人们把他们称为"Bank"，这就是"Bank"一词的由来。

在我国，过去主要使用银子作为流通货币，商铺又常常被称为"行"，所以"Bank"翻译成中文就被称为"银行"。

在历史上，较早出现的银行是1171年成立的威尼斯银行和1407年成立的热那亚银行，当时的威尼斯和热那亚是地中海沿岸与欧亚地区贸易交往的中心。当时的银行是为了适应商品经济的发展而形成的，并以高利贷为主要特征来经营。但随着资本主义生产方式和社会化大生产的出现，高利贷性质的银行已不能适应社会大生产对货币资本的需要，客观上需要建立一种新型的、规模巨大的、资本雄厚的、能满足和适应资本主义生产方式的银行来为经济发展服务。于是，从治理结构角度看，大量旧式的高利贷银行兼并、重组，并以股份公司形式组建新的商业银行。1694 年，在国家支持下，由英国商人集资合股成立了第一家股份制银行——英格兰银行，它的成立标志着适应资本主义生产方式要求的新信用制度的确定。此后，各国相继仿效，这对加速资本的积累和生产的集中起到了巨大作用，推动了资本主义经济的发展。尤其是美国、日本等经济大国，在其资本主义经济高速发展的阶段，银行业作为经济的"助推器"，发挥了不可替代的作用，美英等国也随之成为"金融帝国"。

### （二）我国商业银行的发展

据记载，我国银行业有悠久的历史，其萌芽早于欧洲，但 2 000 余年封建社会和自给自足的自然经济的桎梏，使我国银行业的发展受到了严重阻碍。早在春秋战国时期，我国货币经济已经相当发达，信用放款也很普遍，不少人靠放债致富。北宋时期出现了世界上最早的纸币——交子。到了明代末期，又相继出现了近代的银行机构——钱庄和票号。鸦片战争以后，中国沦为半殖民地半封建社会，资本主义银行也随之涌入。早在 1845 年，英国在广州设立了丽如银行，后改称东方银行。1897 年，中国第一家民族资本银行——中国通商银行在上海成立。1906 年，清政府设立了官商合办的户部银行，该银行可以铸造货币、发行货币、代理国库，具有国家银行性质，后来改称大清银行，1912 年改称中国银行。国民党政府为了控制金融业，于 1928 年成立了中央银行，之后又控制了中国银行和交通银行、中国农民银行，设立了邮政储金汇业局、中央信托局和中央合作金库，逐渐形成了以"四行、二局、一库"为核心的旧中国官僚买办金融体系。

中华人民共和国成立以后，直至 1979 年改革开放以前，我国的银行体系总的来说是高度集中的银行体系，全国基本上只有一家中国人民银行，它既掌管货币发行权和管理金融活动，又办理所有银行业务。随着经济金融体制改革的推进，我国逐步开始打破"大一统"的银行体系，恢复和组建了中国农业银行(1972 年 2 月恢复)、中国银行(1979 年 3 月分设)、中国人民建设银行(1979 年分设，1983 年明确为金融经济实体，1996 年更名为中国建设银行)、中国工商银行(1984 年成立)四家国有专业银行，在其各自分工的领域内从事银行业务活动。

此后，随着改革步伐的加快，专业银行逐步实行企业化经营，原有严格的专业分工界限被打破，业务交叉经营的现象日益明显，业务趋于多样化、综合化，专业银行的职能在削弱，商业银行的功能在逐步强化。1986 年 4 月，国务院批准重新组建以公有制为主体的股份制银行——交通银行。其后，中信实业银行、招商银行、广东发展银行、深圳发展银行、福建兴业银行、光大银行、华夏银行等商业银行相继成立，成为中国银行业的新生力量。由此，我国银行业形成了以中央银行为领导、专业银行为主体、多家商业银行共存的银行体系。

1994 年，原国有四大专业银行改组为国有独资商业银行，将原有的政策性业务转交给新设立的政策性银行——中国农业发展银行、中国进出口银行、国家开发银行来经营。由此，我国建立了更为完善的银行体系，即以中央银行为核心、商业银行为主体、政策性银行及其他金融机构并存的金融体系，其中，商业银行体系包括国有商业银行、股份制商业银行、城市商业银行、农村合作信用社、外资银行等。银保监会公布的数据显示，截至 2019 年 6 月底，我国共有股份制商业银行 12 家、国有大型商业银行 6 家、村镇银行 1 622 家、农村商业银行 1 423 家，农村信用合作社 782 家、城市商业银行 134 家、农村资金互助社 45 家、外资法人银行 41 家、农村合作银行 30 家。我国银行业改革迈出重大步伐，银行业改革持续快速发展，国有商业银行治理结构日趋完善，成功完成重组上市，并成为国际资本市场上举足轻重的大型国有控股商业银行，在经济社会发展中发挥着重要的支撑和促进作用。

## 二、商业银行的性质与职能

### （一）商业银行的性质

目前世界各国商业银行都向全能化方向发展。但是，不管它们经营多少种业务，有两点是共同的：一是它们的经营范围均在货币信用领域；二是它们的经营以营利为主要目标。商业银行是以价值创造为目的，以筹集资金、提供结算为基本手段，以运用资产和创新产品为载体，向客户提供多功能、综合性服务的金融企业。商业银行具有一般的企业特征，但又不是一般的企业，而是以经营货币资金为主的金融服务企业。同时，随着金融市场的发育和完善，其在负债业务、中间业务及表外业务等方面均有很大的发展空间。

### （二）商业银行的职能

商业银行的职能是由其性质决定的。它具有以下几种职能。

#### 1. 信用中介

信用中介是商业银行最基本、最能反映其经营活动特征的职能。这一职能的实质，是通过银行的负债业务，把社会上的各种闲散货币集中到银行里来，再通过资产业务，把资金投向经济各部门。商业银行作为货币资本贷出者与借入者的中介人或代表，来实现资本的融通，并从吸收资金的成本与发放贷款的利息收入、投资收益的差额中，获取利益收入，形成银行利润。商业银行是买卖"资本商品"的"大商人"。商业银行通过信用中介的职能实现资本盈余和短缺之间的融通，并不改变货币资本的所有权，改变的只是货币资本的使用权。

#### 2. 支付中介

商业银行除了作为信用中介融通货币资本以外，还执行支付中介的职能。通过存款在账户上的转移代理客户支付，在存款的基础上为客户兑付现款等，成为工商企业、团体和个人的货币保管者、出纳者和支付代理人。以商业银行为中心，形成经济过程中的支付链条和债权债务关系。支付中介和信用中介两种职能相互推进，构成商业银行借贷资本的整体运作。

#### 3. 信用创造

商业银行在信用中介职能和支付中介职能的基础上，产生了信用创造职能。商业银行能够吸收各种存款，能利用其所吸收的各种存款来发放贷款，在支票流通和转账结算的基础上，贷款又派生为存款。在这种存款不提取现金或不完全提现的基础上，增加了商业银行的资金来源，最后在整个银行体系形成数倍于原始存款的派生存款。商业银行通过自己的信贷活动创造和收缩活期存款，如果没有足够的贷款需求，存款贷不出去，就谈不上创造，因为有贷款才派生存款。相反，如果归还贷款，就会相应地收缩派生存款。收缩程度与派生程度相一致。因此，对商业银行来说，吸收存款在其经营中占有十分重要的地位。信用创造的实质是流通工具的创造，而不是资本的创造。

### 4. 金融服务

随着经济的发展，工商企业的业务经营环境日益复杂，银行间的业务竞争也日益剧烈，银行由于联系面广，信息比较灵通，特别是电子计算机在银行业务中的广泛应用，使其具备了为客户提供信息服务的条件，咨询服务、对企业"决策支援"等服务应运而生，工商企业生产和流通专业化的发展，又要求把许多原来的属于企业自身的货币业务转交给银行代为办理，如发放工资，提供信用证服务、代理支付其他费用等。个人消费也由原来的单纯钱物交易，发展为转账结算。在激烈的业务竞争下，各商业银行也不断开拓服务领域，通过金融服务业务的发展，进一步促进资产负债业务的扩大，并把资产负债业务与金融服务结合起来，开拓新的业务领域。在现代经济生活中，金融服务已成为商业银行的重要职能。

## 三、商业银行的组织形式

商业银行的组织形式是指商业银行在社会经济生活中的存在形式，又称商业银行制度。从全球来看，商业银行的组织形式主要有单一银行制、总分行制、集团银行制及连锁银行制四种。

### (一)单一银行制

单一银行制又叫独家银行制，是指银行业务完全由一个营业机构来办理，不设立和不被允许设立分支机构。单一银行制是一种传统的商业银行的组织形式，美国是实行这种制度的主要国家。

单一银行制的优点是：可以人为缓和竞争的剧烈程度，避免金融垄断；有利于银行与当地政府的协调，促进本地区的经济发展；使商业银行有较大的自主性和独立性；有利于中央银行进行有效调控。

单一银行制的缺点是：风险集中且不易分散；单一银行制下，银行规模较小，经营成本高，不易取得规模经济效益；商业银行业务仅局限于某一个地区，不易筹措大量资金；不利于商业银行为社会经济发展提供更多更好的服务。

### (二)总分行制

总分行制又叫分支行制，它是由一家总行和下设的若干家分支行形成的以总行为中心的庞大的银行网络。商业银行的总行一般设在各大中心城市，总行对各分支行进行统一管理。这种银行制度起源于英国的股份制银行，是国际上最常见的商业银行体制。我国实行总分行制的商业银行制度。按总行职能不同，总分行制可分为总行制和总管理处制两种类型。总行制是指总行除管理和控制各分支行外，本身也对外营业。总管理处制是指总行只负责控制各分支行，不对外营业，总行所在地另外设立对外营业的分支行或营业部。

总分行制的优点是：一般经营规模较大，易于采用现代化的管理设备，有能力为客户提供全面、优质的金融服务，取得规模效益；易于吸收存款以及在全系统内调剂和使用资金，使资金得到有效、合理的使用；由于银行规模较大，银行总数较少，便于金融管理当局的直接监管，业务经营受地方政府干预较少；更适合于新技术革命的广泛应用和高度发展。

总分行制的缺点是：这种制度容易形成金融垄断，大银行往往具有操纵市场的能力和影响，使中小银行在竞争中处于不利地位，不利于充分竞争；该银行制度要求总行对分支机构具备较强的控制能力，要求总行具有完善的信息系统和严密的成本控制手段。

### （三）集团银行制

集团银行制又叫控股公司制，其特点是由一个集团成立一个股权公司，由其收购或控制两家或两家以上的商业银行，使银行的实际业务与经营决策权同属股权公司控制的组织形式。集团银行制下，被控股的商业银行在法律上是独立的法人，但其业务经营和人员管理等都受到持股公司控制。目前集团银行制在美国最为流行，已成为美国银行业中最重要的组织形式。

集团银行制的优点是：为其所有者在经营管理方面提供了相当大的灵活性，它们可以兼并资产多样化的非银行子公司，并全方位地扩展盈利项目；在经济和税收条件较好的情况下，可设立分支机构，从而弥补了单一银行制的不足；银行持股公司能有更多的机会进入金融市场，以扩大债务和资本总量，因而可以增强实力，提高抵御风险的能力和竞争能力。

集团银行制的缺点表现为：容易形成银行业的集中和垄断，不利于银行间开展竞争，会在一定程度上影响银行经营的自主性和银行的创新能力。

### （四）连锁银行制

连锁银行制又叫联合制，是由某个人或某个集团购买若干独立银行的多数股票，从而实现对这些银行的控制的一种商业银行组织形式。连锁银行制与集团银行制的不同之处在于：连锁银行制没有持股公司这一实体机构的存在，它只是由一个人或一个集团同时操纵控制着法律上完全相互独立的商业银行。

拓展阅读 8-1

#### 数字化转型助力商业银行发展

商业银行通过进行数字化转型，可以有效地降低管理难度，提升业务效率，更好地发现价值。商业银行在进行数字化转型过程中，应该着重关注以下几点。

第一，加强数字化转型协调。数字化转型不是一个短期的过程，而是一个长期的商业银行能力提升的过程，需要所有部门、所有机构、所有员工的共同努力。同时，在进行数字化转型过程中，会出现诸多风险，因此需要加强数字化转型过程中的协调。

第二，提升数字化信息处理能力。商业银行提升数字化信息处理能力，需要不断扩宽数据源，提高分析能力。一方面，商业银行需要打通内部数据孤岛，对现有数据进行多维度分析，寻找合适的数据是商业银行需要面对的一个重大挑战。另一方面，加大外购数据，引入支持力度，既要对数据进行仔细分析，又要做好外购数据的投入产出分析和使用效果评估。

第三，提高数字化产品开发能力。领先互联网企业对商业银行零售业务的影响有目共睹，因此商业银行应该提高数字化产品设计能力，借鉴互联网企业产品开发的成功经验，实现数字化迭代，打造爆款产品。

第四，数字化助力客户服务水平提升。随着我国经济的发展和居民财富的增加，商业银行各种类型客户的行为习惯也在发生重大的变化，客户对金融产品和金融服务的需求也越来越丰富和个性化，对服务水平的要求也越来越高。商业银行应该思考如何整合庞大的客户资源、渠道资源、数据资源和技术资源，以客户为中心，为客户提供优质的服务。

（资料来源：崔晓蕾．数字化转型助力商业银行发展［N］．中国城乡金融报，2019－05－10．）

# 第二节　商业银行的业务

我国商业银行的业务按照是否进入资产负债表可分为表内业务和表外业务两大类，其中表内业务包括负债业务和资产业务，是商业银行最基本的受授信业务，也是商业银行的主要业务。表外业务是表内业务的一种派生，同样是商业银行业务活动的重要组成部分，包括服务性中间业务和创新性表外业务。

## 一、负债业务

### （一）负债业务的种类

我国商业银行的负债业务主要是指其资金来源的业务，是银行经营其他业务的基础。负债业务主要包括资本金业务、存款业务和借款业务。

1. 资本金业务

资本金又称银行自有资本，是指商业银行自身拥有并可永久性支配的资金，它是商业银行经营各项业务的本钱，也是商业银行存在和发展的前提与基础。我国五大国有控股银行的资本金包括财政拨给的信贷基金和银行自身利润的积累两部分，而股份制商业银行的资本金主要包括以下几部分。

（1）股本。股本是商业银行资本的主要构成部分和基础，包括普通股和优先股。

（2）盈余。盈余是由银行内部经营和外部规定而产生的，分为营业盈余和资本盈余两种。营业盈余是商业银行从每年的营业利润中逐年累积而形成的。资本盈余是商业银行在发行股票时，发行价格超过面值的部分，即发行溢价。

（3）未分配利润。这是银行税后利润减去普通股股利后的余额。

（4）准备金。这是商业银行为了应付意外事件的发生而从税后收益中提取的资金。准备金又分为资本准备和坏账准备，资本准备是商业银行为应付股票资本的减少而提留的，坏账准备是为了应付资产的损失而提留的。

（5）资本票据和债券。资本票据（指偿还期限较短的银行借据）和债券是商业银行的债务资本，属于附属资本。商业银行用发行资本票据和债券的方式筹集资本的好处是可以减少银行的筹资成本。因为银行的这部分债务不必保留存款准备金，银行对资本票据和债券支付的利息要少于对普通股和优先股支付的股息。不利之处是，由于这部分资本属于非永久性资本，有一定的期限，因而限制了银行对此类资本的使用。

2. 存款业务

存款是商业银行最传统的资金来源，也是商业银行最主要的负债。吸收存款为银行开展资产业务提供了基础。任何商业银行总是千方百计地增加存款，因为只有增加了资金来源，才能扩大放款和投资规模，增加利润收入。

我国商业银行吸收的存款，按不同的标准可分为不同的类型，下面介绍几种主要的存款类型。

(1)企业存款。这是企业在生产和流通过程中存在于货币形态上的资金，它包括企业准备用于购买原材料、燃料、辅助材料和支付职工工资的货币准备金，以及准备用于扩大再生产的积累基金。根据企业存款的性质和用途不同，一般可分为两类，即企业结算户存款和企业专用基金存款。前者是活期存款，后者主要是定期存款。

(2)城镇居民储蓄存款。这是城镇居民为了储存价值，取得利息，而把一部分现金集中到银行的存款。我国的储蓄存款是指居民个人在银行的存款。储蓄存款按期限长短及特点不同，可分为活期储蓄、定期储蓄、定活两便储蓄、外币储蓄等种类。

(3)农村存款。这是指农业企业和乡镇企业在经营过程中将暂时闲置的货币资金存入银行所形成的存款，以及农村信用合作社在收大于支的情况下转入银行的信用社转存款。这部分存款受农业季节性特点的影响，主要为活期存款。

(4)外币存款。这是指以本国货币以外的外国货币形式存入银行的存款。为了加强与世界经济的交流，促进我国经济的健康发展，吸收外币存款是我国商业银行的必然业务。外币存款按照存款客户类型分为外汇储蓄存款和单位外汇存款；按照存款期限分为外币活期存款和外币定期存款；按照账户种类分为经常项目外汇账户和资本项目外汇账户。目前我国商业银行开办的外币存款业务币种主要有九种：美元、欧元、日元、港元、英镑、澳大利亚元、加拿大元、瑞士法郎(简称"瑞郎")、新加坡元。

3. 借款业务

商业银行用借款的方式筹集资金，借款也是其负债业务的重要组成部分。借款业务主要有以下几条途径。

(1)向中央银行借款。中央银行是银行的"最后贷款人"。当商业银行资金不足时，可以向中央银行借款。商业银行向中央银行借款的方式主要有两种，即再贴现和再贷款。再贴现是商业银行将自己已经贴现但尚未到期的商业票据向中央银行申请再一次贴现，这是商业银行从中央银行取得资金融通的最重要、最普遍形式。再贷款是商业银行从中央银行所取得的贷款，它可以是信用贷款，也可以是抵押贷款。一般来说，中央银行对再贷款的控制要比再贴现严格，条件也复杂，商业银行不能过多地依赖于这种方式取得资金。

中国人民银行的再贷款业务是从 1984 年开始的，主要用于支持农副产品收购、国家重点建设、国有大中型企业生产、外贸收购以及清理"三角债"等政策性需要。1993 年，国务院决定实行改革，再贷款的权力集中到了中国人民银行总行。1994 年以后，随着金融改革的不断深入，中国人民银行的再贷款发放对象主要是政策性银行，特别是中国农业发展银行和国家开发银行。从长远看，再贷款的长期发展趋势将是逐步减少。

(2)银行同业拆借，是指商业银行之间以及商业银行与其他金融机构之间相互提供的短期资金融通。在这种拆借业务中，借入资金的银行主要是用以解决本身临时资金周转的需要，期限较短，多为 1~7 个营业日。银行同业拆借一般通过各商业银行在中央银行的存款准备金账户，由拆入银行与拆出银行之间用电话或电传通过专门的短期资金公司或经纪人来安排等方式进行。

（3）发行金融债券。金融债券是银行为了筹措资金而发行的一种债务凭证。对于债券购买者来说，它是一种债权证书，债券持有者有权从发行债券的银行取得固定利息，并到期收回本金；对于银行来说，则可以筹集一部分资金，形成债券发行银行的一项重要资金来源。金融债券属于银行等金融机构的主动负债。

中国工商银行和中国农业银行于 1985 年首次发行 5 亿元金融债券，这是中国经济体制改革以后国内发行金融债券的开端。随后，中国建设银行、中国银行等也发行了金融债券。1999 年以后，中国金融债券的发行主体集中于政策性银行，其中以国家开发银行为主，金融债券已成为其筹措资金的主要方式。

## 二、资产业务

商业银行资产业务是指商业银行通过不同的方式和渠道将聚集的资金加以运用并取得收益的各种经营活动。资产业务主要包括现金资产业务、贷款业务和证券投资业务三项。

1. 现金资产业务

现金资产是商业银行持有的，可以无风险地加以运用的，最具有流动性的资源。它包括以下几类。

（1）库存现金，是指商业银行保存在金库中的现钞和硬币。库存现金主要用于应付日常业务支付的需要。任何一家营业性的银行，为保证对客户的支付，都必须保存一定数量的现金。但库存现金是一种非营利性资产，而且保存它还需要花费大量的保卫费用，因此，库存现金不宜太多，要保持适度。

（2）在中央银行的存款，是指商业银行存放在中央银行的资金，即存款准备金。它包括法定存款准备金和超额存款准备金。法定存款准备金是按照法定比例向中央银行缴存的存款准备金。超额存款准备金是指在存款准备金账户中，超过了法定存款准备金的那部分存款。由于法定存款准备金一般不能动用，商业银行能动用的只是超额存款准备金部分。通常，超额存款准备金的多少，决定了商业银行能够再度进行贷款和投资规模的大小。商业银行保留超额存款准备金，主要是为了银行之间票据交换差额的清算，应付不可预料的现金提存和等待有利的贷款和投资机会。

（3）存放同业的存款，这属于非营利性资产或低营利性资产，是商业银行在其他银行的活期存款，其目的是便利自身清算业务。商业银行在业务经营过程中，为了提高清算效率和补偿代理行所提供的各种服务，一般会在同业存放一定的资金。这种同业存款往往数额较大，而且资金占用方能将其用于贷款或投资。因此，位于地区、全国性行政或经济中心的大型商业银行都在为吸引同业存款而进行激烈的竞争。

（4）在途资金，也称托收未达款，是指本行通过对方银行向外地付款单位或个人收取的票据。在途资金在收妥之前，是一笔占有的资金，由于通常在途时间较短，收妥后即成为存放同业的存款，所以，也将其视同现金资产。

2. 贷款业务

贷款业务是商业银行最主要的资产业务，是商业银行业务经营的主体。在美国，贷款业务占商业银行全部资产业务的 60% 以上。在我国，近几年来全部商业银行的贷款业务一般要占到其运用资金总额的 90% 以上。即使在商业银行业务日趋综合化、全面化的今天，贷款业务仍然是其业务的主体。因此，商业银行如何使每笔贷款发挥应有的经济效益，已成为其经营中的核心问题。

贷款业务种类很多，按不同的标准可以分为以下几个类别。

(1)按贷款的保障条件来分，可分为信用贷款、担保贷款和票据贴现。

信用贷款是指商业银行完全凭借款人的信誉，无须提供担保或抵押而发放的贷款。信用贷款的手续比较简单，借款人首先提出借款申请，经贷款银行审查合格后，借款人按要求填写书面借款借据，并经借贷双方签名盖章后即可取得贷款。但这类贷款风险较大，对贷款人的要求较高。

担保贷款是指具有一定的财产或信用作为还款保证的贷款，具体可分为抵押贷款、质押贷款和保证贷款。抵押贷款是指以借款人或第三方的财产作为抵押物所发放的贷款；质押贷款是指以借款人或第三方的动产或权利作为质押物所发放的贷款；保证贷款是指以第三人承诺在借款人不能偿还贷款时，按约定承担一般保证责任或连带责任而发放的贷款。

票据贴现是一种特殊的贷款，它是指银行应客户的要求，以现款或活期存款买进客户持有的未到期的商业票据的方式发放的贷款。按现行规定，目前只有银行承兑汇票可以向银行申请办理贴现业务。

(2)按贷款期限来分，可分为短期贷款、中期贷款、长期贷款和临时贷款。

短期贷款是指贷款期限在 3 个月 ~1 年(含 1 年)的贷款；中期贷款是指贷款期限为 1 年至 5 年(含 5 年)的贷款；长期贷款是指贷款期限在 5 年以上的贷款；临时贷款为贷款期限在 3 个月以内(含 3 个月)的贷款。目前，我国商业银行一般以中期贷款、短期贷款为主。

(3)按贷款用途来分，可分为流动资金贷款和固定资产贷款。

流动资金贷款是指商业银行满足企业流动资金周转需要而发放的款项，主要包括周转贷款、临时贷款、结算贷款、卖方贷款、贴现、科技开发贷款及保证贷款。根据贷款期限，流动资金贷款又可分为临时(3 个月以内)、短期(3 个月以上 ~1 年)、中期(1 年以上 ~3 年)三种。流动资金贷款的贷款对象主要是工商企业。

固定资产贷款是指商业银行为满足企业进行固定资产再生产的资金需要而发放的款项，包括大修理贷款、更新改造贷款及基本建设贷款。

(4)按贷款对象来分，可分为工商业贷款、不动产贷款和消费贷款。

工商业贷款是指商业银行发放给工商企业，用于生产、流通、创造收益的贷款。这种贷款一般在商业银行贷款总额中的占比最大。

不动产贷款是指以不动产作为抵押品的贷款，主要用于房屋、设备购置和建造、维修等，是典型的长期贷款，期限可达 10 年至 30 年。由于这种贷款期限长，因此风险较大，但收益也较高。《中华人民共和国商业银行法》（以下简称《商业银行法》）规定，商业银行在国内不得投资于非自用不动产或非银金融机构和企业投资。

消费贷款是指商业银行发放给消费者，使他们在有财力付款前享受商品和劳务的贷款。消费贷款按用途可分为住宅贷款、汽车贷款、助学贷款等。按借款对象不同，消费贷款还可分为直接贷款和间接贷款，直接贷款是指商业银行将贷款直接发放给消费者个人；间接贷款是指商业银行将资金贷给商业企业，再由商业企业向消费者个人赊销商品和劳务。我国开展消费贷款的时间虽然不长，但发展的速度很快，尤其是个人住房贷款，在整个消费贷款中占了很大的比重。

（5）按贷款的质量和风险程度来分，可分为正常贷款、关注贷款、次级贷款、可疑贷款和损失贷款。

正常贷款是指借款人能够履行借款合同，有充分把握按时足额偿还本息的贷款。

关注贷款是指贷款的本息偿还仍然正常，但是发生了一些可能会影响贷款偿还的不利因素。如果这些因素继续存在下去，则有可能影响贷款的偿还，因此，需要对其进行关注，或对其进行监控。

次级贷款是指借款人依靠其正常的经营收入已经无法偿还贷款的本息，而不得不通过重新融资或拆东墙补西墙的办法来归还贷款。这表明借款人的偿还能力出现了明显的问题。

可疑贷款是指借款人无法足额偿还贷款本息，即使执行抵押或担保，也肯定要造成一部分损失的贷款。这类贷款比次级贷款问题更加严重。

损失贷款是指在采取了所有可能的措施和一切必要的法律程序之后，本息仍然无法收回，或只能收回极少部分的贷款。这类贷款银行将其继续保留在资产账面上已经没有意义，应当在履行必要的内部程序之后立即冲销。

3. 证券投资业务

证券投资业务是指商业银行以其资金在金融市场上买卖有价证券的业务活动。证券投资是商业银行重要的资产业务，也是商业银行利润的主要来源之一。商业银行证券投资的主要对象是各种债券，包括政府债券、政府机构债券、地方政府债券、金融债券等。目前，世界上除德国、瑞士、奥地利等少数实行全能商业银行制的国家外，多数国家明文规定商业银行不能购买工商企业的股票。

商业银行投资证券主要目的有三。一是增加收益，即通过灵活运用闲置资金，获取投资收益。证券投资的收益包括证券的利息和资本利得两个方面。二是加强资产的流动性，即充当第二准备。当商业银行的资产不够满足流动性需要时，可在二级市场上抛售证券。尤其是短期政府债券，安全性和流动性都非常高，通常被当作商业银行的第二准备。三是降低风险。通过选择多样化的证券组合，商业银行可以有效地分散风险。

在我国，由于社会主义市场经济体制正在建立之中，金融市场的发展还不够完善，商业银行的机制尚未真正健全，因此，目前我国商业银行的投资业务主要是从事国库券的购买和国家规定的金融债券业务。当然，随着我国金融市场的逐步完善和商业银行机制的不断健全，伴随着世界经济的日益交融，我国商业银行的投资业务必将得到不断的丰富和发展。

### 三、表外业务

表外业务是指商业银行资产负债表以外的业务，即由商业银行从事的不列入资产负债表内且不影响当时银行资产、负债总额的各种经营活动。据专家界定，表外业务分为两大类：一类为能产生收益或费用但不会给银行带来潜在资产或负债的业务，国内有些学者称其为中间业务或金融服务类表外业务，主要包括银行各种代理、结算和咨询等服务；另一类则涉及银行的各种承诺和或有债权，国内部分学者称为创新性表外业务。中间业务和创新性表外业务虽然都属于收取手续费的业务，并且都不在银行的资产负债表中反映出来，但是银行对它们所承担的风险是不一样的。对于前者，银行只是处于中间人或服务者的地位，不承担任何资产或负债方面的风险；而后者虽然不直接形成商业银行即时的资产或负债，但对银行来说却是一种潜在的资产或负债，在一定条件下，比如客户违约，这些潜在的资产或负债就会转化为现实的资产或负债，因此，银行要承担一定的风险。

#### （一）中间业务

中间业务是指商业银行以中介人的身份代客户办理各种委托事项，并从中收取手续费的业务。中间业务主要包括结算业务、信托业务、代理业务、租赁业务、银行卡业务、服务性业务、代保管业务等。

1. 结算业务

结算业务是商业银行存款业务的自然延伸。所谓结算，是指各经济单位之间因交易、劳务、资金转移等所引起的货币收付行为。交易双方的货币收付，除少量以现金方式进行外，大部分是通过双方在银行开立的存款账户上的资金划拨来完成的，而商业银行在这里扮演着重要的角色。

按照收付双方所在地点划分，结算业务可分为同城结算和异地结算。同城结算是指收款人和付款人在同一城市或地区的结算，其主要方式是支票结算。付款人根据其在银行的存款和透支限额，向收款人开出支票；收款人收到支票后，可以自己到付款人的开户行要求付款，也可以将支票交给自己的开户行，委托开户行向付款人收款。如果支票的收付双方恰好在同一银行开户，则银行只需将支票上所载的金额从付款人账户划转到收款人账户上。如果收付双方不在同一银行开户，银行就必须把支票送到票据交换所进行清算。

异地结算是指收款人和付款人不在同一地区的结算。其结算方式主要有汇款、托收、信用证和电子划拨四种。汇款是指付款人委托银行将款项汇给外地的收款人。托收是指由收款人向银行提供收款依据，委托银行向异地付款人收取款项。信用证结算是指购货商委托其开户银行根据其所指确定的条件向异地的销货商支付货款，信用证结算对购货方和销货方都有利，保护了双方的利益，在国际贸易中普遍使用，但是这种结算方式速度较慢。我国目前对于普通的申请人，银行在开立信用证时，一般都要向申请人收取信用证金额100%的保证金，当然，如果开证申请人是基本客户，并且资信好，则可以适当少收保证金或免收保证金。电子划拨是指通过建立各种地区性、全国性、国际性的大型电子网络来转移资金，实现资金的快速收付。目前我国几大国有股份制商业银行普遍建立了这种全国性的电子网络，实现了资金24小时到账。

### 2. 信托业务

信托即信用委托，信托业务是指商业银行接受个人、机构或政府的委托，代为管理、运用和处理所托管的资金或财产，并为受益人谋利的活动。商业银行通过办理信托业务，可以增加收益，扩大业务经营规模。在商业银行的信托业务中，客户是委托人，商业银行是受托人，享受信托财产利益的人为受益人。受益人一般由委托人指定，既可以是委托人本人，也可以是委托人指定的他人。

### 3. 代理业务

代理业务是指商业银行接受客户委托，以代理人的身份代理委托人指定的经济事务的业务。代理业务主要包括代理收付款业务、代理行业务、代理发行有价证券业务、基金托管业务、代理保险业务等。代理收付款业务是指商业银行利用自身的结算便利，以委托人的名义代办各种指定款项的收付业务，比如代理各项公用事业收费、代理行政事业性收费和财政性收费、代发工资、代扣住房按揭消费贷款还款等。代理行业务是指商业银行代为办理其他银行的部分业务的一种业务形式。代理行分为两类：一类是国内银行之间的代理，比如，我国国家开发银行的一部分业务由中国建设银行代理；另一类是国际银行之间的代理，如美洲纽约银行和芝加哥第一国民银行纽约分行都是中国建设银行在美国纽约的代理行。代理发行有价证券业务是指商业银行接受政府或公司的委托，代理销售公债、公司债券、股票等有价证券的一种业务形式。基金托管业务是指商业银行接受基金管理公司的委托，代理投资基金的申购、赎回及剩余资金保管的一种业务形式。代理保险业务是指商业银行接受保险公司委托，代其办理保险业务的一种业务形式。

### 4. 租赁业务

租赁业务是指由商业银行出资购买一定的商品租赁给承租人，然后通过租金收回资金的一种经济行为。租赁业务主要包括融资性租赁、操作性租赁和综合性租赁三大类。融资性租赁是以融通资金为目的的的租赁，其基本做法是，先由承租人直接向制造厂商选好所需设备，再由出租人购置后出租给承租人使用，承租人按期交付租金。这里，商业银行支付了全部资金，等于提供给承租人百分之百的信贷。在这种租赁形式中，商业银行只负责资金，至于设备的安装、保养、管理、维修、保险等，均由承租人负责。操作性租赁也叫经营性租赁或服务性租赁，是由商业银行向承租人提供的一种特殊服务的租赁，这种特殊的服务主要是指设备的短期使用或利用服务。综合性租赁实际上是租赁与其他贸易形式相结合的租赁方式，租赁可以与补偿贸易、加工装备、包销、买方信贷等方式相结合。

### 5. 银行卡业务

银行卡是指由银行发行的具有消费信用、转账结算、存取现金等全部或部分功能的信用支付工具。按照不同的标准可以将银行卡业务分为不同的类型：根据清偿方式不同，可将银行卡业务分为贷记卡业务、准贷记卡业务和借记卡业务，借记卡又可进一步分为转账卡、专用卡和储值卡；根据结算的币种不同，可将银行卡业务分为人民币卡业务和外币卡业务；根据使用对象不同，可将银行卡业务分为单位卡和个人卡；根据使用对象的信誉登记不同，可将银行卡分为金卡和普通卡。

#### 6. 服务性业务

服务性业务是指商业银行以转让、出售信息和提供智力服务为主要内容的业务，具体包括技术咨询业务和评估咨询业务两类。技术咨询业务主要有建设工程审价、建设工程监理、企业财务咨询、企业资信咨询、经济政策咨询、投资咨询、综合理财等；评估咨询业务主要包括企业资产评估、企业信用等级评定、贷款抵押物评估、投资项目评估、企业破产清算等。

#### 7. 代保管业务

代保管业务是指商业银行设置保管箱库，接受单位和个人的委托，代其保管各种贵重物品和单证的一种业务形式。代保管业务分为露封保管和密封保管两种。露封保管是指客户将委托代保管物品交给商业银行时没有加封；密封保管是指客户将委托代保管物品交给商业银行时自己外加包装物，并予以封闭，以包裹或箱柜形式入库寄存保管。

随着我国不断上调存款、贷款利率浮动区间，存贷利差越来越小，商业银行传统的利润来源——存贷利差收入不断下降。因此，商业银行为了保证收益稳定，都非常重视中间业务的开拓。可以预见，中间业务必将成为金融业竞争的焦点。

### （二）创新性表外业务

创新性表外业务指涉及承诺和或有债权的活动，即银行对客户做出某种承诺，或者使客户获得对银行的或有债权，当约定的或有事件发生的时候，银行承担提供贷款或支付款项的法律责任。

常见的创新性表外业务有担保业务、贷款承诺业务、金融工具创新业务等。担保业务是指银行应委托人的要求，作为担保人向合同的受益人出具书面保证，对委托人的债务或应履行的合同义务承担损失的赔偿责任，具体业务包括商业银行对客户的正式担保、跟单信用证、备用信用证等。贷款承诺业务具体有承兑票据、承诺贷款限额、承诺透支限额、承诺循环贷款、发行商业票据等。金融工具创新业务是指银行为适应投资者在金融资产的安全性、流动性和收益性之间的协调均衡所需要的各种创新金融工具及其交易，包括货币利率互换、金融期货与期权合约、远期利率协议、有价证券的各种指数交易工具等。

---

拓展阅读 8-2

#### "新支付巨头"时代　商业银行开始积极布局

"微信还是支付宝？"这句话已经成为当前日常支付场景中最常听到的一句话。与之相应的是，"这是找您的零钱""请输入一下您的银行卡密码"，类似的提醒正越来越少。

随着第三方移动支付巨头"抢食市场"，其他第三方移动支付公司和众多银行也在谋求更多的转型与发展。对于银行在支付方式中所处的位置，苏宁金融研究院的一位高级研究员对《证券日报》记者表示，从整个支付产业链来讲，银行是比较靠后的位置。但是现在有了一个变化，银行开始发力打造自己的移动支付系统，从为支付机构提供银行账户的后端，逐渐向前进了一步，变成了前端。

"对于商业银行来说，由于移动支付的市场规模较小，相比于传统的资产类金融业务，创收能力较低，商业银行并没有深度参与移动支付业务，只是配合移动运营商将其作为增值业务来进行。"银河证券首席经济学家对记者表示，随着移动互联网和智能手机的普及，移动支付得到各方关注并呈现出强劲增长态势，已威胁到了商业银行传统的支付业务。为强化其在支付领域的市场地位，保持商业银行的支付功能不被新兴的移动支付解决方案弱化，各大商业银行都已开始在移动支付领域积极布局。

这位经济学家称，目前银行在支付领域的布局主要集中在两个领域。一是远程支付领域。商业银行推出各自的手机银行，提供线上远程支付业务，在该领域，商业银行目前仍然占有一席之地。二是线下支付。由于市场占比较低，商业银行纷纷参与到移动运营商、银联、第三方机构和终端设备生产商等主导的线下支付产业链中，为其提供后台结算服务，实现利益分享。

（资料来源：倪楠."新支付巨头"时代　商业银行开始积极布局［N］．2019-11-15.）

# 第三节　商业银行的经营

## 一、商业银行的经营原则

商业银行是特殊的企业，为了获得最大限度的利润，同时又能满足存款人提取存款的需要，商业银行在业务经营上必须遵循安全性、流动性和效益性的原则。

### 1. 安全性原则

安全性，即商业银行资产免遭风险的能力。商业银行在业务经营过程中应尽量避免各种不确定因素的影响，保证稳健经营与健康发展。商业银行作为信用中介机构，在其业务经营过程中面临着各种各样的风险，主要有以下几种风险。

（1）信用风险，又称违约风险，是指借贷双方在产生借贷行为后，借款方不能按时归还贷款方本息而使贷款方遭受损失的可能性。信用风险的存在非常广泛，商业银行的所有业务都有可能面临信用风险，其中以信贷业务的信用风险最大。近年来，世界性的银行呆账、坏账问题就反映出信用风险对商业银行影响的严重性。

（2）利率风险，是指金融市场上利率变动引起资产价格变动或商业银行业务协定利率跟不上市场利率变化所带来的风险。

（3）汇率风险，是指因汇率变动而引起的风险。对于既有本币资产又有外币资产的商业银行来说，汇率风险是无处不在的。

（4）内部风险，是指商业银行因内部经营管理不善、决策失误等而造成的风险。

商业银行作为经营货币的特殊企业，其存款、贷款、结算等业务涉及国民经济各部门，牵涉到千家万户，因此，其经营状况不仅影响到银行，而且影响到企业与存款人的利益。商业银行的倒闭将危及社会公众，容易导致金融风暴乃至社会动荡，所以商业银行在经营过程中，必须将安全性原则放在首要位置。

### 2. 流动性原则

流动性，是指商业银行在经营过程中能够随时满足客户提现和必要的贷款需求的支付能力。流动性包括资产的流动性和负债的流动性。资产流动性是指商业银行在资产不受损失的情况下迅速变现的能力。负债的流动性是指商业银行能以较低的成本随时获得所需资金的能力。

商业银行之所以要坚持流动性原则，主要是因为一旦商业银行不能应付客户提取存款或满足客户贷款需求以及商业银行本身需求时，便会出现流动性危机。而流动性危机将严重损害商业银行的信誉，甚至导致商业银行破产。因此，为了保持资产良好的流动性，商业银行设立了三道防线：第一道防线是商业银行的库存现金，它是完全流动性资产，可以随时满足客户的支付需要；第二道防线是商业银行所拥有的流动性极强的存款或债权，如在中央银行的存款、存放同业的款项等，这些是商业银行随时可以调度支配的财产；第三道防线是商业银行所持有的流动性很强的短期有价证券，如商业票据、银行承兑汇票、国库券、同业短期拆借等。这些资产在市场上一般能够迅速出售、贴现或立即收回。通常，第一道防线与第二道防线是商业银行的一级准备，第三道防线是商业银行的二级准备。

### 3. 效益性原则

商业银行业务经营的效益性包括经济效益和社会效益两个方面。讲究经济效益、追求利润最大化是商业银行从事经营活动的主要动力，也是商业银行经营的基本目标和总目标。较高的经济效益就意味着较多的留存盈余，从而为商业银行扩大经营规模、开拓业务提供了资金保证。在现实经济生活中，任何一个银行家都必须认真考虑如何切实提高银行的经济效益。

20世纪80年代以来，商业银行逐渐走向全能化，进入现代商业银行阶段。现代商业银行在追求经济效益的同时，也十分注重社会效益。它们通过向社会公众提供多样化的金融产品和优质的服务，不断提高公众信誉和自身形象，取得了较好的社会效益；其实，社会效益与经济效益是相辅相成的，较好的经济效益能使商业银行有更强的经济实力为社会公众提供更好的服务，从而取得较好的社会效益；而较好的社会效益又可以为商业银行创造更好的经济效益。尤其是在当今银行业竞争日趋激烈的情况下，讲究效益性，正确处理经济效益与社会效益之间的关系，已成为各大商业银行业务经营的一项重要原则。

如何处理好商业银行业务经营三大原则之间的关系，是商业银行面临的一个经常性问题。一般来说，安全性是商业银行经营的保障，流动性是商业银行经营的前提，效益性是商业银行经营的目标。商业银行必须从实际出发，统一协调，寻求三大原则的最佳组合。

## 二、商业银行的经营模式

从商业银行经营的种类和范围上看，商业银行的经营模式可归纳为两种：分业经营和混业经营。

### 1. 分业经营

分业经营是指对金融机构业务范围进行某种程度的"分业"管制。按照分业管制的程度不同，分业经营有三个层次。第一个层次的分业经营是指金融业与非金融业的分离，金融机构不能经营非金融业务，也不能对非金融机构持股。第二个层次的分业经营是金融业中银行、证券和保险三个子行业的分离，商业银行、证券公司和保险公司只能经营各自的银行业务、证券业务和保险业务，一个子行业中的金融机构不能经营其他两个子行业的业务。第三个层次的分业经营是指银行、证券和保险各子行业内部有关业务的进一步分离，比如在银行业内部，经营长期、短期银行存贷款业务的金融机构的分离，经营政策性业务和商业性业务的金融机构的分离；在证券业内部，经营证券承销业务、证券交易业务、证券经纪业务和证券做市商业务的金融机构的分离；在保险业内部，经营财产保险业务、人身保险业务、再保险业务的金融机构的分离等。通常所说的分业经营是指第二个层次的银行、证券和保险业之间的分离，有时特指银行业与证券业之间的分离。采取这种模式的国家以美国、英国、日本为代表。

分业经营的优点为：①有利于培养两种业务的专业技术和专业管理水平，一般证券业务要根据客户的不同要求，不断提高其专业技能和服务，而商业银行业务则更注重与客户保持长期稳定的关系；②分业经营为两种业务发展创造了一个稳定而封闭的环境，避免了竞争摩擦和混业经营可能出现的综合性银行集团内的竞争和内部协调困难等问题；③分业经营有利于保证商业银行自身及客户的安全，阻止商业银行将过多的资金用在高风险的活动上；④分业经营有利于抑制金融危机的产生，为国家和世界经济的稳定发展创造了条件。

分业经营的缺点：①以法律形式所构造的两种业务相分离的运行系统，使两类业务难以开展必要的业务竞争，具有明显的竞争抑制性；②分业经营使商业银行和证券公司缺乏优势互补，证券业难以利用、依托商业银行的资金优势和网络优势，商业银行也不能借助证券公司的业务来推动其本源业务的发展；③分业经营也不利于银行进行公平的国际竞争，尤其是在面对规模宏大、业务齐全的欧洲大型全能银行时，单一型商业银行很难在国际竞争中占据有利地位。

### 2. 混业经营

混业经营是指商业银行及其他金融企业以科学的组织方式在货币和资本市场进行多业务、多品种、多方式的交叉经营和服务。混业经营具有两个特征：一是业务的混合，也就是说任何一个金融机构都可以兼营所有的金融业务，商业银行和投资银行之间的业务是不分离的；二是管理的混乱，这种混乱既包括金融机构自身的管理混乱，又包括监管机构监管的薄弱。金融机构自身管理的混乱表现在混业经营格局下严重的利益冲突与金融企业内部的风险传播。采取这种模式的国家以德国为典型，此外还有瑞士、卢森堡、奥地利、荷兰等国家。

混业经营的优势在于：①同时经营商业银行业务和证券业务，可以使两种业务相互促进，相互支持，做到优势互补；②混业经营有利于降低银行自身的风险；③混业经营使银行充分掌握企业经营状况，降低贷款和证券承销的风险；④若实行混业经营，任何一家银行都可以兼营商业银行与证券公司业务，这样加强了银行业的竞争，有利于优胜劣汰、提高效益，促进社会总效用的上升。

混业经营的缺点在于：①容易形成金融市场的垄断，产生不公平竞争；②过大的综合性银行集团会产生集团内部竞争和内部协调困难等问题，可能会招致新的更大的金融风险。

目前，我国商业银行是分业经营模式，即银行、证券、保险等金融机构不能交叉经营，各自的市场相对独立。从世界范围来看，混业经营是全球金融发展的大趋势，也是中国金融改革的最终目标之一。为了适应中国分业经营的现时特点和混业经营的发展趋势，2015 年 8 月 29 日第十二届全国人民代表大会常务委员会第十六次会议通过了《关于修改〈中华人民共和国商业银行法〉的决定》。新商业银行法对原来的商业银行法不得混业经营的有关规定进行了修改，其中第四十三条规定，商业银行在中华人民共和国境内不得从事信托投资和证券经营业务，不得向非自用不动产投资或者向非银行金融机构和企业投资，但国家另有规定的除外。"国家另有规定的除外"是对未来的混业经营留有余地的。随着目前金融脱媒、利率市场化不断加速推进以及资本项目逐步放开，金融混业经营的趋势将不断加快。

### 拓展阅读 8-3

#### 新时代商业银行改革转型之路

改革开放 40 多年来，中国银行业发展取得了巨大成就，到 2018 年年末总资产规模增加了 1 300 多倍，平均盈利能力保持高速增长。但是，自 2013 年以来，受经济发展进入新常态、利率市场化完成、金融"脱媒"深化、金融监管趋严等多重因素叠加的影响，银行业发展也进入新常态。2013 年第一季度到 2018 第三季度，商业银行主要经营指标呈现趋势性下滑，净息差从 2.57% 持续下降到 2.15%，净利润增速从 13.13% 下降到 5.91%，ROE(净资产收益率)从 21% 下降到 13.15%，但不良率则从 0.96% 持续上升到 1.76%。中国银行业的粗放式高速扩张阶段已经结束，进入全新发展阶段。国际银行业转型实践表明，利率市场化以后，银行业整体盈利能力下降，利差收窄，风险上升，行业兼并与整合加剧。我们判断，在全球经济深度调整与中国改革开放全面深化的大背景下，未来 3~5 年是商业银行改革转型和行业格局进一步分化整合的关键时期。商业银行必须顺应国家战略、时代潮流与行业趋势，加快改革步伐。

(1)理念转型。商业银行首先要在经营理念上转型，坚定服务实体经济，有效平衡收益与风险，这是解决银行"向哪儿转型"的问题。理念转型要回归银行经营管理的基本逻辑与本源，摒弃传统的粗放式发展模式，回归价值成长，是银行转型成功的基本保证。

(2)战略转型。银行战略转型要实施战略聚焦，创新与重塑业务模式，这是解决银行"怎么转型"的问题。在传统模式下，银行同质化经营趋势明显，战略转型就是要通过打造差异化的前台业务战略与商业模式，形成银行独特的品牌价值，实现银行的价值成长。

(3)管理转型。银行经营是一个有机整体，战略转型方向明确后，还需要中后台管理的全面配套与能力提升，这是解决"高效转型"的问题。新常态下，银行要加快实施管理转型，推动中后台管理与前台业务无缝对接整合，高效协同，增强内力，提高战略执行效率。从当前银行业经营管理现状来看，管理转型比战略转型显得更加紧迫、更有潜力。

(资料来源：周晓. 新时代商业银行改革转型之路[N]. 金融时报，2019-02-11(008).)

## 本章小结

1. 商业银行是众多银行机构中的主体，它由货币经营业逐渐演变而来，服务于社会化大生产。商业银行是企业，而且是特殊的企业，具有信用中介、支付中介、信用创造、金融服务四大职能。商业银行的组织形式主要有单一银行制、总分行制、集团银行制及连锁银行制四种。

2. 我国商业银行的业务一般分为负债业务、资产业务和表外业务三类。负债业务和资产业务是商业银行最基本的受授信用业务，也是商业银行的主要业务。表外业务是负债业务和资产业务的一种派生，同样是商业银行业务活动的重要组成部分。商业银行的负债业务主要包括资本金业务、存款业务和借款业务。商业银行的资产业务主要包括现金资产业务、贷款业务和证券投资业务。表外业务包括中间业务和创新性表外业务两大类。

3. 商业银行的经营要坚持安全性、流动性、效益性原则。目前，商业银行的经营模式有分业经营和混业经营两种。

## 思考题

1. 辨析题。

(1) 银行通过发行大额可转让定期存单、同业拆借等方式从市场获取需要的资金是主动负债。

(2) 一级储备主要包括库存现金、在中央银行的存款、短期国库券。

(3) 商业银行向中央银行的借款可以用于投资。

2. 简答题。

(1) 商业银行从传统业务发展到"金融百货公司"，说明了什么问题？

(2) 结合商业银行的历史变迁，归纳其基本职能的变化过程。试述其未来核心职能的发展趋势。

(3) 商业银行的盈利性原则与履行社会责任是矛盾的吗？

## 综合训练

### 商业银行合规经营很重要

据《经济参考报》报道，中信银行和中国邮政储蓄银行近日分别收到罚单，其中，中信银行因13项违法违规行为，被合计罚没2 223.7万元，金额刷新2019年以来银行业罚单最高处罚金纪录。中信银行被罚事由多条是违规放贷，其中两条涉及房地产业务。另据媒体初步统计，银保监会开出并披露的行政处罚中，已有至少57人被做出终身禁业的处罚，其中有不少银行高管同时接到终身禁业和取消任职资格终身的双料处罚。

网民"金融野叔"称，对中信银行逾2 000万元的重罚，表明监管层在持续整治金融市场乱象，持续加大行政处罚力度，以强化金融监管，守住不发生系统性金融风险的底线。网民"终白"表示，从银行领到的处罚案由来看，违法发放贷款、内控管理不到位、信贷资金被挪用、贷款资金违规流入房地产等仍是"重灾区"，银行"涉房"罚单透露出需要更强约束的信号。

有网民指出，整治银行业市场乱象，是规范银行业经营行为、防控金融风险的重要手段，其目的是引导银行业从高速度增长向高质量发展转变，真正回归本源、专注主业。网民"王剑"认为，目前，我国金融大监管还在强力推进，效果持续显现，风险将得到进一步控制。

网民"董希淼"认为，良性的金融创新，有助于提升金融业竞争力和防范风险能力。近年来，我国金融业出现的一些乱象，源于部分金融机构以创新之名行套利之实，根子在于"伪创新"。金融监管部门在加强监管的过程中，需要特别注意防范对金融良性创新活动的误伤，保护金融业创新发展的积极性。金融业要深刻理解监管部门整治工作的意图和要求，妥善处理金融创新与合规经营的关系。

（资料来源：陈伟. 严监管促商业银行合规经营[N]. 经济参考报，2019-08-13.）

**试分析：**

1. 近年来，我国金融业为何会出现违规经营的乱象？
2. 商业银行合规经营的必要性是什么？
3. 结合实际来看，如何提升对商业银行合规经营的监管效率？

# 第九章

# 中央银行与监管

## 中央银行是如何出现的？

一个国家中，有很多银行。这么多的银行，出了问题该怎么办呢？又由谁来监管这些银行呢？这就有了专门负责管理这些银行的银行，也就是中央银行。中国的中央银行是中国人民银行，美国的中央银行是美联储。现在，世界上绝大部分国家有自己的中央银行。

中央银行的出现远远晚于商业银行。世界上最早的中央银行是英格兰银行。1694 年创建的英格兰银行本来是私有的商业银行——发行钞票、吸收存款、发放贷款，那时的商业银行都能办理这些业务。不过，英格兰银行一开始就与政府维系着一种特殊而密切的关系，一直向政府提供贷款，负责筹集并管理政府国债，还逐渐掌握了绝大多数政府部门的银行账户。正是凭借这一关系，英格兰银行的实力和声誉迅速超越了其他银行。到 1837 年，英格兰银行不但安然挺过当年的银行危机，还拿出大笔的资金，帮助那些有困难的银行渡过难关，这也是英格兰银行充当"最后贷款人"角色的开始。1844 年，英国议会通过《银行特许法》，让英格兰银行在发行钞票方面享有许多特权。自此，英格兰银行逐渐退出一般性的商业银行业务，专注于货币发行，并开始承担起维护英国金融市场稳定和监督其他商业银行的职能。1928 年，英国议会通过《通货与钞票法》，使英格兰银行垄断了在英格兰和威尔士地区的货币发行权。到 1946 年，英国议会通过《英格兰银行法》，赋予英格兰银行更为广泛的权力，包括对商业银行进行监督和管理(后来这项职能移交给 1997 年 10 月成立的金融服务局)，以及负责利率的制定及修改，英格兰银行终于名正言顺地成为英国的中央银行。各英国商业银行都需以央行各类政策为引导。英格兰银行对维护英国金融稳定、安全与发展起到了至关重要的作用。

(资料来源：严亦强. 历史悠久的中央银行：英格兰银行[N]. 英中时报，2008-02-12.)

【学习导引】

中央银行是国家中居于主导地位的金融中心机构，是一个国家货币稳定与金融系统安全的重要保证，因此也被称为"银行中的银行"。不同国家的重要银行制度类型相同吗？中央银行有哪些职能？其业务运作种类有哪些？通过本章的学习，你可以找到这些问题的答案。

# 第一节　中央银行的演进与类型

## 一、中央银行产生的客观经济原因

就中央银行这一组织机构而言，各国中央银行建立和发展的道路是不尽相同的，有的是从商业银行演化而来的，如英格兰银行；有的则是从它诞生的那一天起，就是中央银行，如美国联邦储备银行。究其原因，有如下几点。

### （一）政府融资问题

银行是一个古老的行业，现代的银行业源于文艺复兴时代的意大利。当时这些银行的贷款对象主要是商人和一些挥霍无度的王公贵族。国家机器的强化、自然灾害的发生和战争的频繁爆发，一方面减少了国家收入，另一方面则增加了开支。为弥补财政亏空，一国政府逐渐成为银行的常客。17世纪末，英国国王威廉三世执政时，国家财政陷入困境，需要大量举债，由英格兰银行向政府贷款120万英镑。从此，英格兰银行成为政府的融资者和国库代理人，成为历史上第一家具有"政府的银行"职能的银行。

### （二）银行券发行问题

在银行业发展初期，差不多每个银行都有发行银行券的权力，许多商业银行除了办理存放和汇兑等业务以外，也会从事银行券的发行。银行券分散发行的弊病很大，一是在资本主义竞争加剧、危机四伏、银行林立的情况下，一些银行特别是小的商业银行，由于信用能力薄弱、经营不善或同业挤兑，无法保证自己所发银行券的兑现，因而无法保证银行券的信誉及其流通的稳定，由此还经常引起社会的混乱；二是一些银行限于实力、信用和分支机构等问题，其信用活动的领域受到限制，所发行的银行券只能在国内有限的地区流通，从而给生产和流通带来困难。由此，客观上要求有一个实力雄厚，并在全国范围内具有权威的银行来统一发行银行券。

### （三）票据交换问题

随着银行事业的发展，银行业务必然日趋扩大，银行每天收授票据的数量增多，各银行之间的债权债务关系复杂化，由各个银行自行轧差进行当日清算已发生困难。这种状况不仅表现为异地结算矛盾突出，即使同城结算也成问题。因此，客观上要求建立一个全国统一的、具有权威的、公正的清算中心，而这个中心只能由中央银行承担。

### （四）最后贷款人问题

随着商品生产和流通的扩大，对银行贷款的需求量不断增加，并且要求贷款的期限延长。商业银行如将吸收的存款过多地提供贷款，又会削弱银行的清偿能力，会出现因支付能力不足而发生挤兑或破产的可能。因支付手段不足而大量倒闭的现象，始终贯穿于20世纪30年代以前的银行史，对国民经济的稳定发展构成了极大的威胁。这就客观上要求有一个信用卓著、实力强大并能提供有效支付手段的机构，适当集中各家商业银行的一部分现金准备，充当商业银行的最后支持者。

### (五) 金融监督与管理问题

同其他行业一样，银行业经营竞争也很激烈，它们在竞争中的破产、倒闭会给经济造成很大的动荡。因此，客观上需要有一个代表政府意志的专门机构从事金融业管理、监督、协调的工作。

## 二、中央银行的制度类型

虽然目前世界各国基本上实行中央银行制度，但并不存在一个统一的模式。归纳起来，有单一式中央银行制度、复合式中央银行制度、准中央银行制度和跨国中央银行制度四种类型。

### (一) 单一式中央银行制度

单一式中央银行制度是指国家建立单独的中央银行机构，使之全面行使中央银行职能的中央银行制度。这种类型又分为两种情况。

1. 一元式中央银行制度

一元式中央银行制度是指一国只设立一家统一的中央银行行使中央银行的权力和履行中央银行的全部职责，中央银行机构自身上下是统一的，机构设置一般采取总分行制，逐级垂直隶属。这种组织形式下的中央银行是完整标准意义上的中央银行，目前世界上绝大多数国家的中央银行实行这种制度，如英国、法国、日本等。中央银行的总行或总部通常设在首都，根据客观经济需要和本国有关规定在全国范围内设立若干分支机构。英国的中央银行英格兰银行总行设在伦敦，在伯明翰、利物浦等 8 个城市设有分行；法国的中央银行法兰西银行总行设在巴黎，在国内设有 200 多家分支机构和办事处；日本的中央银行日本银行总行设在东京，在全国设有 32 家分行和 14 个办事处，还在纽约、伦敦、巴黎、法兰克福、香港等城市设有 7 个海外代表处。也有少数国家的中央银行总行不设在首都，而设在该国的经济金融中心城市，如印度的中央银行印度储备银行总行设在孟买。一元式中央银行制度的特点是权力集中统一、职能完善、有较多的分支机构。我国的中央银行中国人民银行亦采用一元式组织形式。

拓展阅读 9-1

#### 中国人民银行

中国人民银行，是中华人民共和国的中央银行，在国务院领导下，制定和执行货币政策，防范和化解金融风险，维护金融稳定。

1948 年 12 月 1 日，在华北银行、北海银行、西北农民银行的基础上，中国人民银行在河北省石家庄市合并组成。1983 年 9 月，国务院决定中国人民银行专门行使中国中央银行职能。1995 年 3 月 18 日，第八届全国人民代表大会第三次会议通过了《中华人民共和国中国人民银行法》，至此，中国人民银行作为中央银行以法律形式确定下来。

2003 年，按照党的十六届二中全会审议通过的《关于深化行政管理体制和机构改革的意见》和十届人大一次会议批准的国务院机构改革方案，将中国人民银行对银行、金融资产管理公司、信托投资公司及其他存款类金融机构的监管职能分离出来，并和中央金融工委的相关职能进行整合，成立中国银行业监督管理委员会。同年9月，中央机构编制委员会正式批准人民银行的"三定"调整意见。12月27日，十届全国人民代表大会常务委员会第六次会议审议通过了《中华人民共和国中国人民银行法(修正案)》。

### 2. 二元式中央银行制度

二元式中央银行制度是指中央银行体系由中央和地方两级相对独立的中央银行机构共同组成。中央级中央银行和地方级中央银行在货币政策方面是统一的，中央级中央银行是最高金融决策机构，地方级中央银行要接受中央级中央银行的监督和指导。但在货币政策的具体实施、金融监管和中央银行有关业务的具体操作方面，地方级中央银行在其辖区内有一定的独立性，与中央级中央银行也不是总分行的关系，而是按法律规定分别行使其职能。这种制度一般与联邦制的国家体制相适应，如美国、德国目前实行此种中央银行制度。

美国的中央银行称为联邦储备体系，也称联邦储备系统。在中央一级设立联邦储备理事会(委员会)，并有专门为其服务的若干职能部门；在地方一级设立联邦储备银行。美国联邦储备理事会设在华盛顿，负责管理联邦储备体系和全国的金融决策，对外代表美国中央银行。美国联邦储备体系将50个州和哥伦比亚特区划分为12个联邦储备区，每一个区设立一家联邦储备银行。联邦储备银行在各自的辖区内履行中央银行职责。德国中央银行在中央一级设立中央银行理事会和为其服务的若干业务职能机构，在地方一级设立了9个州中央银行。

**拓展阅读9-2**

#### 美国联邦储备体系的建立

1783 年，通过独立战争，美国获得了独立。在美国的开国元勋中，很多人强烈反对在美国建立中央银行。他们认为，英国通过它的中央银行英格兰银行来控制北美殖民地的金融业，对北美进行压迫，正是导致独立战争的直接导火索。

不过，1791 年 2 月 25 日，美国第一任总统乔治·华盛顿还是授权建立了一个中央银行，叫"第一美国银行"，授权期为 20 年。第一美国银行是按照英格兰银行的模式建立起来的。但是，它与现在各国的中央银行有很大的不同。首先，它是一个股份制银行，而且，有外国人持有股份；其次，为了限制它的权力，联邦政府没有给它货币发行的垄断权力，而是让它只负责 20% 的钞票发行量，其余的 80% 由各州的银行发行。

美国开国元勋之一、《独立宣言》主要起草者之一、第三任总统托马斯·杰斐逊非常敌视这个中央银行。他曾经说："我真诚地相信，银行对自由的威胁比荷枪实弹的军队还要大。它们已经培养了一个蔑视政府的货币贵族阶层。应该把发行货币的权力从银行手中收回来，并将它归还给人民，因为发行货币的权力本来就属于人民。"

美国第四任总统、美国宪法的主要起草者之一詹姆斯·麦迪逊也敌视这个中央银行。1811年，在第一美国银行的授权期结束时，詹姆斯·麦迪逊没有延长它的授权。这样，在随后的5年里，美国没有中央银行。

不过，1816年，詹姆斯·麦迪逊授权重建中央银行，这就是"第二美国银行"，授权期也是20年。第二美国银行的模式差不多是第一美国银行的翻版。

1827年，安德鲁·杰克逊当选美国第七任总统，这是最后一位参加过美国独立战争的总统。这位总统非常敌视第二美国银行。1832年，获得连任总统后，安德鲁·杰克逊说："我已经让人注意了你们(第二美国银行的银行家们)很长时间了，我相信你们在用银行的资金在食品市场中进行投机。如果我没收放在你们银行的存款，并吊销你们的执照，我会毁掉1万个美国家庭，这是你们的罪过；但是，如果我让你们继续干下去，你们将毁掉5万个美国家庭，那将是我的罪过。你们是一窝毒蛇与窃贼。"之后，杰克逊与第二美国银行的行长尼古拉斯·比德尔进行了一场较量。杰克逊将联邦政府的钱全部从第二美国银行取了出来，比德尔马上进行报复。他怎么报复呢？就是减少货币供给量。由于货币供给量减少，美国企业得不到资金，结果，美国经济陷入了衰退。杰克逊与比德尔之间的这场较量在美国历史上被称为"银行战争"。

第二美国银行的20年授权期在1836年结束之后，杰克逊没有延长它的授权。在此后的近80年时间里，美国人过着没有中央银行的日子，没少担惊受怕，因为美国银行业不断出问题，发生了多次银行恐慌，造成挤兑。

1907年，银行恐慌再次袭击美国。而且，这次危机的严重程度前所未有，对美国的打击异常沉重，也让美国很多人认识到，美国需要一个中央银行。在没有中央银行的这些年中，摩根一个人起了中央银行的作用。联邦政府没钱了，找他解决问题；华尔街出了问题，找他要资金；大公司出了问题，也来找他帮忙。摩根的作用如此之大，以至于1910年2月2日出版的一个刊物封面就是约翰·摩根，旁边的大标题就是："建立中央银行？摩根大叔已经干起了中央银行的活，美国还用得着再建一个中央银行吗？"

然而，靠约翰·摩根一人之力终究不是长久之计。而且，经过1907年的危机，摩根的势力更大了，这让美国人害怕起来。于是，美国开始考虑创建中央银行。1913年12月美国国会通过了《联邦储备法》，创建美国联邦储备系统，也就是美国的中央银行。

(资料来源：李国平. 推开金融之窗[M]. 北京：经济日报出版社，2010.)

### (二)复合式中央银行制度

复合式中央银行制度是指国家不单独设立专司中央银行职能的中央银行机构，而是由一家集中央银行与商业银行职能于一身的国家大银行兼行中央银行职能的中央银行制度。这种中央银行制度往往与中央银行初级发展阶段和国家实行计划经济体制相对应，以前多数东欧国家即实行这种制度，我国在1983年前也实行这种制度。

### （三）准中央银行制度

准中央银行制度是指国家不设通常完整意义上的中央银行，而设立类似中央银行的金融管理机构来执行部分中央银行的职能，并授权若干商业银行也执行部分中央银行职能的中央银行制度。采取这种中央银行组织形式的国家有新加坡、沙特阿拉伯、阿拉伯联合酋长国、塞舌尔等。在这类中央银行制度下，国家设立的专门金融管理机构的名称和职责在各国也有所不同，如新加坡设立金融管理局，隶属财政部，该金融管理局不负责发行货币，货币发行权授予大商业银行，并由国家货币委员会负责管理，除此之外，金融管理局全面行使中央银行的其他各项职能，包括制定和实施货币政策、监督管理金融业、为金融机构和政府提供各项金融服务等。沙特阿拉伯所设的金融管理局，阿拉伯联合酋长国所设的金融局，塞舌尔所设的货币局，也都是类似中央银行的金融管理机构。准中央银行制度通常与国家或地区较小而同时又有一家或几家银行在本国一直处于垄断地位相关。

中国香港在回归之前，基本上也是属于准中央银行制度类型。香港在很长的时期内，并无一个统一的金融管理机构。在货币制度方面，港元发行由渣打银行和汇丰银行负责，长期实行英镑汇兑本位。1972年改行港元与美元挂钩，1983年10月开始实行与美元挂钩的联系汇率制度。20世纪60年代以前，香港基本上没有金融监管，1964年《银行业条例》颁布后，金融监管的趋势才有所加强。1993年4月1日，香港成立了金融管理局，集中行使货币政策、金融监管和支付体系管理职能，但货币发行仍由渣打银行、汇丰银行负责。1994年5月1日起，中国银行香港分行成为香港的第三家发钞银行。票据结算仍然由汇丰银行负责。1997年按照"一国两制"原则和《中华人民共和国香港特别行政区基本法》的规定，香港仍然实行独立的货币与金融制度，其货币发行与金融管理自成体系。

### （四）跨国中央银行制度

跨国中央银行制度是指由若干国家联合组建一家中央银行，由这家中央银行在其成员国范围内行使全部或部分中央银行职能的中央银行制度。这种中央银行制度一般与区域性多国经济的相对一致性和货币联盟体制相对应。第二次世界大战后，一些地域相邻的欠发达国家建立了货币联盟，并在联盟内成立了由参加国共同拥有的中央银行。这种跨国的中央银行为成员国发行共同使用的货币和制定统一的货币金融政策，监督各成员国的金融机构及金融市场，对成员国的政府进行融资，办理成员国共同商定并授权的金融事项等。实行跨国中央银行制度的国家主要在非洲和东加勒比海地区，目前，西非货币联盟、中非货币联盟、东加勒比海货币区属于跨国中央银行的组织形式。

随着欧洲联盟成员国经济一体化进程的加快，一种具有新的性质和特点的区域性货币联盟诞生。1998年7月1日欧洲中央银行正式成立，1999年1月1日欧元正式启动。欧洲中央银行的成立和欧元的正式启动，标志着现代中央银行制度又有了新的内容，并进入了一个新的发展阶段。

# 第二节　中央银行的性质与职能

## 一、中央银行的性质

关于中央银行的性质，中外理论界有不同的认识和主张。从大多数国家中央银行的实际情况来看，中央银行在性质上应该属于调节宏观经济、管理全国金融的特殊金融机构。

### (一)中央银行是一个专门从事货币信用活动的金融机构

首先，从中央银行产生发展的历史来看，它是在银行事业发展的过程中从众多的普通银行中分离出来的更高一级的银行。其次，从一个国家的金融组织体制看，它是一国金融体制的核心，是领导机构。再次，从当代中央银行的业务上看，它的经营对象仍然是货币与货币资金，经营领域也都在货币信用领域。这一点可以在中央银行的资产负债表上得到反映：其资产方仍然是放款和投资，负债方主要是存款，这与普通的商业银行并没有本质的区别。

### (二)中央银行是一个特殊的金融机构

与普通的商业银行等金融机构相比，中央银行的特殊之处在于它具有一定的机关性质：中央银行负有国家金融行政管理的职责。具体表现在：中央银行是适应政府的需要而产生的。早期的银行券分散发行带来了货币流通紊乱等一系列问题，同时出于增加财政收入的目的，政府逐渐将发现权集中到个别大银行手中，从而为中央银行奠定了基础；当代的中央银行大都实行了国有化。无论是由私营股份制银行改组而来的中央银行(如法兰西银行)，还是由国家直接建立的国有化中央银行(如日本银行)，包括有的中央银行虽然不是由政府投资建立的，但是仍然要受到国家严格控制(如德意志银行)等，都实行国有化政策；各国中央银行的领导人大都由国家立法机关(如国会)任命。我国的中央银行行长由全国人民代表大会任命，副行长由国务院总理任命。各国建立和控制中央银行的目的是让中央银行履行一部分政府职能，一是使中央银行代替政府进行金融行政管理，二是使中央银行成为政府干预、调节经济的工具。

中央银行的经营原则与其他金融机构完全不同。具体表现在以下四个方面。一是中央银行的金融活动主要集中在宏观金融领域，它可以借助货币政策手段对国民经济进行有目的的调节、干预和管理；而商业银行等金融机构主要从事微观金融活动，充当信用中介人。二是中央银行不以营利为经营目的；而普通金融机构则是以金融企业存在的，追逐利润的最大化是其唯一的经营目的。三是中央银行不经营普通金融机构的具体业务，一般不与其他银行等金融机构展开业务竞争，它的业务对象限于政府机关、其他金融机构；而商业银行等金融机构的业务对象则为普通的企业和个人等。四是中央银行吸收的存款一般不支付利息或者仅支付较低的利息，中央银行吸收的存款主要是财政性存款和金融机构的准备金存款，由于具有服务和管理的双重性质，所以一般吸收存款不付息，所提供的相关服务也不收费。

### (三)中央银行又有区别于一般政府机关的特征

首先，中央银行主要从事金融活动，提供金融服务，并且在业务开展过程中会取得大量的经营收益，这与一般政府机关主要依靠政府财政拨款是明显不同的。其次，中央银行主要是采用经济手段，利用经济杠杆和政策工具等进行金融管理，而一般政府机关主要是采用行政手段。然后，中央银行的领导人由国家任命，对国家负责；而一般政府机关的领导人由国家最高行政领导人任命并对其负责。最后，也是最为重要的是，在市场经济条件下，一国的中央银行对政府保持着一定的独立性。当然，这种独立性是相对的，并且在不同的国家会有一定的差异。

## 二、中央银行的职能

中央银行的性质具体体现在其职能上，中央银行具有发行的银行、银行的银行、政府的银行三大基本职能。

### (一)发行的银行

中央银行是发行的银行，是指中央银行垄断货币发行权，是一国或某一货币联盟唯一授权的货币发行机构。一个国家中，只有中央银行有权印刷钞票，发行货币。法律赋予中央银行发行货币的特权，其他任何银行都没有这个权力。中央银行发行货币，也就相应地承担保证币值稳定的责任。

中央银行集中与垄断货币发行权的必要性体现在三个方面。第一，统一货币发行与流通是货币正常有序流通和币值稳定的保证。在实行金本位制的条件下，货币的发行权主要是指银行券的发行权。要保证银行券的信誉和货币金融的稳定，银行券必须能够随时兑换为金币，存款货币能够顺利地转化为银行券。为此，中央银行须将黄金储备作为支撑银行券发行与流通的信用基础，黄金储备数量成为银行券发行数量的制约因素。银行券的发行量与黄金储备量之间的规定比例成为银行券发行保证制度的最主要内容。在进入 20 世纪之后，金本位制解体，各国的货币流通均转化为不兑现的纸币流通。不兑现的纸币成为纯粹意义上的国家信用货币。在信用货币流通的情况下，中央银行凭借国家授权以国家信用为基础而成为垄断货币发行的机构，中央银行按照经济发展的客观需要和货币流通及其管理的要求发行货币。第二，统一货币发行是中央银行根据一定时期的经济发展情况调节货币供给量，保持币值稳定的需要。币值稳定是社会经济健康运行的基本条件，若存在多家货币发行银行，中央银行在调节货币供求总量时可能出现因难以协调各发行银行而无法适时调节银根的状况。第三，统一货币发行是中央银行实施货币政策的基础。统一货币发行使中央银行通过对发行货币量的控制来调节流通中的基础货币量，并以此调控商业银行创造信用的能力。独占货币发行权是中央银行实施金融宏观调控的必要条件。

### (二)银行的银行

银行的银行职能是指中央银行充当商业银行和其他金融机构的最后贷款人。银行的银行这一职能体现了中央银行是特殊金融机构的性质，是中央银行作为金融体系核心的基本条件。中央银行不接受一般公众的存款，也不对一般公众贷款。作为银行的银行，它只接受银行的存款，也只对银行进行贷款。商业银行在需要资金时可以向中央银行借。我们把中央银行的这一作用叫作"最后贷款人"。也就是说，当出现资金短缺危机时，中央银行是最后的救命稻草。中央银行通过这一职能对商业银行和其他金融机构的活动施加影响，以达到调控宏观经济的目的。中央银行作为银行的银行须履行的职责如下。

1. 集中商业银行的存款准备金

中央银行规定，银行不能把储户的存款全部贷出去，必须按比例将其中的一部分作为准备金，强制性地存放在中央银行，以便储户来取款时，银行有钱付给他。我们把按此例强制性地存入中央银行的这笔钱叫法定存款准备金。这个比例到底是多少呢？中央银行随时可以调整。法定存款准备金的必要性在于：第一，为保障存款人的资金安全，以法律的形式规定商业银行和其他存款机构必须按存款的一定比例向中央银行交存法定存款准备金，以保证商业银行和其他金融机构具备最低限度的支付能力；第二，有助于中央银行控制商业银行的信用创造能力，从而控制货币供给量；第三，强化中央银行的资金实力，法定存款准备金是中央银行的主要资金来源之一；第四，为商业银行之间进行非现金清算创造条件。

2. 充当银行业的最后贷款人

最后贷款人指商业银行无法进行即期支付而面临倒闭时，中央银行及时向商业银行提供贷款支持以增强商业银行的流动性。中央银行主要通过两种途径为商业银行充当最后贷款人：其一，票据再贴现，即商业银行将持有的票据转贴给中央银行以获取资金；其二，票据再抵押，即商业银行将持有的票据抵押给中央银行以获取贷款。

当然，中央银行可以通过加强监管的方式来确保银行体系稳定。在实际中，中央银行随时对这些银行的经营进行检查。如果这些银行严重违法，中央银行可以吊销它们的营业执照。

3. 创建全国银行间清算业务平台

商业银行按规定在中央银行开立存款账户，交存法定存款准备金，各金融机构之间可利用在中央银行的存款账户进行资金清算，这加快了资金流转速度，节约了货币流通成本。于是，中央银行成为银行业的清算中心。

4. 外汇头寸调节

中央银行根据外汇供求状况进行外汇买卖，调节商业银行外汇头寸，为商业银行提供外汇资金融通便利，并由此监控国际收支状况。

**（三）政府的银行**

政府的银行职能是指中央银行为政府提供服务，是政府管理国家金融的专门机构。政府的银行职能具体体现在以下方面。

1. 代理国库

作为政府的银行，中央银行的职责首先是代理国库。政府开支所需资金最主要的来源是税收。税收由财政部来管，但财政部不能把钱放在财政部的办公大楼里，也要存到银行去。财政部把钱存到哪个银行呢？财政部只能把钱存入中央银行。国家财政收支一般不另设机构经办具体业务，而交由中央银行代理，主要包括按国家预算要求代收国库库款、拨付财政支出、向财政部门反映预算收支执行情况等。

2. 代理政府债券发行

中央银行代理发行政府债券，办理债券到期还本付息业务。

### 3. 为政府融通资金

在政府财政收支出现失衡、收不抵支时，中央银行具有为政府融通资金以解决政府临时资金需要的义务。中央银行对政府融资的方式主要有两种。第一种，为弥补财政收支暂时不平衡或财政长期赤字，直接向政府提供贷款。为防止财政赤字过度扩大造成恶性通货膨胀，许多国家明确规定，应尽量避免发行货币来弥补财政赤字。第二种，中央银行直接在一级市场上购买政府债券。

### 4. 为国家持有和经营管理国际储备

国际储备包括外汇、黄金、在国际货币基金组织中的储备头寸、国际货币基金组织分配的尚未动用的特别提款权等。中央银行通过以下四点管理国际储备。第一，对储备资金总量进行调控，使之与国内货币发行和国际贸易等所需的支付需要相适应；第二，对储备资产结构特别是外汇资产结构进行调节；第三，对储备资产进行经营和管理，负责储备资产的保值增值；第四，保持国际收支平衡和汇率基本稳定。

### 5. 代表政府参加国际金融活动，参与国际金融重大决策

代表政府参加国际金融活动，进行金融事务的协调与磋商，积极促进国际金融领域的合作与发展。参与国际金融重大决策，代表本国政府与外国中央银行进行两国金融、贸易事项的谈判、协调与磋商，代表政府签订国际金融协定，管理与本国有关的国际资本流动，办理政府间的金融事务往来及清算，办理外汇收支清算和拨付等国际金融事务。

### 6. 为政府提供经济金融情报和决策建议，向社会公众发布经济金融信息

中央银行处于社会资金运动的核心，能够掌握全国经济金融活动的基本信息，为政府的经济决策提供支持。

## 三、中央银行的独立性

中央银行的独立性是指中央银行在履行制定与实施货币政策职能时的自主性，即如果一国的中央银行"可以不接受来自政府的指令，亦不必与政府协商，而无条件地拥有自主决定维持或变更现行货币政策的权力"，那么这一中央银行便具有充分的独立性。中央银行的独立性问题，实质上是中央银行与政府的关系问题。

关于中央银行独立性的讨论源于欧美等国对历次恶性通货膨胀成因的反思。在第一次世界大战之前，中央银行拥有较强的独立性，较少受到政府干预。第一次世界大战期间，一些参战国的政府开始通过中央银行增发纸币以满足军费开支。战争结束后，一些国家继续沿袭战时的做法，通过增发货币来推动本国经济增长，结果酿成恶性通货膨胀。在第一次世界大战之后，各国吸取沉痛教训，大都主张保持中央银行独立运行的原则。央行独立性的学术研究最早见于美国经济学家欧文·费雪于1930年出版的《利率理论》一书中，其含义为央行在货币政策制定过程中不受政府干预，目的在于防止政府将财政赤字货币化而造成恶性通货膨胀。

中央银行的独立性具体表现在哪些方面呢？首先，作为特殊的金融机构，中央银行是发行的银行、银行的银行，其在制定和实施货币政策、对金融机构进行服务和调控时不能不考虑货币经济本身自有的运行规律，因而它不能完全听命于政府，须保持一定程度的独立性。

其次，中央银行和政府的任务是有所侧重的，这样就使中央银行和政府在宏观经济目标的选择上并不一定在任何条件下、任何时期都保持一致。基于政府的职责以及政治因素的影响，政府行为的出发点往往是促进经济增长，而这极有可能诱发通货膨胀和经济过热的现象。而央行的首要目标则是遵循货币经济运行的基本规律，保持本国货币币值的稳定。尽管现代中央银行衍生了一系列其他宏观经济管理职能，但稳定币值始终是其最基本的功能，并且越来越多的国家倾向于把稳定币值作为其中央银行首要的甚至是唯一的目标。亦正是通过中央银行稳定币值的功能的实现，在一定程度上还能制约政府过热的经济决策行为，起到经济稳定器、制动器的作用。而这一切的实现，都以中央银行具有较高的独立性为前提。

**拓展阅读9-3**

### 世界上独立性最强的中央银行——欧洲中央银行

欧洲中央银行是以德意志银行为模式创建的，成立以来便拥有了组织、职能和经济三方面的独立性。组织独立性体现在结构定位和人事安排上。一方面，从结构上独立于欧盟其他机构和成员国政府，是确保欧洲中央银行体系组织独立性得以实现的首要方面。根据《阿姆斯特丹条约》（1997年）的规定，欧洲中央银行是独立于各成员国的欧共体自主机构，与欧洲议会、部长理事会以及欧洲法院等并列于欧盟各机构之列，不受成员国政府监督；各成员国央行是欧洲中央银行体系的不可分割的组成部分，在履行法律赋予的职责时，仅服从于欧洲中央银行的指导。

另一方面，人事安排方面的自主程度是衡量中央银行组织独立性的另一重要指标。欧洲中央银行的官员不由某个欧盟机构或成员国政府单独决定；欧洲中央银行体系的官员们的任期比欧盟其他机构或成员国政府官员们的任期要长；执行董事会成员不再具备履行职务所要求的条件或有严重过错行为的，须由欧洲法院应决策理事会或执行董事会的申请强行将其辞退。人事任命程序的严肃性、任期设计的特殊性、罢免程序的复杂规定等，都避免了成员国政府或欧盟其他机构借助人事安排对欧洲中央银行体系可能产生的过度影响，从而在一定程度上维护了欧洲中央银行体系的组织独立特点。

职能的独立性是指欧洲中央银行体系可以不受约束地追求货币政策的实现，包括可以自主地选择货币政策中介目标和货币政策工具，并拥有足够的权力来排除公共融资压力和汇率政策的影响，以有效贯彻其货币政策。

经济上的独立性对于中央银行至关重要，经济独立性的丧失往往意味着来自政府的某种程度的控制。欧洲中央银行体系在经济上的独立性主要表现为其拥有独立的资金来源，而不依赖于成员国政府或欧盟其他机构的拨款。除此之外，欧洲中央银行可以自主选择货币政策中间目标和工具，而且它们都是有《欧洲联盟条约》《欧洲中央银行体系》和《欧洲中央银行法令》作为保障的，就是说，欧洲中央银行不仅拥有法律上的独立性，而且拥有实质独立性。这些都使欧洲中央银行成为世界上独立性最强的中央银行之一，足以与任何一个国家的中央银行媲美。究其历史渊源，则在于欧盟的成员国大多为联邦制国家，它们在传统上就以民主、自由和分散决策为特征，政府的权威受到较大的制衡。

## 第三节 中央银行的业务运作

### 一、中央银行的资产业务

中央银行的资产业务是指中央银行通过对银行资产的处理，以履行中央银行的职能，其主要包括贷款业务、再贴现业务、证券买卖业务、金银外汇储备业务及其他一些资产业务。

1. 贷款业务

中央银行贷款业务充分体现了中央银行作为"最后贷款人"的职能，其意义在于通过向商业银行、国家财政以及其他金融机构发放应急贷款，起到维护金融体系稳定与安全、抑制通货膨胀、执行货币政策，进而促进经济发展的作用。中央银行贷款按照贷款对象不同，可分为对商业银行的放款、对财政部的放款和其他放款三种类型。

中央银行作为特殊的金融机构，其贷款也体现出独有的特征：①以短期贷款为主，一般不经营长期贷款业务；②不以营利为目的；③应控制对财政的放款，以保持中央银行的相对独立性；④一般不直接对工商企业和个人发放贷款。中国人民银行贷款按融通资金的方式可分为信用放款、抵押放款和票据再贴现；按期限可分为20天以内、3个月以内、6个月以内和1年期四个档次。

2. 再贴现业务

再贴现政策是中央银行货币政策工具的"三大法宝"之一，是国家进行宏观经济调控的重要手段。中央银行通过调整再贴现率，提高或者降低再贴现额度，通过对信用规模的间接调节，达到宏观经济调控的目的。

再贴现是指商业银行为弥补营运资金的不足，将其持有的通过贴现取得的商业票据提交中央银行，请求中央银行以一定的贴现率对商业票据进行二次买进的经济行为。从广义上来讲，再贴现属于中央银行贷款的范畴，但二者之间还是存在一定的区别，具体体现在两个方面：①利息支付时间不同，再贴现是商业银行预先向中央银行支付利息，而贷款业务是在归还本金时支付利息；②本质和范围不同，再贴现本质上是中央银行向商业银行发放的抵押贷款，而中央银行贷款的范畴比再贴现广得多，不仅包括抵押贷款，还包括信用贷款。

我国的再贴现业务自1986年开办至今，取得了一定的进展，但由于我国市场经济尚不发达，商业信用落后且不规范，商业票据到期不能履约的现象时有发生，因此，再贴现业务目前尚处于不发达阶段。

3. 证券买卖业务

中央银行通过公开市场业务买卖证券，对于调节货币流通、维护金融市场稳定具有重要意义。具体表现在：①调节和控制货币供给量，进而调节宏观经济；②配合准备金政策和再贴现政策，削弱和抵消过激的政策调整对金融和整个经济的影响；③缓解财政收支造成的不利影响；④协助政府公债的发行与管理。

中央银行在公开市场上买卖的证券主要是政府债券、国库券以及其他市场流动性非常高的有价证券。中国人民银行从事证券买卖业务，有利于增加国债的流动性，促进国债二级市场的发展，同时使中国人民银行宏观经济调控的手段更加丰富、更加灵活，有利于各金融机构改善自身资产结构，增强流动性，提高资产质量。目前，中国人民银行是通过银行间同业拆借市场实施公开市场业务的，操作工具包括国债、中央银行融资券、政策性金融债券。交易主体是国债一级交易商。

4. 金银外汇储备业务

中央银行保管金银外汇储备的意义主要表现在稳定币值、稳定汇价以及调节国际收支等方面。金银、外汇作为国际储备各有利弊：①从安全性考虑，黄金无疑是实现保值的最好手段，但金银的灵活兑现性不强，保管成本也很高，因此，在各国的国际储备中金银所占比例呈逐年下降的趋势；②外汇灵活兑换性较强、保管成本低廉，但由于汇率处于不断变动中，持有外汇面临的贬值风险较大。因此，各国中央银行在保管金银外汇储备的过程中，必须从本国国际收支状况和经济政策出发，确定合理的金银外汇储备比例和数量。

我国外汇储备管理坚持"安全第一，流动第二，盈利第三"的经营管理原则。我国外汇储备经营管理的战略目标是：①采用科学的管理和经营手段，保证中国人民银行调整外汇供求、平衡外汇市场等宏观调控的顺利进行；②加强风险防范，确保资金安全，保证资金的及时调拨和运用；③建立科学的储备资产结构，提高储备经营水平，增加资产回报；④合理安排投资，有重点地支持国内建设项目。

## 二、中央银行的负债业务

中央银行的负债是指金融机构、政府、个人和其他部门持有的对中央银行的债权。中央银行的负债业务主要包括货币发行、代理国库和吸收财政性存款、集中管理存款准备金及其他负债业务。

1. 货币发行

货币发行是中央银行最重要的负债业务。当今各国的货币发行，都由各国的中央银行所垄断。中央银行的纸币通过贴现、贷款、购买证券、收购金银外汇等方式投入市场，形成流通中的纸币，以满足经济发展对货币的需要。

2. 代理国库和吸收财政性存款

中央银行作为政府的银行，代理国库和吸收财政性存款是它的主要业务之一。中央银行为政府融资提供条件，对国库存款不支付利息。

3. 集中管理存款准备金

中央银行集中保管各商业银行的法定存款准备金，并对存放的这些准备金不支付利息。中央银行将这些准备金用于商业银行资金周转不灵时对其贷款，以节省了各商业银行本应保留的法定存款准备金，充分发挥了资金的作用。中央银行负责规定商业银行的法定存款准备金率，并督促各商业银行按期如数上缴法定存款准备金。

4. 其他负债业务

除了上述三种负债业务外，还有如下主要业务可以成为中央银行的资金来源，并引起其资产负债表负债方的变化：发行中央银行债券和对外负债。中央银行债券是为调节金融机构多余的流动性，而向金融机构发行的债务凭证。发行债券是中央银行的一种主动负债业务，其发行对象主要是国内金融机构。发行时可以回笼基础货币，到期时则体现为基础货币的投放。对外负债主要包括从国外银行借款、对外国中央银行的负债、在国际金融机构的贷款、在国外发行的央行债券等。对外负债的目的主要是平衡国际收支、维持本币汇率的既定水平以及应付货币危机或金融危机。

### 三、中央银行的支付清算业务

支付结算的管理和服务是中央银行的一项重要职责。中央银行作为一国支付清算体系的参与者和管理者，通过一定的方式和途径使金融机构之间的债权债务清偿及资金转移顺利完成并维护支付系统的平稳运行，从而保证经济活动和社会生活的正常进行。

中央银行的支付清算业务主要体现在以下五个方面。

1. 组织票据交换清算

票据是各国普遍采用的信用支付工具。工商企业、机构、消费者在用票据进行债权债务清偿和支付时，需要通过开户银行的转账结算系统实现资金款项收付。各银行在收到客户提交的票据之后，须通过票据交换的方式，将代收的票据交付付款行，并取回其他银行代收的以本行为付款行的票据，彼此间进行债权债务抵消和资金清算。票据交换是最基本的银行间清算手段之一，有些国家由中央银行负责组织、管理，有些国家则由私营清算所或金融机构联合主办，但票据交换的资金清算一般通过各银行或清算机构在中央银行开立的账户完成。

2. 办理异地跨行清算

各行间的异地债权债务形成了各行间的异地汇兑，会引起资金头寸的跨行、跨地区划转，所以中央银行不仅要通过其分支机构组织同城票据交换与资金清算，还要在全国范围内办理异地资金转移，这是中央银行资金清算工作的重要一环。通过在全国范围内办理资金清算，中央银行在为各地、各家银行提供服务的同时，也加强了对全国的经济、金融情况和各地、各银行的情况的了解，从而便于按政策实施监督管理。

由于票据流通规则和银行组织方式不同，中央银行办理异地资金转移时的具体做法也不尽相同。英国以伦敦为全国的清算中心，先由几家清算银行清算，其差额再由英格兰银行转账划拨。在美国是由联邦储备银行代收外埠支票，建立清算专款，然后以华盛顿为最后清算中心。法国则是利用中央银行遍布全国的分支机构，建立转账账户为各银行服务的。可见，实现不同区域、不同银行之间的资金清算是中央银行支付清算服务的重要内容。各国中央银行通过各种方式和途径为金融机构间的资金清算提供服务，保证异地跨行清算的顺利进行。

3. 为私营清算机构提供差额清算服务

很多国家存在着各种形式的私营清算组织，构成其支付清算体系的重要组成部分。私营清算组织通常拥有支付网络系统，为经济交易和消费活动提供不同形式的支付结算服务。为了实现清算机构参加者间的差额头寸清算，很多清算机构乐于利用中央银行提供的差额清算服务；后者通过对相关清算活动参与者的账户进行差额头寸的转移划拨，完成最终清算。

4. 提供证券和金融衍生工具交易清算服务

由于证券和金融衍生工具交易不同于其他经济活动所产生的债权债务清算，许多发达国家有专门为证券和金融衍生工具交易提供结算服务的支付系统。由于证券交易金额大，不确定因素多，易引发支付系统风险，尤其是政府证券交易，直接关系中央银行公开市场操作的效果，所以中央银行对其格外关注，有些央行甚至直接参与其支付清算活动。如，美国的政府证券交易主要通过美联储转移大额付款系统（FEDWIRE）完成资金的最后清算；英格兰银行则提供中央金边证券系统（CGO）和中央货币市场系统（CMO）的结算与支付服务。

5. 提供跨国支付服务

中央银行不仅为国内经济与金融活动提供支付清算服务，在国家的对外支付结算和跨国支付系统网络建设中，也发挥着不可或缺的作用。

## 四、中央银行的其他业务

1. 国库业务

国库是国家金库的简称，是负责办理国家预算资金收纳、支出的机关，国家的一切预算收入必须全部缴入国库，任何单位不得截留、坐支或自行保管；国家的一切预算支出，由国库统一办理拨付。因此，国库是国家预算执行的重要组成部分。国库工作的稳健、高效运行，对保障国家预算执行，促进社会经济发展，维护社会稳定，加强财政政策与货币政策的协调配合具有十分重要的作用。

中华人民共和国成立以来，我国的国库业务一直由中国人民银行办理。国库体制经历了从代理到经理的发展转变。1995年颁布、2003年修订的《中国人民银行法》，对经理国库的具体职责又进行了细化，进一步确立了中国人民银行经理国库的法律地位。按照《中华人民共和国国家金库条例》的规定，国库的主要权限有六项：①督促检查各经收处和收入机关所收之款是否按规定全部缴入国库，发现违规不缴的，应及时查究处理；②对擅自变更各级财政之间收入划分范围、分成留解比例，以及随意调整库款账户之间存款余额的，国库有权拒绝执行；③对不符合国家规定要求办理退库的，国库有权拒绝办理；④监督财政存款的开户和财政库款的支拨；⑤对任何单位和个人强令办理违反规定的事项，国库有权拒绝执行，并及时向上级报告；⑥对不符合规定的凭证，国库有权拒绝受理。

2. 会计业务

中央银行会计业务是体现和反映中央银行履行职能的会计制度和会计工作，不同于一般的银行会计业务，主要包括对中央银行自身业务的会计核算、对金融机构的会计监督管理、对银行间的资金清算和管理、对金融机构信贷资金活动的综合反映和分析、为研究金融宏观决策提供正确的数据和可靠的信息资料。也就是说，中央银行会计业务有核算管理、预测分析和参与决策的特点。

中央银行会计业务包括财务分析和经营管理分析。财务分析是对中央银行及金融机构的财务收支进行比例、趋势等方面的分析，从而掌握金融业盈利情况，努力增收节支，提高经济效益；经营管理分析分为宏观经济分析和金融监管分析，宏观经济分析通过对货币投放与回笼、国家预算收支和其他各项存款、贷款、再贴现、法定存款准备金增减变化、金银占款和国家外汇人民币资金等的筹集分配情况的分析，为货币和金融监控政策提供决策依据；金融监管分析包括对金融机构的资产与负债进行安全性、盈利性和流动性分析，从而掌握金融机构的运营情况。

3. 调查统计业务

调查统计工作是中央银行一项重要的基础性工作，是中央银行货币政策的重要的信息支持系统。调查统计工作的重要性集中体现在三个方面：第一，调查统计部门是中央银行的基础业务部门；第二，调查统计部门是中央银行的综合业务部门；第三，调查统计体系是货币政策决策的重要信息支持系统。

中央银行调查统计工作的作用，主要是通过调查统计对整个宏观调控、对经济金融政策的信息起支撑作用，具体体现在两个方面：第一，调查统计工作为制定正确的金融方针和货币政策提供依据；第二，调查统计工作为检查现行的金融方针和货币政策是否正确提供尺度，并为矫正偏离实际的金融方针和货币政策提供建议。

4. 反洗钱

洗钱就是通过隐瞒、掩饰非法资金的来源和性质，通过某种手法把非法资金变成看似合法的资金的行为和过程，主要包括提供资金账户、协助转换财产形式、协助转移资金或汇往境外等。反洗钱，是指为了预防通过各种方式掩饰或隐瞒毒品犯罪、黑社会性质的组织犯罪、恐怖活动犯罪、走私犯罪、贪污贿赂犯罪、破坏金融管理秩序犯罪、金融诈骗犯罪等犯罪活动所得及其收益的来源和性质的洗钱活动，依照反洗钱相关法规制定采取相关措施的行为。反洗钱是政府动用立法、司法力量，调动有关的组织和商业机构对可能的洗钱活动予以识别，对有关款项予以处置，对相关机构和人士予以惩罚，从而达到阻止犯罪活动目的的一项系统工程。从国际经验来看，洗钱和反洗钱的主要活动都是在金融领域进行的，几乎所有国家都把金融机构的反洗钱置于核心地位，国际社会进行反洗钱的合作也主要是在金融领域。

中国反洗钱监测分析中心是机构改革后中国人民银行的内设机构，主要工作职责是组织协调反洗钱和反恐怖融资工作；牵头拟订反洗钱和反恐怖融资政策规章；监督检查金融机构及非金融高风险行业履行反洗钱和反恐怖融资义务情况；收集分析监测相关部门提供的大额和可疑交易信息并开展反洗钱和反恐怖融资调查，协助相关部门调查涉嫌洗钱、恐怖融资及相关犯罪案件；承担反洗钱和反恐怖融资国际合作工作。

拓展阅读9-4

### 中央提建设现代中央银行制度新提法"新"在哪儿

第十九届中央委员会第四次会议通过的《中共中央关于坚持和完善中国特色社会主义制度　推进国家治理体系和治理能力现代化若干重大问题的决定》在金融层面明确提出，建设现代中央银行制度，完善基础货币投放机制，健全基准利率和市场化利率体系。国务院金融稳定发展委员会第九次会议对此进行了明确的部署。

自 1995 年《中国人民银行法》通过以来，中央银行制度就是金融领域的一项重要任务。与此前提出逐步强化和完善现代中央银行制度相比，现在明确提出建设现代中央银行制度，很明显提升了一个高度。

因为现代中央银行制度的"新"，体现在"现代"上，也会反映在中央银行制度对金融市场变迁的敏感适应能力和试错容错能力上。因此，提高现代中央银行制度的敏感适应能力，是建设现代中央银行制度的核心诉求。

首先，建设现代中央银行制度，就是要更好地发挥央行对币值稳定和金融稳定的作用和决策主线。在币值稳定和金融稳定与其他职能发生不同向的情况时，能始终坚持币值稳定和金融稳定功能。一直以来，国内央行承担的职责不仅包括币值稳定和金融稳定，还包括促进经济增长、稳定就业等多重职能。

其次，建设现代中央银行制度，就要随需而变地重塑央行的独立性。自 2014 年以来，我国的基础货币投放发生了显著变化，外汇占款不再是基础货币投放的主要依据，这逐渐降低了央行基础货币投放的被动性，有助于提升央行的独立性。

同时，当前数字法定货币业正在成为新的基础货币投放形式，这种新技术变革带来的不仅是货币投放方式的变化，更将是货币政策传导机制的深刻变化。这种变化不仅有利于货币政策的可追溯传导，而且能更好地服务实体经济，让金融服务实体经济的过程更加透明、通畅，金融风险更便于识别。

（资料来源：新京报网，刘晓忠的《中央提建设现代中央银行制度，新提法"新"在哪儿》.）

# 第四节　金融监管

## 一、金融监管的必要性

纵观世界各国，凡是实行市场经济体制的国家，无不客观地存在着政府对金融体系的管制。金融监管是金融监督和金融管理的总称。金融监督是指金融主管当局对金融机构实施的全面性、经常性的检查和督促，并以此促进金融机构依法稳健地经营和发展；金融管理是指金融主管当局依法对金融机构及其经营活动实施的领导、组织、协调和控制等一系列活动。金融监管有狭义和广义之分。狭义的金融监管是指中央银行或其他金融监管当局依据国家法律规定对整个金融业（包括金融机构和金融业务）实施的监督管理。广义的金融监管除上述含义之外，还包括了金融机构的内部控制和稽核、同业自律性组织的监管、社会中介组织的监管等内容。

为什么要对金融业进行监管？为什么要对金融机构的资本准备金进行监管？为什么金融机构不能自行设立其所谓的经济风险资本金呢？经济风险资本金是指金融机构在没有监管约束的情况下，为了支撑自身的金融活动而愿意维持的资本金数额。事实上，这里存在道德风险，因为这种方式可能将股东的资本置于风险之中，使其承受在市场风险控制失效后的直接后果。巴林银行事件就是一个很好的例子：自以为得意的股东们无法监督企业的管理，因而无法对交易员进行有效的监管，从而直接引发风险业务的增大并最终导致破产。

一般认为，监管是一定需要的，这是由于自由的金融市场无法有效地配置经济资源。对金融机构来说，这里还有另外两个原因：外部效应和存款保险。

外部效应是指当某个(金融)企业破产时，可能会对其他的企业造成连锁影响，这会威胁到整个金融系统的稳定。这种可能的连锁反应、层叠式违约或相关违约在衍生品市场高度发达的今天是很突出的问题。这里又有一个怪圈，就像我们在研究电力系统(或其他工业系统)时常遇到的问题，系统越大，越能承受种种小的波动，从而越稳定；但是，它可能隐含着灾难性的风险。那些不想进入这个系统而幻想规避风险的人会发现，他们所遇到的风险只会更大、更频繁、更无法控制。所以，任何小型的发电厂都会希望上网。这就和金融机构面对庞大金融衍生品市场的情况是一样的。所以，要有外部监管来监督整个系统的稳定性。

存款保险也是监管的主要理由之一。储户如果感到银行的资产低于其负债，或当银行投资于流动性不强的证券或房地产时，就会造成"挤兑"现象。解决这一问题的一般方法是政府对银行存款进行保险，从而消除"挤兑"现象。政府必须维护无法监督银行营运的中小储户的利益。

政府担保并不是"万能药"，因为它会造成道德风险。由于政府担保，储户失去了对银行进行监管的动机，反而会追随风险、追求高利率。银行也好像进入了一个"看跌期权"，即当形势好时，企业可以受益，而当亏损时，政府会介入来处理。只要存款保险的成本与经营活动的风险没有关系，就存在承接额外风险的不良动机。毫无疑问，这种动机在1993年美国存贷款崩盘事件中起了直接的作用，估计那次的损失至少有1 500亿美元，而所有损失都不得不由纳税人承担。

由存款保险导致的道德风险问题，说明了为什么监管者会企图控制承接风险的活动，并且直接导致了对银行强制实施最小准备金的制度，因为保险基金提供了一个缓冲。充足资本金要求也起到了延缓风险活动的作用。因为资本金的设置常常与承接风险的程度联系在一起。

然而，什么是保证金融系统"安全健康"所要求的、适当的准备金水平呢？这仍然是一个问题。从历史上看，仅仅是考虑安全，监管者往往会倾向于高的资本金充足水平。然而，美联储前主席艾伦·格林斯潘反对太高的资本金水平，他在1994年5月给出了对过高的资本金水平的最好警告：银行的股东们必须在有风险的资本上赚取到有竞争力的回报，但回报却是与较高的资本金要求逆向而行的。在出现困境时，银行应该能够采取有效的步骤来减少它们对市场风险的暴露。当市场力量挣脱了经济基础时，适宜的政策行为而不仅仅是银行的资本金，应该是维系金融稳定的必要条件。

对于存款保险中道德风险的两难选择，激进的解决方法是仅仅依赖于市场规律。譬如，新西兰的中央银行就废除了存款保险制度，因而储备银行不会再挽救即将破产的银行，但是它仍将对保护整个银行系统起作用，结果造成了存户现在必须依赖于商业银行和评级机构提供的信息来判断他们的资金是否安全。这一体系增加了银行主任们的责任，使他们更加关心所在机构的安危，因为破产可能导致债权人的起诉。在这段时期，监管过程演变的主流还是建立一种与商业银行承接的风险活动相适应的资本金要求系统。

## 二、金融监管的目标与原则

### (一) 金融监管目标

金融监管目标是对金融业实施监管所要达到的目的，它是实现金融有效监管的前提和实施具体金融监管措施的依据。目前各国无论采用哪一种监管组织体制，监管的目标基本是一致的，通常包括三大目标，即安全性目标、效率性目标和公平性目标。

1. 安全性目标

安全性目标是金融监管的首要目标。金融是现代经济的核心，金融体系的安全与稳定对一国经济的发展具有重要意义。同时，金融机构作为经营货币信用的特殊企业，具有很强的脆弱性。任何一家金融机构出现严重问题，都会引起连锁反应，引发经济、金融秩序出现混乱，甚至导致金融危机或经济危机。因此，金融监管应把维护金融体系的安全和稳定作为首要任务，从而为社会经济的发展创造更好的金融环境。

2. 效率性目标

提高金融体系效率是金融机构和金融市场运作的基本要求，也是金融监管追求的目标。金融业集中垄断程度过高及金融机构间的恶性竞争，都不利于形成安全而富有效率的金融体系。金融监管一方面要通过各种手段来促进金融业形成合理有序竞争，约束金融垄断和恶性竞争，来提高金融运行效率，另一方面也要求以最低的监管成本来实现金融监管目标。

3. 公平性目标

金融监管的公平性目标是出于保护金融业社会弱势群体的合法利益。在金融活动中，存款人、投资者和保险单持有人作为金融业的参与者，在资金规模、经济地位、信息取得等方面处于弱势地位，利益容易受到侵害。因此，金融监管部门需要对这些社会弱势群体的利益提供特别的保护。

### (二) 金融监管原则

所谓金融监管原则，即在政府金融监管机构以及金融机构内部监管机构的金融监管活动中，始终应当遵循的价值追求和最低行为准则。金融监管应坚持以下基本原则。

1. 依法监管原则

依法监管原则又称合法性原则，是指金融监管必须依据法律、法规进行。监管的主体、监管的职责权限、监管措施等均应依金融监管法规和相关行政法律、法规规定进行。

2. 公开、公正原则

监管活动应最大限度地提高透明度。同时，监管当局应公正执法、平等对待所有金融市场参与者，做到实体公正和程序公正。

3. 效率原则

效率原则是指金融监管应当提高金融体系的整体效率，不得压制金融创新与金融竞争。同时，金融监管当局应合理配置和利用监管资源，以降低成本，减少社会支出，节约社会公共资源。

**4. 独立性原则**

独立性原则是指银行业监督管理机构及从事管理监督管理工作的人员依法履行监督管理职责时，受法律保护，地方政府、各级政府部门、社会团体和个人不得干涉。

**5. 协调性原则**

协调性原则是指监管主体之间职责分明、分工合理、相互配合。这样可以节约监管成本，提高监管的效率。

### 三、金融监管的主要内容

#### (一)商业银行监管

**1. 市场准入的监管**

市场准入的监管又称事前监管，即对金融机构的设立进行审批。世界各国都遵循市场准入原则，对商业银行的设立实行批准制，由专门的机构负责审批，对新银行申请开业规定了种种限制。审批机构审查时一般考虑以下两点。

(1)金融机构存在的必要性，即商业银行设立的基本条件，包括自然条件，如人口状况(数量、结构及变动趋势)、地理位置等；经济条件，包括生产力发展水平、企业经营状况、宏观经济状况；金融条件，包括信用意识、货币化程度、金融市场发育、竞争状况、金融政策等。

(2)金融机构的生存能力，主要包括金融机构的章程、最低的资本限额、董事和高级管理人员的资格、内部组织结构、管理制度、营业场所金融服务设施和安全防范设施等。

**2. 市场运作过程的监管**

市场运作过程的监管又称事中监管，即对金融机构经营过程中的日常监管，主要包括以下几点。

(1)业务范围监管。业务范围监管是指对各金融机构从事的业务种类进行限制。金融业的经营模式主要有分业经营和混业经营，虽然混业经营是金融业经营模式的发展趋势，但混业经营使监管和风险控制难度加大。

(2)资本充足性监管。资本充足率一直是各国银行监管的重点，因为银行的自有资本为银行损失提供了最后一道防线，可以提高公众对银行的信心，维护银行的稳定。为了制定国际统一的银行监管标准，1988年7月巴塞尔银行监管委员会通过了《巴塞尔协议》，其中对银行的资本充足率规定了统一的标准，即银行的资本对风险加权化资产的标准比率不应低于8%，其中核心资本的比率至少为4%。目前这一标准已被世界各国普遍接受并采纳，我国也在《商业银行法》中规定，商业银行的资本充足率不得低于8%。

(3)流动性监管。银行的资金主要用于期限长、流动性较差的资产业务，而银行的负债主要是期限短、流动性较强的各类存款等。这种期限的不对等给商业银行埋下了引发流动性危机的隐患，因此对商业银行流动性(即清偿能力)的监管成了各国银行监管的重要内容。各国一般会规定银行的法定存款准备金率，即银行必须将存款的一定比例以库存现金和在中央银行存款的形式持有，作为保持银行流动性的最低要求。我国《商业银行法》规定，商业银行应当按照中国人民银行的规定，向中国人民银行交存存款准备金，留足备付金。另外，各国还规定包括流动比率、速动比率和现金比率等在内的指标来确保商业银行的清偿力。例如我国《商业银行法》规定，流动性资产余额与流动性负债余额的比例不得低于25%。

（4）资产质量监管。资产质量关系商业银行的盈利能力和稳健程度，因此各国都规定一个统一的信贷资产质量分类标准，并定期考核银行的信贷资产质量。目前国际上比较流行的是贷款的五级分类方法，即商业银行按照贷款的风险程度，将贷款分为正常、关注、次级、可疑和损失五类。同时，为了防止银行风险过度集中，各国一般会对商业银行的贷款集中度加以明确规定，我国的《商业银行法》规定，对同一借款人的贷款余额与商业银行资本余额的比例不得超过10%。

（5）市场风险监管。市场风险是指因利率、汇率或产品价格的不利变动而使银行表内和表外业务发生损失的风险，包括利率风险、汇率风险等。

（6）存款保险管理。存款保险制度是指各吸收存款的金融机构将其存款到存款保险机构投保，以便在非常情况下，由存款保险机构对金融机构支付必要的保险金的一种制度。建立存款保险制度的目的在于维护存款者利益和维护金融业的安全与稳定。

### 3. 市场退出的监管

市场退出的监管又称事后监管，是对严重违规操作或濒临破产的金融机构实施的市场退出处理。金融监管当局出于审慎监管的目的，为了维护存款人的利益，负责金融机构的市场退出是十分必要的。而且对金融机构倒闭、清算进行有力监管，能够降低金融机构市场退出的社会成本。因此各国对金融机构的市场退出都有明确的法律规定，主要方式包括购并、接管、注资挽救、清算关闭、解散等。

### （二）证券监管

证券监管的意义是要明确证券监管的目的，通过维持公平、公正、公开的市场秩序来保护证券市场参与者的合法权益，并以此促进证券行业的不断发展。证券监管的内容主要包括证券发行与上市监管、证券交易监管等。

### 1. 证券发行与上市监管

证券发行与上市监管是指证券监管部门对证券发行上市的审查、核准和监控。世界各国对证券发行上市审核的方式有两种：注册制和核准制。

证券发行注册制又叫申报制或形式审查制，是指政府对发行人发行证券，事先不进行实质性审查，仅对申请文件进行形式审查，发行者在申报申请文件后的一定时期内，若没有被政府否定，即可以发行证券。证券发行注册制是证券发行管理制度中的重要形态，也是很多国家采取的证券发行监管方式。澳大利亚、巴西、加拿大、德国、法国、意大利、荷兰、菲律宾、新加坡、英国和美国等国家，在证券发行上均采取注册制。其中，美国证券法是采取证券发行注册制的典型代表。

核准制又称准则制或实质审查制，是指发行人发行证券，不仅要公开全部的、可以供投资人判断的材料，还要符合证券发行的实质性条件，证券主管机关有权依照公司法、证券交易法的规定，对发行人提出的申请以及有关材料进行实质性审查，发行人得到批准以后，才可以发行证券。核准制有利于新兴市场的健康发展，适合于证券市场不完善，投资服务机构的道德水准、业务水平不高，投资人缺乏经验与业务水平、缺少对信息判断的能力的地区。新西兰、瑞典和瑞士的证券监管体制中，带有相当程度的核准制特点。我国基本上采用的是核准制，依次经过了试点阶段、额度制、通道制度和保荐人制度并存、保荐制度等不同阶段。

2. 证券交易监管

证券交易环节容易出现内幕交易、操纵市场、虚假陈述等损害投资者利益的行为，这些行为是证券监管的重点。证券交易监管的主要内容包括信息披露、操纵市场、欺诈行为和内幕交易。

(1)信息披露。制定证券发行信息披露制度的目的是通过充分、公开、公正的制度来保护公众投资者，使其免受欺诈和不法操纵行为的损害。各国均以强制方式要求信息披露。信息披露不仅有利于价值判断、防止信息滥用，同时有利于监督经营管理和防止不正当竞争，从而提高证券市场效率。

信息披露不仅要求上市公司将证券发行与上市的信息公开，还要在证券交易期间持续信息公开。如果在信息披露过程中，有虚假或重大遗漏的信息，将承担相应的法律责任。

(2)操纵市场。操纵市场，是指某一组织或个人以牟取利益或者减少损失为目的，利用其资金、信息等优势，或者滥用职权，制造证券市场假象，诱导或者致使投资者在不了解事实的情况下进行证券投资决策，扰乱证券市场秩序的行为。

对操纵市场行为的监管内容包括事前监管和事后救济。事前监管是指在发生操纵行为前，证券管理机构采取必要手段以防止损害发生。为实现这一目的，各国证券立法和证券管理机构都在寻求有效的约束机制。如美国《证券交易法》第二十一条赋予证券管理机构广泛的调查权，以约束种类繁多的市场危害行为。事后救济是指证券管理机构对市场操纵行为者的处理及操纵者对受损当事人的损害赔偿，主要包括两个方面：第一，对操纵行为的处罚，根据我国《证券法》规定，操纵证券市场的，责令依法处理其非法持有的证券，没收违法所得，并处以违法所得一倍以上十倍以下的罚款；没有违法所得或者违法所得不足一百万元的，处以一百万元以上一千万元以下的罚款。单位操纵证券市场的，还应当对直接负责的主管人员和其他直接责任人员给予警告，并处以五十万元以上五百万元以下的罚款。第二，操纵行为受害者可以通过民事诉讼获得损害赔偿。

(3)欺诈行为。欺诈行为是指以获取非法利益为目的，违反证券管理法规，在证券发行、交易及相关活动中有欺诈客户、虚假陈述等行为。

为了防范证券欺诈行为，维护证券市场秩序，保护投资者的合法权益和社会公共利益，国务院于1993年9月2日发布了《禁止证券欺诈行为暂行办法》(以下简称《办法》)。《办法》对我国证券发行、交易及相关活动中的内幕交易、操纵市场、欺诈客户、虚假陈述等行为进行了明确的界定并制定了相应的处罚措施。《办法》规定，禁止任何单位或个人在证券发行、交易及其相关活动中欺诈客户。证券经营机构、证券登记或清算机构以及其他各类从事证券业的机构有欺诈客户行为的，将根据不同情况，限制或者暂停证券业务及其他处罚。因欺诈客户行为给投资者造成损失的，应当依法承担赔偿责任。

(4)内幕交易。内幕交易又称知内情者交易，是指公司董事、监事、经理、职员、主要股东、证券市场内部人员或市场管理人员，以牟取利益或减少经济损失为目的，利用地位、职务等便利，获取发行人未公开的、可以影响证券价格的重要信息，进行有价证券交易，或泄露该信息的行为。

对于内幕交易的监管，我国《证券法》第五十三条规定：证券交易内幕信息的知情人和非法获取内幕信息的人，在内幕信息公开前，不得买卖该公司的证券，或者泄露该信息，或者建议他人买卖该证券。

## 拓展阅读9-5

### 新证券法来了！三大焦点

历时四年多、历经全国人大常委会四次审议后，证券法终于完成大修。新证券法直击资本市场焦点问题，在证券发行制度、投资者保护、法律责任等方面进行了完善。

焦点一：为分步稳妥推进注册制打开法律空间。

注册制是此次证券法修改的一个重要内容。这次修改后的证券法在总结上海证券交易所设立科创板并试点注册制的经验基础上，按照全面推行注册制的基本定位，对于证券发行注册制作了比较系统完备的规定。

焦点二：加强投资者保护创新证券民事诉讼制度。

维护投资者合法权益是资本市场健康稳定发展的重要基础。这次修改突出强调投资者保护，特别是就中小投资者的权益保护这一主线，进行制度设计。

新证券法专章规定投资者保护制度，进行了许多颇有亮点的安排。包括：区分普通投资者和专业投资者，有针对性地做出投资者权益保护安排；建立征集股东权利制度，允许特定主体公开请求上市公司股东委托其代为出席股东大会，并代为行使提案权、表决权等股东权利；规定债券持有人会议和债券受托管理人的制度；建立普通投资者与证券公司纠纷的强制调解制度；完善上市公司现金分红制度。

焦点三：全面升级证券领域违法犯罪处罚力度。

这次修改的证券法法律责任一章是所有章节中条文最多的。将更严厉地打击证券违法行为，提高违法行为成本，努力营造一个风清气正的市场环境，严厉震慑违法行为人。

同时，新证券法完善了证券市场的禁入制度，扩大了禁入范围。被禁入的违法行为人除了不能从事证券业务，不得担任上市公司董监高以外，还增加了规定，明确一定期限直至终身不得在证券交易所进行证券交易。

（资料来源：赵晓辉，刘慧. 新证券法获通过 直击资本市场三大焦点[EB/OL]. (2019-12-18)[2020-06-20]. http://www.xinhuanet.com/politics/2019-12/28/c_1125398825.htm.）

### (三)保险监管

保险监管的内容主要是根据保险监管的目标来设立的。从原则上来说，保险的监管要达到监督保险人履行偿付承诺、实现公平和效率等目标。人们购买保险的最主要的目的是在发生保险事故时，能够得到经济上的保障。如果保险人无偿付能力，它就无法提供这种保障，这无疑就失去了保险的本意。因此，许多国家将偿付能力监管列为第一位的目标。公平目标的内容是，保证被保险人、保险人、受益人和第三方索赔者、债权人、股东和所有其他与保险交易有关的当事人都能够平等地参与市场交易。效率目标的本意在于向投保人提供优惠保险。因为公司经营得越有效率，保费就越低，这无疑对消费者是有利的。

从现实来看，保险监管主要包括以下内容。

### 1. 对保险人的监管

对保险人进行监督管理的主要目的在于，确保保险人具有从事保险业务的资格和能力。我国对保险人的监管主要体现在保险人的资格限定、营业统计报表的报送、保险人的整顿、保险人的接管等方面。

（1）保险人的资格限定。各国的法律均对保险人的资格进行了限定。这些资格主要包括法定的组织形式和一定的资本条件。不同的国家对这些要求有所差别。例如，《中华人民共和国保险法》（以下简称《保险法》）规定，设立保险公司，应当具备下列条件：①主要股东具有持续盈利能力，信誉良好，最近三年内无重大违法违规记录，净资产不低于人民币二亿元；②有符合本法和《中华人民共和国公司法》规定的章程；③有符合本法规定的注册资本；④有具备任职专业知识和业务工作经验的董事、监事和高级管理人员；⑤有健全的组织机构和管理制度；⑥有符合要求的营业场所和与经营业务有关的其他设施；⑦法律、行政法规和国务院保险监督管理机构规定的其他条件。

（2）营业统计报表的报送。我国的法律规定，保险公司应当于每一个会计年度终了后3个月内，将上一年度的营业报告、财务会计报告及有关报表报送金融监督管理部门。保险公司编制的营业报告必须如实反映其经营状况，不得弄虚作假，否则应承担相应的法律责任。

报告还必须全面，即对保险公司经营中的各个方面都要反映出来。保险公司将法律要求的报表报送中国人民银行以后，还应依照保险法及其他法律、法规的规定进行公布，使社会公众知晓。

（3）保险人的整顿。保险是一项涉及千家万户的活动，保险公司在社会经济生活中处于一种特殊的地位，如果经营管理不善，其偿付能力就会下降，甚至破产，必然危害广大被保险人的利益。因此，各国的保险法通常规定，在特定情况下，可对其进行整顿。例如，我国的法律规定，金融监督管理部门有权检查保险公司的业务状况、财务状况及资金运用状况，有权要求保险公司在规定的期限内提供有关的书面报告和资料。

保险人若未按照法律的规定提取或者结转各项准备金，或者未按照规定办理再保险，或者严重违反法律关于资金运用的规定的，由金融监督管理部门责令该保险公司采取措施限期改正。如果在金融管理部门做出限期改正的决定后，保险公司在限期内未予改正的，由金融监督管理部门做出决定，选派保险专业人员，指定该保险公司的有关人员组成整顿组织，对该保险公司进行整顿。

（4）保险人的接管。如果保险公司违反保险法的规定，损害社会公共利益，可能严重危及或者已经危及保险公司的偿付能力，金融监督管理部门可以对该保险公司实行接管。接管的目的是对被接管的保险公司采取必要措施，制止保险公司危害社会公共利益的行为，以保护被保险人的利益，恢复保险公司的正常经营。

被接管的保险公司的债权债务关系不因接管而变化。对于被保险人的索赔，被接管的保险公司仍必须办理，不得拒绝，这是由债权债务关系作为默示法律关系所具有的性质所决定的。保险公司作为民事主体，被行政机关接管，仅是其具体管理工作上的变化，保险公司作为债权债务民事主体的地位并未改变。对于其债务应当履行，其享有的债权同样受法律的保护。

### 2. 对费率和险种的监管

合同本来应当是由当事人自由签订的，这是契约自由原则的应有之义。但在绝大多数情况下，保险合同当事人双方的经济地位是不平等的，保险人常处于有利地位。如果保单条款完全由保险人自由拟订，就有可能损害投保人或被保险人的利益。各国立法规定由政府监管部门制定基本保险条款或由其备案，其目的正是限制保险人，保障社会公众利益。

对费率的监管应达到三个目标：保证费率的适当、公道和没有不公平的歧视。适当的含义是指，费率必须高到足以保证公司的偿付能力。因此，在确定费率的时候，需要考虑损失的概率、公司经营的费用和投资等各项因素。公道的含义是，适当的费率是要保证保险人的正常经营，但不能为其带来过高的利润。没有不公平的歧视是指，费率的不同是建立在风险不同的基础之上的，因此，对相同或相似的风险应当收取相同的费率。

对基本险种条款的监管主要体现在监管人员审查保险条款是否有不一致的地方，是否会产生歧义，是否会产生误导等。有的国家法律甚至要求保单的制作必须符合一定形式的要求。《中华人民共和国保险法》规定，保险公司应当按照国务院保险监督管理机构的规定，公平、合理地拟订保险条款和保险费率。其中，关系社会公众利益的保险险种、依法实行强制保险的险种和新开发的人寿保险险种等的保险条款和保险费率，应当报国务院保险监督管理机构批准。其他保险险种的保险条款和保险费率，应当报保险监督管理机构备案。

### 3. 对保险公司财务的监管

政府对保险公司财务方面的监管旨在确保保险公司的偿付能力。偿付能力是指保险公司对其所承担的保险责任在发生赔款给付时所具有的经济补偿能力。《保险法》规定，保险公司应当具有与其业务规模和风险程度相适应的最低偿付能力。保险公司的认可资产减去认可负债的差额不得低于国务院保险监督管理机构规定的数额；低于规定数额的，应当按照国务院保险监督管理机构的要求采取相应措施达到规定的数额。保险公司应当按照其注册资本总额的20%提取保证金，存入国务院保险监督管理机构部门指定的银行，除公司清算时用于清偿债务外，不得动用。

### 4. 对保险中介人的监管

对保险中介人的监管通常可以从正反两个方面进行。正面监管即规定保险中介人必须做什么。例如，大部分国家的法律规定，保险中介人必须取得营业执照；在取得执照之前必须要通过考试；在从事保险中介工作期间，必须接受继续教育等。反面监管即规定保险中介人不能做什么。例如，许多国家的法律规定，中介人不允许有误导陈述、恶意招揽和保费回扣等行为。误导陈述是指代理人在向投保人介绍公司业务的时候，有意误述公司或保单的有关情况；恶意招揽是指保险中介人诱使投保人取消与另一家保险公司的合同，而购买保险中介人"推荐"的合同，在这一过程中，保险中介人可能肆意攻击另一家保险公司；保费回扣是指保险中介人向投保人许诺，如果投保人购买了保险，中介人将向其返还保费的一部分。

## 本章小结

1. 中央银行是不以营利为目的特殊金融机构，是一国金融体系的核心。中央银行的产生基本上有两条渠道：一是由信誉好、实力强大的大银行逐步演变而成，即政府根据客观需要，不断赋予大银行某些特权，从而使这家银行逐步具有中央银行的某些性质并最终发展成中央银行；二是由政府出面直接组建中央银行。

2. 从中央银行业务活动的特点看，它是特殊的金融机构，它的业务对象特殊、经营目的特殊、拥有一系列特有的业务权力；从中央银行发挥的作用看，它是保障金融稳健运行、调控宏观经济的国家行政机关，因此其地位具有特殊性。

3. 中央银行的基本职能包括它是发行的银行、银行的银行和政府的银行。

4. 中央银行职能的实现和作用的发挥，都是通过办理具体业务来完成的。中央银行主要的业务是资产业务、负债业务和支付清算业务，还有一些其他业务。

5. 金融监管是防范金融危机的有效手段，通过有效的金融监管可以降低金融风险、提高金融体系运作效率。目前世界各国对金融业均提出了不同的监管要求。

## 思考题

1. 辨析题。

(1)目前世界各国的中央银行，除美国和德国之外，其分支机构都可以看作中央银行总行或总部的派出机构。

(2)中央银行是以营利为目的、统管全国的官方组织，不直接对企业单位和个人办理日常的存贷款业务。

(3)美国的中央银行制度是复合式中央银行制度。

(4)中央银行在法律许可限度内，直接向政府提供贷款或透支。这主要是向政府提供短期融资，是为了解决政府财政收支的暂时性不平衡。

(5)加强金融监管就可以消灭金融风险。

2. 简答题。

(1)试谈谈你对"中央银行应对政府保持一定的独立性，但这种独立性只能是相对的"这句话的理解。

(2)现代经济、金融体系下的中央银行与早期的中央银行在职能方面有什么发展变化？

(3)了解我国金融业最新的监管趋势及发展动态，并结合现阶段国内外的经济、金融背景，评价这些政策的制定意义。

(4)在中国有哪些专门针对金融业颁布的法律法规？通过互联网等信息渠道进行查找并一一列出颁布时间、主要条款以及历次修订的主要内容。

**综合训练**

**日本央行为应对地震灾情向金融系统紧急注资**

北京时间 2011 年 3 月 11 日 13 点 46 分，日本本州岛附近海域发生里氏 9.0 级地震，震中位于宫城县以东的太平洋海域，震源深度 10 千米，东京有强烈震感。

日本银行 14 日上午宣布，为缓解震灾造成的金融市场资金不足，日本央行将通过公开市场操作向金融市场注入 12 万亿日元的紧急资金，规模高于此前宣布的 7 万亿日元，创历史最高纪录。日本央行担心，11 日发生的日本大地震会令日本金融机构收紧信贷，从而有可能使金融市场出现资金不足的局面。为了维持金融市场的稳定，日本央行决定，在 14 日当天通过招标拍卖方式，向市场提供巨额短期资金。这是自 2010 年 5 月欧元区主权债务危机造成金融市场动荡以来，日本央行首次向短期金融市场提供紧急融资。

此后，日本央行又宣布，为确保金融市场的稳定，将在 16 日至 17 日实行公开收购日本国债的操作，规模为 3 万亿日元，进一步缓解可能出现的流动性短缺局面。

（资料来源：李雨谦. 强震撼动金融市场 日央行注资 18 万亿日元［EB/OL］.（2011-03-15）［2020-06-22］. http：//jjsb. cet. com. cn/show_ 110378. html. ）

**试分析：**

1. 该案例体现了中央银行的什么职能？

2. 如何认识中央银行的性质？

3. 中央银行在一国的经济社会发展中发挥怎样的作用？

# 第十章

# 非存款型金融机构

## 导入思考题

### 养老信托在中国有市场吗？

我国逐渐步入老龄化社会，如何让老年人更有尊严地生活，是全社会关注的热点，打造相关信托产品或许是一个不错的解决方案。

近日，万象信托推出了国内首单监护支援信托，为部分高净值老年人提供养老新选择。记者认为，作为能够体现信托公司特色优势的业务之一，养老信托或将能得到快速的发展。

首先，我国老年人口的比重正在逐步增加，市场需求在增多。据国家统计局公布的数据，2018年我国65岁及以上人口比重达到11.9%，0~14岁人口占比降至16.9%。

其次，老年人有一定的财富基础。在过去40年中，中国经济经历了快速发展阶段。如今刚刚迈入老年阶段（以65岁为标准）的人群恰好赶上了这波财富快速积累的机会，有一部分人拥有高端消费能力。

最后，作为特殊的金融工具，信托能够有效实现其他金融产品无法达到的功能。《中华人民共和国信托法》第二条曾指出，信托是指委托人基于对受托人的信任，将其财产权委托给受托人，由受托人按委托人的意愿以自己的名义，为受益人的利益或者特定目的，进行管理或者处分的行为。信托可以有效实现老年委托人的意愿，体现其意愿。同时，信托财产的"独立性"原则是信托能够更好实现委托人意愿的重要支撑，避免老年人因财富受损而降低养老质量。

随着信托行业产品的不断丰富，当前我国养老信托已包含养老融资信托、养老投资信托、养老金信托、养老消费信托、养老公益信托、养老财产信托等多种形式。

当然，报告也显示，近年来，虽已有多家信托公司参与养老信托业务，探索了多种业务模式，但仍然没有找到明确的盈利模式和可持续发展模式，已经落地的养老信托项目也都是机会型业务。

养老信托是成熟发达国家中信托公司的重要业务构成，也是信托公司核心本源业务之一。虽然当前在我国的发展遇到一些困难，但随着我国民间财富的积累，以及老龄人口的不断增加，记者相信未来养老信托或将迎来较快的发展。

（资料来源：樊融杰. 养老信托在中国有市场吗？［N］. 中国银行保险报，2020-01-23（005）.）

【学习导引】

非存款型金融机构有很多种，包括证券公司、资产管理公司、信托公司、保险公司、金融租赁公司，等等。它们的作用各不一样。它们之间有何区别？各自的业务特色是什么？通过本章的学习，能掌握对现实生活中非存款型金融机构的主要特点和运作原理，并能以积极的态度看待它们的存在与发展。

# 第一节　证券经营机构

## 一、证券经营机构概述

证券经营机构是由证券主管机关依法批准设立的在证券市场上经营证券业务的金融机构，它是证券市场沟通交易的中间环节。证券的发行、承销、交易一般要通过证券经营机构来完成。它的作用有三点：在发行市场上充当证券筹资者与证券投资者的中介人；在流通市场上充当证券买卖的中介人；为投资者提供投资咨询。

证券经营机构可分为证券专营机构和证券兼营机构，前者指证券公司，后者通常包括信托投资公司、基金管理公司、金融资产管理公司、证券投资咨询机构等。

我国的证券经营机构主要有以下三种。一是证券公司。证券公司是我国直接从事证券发行与交易业务的具有法人资格的证券经营机构，其业务主要范围有代理证券发行、证券自营、代理证券交易、代理证券还本付息和支付红利、接受客户委托代收证券本息和红利、代办过户等。二是信托投资公司。信托投资公司是以营利为目的的，并以委托人身份经营信托业务的金融机构。它除了办理信托投资业务外，还可设立证券部办理证券业务，其业务范围主要有证券的代销及包销、证券的代理买卖，以及证券的咨询、保管及代理还本付息等。三是专门负责为投资者提供咨询服务的公司。

证券经营机构中最主要的机构是证券公司，它是专门从事有价证券买卖的法人企业，分为证券经营公司和证券登记公司。狭义的证券公司是指证券经营公司，是经主管机关批准并到有关工商行政管理局领取营业执照后专门经营证券业务的机构。它具有证券交易所的会员资格，可以承销发行、自营买卖或自营兼代理买卖证券。普通投资人的证券投资都要通过证券公司来进行。

从证券经营公司的功能分，可分为证券经纪商、证券自营商和证券承销商。其中，证券经纪商即证券经纪公司，是代理买卖证券的证券机构，接受投资人委托、代为买卖证券，并收取一定的手续费(即佣金)，如东吴证券苏州营业部、江海证券经纪公司。证券自营商即综合型证券公司，是除了拥有证券经纪公司的权限外，还可以自行买卖证券的证券机构。它们资金雄厚，可直接进入交易所为自己买卖股票，如国泰君安证券。证券承销商是以包销或代销形式帮助发行人发售证券的机构。实际上，许多证券公司兼营三种业务。按照各国现行的做法，证券交易所的会员公司均可在交易市场进行自营买卖，但专门以自营买卖为主的证券公司为数极少。另外，一些经过认证的创新型证券公司，还具有创设权证的权限，如中信证券。

证券登记公司是证券集中登记过户的服务机构，是证券交易中不可或缺的部分，并兼有行政管理性质。它须经主管机关审核批准方可设立。

在不同的国家，证券公司有不同的称谓。在美国，证券公司被称作投资银行或者证券经纪商，在法律上统称为"经纪人或交易商"；在英国，证券公司被称作商人银行；在欧洲大陆（以德国为代表），由于一直沿用混业经营制度，投资银行仅是全能银行的一个部门；日本等一些国家和我国一样，把专营证券业务的金融机构称为证券公司。在我国，设立证券公司必须经国务院证券监督管理机构审查批准。

## 二、证券公司的主要业务

### （一）证券承销与保荐业务

证券承销是指证券公司代理证券发行人发行证券的行为。当一家发行人通过证券市场筹集资金时，就要聘请证券经营机构来销售证券。证券公司借助自己在证券市场上的信誉和营业网点，在规定的发行有效期限内将证券销售出去，这一过程称为承销。证券承销是证券公司的基本职能之一。证券承销业务可以采取代销或者包销方式。

发行人申请公开发行股票、可转换为股票的公司债券，依法采取承销方式的，或者公开发行法律、行政法规规定实行保荐制度的其他证券的，应当聘请具有保荐资格的机构担任保荐机构。证券公司保荐业务的主要职责就是将符合条件的企业推荐上市，并对申请人适合上市、上市文件的准确完整以及董事知悉自身责任义务等负有保证责任。

### （二）证券经纪业务

证券经纪业务，是指证券公司通过其设立的证券营业部，接受客户委托，按照客户要求，代理客户买卖证券的业务。证券经纪业务是随着集中交易制度的实行而产生和发展起来的。由于在证券交易所内交易的证券种类繁多，数额巨大，而交易厅内席位有限，一般投资者不能直接进入证券交易所进行交易，故只能通过特许的证券经纪商作为中介来促成交易的完成。

### （三）证券自营业务

证券自营业务，是证券公司使用自有资金或者合法筹集的资金以自己的名义买卖证券获取利润的证券业务。从国际上看，证券公司的自营业务按交易场所分为场外（如柜台）自营买卖和场内（交易所）自营买卖。场外自营买卖是指证券公司通过柜台交易等方式，与客户直接洽谈成交的证券交易。场内自营买卖是证券公司自己通过集中交易场所（证券交易所）买卖证券的行为。我国的证券自营业务，一般是指场内自营买卖业务。

国际上对场内自营买卖业务的规定较为复杂。如在美国纽约证券交易所，经营证券自营业务的机构或者个人，分为交易厅自营商和自营经纪人。交易厅自营商只进行证券的自营买卖业务，不办理委托业务。自营经纪人在自营证券买卖业务的同时，兼营代理买卖证券业务，其代理的客户仅限于交易厅里的经纪人与自营商。自营经纪人自营证券的目的不像自营商那样追逐利润，而是对其专业经营的证券维持连续市场交易，防止证券价格的暴跌与暴涨。

在我国，证券自营业务专指证券公司为自己买卖证券产品的行为。其买卖的证券产品包括在证券交易所挂牌交易的 A 股、基金、认股权证、国债、企业债券等。

**(四)证券投资咨询业务**

证券投资咨询业务是指取得监管部门颁发的相关资格的机构及其咨询人员为证券投资者或客户提供证券投资的相关信息、分析、预测或建议，并直接或间接收取服务费用的活动。

根据服务对象的不同，证券投资咨询业务可以分为面向公众的投资咨询业务，为签订了咨询服务合同的特定对象提供的证券投资咨询业务，为本公司投资管理部门、投资银行部门的投资咨询服务。

**拓展阅读 10-1**

### 美林证券百年发展史

美林证券曾经是华尔街美国五大投行之一，在证券承销和零售经纪业务上一度领先全球，其诞生于 1914 年，2008 年被美国银行收购并成为其控股子公司，到 2013 年被取消法人资格成为美国银行的一个组成部门。起初美林从证券分销做起，伴随 20 世纪五六十年代美国经济的飞速发展，转型为主要依靠经纪业务发展的零售经纪商，并在零售经纪的细分业务上做到第一，在 60 年代末成长为华尔街的大投行之一，成为美国最早在证券交易所公开上市的投行。之后，美林开启了多元化和国际化之路，并大力开拓财富管理与投行业务，在世纪之交成为能与摩根、高盛并驾齐驱的华尔街顶尖投行。但在随后却迷失了方向，倒在了衍生品业务上，最终不得不委身于美国银行。

**一、美林崛起之路(1914—1970 年)：深挖中小客户下沉市场，庞大的零售网络构筑竞争壁垒**

1914 年，查尔斯·美里尔在纽约成立了美林证券的前身"Charles E. Merrill&Co."，同年，艾德蒙·林奇加入公司，公司更名为"Merrill，Lynch&Co."。公司成立初期以证券承销为主业，经纪业务居于次要位置，1919—1929 年，美林所承担发行的 75 只股票中约有一半是连锁店。1929 年股市崩盘，大萧条随之而来，对证券业造成了沉重的打击，公众对华尔街充满了极度不信任感，彼时证券零售经纪业务一片凋零，交易清淡。当大部分投行远离不那么"上流"的零售经纪业务时，美林却反其道而行之。1940 年，美林将业务重心放到经纪业务上，分别与美国第一、第二大经纪公司 E.A. 皮尔斯、芬纳比恩合并，成为全美拥有最大零售经纪网络的投行，以薄利多销的方式展开竞争，大力开拓以中小客户为主的零售经纪市场。美林在这一时期为证券业做出了重大贡献，即"将华尔街延伸至主街"。

**二、美林迈向卓越(1971—1999 年)：重整公司架构，转型财富管理，多元化与国际化之路**

1971 年，美林在纽约证券交易所上市，成为华尔街第一家公开上市的投行，在唐纳德·里根就任美林新一任 CEO 后，美林不再局限于证券业务，开启了多元化之路。20 世纪 60 年代末至 80 年代，美林陆续收购了商业地产金融公司、咨询公司、保险公司，开始进军房地产、保险和共同基金等多个领域。1984 年，美林将公司重组为三个业务单元：消费市场部、资本市场部和房地产及保险业务部，在这一新的架构下，投行业务的重要性提升至与零售经纪业务相同的地位，之后美林参与了诸多杠杆收购项目，并于 1988 年夺得总承销业绩行业头名。随后美林的经纪业务开始向财富管理转型，1976 年美林的约翰岛会议上首次提出公司财富管理理念。2000 年，美林创下了新的业绩纪录，全年净利润达到 37 亿美元，首次超过高盛，在华尔街五大投行中排名第二，达到了鼎盛时期。

**三、美林盛极而衰（2000—2013 年）：过度瘦身埋隐患，深度介入高风险领域终踏空公司**

美林在 20 世纪 90 年代的过度扩张在世纪之交的科技股泡沫破灭之后开始显现出副作用，成本居高不下，叠加"9·11"事件影响，美林 2001 年净利润由上年的 37 亿美元迅速下滑至不到 6 亿美元，公司新上任的 CEO 斯坦·奥尼尔认为，美林需要进行根本性变革，开始精简业务，大幅裁员，三年共裁减了 17 000 个工作岗位，员工数量几乎裁减了 25%，远超华尔街同行，并减少了 75% 的国内股票交易，基本上取消了承销商业票据、短期银行债券和机构债券的业务。在业绩初步稳定下来之后，奥尼尔开始寻找新的业绩增长点，作为房产担保抵押债券业务的后来者，美林从 2005 年开始深度介入，一年的时间内美林就成了全球最大的贷款抵押权证承销商。2007 年次贷危机爆发，整个 CDO（担保债务凭证）市场濒临崩溃。2007 年 11 月，美林宣布因房贷衍生品亏损 84 亿美元，2008 年亏损额将进一步提高至 272 亿美元。美林新任 CEO 约翰·塞恩（John Thain）不得不在纽约联邦储备银行的支持下，出售美林证券。

（资料来源：赵律. 美林证券兴衰史对券商发展的启示［N］. 中国航空报，2019-09-12（006）.）

## 三、我国证券公司的发展

我国证券公司起源于 20 世纪 80 年代银行、信托下属的证券网点。1990 年，上海证券交易所和深圳证券交易所相继成立，标志着我国集中交易的证券市场正式诞生。30 年来，伴随着经济体制改革推进和市场经济发展，我国证券市场制度不断健全、体系不断完善、规模不断壮大，已经成为我国经济体系的重要组成部分；与此同时，我国证券公司也经历了不断规范完善、日益发展壮大的历程。

由于我国证券公司发展初期，证券市场不够成熟、证券公司经营不够规范，特别是 2001 年以后股市持续低迷，2002—2005 年证券业连续 4 年亏损，行业风险集中暴露，证券公司遇到了严重的经营困难。2004 年开始，按照国务院部署，证监会对证券公司实施了三年的综合治理，关闭、重组了一批高风险公司，化解了行业历史遗留风险，并且推动证券市场基础性制度进一步完善，证券公司合规管理和风险控制能力显著增强、规范运作水平明显提高，证券业由此步入规范发展轨道。2006—2013 年，我国证券业整体实现连续 8 年盈利。

近年来，我国证券公司数量较为稳定，从2017年至2020年数量均稳定在132家，其中从事IPO保荐业务的券商有98家。根据2020年证监会发布的证券公司分类结果来看，98家券商中，A类券商合计47家，占比48%，其中AA级券商15家，占比15%；B类券商有39家，占比40%；C类券商有11家，占比11%；D类券商有1家，占比1%。同时，根据证券业协会统计，截至2019年12月31日，证券行业总资产7.18万亿元，净资产1.95万亿元，行业净资本1.61万亿元。全行业实现营业收入3 520.44亿元，实现净利润1 137.12亿元。2019年证券行业净资产收益率为6.29%，行业整体盈利能力有所增强。

# 第二节　保险经营机构

## 一、保险的基本概念

### (一)保险的含义

"保险"是一个在日常生活中出现频率很高的名词，一般是指办事稳妥或有把握的意思。但是在保险学中，"保险"一词有其特定的内容和深刻的含义。保险是指投保人根据合同约定，向保险人支付保险费，保险人对于合同约定的可能发生的事故因其发生所造成的财产损失承担赔偿保险金责任，或者当被保险人死亡、伤残、疾病或者达到合同约定的年龄、期限时承担给付保险金责任的商业保险行为。

作为一种社会经济制度，保险是一种社会化的安排。面临风险的人(即广大被保险人)通过保险公司组织起来，保险公司将风险损失资料进行集中分析管理，用统计方法来预测风险带来的损失，并用所有风险转移者缴纳的保险费建立起保险基金，来集中承担被保险人因风险事故发生造成的经济损失。这样，通过保险制度，被保险人个人的风险得以转移和分散。

作为一种法律行为，保险活动是通过保险合同来实现的，投保人按照合同规定向保险公司缴纳一定数量的保险费，保险公司则按照合同规定对被保险人提供保险保障。在保险制度中，保险费率的高低、建立保险基金的大小，是根据风险的高低，用概率论和大数法则的原理计算出来的。

作为一种经济补偿制度，保险是由一些基本的要素构成的，主要包括可保风险、多个经济单位集合、保险基金、保险合同、保险机构以及数理依据等。可保风险是构成保险的第一要素。

拓展阅读10-2

**保险的历史**

公元前2500年前后，古巴比伦王国国王命令僧侣、法官、村长等收取税款，作为救济火灾的资金。古埃及的石匠成立了丧葬互助组织，用交付会费的方式解决收殓安葬的资金。古罗马帝国时代的士兵组织，以集资的形式为阵亡将士的遗属提供生活费，逐渐形成保险制度。随着贸易的发展，大约在公元前1792年，古巴比伦第六代国王汉谟拉比时代，为了援助商业及保护商队的骡马和货物损失补偿，在《汉谟拉比法典》中，规定了共同分摊补偿损失的条款。

在公元前260年—前146年战争期间，古罗马人为了解决军事运输问题，收取商人24%～36%的费用作为后备基金，以补偿船货损失，这就是海上保险的起源。

公元前133年，在古罗马成立的各雷基亚(共济组织)，向加入该组织的人收取100泽司和一瓶敬人的清酒。另外每个月收取5泽司，积累起来成为公积金，用于丧葬的补助费，这是人寿保险的萌芽。

### (二)保险的类型

#### 1.人寿保险

人寿保险是以人的生命为保险标的，以生、死为保险事故的一种人身保险。当被保险人的生命发生了保险事故时，由保险人支付保险金。最初的人寿保险是为了保障由于不可预测的死亡而可能造成的经济负担，后来人寿保险中引进了储蓄的成分，所以对在保险期满时仍然生存的人，保险公司也会给付约定的保险金。人寿保险是一种社会保障制度，是以人的生命、身体为保险对象的保险业务。

人寿保险可分为以下几种类型。

(1)定期人寿保险。定期人寿保险是指如果被保险人在保单规定的期间发生死亡，身故受益人有权领取保险金；如果在保险期间内被保险人未死亡，保险人无须支付保险金也不返还保险费，简称"定期寿险"。该保险大都是对被保险人在短期内从事较危险的工作提供保障。

(2)终身人寿保险。终身人寿保险是一种不定期的死亡保险，简称"终身寿险"。保险责任从保险合同生效后一直到被保险人死亡之时为止。由于人的死亡是必然的，因而终身保险的保险金最终必然要支付给被保险人。由于终身保险的保险期长，故其费率高于定期保险，并有储蓄的功能。

(3)生存保险。生存保险是指被保险人必须生存到保单规定的保险期满时才能够领取保险金。若被保险人在保险期间死亡，则不能收回保险金，亦不能收回已交保险费。

(4)生死两全保险。生死两全保险是定期人寿保险与生存保险两类保险的结合，是指被保险人在保险合同约定的期间里假设身故，身故受益人则领取保险合同约定的身故保险金；被保险人继续生存至保险合同约定的保险期期满，则投保人领取保险合同约定的保险期满金的人寿保险。这类保险是目前市场上最常见的商业人寿保险。

(5)养老保险。养老保险是由生存保险和死亡保险结合而成，是生死两全保险的特殊形式。被保险人不论在保险期内死亡或生存到保险期满，均可领取保险金，既可以为家属排除因被保险人死亡带来的经济压力，又可使被保险人在保险期结束时获得一笔资金以养老。

#### 2.财产保险

财产保险是指投保人根据合同约定，向保险人交付保险费，保险人按保险合同的约定对所承保的财产及其有关利益因自然灾害或意外事故造成的损失承担赔偿责任的保险。财产保险的最主要的构成是家庭财产保险和企业财产保险。

家庭财产保险是以城乡居民室内的有形财产为保险标的的保险。家庭财产保险能为居民或家庭遭受的财产损失提供及时的经济补偿，有利于安定居民生活，保障社会稳定。我国目前开办的家庭财产保险主要有普通家庭财产险和家庭财产两全险。根据保险责任的不同，普通家庭财产险又分为灾害损失险和盗窃险两种。

企业财产保险是指以投保人存放在固定地点的财产和物资为保险标的的一种保险。保险标的的存放地点相对固定，处于相对静止状态。企业财产保险是我国财产保险业务中的主要险种之一，其适用范围很广，一切工商、建筑、交通、服务企业、国家机关、社会团体等均可投保企业财产保险，即对一切独立核算的法人单位适用。企业财产按是否可保的标准可以分为三类，即可保财产、特约可保财产和不保财产。

3. 再保险

再保险也叫分保，是指保险人将其承担的保险业务，以承保形式，部分转移给其他保险人。进行再保险，可以分散保险人的风险，有利于其控制损失，稳定经营。再保险是在原保险合同的基础上建立的。在再保险关系中，直接接受保险业务的保险人称为原保险人，也叫再保险分出人；接受分出保险责任的保险人称为再保险接受人，也叫再保险人。再保险的权利义务关系是由再保险分出人与再保险接受人通过订立再保险合同确立的，再保险合同的存在虽然是以原保险合同的存在为前提的，但两者在法律上是各自独立存在的合同，所以再保险的权利义务关系与原保险的权利义务关系是相互独立的，不能混淆。

## 二、保险经营机构概述

### (一)保险经营机构的含义和类型

保险经营机构一般包括保险公司和保险中介机构。

1. 保险公司

保险公司是金融机构的组成部分，是经营保险业务的经济组织。它是以集合多数单位或个人的风险为前提，用其损失概率计算分摊金，以保险费的形式聚集起来，建立保险基金，用于补偿因自然灾害或意外事故等所造成的经济损失的具有法人资格的企业。

保险公司根据业务内容的不同，可以分为财产保险公司和人寿保险公司，其中，一般人寿保险公司的规模最大；根据保险的对象不同，可以分为保险公司和再保险公司；根据出资人的不同，可以分为国有保险公司、股份制保险公司、外资保险公司、中外合资保险公司等。

2. 保险中介机构

保险中介机构是指从事保险中介业务的组织。保险中介机构根据其主营业务的不同，可分为保险专业中介机构和保险兼业代理机构；根据从事业务的内容不同，可分为保险代理机构、保险经纪机构和保险公估机构。

(1)保险代理机构是指根据保险人的委托，在保险人授权的范围内代为办理保险业务的单位。保险代理机构在保险人授权范围内代理保险业务时，其代理行为所产生的法律责任由保险人承担。保险代理机构不履行代理职责或履行代理合同义务不符合约定，而给被代理人造成损害的，应当依法承担法律责任。

（2）保险经纪机构是指经营保险经纪业务的单位。保险经纪包括直接保险经纪和再保险经纪。直接保险经纪是指保险经纪机构与投保人签订委托合同，基于投保人或者被保险人的利益，为投保人与保险公司订立保险合同提供中介服务，并按约定收取佣金的行为。再保险经纪是指保险经纪机构与原保险公司签订委托合同，基于原保险公司的利益，为原保险公司与再保险公司安排再保险业务提供中介服务，并按约定收取佣金的行为。

（3）保险公估机构是指接受保险当事人委托，专门从事保险标的的评估、勘验、鉴定、估损、理算等业务的单位。

### （二）保险经营机构的职能

#### 1. 基本职能

保险经营机构的基本职能主要包括两个方面。一是分摊经济损失职能。保险公司将在一定时期内可能发生的自然灾害或意外事故等所致的经济损失的总额，在有共同风险的投保人之间平均化，使少数人的经济损失，由所有的投保人平均分担，从而使单个人难以承受的损失，变成多数人可以承担的损失。二是经济补偿职能。保险公司和被保险人之间订立保险合同，由保险公司在被保险人发生保险事故时给予经济补偿，即保险赔款。

#### 2. 派生职能

保险经营机构的派生职能主要包括两个方面。一是投资职能。保险的补偿与给付的发生具有一定的时差性，这就为保险人进行投资活动提供了可能。同时，保险人为了使保险经营稳定，必须壮大保险基金，这就要求保险人必须从事投资活动。二是防灾防损职能。作为保险经营者，为了稳定经营，有必要对风险进行分析、预测、评估，通过人为的事前预防，减少损失的产生。

## 三、保险公司及其主要业务

### （一）保险营销与保险销售

保险营销是指以保险产品为载体、以消费者为导向、以满足消费者的需求为中心，运用整体手段，将保险产品转移给消费者，以实现保险公司长远经营目标的一系列活动。保险营销包括保险市场的调研，保险产品的开发与设计，保险费率的合理厘定，保险分销渠道的选择，保险产品的销售及售后服务等一系列活动。

保险销售是将保险产品卖出的一种行为，是保险营销过程中的一个环节。这一环节可能是保险销售人员（包括保险公司的直接与间接销售人员）推荐并指导消费者购买保险产品，也可能是消费者获取相关信息后主动购买保险产品的。

保险销售是保险经营中至关重要的一个环节。保险产品只有转移到消费者手中，才能使保险产品产生效用，实现保险活动的宗旨。做好保险销售，能不断扩大承保数量，拓宽承保面，实现保险业务规模经营，满足大数法则的要求，保持偿付能力，实现保险公司的利润目标。

### （二）保险承保

保险承保是保险人对投保人所提出的投保申请进行审核，继而决定是否承保和如何承保的过程。承保环节是保险合同双方就保险条款进行实质性谈判的阶段，承保的质量直接影响保险企业的生存与发展，是保险经营的一个重要环节。要约、承诺、核查、订费等，都属于承保业务环节。保险承保的主要环节包括核保、做出承保决策、绘制单证、复核签章和收取保费。

### (三)保险理赔

保险理赔是指在保险标的发生风险事故后，保险人对被保险人或受益人提出的索赔要求进行处理的行为。保险理赔并不等于支付赔款，但是保险理赔对于保险人来说具有重要的意义。从法律角度看，保险人无论是否支付赔款，保险理赔是履行保险合同的过程，是法律行为。也就是说，被保险人或受益人提出索赔要求，保险人就应按照法律或合同约定进行处理。从经营角度看，保险理赔充分体现了保险的经济补偿职能，是保险经营的重要环节。保险理赔也是对承保业务和风险管理质量的检验，通过保险理赔可以发现保险条款、保险费率的制定和防灾防损工作中存在的漏洞和问题，为提高承保业务质量、改进保险条件、完善风险管理提供依据。

### (四)保险客户

保险客户是指那些现实和潜在的保险产品的消费者，如潜在客户、保单持有人、被保险人和受益人等。保险客户服务是指保险人在与现有客户及潜在客户接触的阶段，通过畅通有效的服务渠道，为客户提供产品信息、品质保证、合同义务履行、客户保全、纠纷处理等项目的服务以及基于客户的特殊需求和对客户的特别关注而提供的附加服务内容。客户服务是保险公司业务经营最重要的内容之一。保险公司提供优质客户服务的能力对建立和保持积极、持久和紧密有力的保险客户关系是十分重要的。保险客户服务以实现客户满意最大化，维系并培养忠诚保险客户，实现客户价值与保险公司价值的共同增长为目标。

### (五)保险资金运用

保险资金运用是指保险公司在经营过程中，将积聚的保险资金部分地用于投资，使保险资金得到增值的业务活动。保险公司可运用的资金来源主要包括各项所有者权益资产、保险准备金以及其他资产。

于2010年颁布并实施的《保险资金运用管理暂行办法》规定，保险公司的保险资金运用限于下列形式：①银行存款；②买卖债券、股票、证券投资基金份额等有价证券；③投资不动产；④国务院规定的其他资金运用形式。

## 四、我国保险公司的发展

保险在中国已经有近200年的历史。早在19世纪初，英国东印度公司就在广州开办了中国第一家保险机构，主要为鸦片贸易服务。随后，越来越多的外资保险公司在广州、上海等贸易口岸设立了保险机构。多年雄踞全球保险业霸主地位的美国国际集团，其前身是美亚财产保险公司和友邦人寿保险公司，就诞生于1920年的上海。

中华人民共和国成立以来，我国保险业经历了一段不平凡的发展历程。中华人民共和国成立初期，我国对保险业进行了改造、整顿，逐步确立了国营保险公司的领导地位。到1958年，受当时国情影响，国内的保险业务基本停办。1979年4月，国务院同意恢复保险业务。由此，我国保险业在沉寂了 20 多年之后，重新开始焕发蓬勃生机。

改革开放初期，我国保险市场上只有中国人民保险公司独家经营。1988 年以来，随着平安保险公司、太平洋保险公司的相继成立，保险市场独家垄断的格局被打破，保险市场主体不断增加，公平竞争的市场格局已经形成。根据银保监会公布的数据显示，截至 2019 年 6 月底，共有 236 家保险机构，其中保险集团（控股）公司 12 家，出口信用保险公司 1 家，财险公司 87 家，寿险公司 81 家，养老保险公司 8 家，健康险公司 7 家，再保险公司 11 家，资产管理公司 26 家，还有其他公司 3 家（农村保险互助社）。另外，保险中介机构也在不断发展，截至 2019 年 6 月底，共有 2 652 家保险专业中介机构，其中保险中介集团 5 家，保险专业代理公司 1 769 家，保险经纪公司 497 家，保险公估公司 381 家，我国保险中介市场格局初步形成。此外，我国还相继成立了经营健康险、农业险、汽车险和责任险等的专业保险机构。我国保险市场已经形成了多种组织形式、多种所有制并存，公平竞争、共同发展的市场格局。保险市场开始由量的扩张走向质的提高。

随着我国保险市场准入机制的不断完善，新的市场主体相继产生。不仅不断有新的保险公司进入市场，而且在保险公司的专业化经营和组织形式创新方面取得了新的突破，如成立专业性的农业保险公司（农业保险是农业生产者以支付保险费为代价把农业生产经营过程中由于灾害事故而造成的财产损失转嫁给保险人的保险）、养老金保险公司、健康保险公司、汽车保险公司等。同时还增设了一批保险公司的分支机构，促进了市场的竞争。

### 拓展阅读 10-3

#### 中小保险公司突围之路

无论是在财产保险，还是人寿保险领域，市场份额都高度集中在大公司手里。面对大公司的规模优势、品牌优势、资金优势，许多中小公司由于规模小、成本高、风控能力差、品牌知名度低等原因，在竞争中处于非常不利的地位。那么在 2018 年，中小公司如何形成一条自己的发展之路，在巨头环伺下生存，并脱颖而出？

对于中小公司而言，在正面市场上，面向广阔的客户同大公司竞争，这是不现实的。必须找到自己的细分市场，而不能集中在大公司占优势的主力战场进行正面竞争。要放弃规模幻想，所谓"有所为，而有所不为"。

面对白热化的市场竞争，到 2017 年年底，保险业已经涌现了一批专注细分客户群，有着自己差异化特色的中小公司。例如，作为一家新成立不久的、服务于装备行业的专业保险公司，久隆保险基于细分垂直市场需求，将自己定位为"中国第一家基于物联网的保险公司"，并依托物联网和大数据，为客户量身定制智能化保险解决方案。再如，华泰保险面向社区家庭的 EA 门店模式、安盛天平的"好司机战略"、招商信诺的医疗险优势都是很好的例子。在海外发达保险市场中，许多中小公司是在细分专业领域与大公司进行错位竞争的。

在互联网、大数据等技术的催化下，未来保险业的经营模式一定生长在细分人群需求、细分场景。经营的基础变了，经营模式的再造不可避免。而中小公司抓住细分人群，不仅符合自己的资源禀赋，也符合时代趋势。在 2018 年，经过同质化竞争之苦，又有了日益完善的客户大数据的赋能，会有越来越多的中小公司转而寻找和深耕细分市场。

（资料来源：赵辉. 2018 年，中小保险公司突围之路怎么走[N]. 中国保险报，2018-02-12. ）

# 第三节　其他非存款型金融机构

## 一、信托与信托公司

### （一）信托概述

信托就是信用委托。信托业务是一种以信用为基础的法律行为，一般涉及三方面当事人，即投入信用的委托人、受信于人的受托人，以及受益于人的受益人。信托业务是由委托人依照契约或遗嘱的规定，为自己或第三者（即受益人）的利益，将财产上的权利转给受托人（自然人或法人），受托人按规定条件和范围，占有、管理、使用信托财产，并处理其收益。概括地说，信托就是"受人之托，代人理财"。

信托业的发源地是英国，早期以民事信托为主。后来引进信托的国家和地区，虽然结合各自情况对信托进行了不同程度的调整，但均能承继信托的基本特征，从而使信托经数百年流传而仍能保持其本色。美国是现代金融信托业最发达的国家，其最大的特色在于创造了专业性的信托公司，发展了以营利为目的的营业信托，兼有个人信托和法人信托；日本是信托业发展速度极快、法制相当健全的国家。信托的基本特征如下。

（1）信托财产权利与利益分离。信托是以财产为中心设计的一种财产转移与管理制度。设立信托时，委托人须将其拥有的财产所有权转移给受托人，使委托人财产所有权转化为信托财产所有权。信托财产所有权的性质十分特殊，表现为信托财产所有权在受托人和受益人之间的分离。这种分离，使受益人无须承担管理之责就能享受信托财产的利益，这正是信托成为一种优良的财产管理制度的奥秘所在，是信托制度的重要特征。

（2）信托财产的独立性。信托财产的独立性，是指一旦信托成立，信托财产就从委托人、受托人和受益人的固有财产中分离出来，成为一种独立的财产整体。这种独立性使信托超出各方当事人的固有财产，其出发点是维护信托财产的安全，确保信托目的得以圆满实现。

（3）信托的有限责任。在信托关系中，由于受托人按委托人的意愿，以自己的名义，为了受益人的利益或特定目的，对信托财产进行管理或处分，受托人自身并不享有任何信托利益，因此受托人因处理信托事务所发生的财产责任（包括对受益人和第三人），原则上仅以信托财产为限负有限清偿责任。

（4）信托管理的连续性。信托的管理具有连续性特点，不会因为意外事件的出现而终止。信托管理的连续性安排，使信托成为一种具有长期性和稳定性的财产转移与财产管理的制度。

## （二）信托公司

信托公司是以信任委托为基础、以货币资金和实物财产的经营管理为形式，为融资和融物相结合的多边信用行为而设立的金融机构，它是随着商品经济的发展而出现的。信托公司的业务主要包括委托和代理两个方面的内容。前者是指财产的所有者为自己或其指定人的利益，将其财产委托给他人，要求按照一定的目的，代为妥善地管理和有利地经营；后者是指一方授权另一方，代为办理一定的经济事项。

从中国的发展情况来看，根据信托业协会披露数据，截至2019年第三季度末，全国68家信托公司受托资产余额为22.00万亿元，其中事务管理类信托资产规模为11.60万亿元。信托业管理的资产规模已经远远超过公募基金行业，超过保险业资产规模，稳坐金融行业的第二把交椅。我国信托公司的监管机构为银保监会，发展模式为"非银信理财合作单一资金信托""银信理财合作单一资金信托""集合资金信托"三足鼎立。信托公司具有金融投资全牌照，信托资金可投范围横跨货币市场、资本市场和实业三大市场。从股权结构来看，中国信托公司呈现国有化、集中化、合资化的特点，大部分为央企、国有银行、地方政府所控股。信托资金可以以债权、股权及组合等方式投向工商企业、基础设施、房地产及金融市场。

**拓展阅读10-4**

### 家族信托：财富传承的好帮手

三国时代，刘备白帝城托孤，完美展现了"家族信托"的角色关系：刘备是委托人（即投资人），刘禅是受益人，诸葛亮是受托人，蜀国江山是信托财产。现代社会中，家族信托在法律法规的约束下，塑造出值得托付的"诸葛亮"，并成为家族财富传承的好帮手。

家族信托的核心功能在于信托财产的独立性与条件分配。《中华人民共和国信托法》明确，委托人放入家族信托中的信托财产，既与委托人未设立信托的其他财产相区别，不作为其遗产或者清算财产（非唯一受益人），又与受托人（国内是指信托公司）的固有财产相区别；条件分配，一方面有多次分配的含义，与遗嘱、保险金理赔等一次性给付财产不同，另一方面可以附加条件，比如受益人考上大学奖励多少钱，生几个孩子有多少奖励等，通过一系列物质激励，将受益人引导、塑造为委托人设想中的样子。

作为成熟的财富传承工具，海外家族信托已经运作上百年，诺贝尔基金会、洛克菲勒基金会等皆是其中的佼佼者。考虑到税收优惠和法律成熟度，海外家族信托通常在英属维京群岛、新加坡、中国香港等地设立。纳入家族信托的资产类别五花八门，现金、理财、股权、房产、艺术品等不一而足，受益人并不局限于自然人或慈善机构，甚至连宠物也能作为受益人。

随着国内财富的积累，大众关注的焦点从怎么赚钱变为怎么分钱，特别是企业家新老交接问题凸显，老一代即将退休，但是新一代不愿意接班，或是希望重新创业。老一代积累的财富如何传承成了热门话题，家族信托自然备受关注。

银保监会《关于加强规范资产管理业务过渡期内信托监管工作的通知》（简称

"37号文")明确规定，家族信托是指信托公司接受单一个人或者家庭的委托，以家庭财富的保护、传承和管理为主要信托目的，提供财产规划、风险隔离、资产配置、子女教育、家族治理、公益(慈善)事业等定制化事务管理和金融服务的信托业务。家族信托财产金额或价值不低于1 000万元，受益人应包括委托人在内的家庭成员，但委托人不得为唯一受益人，单纯以追求信托财产保值增值为主要信托目的，具有专户理财性质和资产管理属性的信托业务不属于家族信托。

与海外家族信托琳琅满目的受托资产相比，国内家族信托以现金和理财的形式为主，房产或股权若想转入家族信托，需要采取过户交易的方式，增加了税费成本；受托人只能由68家持牌信托公司担任，银行、三方财富、证券公司等若想开展家族信托业务，必须与信托公司合作。

虽然灵活性不足，但是国内家族信托赋予了委托人更大的权力，例如，可以变更受益方案和投资方案，甚至协商终止。国内家族信托的方案和资产在经过信托公司的审核之后，还需要向监管部门报备。回顾近些年来国内相关政策文件的出台，明显体会到，国内家族信托并不追求花样翻新，而是稳扎稳打，力图在现有法律体系下，确保家族信托的可靠性，同时，1 000万起点也不高，可以让更多阶层享受到家族信托服务，家族财富的有序传承也有利于社会稳定。

(资料来源：耿强.家族信托：财富传承的好帮手[N].新华日报，2019-12-23.)

## 二、金融租赁公司

金融租赁公司是专门经营租赁业务的公司，是租赁设备的物主，通过提供租赁设备而定期向承租人收取租金。金融租赁公司开展业务的过程是：租赁公司根据企业的要求，筹措资金，提供以"融物"代替"融资"的设备租赁；在租期内，作为承租人的企业只有使用租赁物件的权利，没有所有权，并要按租赁合同规定，定期向租赁公司交付租金。租期届满时，承租人向租赁公司交付少量的租赁物件的名义贷价(即象征性的租赁物件残值)，双方即可办理租赁物件的产权转移手续。

通过金融租赁，企业可用少量资金取得所需的先进技术设备，可以边生产、边还租金，对于资金缺乏的企业来说，金融租赁不失为加速投资、扩大生产的好办法；就某些产品积压的企业来说，金融租赁不失为促进销售、拓展市场的好手段。分期偿付的还款方式，也有助于承租企业避免资金波动风险。

金融租赁公司的主营业务包括以下几个方面。

(1)公司自担风险的融资租赁业务，包括典型的融资租赁业务(简称直租)、转租式融资租赁业务(简称转租赁)和售后回租式融资租赁业务(简称回租)三个类别。

(2)公司同其他机构分担风险的融资租赁业务有联合租赁和杠杆租赁两类。联合租赁是指多家有融资租赁资质的租赁公司对同一个融资租赁项目提供租赁融资，由其中一家租赁公司作为牵头人；杠杆租赁是指某融资租赁项目中的大部分租赁融资是由其他金融机构以银团贷款的形式提供的，但是，这些金融机构对承办该融资租赁项目的租赁公司无追索权。

（3）公司不担风险的融资租赁业务是委托租赁。委托租赁是指融资租赁项目中的租赁物或用于购买租赁物的资金是由一个或多个法人机构提供的信托财产。

融资租赁于20世纪50年代初出现在美国。目前在发达国家，融资租赁业已成为与银行信贷、证券并驾齐驱的三大金融工具之一。融资租赁市场渗透率（租赁交易总额/固定资产投资总额）平均水平在15%与30%之间。我国的融资租赁业起源于1981年4月，最早的租赁公司以中外合资企业的形式出现，其原始动机是引进外资。自1981年7月成立的首家由中资组成的中国租赁有限公司，到1997年经中国人民银行批准的金融租赁公司共16家。1997年后，海南国际租赁有限公司、广东国际租赁有限公司、武汉国际租赁公司和中国华阳金融租赁有限公司先后退出市场。为进一步推动中国金融租赁行业的发展，2007年，银监会修订《金融租赁公司管理办法》（以下简称《办法》），拟在试点成功的基础上，允许合格金融机构参股或设立金融租赁公司，允许合格外资机构在华设立或参股金融租赁公司，鼓励金融租赁公司为企业设备销售及技术改造提供金融支持。2014年3月，银监会在深入总结金融租赁行业发展经验的基础上，统筹把握科学发展与风险监管之间的关系，修订完善了原有《办法》，新版《办法》从准入条件、业务范围、经营规则和监督管理等方面进行了修订和完善，为我国金融租赁行业开启了新的政策窗口。截至2020年年底，我国共有71家金融租赁公司，它们主要分布在天津、上海、广东和江苏等东部沿海地区，从事公交、城建、医疗、航空、IT等产业。

## 三、金融资产管理公司

金融资产管理公司（Asset Management Corporation，AMC）在国际金融市场上共有两类：从事"优良"资产管理业务的AMC和"不良"资产管理业务的AMC，前者外延较广，涵盖诸如商业银行、投资银行以及证券公司设立的资产管理部或资产管理方面的子公司，主要面向个人、企业和机构等，提供的服务主要有账户分立、合伙投资、单位信托等；后者是专门处置银行剥离的不良资产的金融资产管理公司。

美国在20世纪80年代直到90年代初，发生过一场影响很大的银行业危机。当时，美国约有1 600家银行、1 300家储蓄和贷款机构陷入了困境。为了化解危机，联邦存款保险公司、联邦储蓄信贷保险公司竭尽全力进行援助，美国政府也采取了一系列措施，设立了重组信托公司（Resolution Trust Corporation，RTC）对储贷机构的不良资产进行处置。RTC在1989—1994年的五年时间，在化解金融风险、推进金融创新等方面多有建树，被公认为是世界上处置金融机构不良资产的成功典范。从某种意义上可以说，正是自RTC开始，组建金融资产管理公司成了各国化解金融风险、处置不良资产的通行做法。

进入20世纪90年代后，全球银行业不良资产呈现加速趋势，继美国之后，北欧四国瑞典、挪威、芬兰和丹麦先后设立金融资产管理公司对其银行不良资产进行大规模的重组。随后中欧、东欧经济转轨国家和拉美国家以及法国等也相继采取银行不良资产重组的策略，以稳定其金融体系。亚洲金融危机爆发后，东亚以及东南亚诸国也开始组建金融资产管理公司，例如，日本的"桥"银行、韩国的资产管理局、泰国的金融机构重组管理局、印度尼西亚的银行处置机构和马来西亚的资产管理公司，对银行业的不良资产进行重组。因此，金融资产管理公司的实质是由国家出面专门设立的以处理银行不良资产为使命的金融机构，其具有特定使命，以及较为宽泛的业务范围等功能特征。

我国的金融资产管理公司是经国务院决定设立的收购国有独资商业银行不良贷款，管理和处置因收购国有独资商业银行不良贷款形成的资产的国有独资金融机构。金融资产管理公司以最大限度保全资产、减少损失为主要经营目标，依法独立承担民事责任。目前，我国有4家金融资产管理公司，即中国华融资产管理公司、中国长城资产管理公司、中国东方资产管理公司、中国信达资产管理公司，分别接收从中国工商银行、中国农业银行、中国银行、中国建设银行剥离出来的不良资产。金融资产管理公司的业务范围包括资产处置、公司重组、证券承销、兼并等，很多业务等同于全方位的投资银行，这一状况为其日后可能较为独特的运营模式埋下了伏笔，其运营模式呈现出政策性保障与市场化运营并重的特点。

## 四、汽车金融公司

在我国，汽车金融公司是指经中国银行业监督管理委员会（即银监会，今与保监会合并为银保监会）批准设立的，为中国境内的汽车购买者及销售者提供金融服务的金融机构。汽车金融是消费者在购买汽车需要贷款时，可以直接向汽车金融公司申请优惠的支付方式，可以按照自身的个性化需求，来选择不同的车型和不同的支付方法。对比银行，汽车金融是一种购车新选择。

与商业银行相比，汽车金融公司的竞争优势体现在以下六个方面。

（1）技术优势。汽车金融公司熟悉汽车市场行情，拥有汽车方面的技术人员和市场销售人员，能够较准确地对贷款客体做出专业化的价值评估和风险评估，在处理抵押品和向保险公司索赔等方面具有熟练的专业技巧。而且汽车金融公司以汽车信贷为主业，能够专心致志地做好汽车信贷的贷前、贷中、贷后管理。

（2）经营关系优势。汽车金融公司一般隶属于某一汽车集团，其服务对象主要是本集团所生产的各种汽车品牌，因此汽车金融公司与其服务的品牌汽车生产商同属一个集团，便于协调和配合，不存在根本的利益冲突。生产厂商和经销商经过长期的合作，已经形成比较稳定的业务关系，二者相互依存、相互制约。

（3）服务优势。商业银行汽车信贷业务只能赚取利息收入，而汽车金融公司可以与生产厂商、经销商、汽车维修商达成某种协议，为汽车生产、销售、维护修理、旧机动车回购、以旧换新等各个业务环节提供资金服务，大大拉长了产业链，便于资源整合、业务创新、灵活操作。例如，在汽车销售不畅时，汽车金融服务公司通过发放低利率贷款促进本品牌汽车的销售，不以营利为主要目的，其利润或损失可以通过与生产厂商、经销商、维修商的利润分成来获得或弥补，因此，与银行相比，汽车金融公司可以较低的利率提供资金服务，具有价格竞争优势。

（4）管理技术优势。在多年的业务开展中，几大汽车金融公司已开发并成功应用了先进成熟的计算机业务管理系统，它们的汽车金融服务网络涵盖了汽车贷款业务的申请、受理、评审、发放、贷后管理等各个环节，具有高效科学的优势。

（5）适应客户和快速反应能力。在风险控制、产品设计开发、销售和售后服务等方面，专业汽车金融公司都有一套标准化的业务操作系统，其机构的设置和业务流程的设计都是围绕如何方便经销商和购车客户的角度考虑的，能够对客户的需求做出快速反应，赢得了规模经济优势。

(6)客户选择优势。在汽车的服务环节之中，汽车金融公司对客户有深入的了解，同时又处于第一选择者的地位，可先选择诚信度较高的优质客户，从而降低逆向选择的风险，也将在与其他金融机构的竞争中处于有利地位。

## 本章小结

1. 证券经营机构是证券发行、承销、交易的主要载体，其中证券公司是专营的证券机构。证券公司的主要业务包括证券承销与保荐、证券经纪、证券自营和证券投资咨询。

2. 保险是金融体系和社会保障体系的重要组成部分，包括人寿保险、财产保险和再保险三大类。保险公司是经营保险业务的经济组织，主要业务包括保险的营销与销售、承保、理赔、客户服务以及资金运用。

3. 经济活动中的信托，是指拥有资金、财产及其他标的物的所有人，为获得更好的收益或达到某种目的，委托受托人代为运用、管理、处理财产及代办有关经济事务的经济行为。金融租赁是一种以融物代替融资，融物与融资密切相连的信用形式。金融资产管理公司是从事资产管理业务的金融机构，在我国主要是专门处置银行剥离的不良资产。汽车金融公司是从事汽车消费信贷业务并提供相关汽车金融服务的专业机构。

## 思考题

1. 辨析题。

(1)保险公司主要是依靠投保人缴纳保费和发行人寿保险单等方式筹集资金。

(2)在信托关系中，信托投资公司既是受托人，又是受益人。

(3)在任何情况下，证券从业人员都要对客户的投资、资金、持有证券的情况严守秘密。

(4)证券经济业务可以分为证券交易所代理买卖和自营买卖两种。

2. 简答题。

(1)保险公司可以进行证券投资吗？

(2)证券公司在资本市场上的作用是什么？

## 综合训练

### 央行对券商开出反洗钱最大罚单　华泰证券遭罚1 010万元

2月14日，央行公示了27张罚单(银罚字〔2020〕1~27号)，华泰证券因未履行客户身份识别义务、未按规定报送可疑交易报告、与身份不明的客户进行交易，被央行合计罚款1 010万元。这也是目前央行对券商反洗钱工作不到位开出的金额最大的罚单。

处罚信息显示，华泰证券的多位高管、部门负责人遭央行处罚。时任华泰证券经纪及财富管理部总经理孟庆林被罚款 4.5 万元、时任华泰证券运营中心总经理戴斐斐被罚款 4.5 万元、时任华泰证券信息技术部联席负责人陈栋被罚款 3.5 万元、时任华泰证券合规法律部副总经理赵茂富被罚款 4.5 万元。

事实上，券商因反洗钱工作不到位而遭到处罚的情况在去年就频频发生。据不完全统计，2019 年东兴证券、海通证券、信达证券、国信证券、光大证券、申万宏源证券、大通证券、东海证券等十余家券商因反洗钱工作不到位而被处罚或受到行政监督管理。

券商被处罚原因主要集中在三大方面：一是未按照规定保存客户身份资料和交易记录；二是未按照规定履行客户身份识别义务；三是未按规定履行报送可疑交易义务。

近年来，监管层对于证券公司反洗钱工作提出了更高要求。2017 年 10 月以来，央行陆续出台了《中国人民银行关于加强反洗钱客户身份识别有关工作的通知》《中国人民银行关于进一步做好受益所有人身份识别工作有关问题的通知》《法人金融机构洗钱和恐怖融资风险管理指引(试行)》等文件。

除了面对央行监管不断从严的压力外，一旦被开出罚单，券商还要面临分类评级分数影响的风险。在去年各地证监局向券商下发的《关于做好 2019 年证券公司分类评价自评工作的通知》中，在扣分项中着重强调，券商须"如实标注因反洗钱等问题被其他政府部门采取行政处罚措施的情况，并提交具体情况的说明"。

根据监管确立的评分标准，证券公司及其分支机构因反洗钱问题被做出处罚的，单次扣 0.1 分，并按次数累加扣分。就 2019 年分类评级通报情况来看，评价期内 15 家公司被处罚 1 次；4 家证券公司被处罚 2 次；2 家证券公司被处罚 3 次。

(资料来源：孙越. 央行对券商开出反洗钱最大罚单 华泰证券遭罚 1 010 万元[N]. 上海证券报，2020-02-14.)

**试分析：**

1. 券商与证券公司是一回事吗？
2. 案例中的证券公司被处罚的原因是什么？
3. 证券公司合规经营的必要性是什么？

第十一章

# 货币需求与货币供给

 导入思考题

## 货币政策调整释放什么信号？

过去三年的货币政策都定调"稳健"，但侧重点各有不同：2016 年突出要"适应货币供应方式新变化，调节好货币闸门"；2017 年强调要"保持中性，管住货币供给总闸门"；2018年则要求"稳健的货币政策要松紧适度，保持流动性合理充裕"。

回头来看，2019 年央行多次降准向市场释放流动性。此外，央行推进利率市场化改革，通过 LPR 报价改革来疏通货币政策传导渠道。改革后，央行在 11 月首度下调了 MLF 和逆回购利率(5BP)，有效带动银行贷款利率下行。总体来看，2019 年流动性保持合理充裕。目前来看，明年关于货币政策的定调仍将是稳健。虽然目前 CPI 突破 4%，但应对经济下行压力将是货币政策的首要目标，结构性通胀并不会对货币政策形成掣肘。2016 年、2017 年提出"货币总闸门"后，后一年央行都有跟随美联储加息的操作，内部看主要推进金融去杠杆，实际上货币政策是稳健略微偏紧(2018 年下半年偏松)。但目前面临经济增速"破 6"、2020年 GDP 翻番的复杂情况，货币政策大方向是稳健偏松，大概率不会出现"货币总闸门"的表述。

中信证券分析师表示，明年货币政策边际宽松方向不变，但节奏和力度会更加灵活：一方面是结构性货币政策更多地创设、完善和使用(比如 PSL)，另一方面是宽松政策不会一蹴而就。"明年降准、降息都有可能。利率市场化改革后，央行主要通过调控政策利率来带动贷款利率的下降，现在每次降 5BP 的话，降息可以有多次操作。"中泰证券首席经济学家表示。

"LPR 可能于 2020 年下半年下调 40 个基点。在此期间，MLF 利率也可能下行，但幅度或不及 LPR。因为加权平均贷款利率有必要下行以缓解实体经济通缩压力。"中金公司预计。

降准方面，春节前可能有一次。因为春节取现增加将导致流动性紧张，同时 2020 年提前批专项债大规模发行，亦需要流动性支持，而人民币汇率相对稳定给了降准外部空间。

2002—2014 年，长期贸易顺差使得央行被动投放大量本币购买外汇，外汇占款一度成

为投放基础货币的最主要渠道。央行数据显示，2014 年 5 月外汇占款达到峰值 27.3 万亿元，较 2002 年扩张 25.5 万亿元，这期间央行总资产规模扩张 28.37 万亿元，基础货币规模扩张 23.39 万亿元。此后，外汇占款回落，央行频繁使用逆回购和 SLF、MLF、PSL 等结构性货币工具，再贷款成为央行投放基础货币的主要渠道。光大证券首席宏观分析师表示，"完善基础货币投放机制"或有助于解决央行持续缩表问题，随着外汇占款的回落，基础货币被动收缩，未来基础货币投放的方式或更加灵活。在十九届四中全会提出"完善基础货币投放机制"后，明年货币政策是否会有相关表述值得关注。

（资料来源：21 世纪经济报道，杨志锦的《2020 年会降准降息吗？明年货币政策三大前瞻》，2019-12-12.）

【案例导学】

就像我们需要衣服来御寒、需要食物来充饥一样，货币的职能决定着我们对它们产生了需求。哪些因素决定货币需求量，是货币需求理论一直在探讨的问题。同时，货币作为经济运转中最基本的要素，货币供给成为最重要的金融问题。在现行的信用货币制度下，货币供给的多少由谁决定呢？中央银行和银行系统在货币供给过程中各自扮演什么角色？哪些因素影响货币供给？这些问题是本章的学习重点。

# 第一节　货币需求理论

## 一、货币需求概述

货币需求是指一国在一定时期因国民经济发展水平、经济结构以及经济周期形成的对执行流通手段与价值贮藏手段职能的货币的需要量，又称货币必要量。国民经济发展水平是决定货币需求的主要因素，通常以经由货币媒介的最终产品和劳务的总价值，即国民生产总值（Gross National Product，GNP）来表示，也有学者将国民财富总值作为决定货币需求量的主要因素，但由于国民生产总值可视为国民财富总值在某一利率下的贴现值，故在统计学意义上二者意义接近。除经济发展水平外，不同的经济结构（农业、轻工业、重工业的比例等）和经济周期（繁荣阶段、停滞阶段或衰退阶段）也对货币需求产生不同的要求。

货币需求是一个内生变量，形成于国民经济运行系统内部。它属于存量指标，可在一定时期内的若干时点上加以预测和把握。货币需求量具有替代性特征，在信用和金融市场比较发达的条件下，有价证券等金融资产都具有迅速变现的能力，因此可以作为第二准备来替代现金需求，替代性的大小取决于金融资产的流动性、收益性和风险性等因素。

货币需求可区分为名义货币需求和实际货币需求。前者指按当前价格计算的货币需求，它以货币单位（如"元"）来表示；后者剔除物价的影响，以货币实际对应的社会资源，即商品和劳务来表示。二者的关系是：将名义货币需求以具有代表性的物价指数（如 GNP 平减指数）平减后，可得实际货币需求。因此，后者也可解释为按某一基期的不变价格计算的货币需求。

## 二、货币需求的特点

### (一) 货币需求是一个存量概念

货币需求主要考察特定的时间和空间(如某年底、某国)范围内，社会各部门在其拥有的全部资产中愿意以货币形式持有的数量或份额，因而是一个存量概念。尽管存量的多少与流量的大小和速度相关，但货币需求理论研究的主要是存量问题。

### (二) 货币需求是愿望与能力的统一

货币需求以收入或财富的存在为前提，是在具备获得或持有货币的能力范围之内愿意持有的货币量。因此，货币需求不是一种纯主观的或心理上的占有欲望，不是人们无条件地想要多少货币的问题。人们对货币的欲望可以是无限的，但对货币的需求却是有限的。

### (三) 货币需求包括对现金和存款货币的需求

现实中的货币需求不仅是指对现金货币的需求，而且包括对存款货币的需求。因为货币需求是对所有商品、劳务的流通以及一切有关货币支付、贮藏所提出的需求，除了现金之外，存款货币同样也能满足这种需求。

### (四) 货币需求包括对执行多种货币职能的货币的需求

人们对货币的需求既包括执行流通手段和支付手段职能的货币需求，也包括执行价值贮藏职能的货币需求。前者是对货币作为交换媒介和延期支付手段的需求，后者是对货币作为资产保存形式的需求。二者的差别只在于持有货币的动机不同或货币发挥作用的形式不同，但它们都在货币需求的范围之内。如果仅局限于前者，显然不能涵盖货币需求的全部，也与现实经济不符。

## 三、影响货币需求量的因素

### (一) 收入水平

收入水平是决定货币需求量最主要的因素，其发挥作用主要表现在两个方面：一是收入水平；二是收入时间间隔。货币需求与收入水平呈正相关，因为收入越多，支出越多，需要持有的货币量自然也越多；货币需求与收入时间间隔也呈正相关，收入的时间间隔越长，支出越多，人们需要持有的货币量也越多。

### (二) 收入的分配结构

从宏观角度来看，国民收入总是通过一定的分配和再分配进入各个部门的。收入在各个部门分配的结构，必然决定货币总需求中各部分需求的比重或结构。而从微观层面看，收入的分配结构将影响持币者的消费与储蓄行为，并对交易和储蓄的货币需求产生一定影响。

### (三) 价格水平

对商品和劳务的货币支付总是在一定的价格水平下进行的，价格水平越高，需要的货币就越多；反之就越少。当然，市场商品的供求结构发生变化可以通过对价格水平的影响来间接影响货币需求。因此，价格水平与货币需求呈正相关。

### （四）商品和劳务的总量

全社会商品和劳务的总量主要取决于产出的效率和水平，反映了一定时期内全社会的市场供给能力。商品和劳务的供给量越大，对货币的需求量就越多；反之则越少。因此，商品和劳务的总量与货币需求量呈正相关。

### （五）信用发达程度

信用发达程度直接影响作为流通手段和支付手段的货币数量。在信用发达的经济中，人们需要货币时可以容易地获得现金或贷款，需要持有的货币就会相对较少，同时，相当一部分交易可以通过债权债务的抵消来清算了结，货币转化为债券等金融资产也更为顺畅，这必然会减少出于交易动机和投机动机的货币需求。因此，信用的发达程度与货币需求呈负相关。

### （六）货币流通速度

货币流通速度是指一定时期内货币的转手次数。从动态的角度考察，一定时期的货币总需求就是货币的总流量，即货币平均存量与货币流通速度的乘积。在经济体中的物品与劳务总量不变的前提下，货币流通速度越快，货币需求量越少。货币流通速度与货币需求呈负相关。

### （七）市场利率

在市场经济中，利率与货币需求呈负相关。这是因为，首先，持有货币意味着这部分货币不能转化为其他金融资产，利息在一定程度上可以看作持有货币的机会成本；其次，利率的变化会影响股票、债券等有价证券的价格，进而影响公众的货币需求；最后，随着世界各国资本项目的逐渐开放，利率的变动也会影响国际资本的流动，从而改变国内的货币需求。

### （八）心理预期

由于货币需求来自公众，因此不可避免地受到人们的主观意志和心理活动的影响。一些消费、储蓄等倾向及对市场的预期等心理因素都会对货币需求产生影响。当人们预期市场利率上升时，就会增加货币需求；当人们预期投资收益率上升时，就会减少货币需求等。

## 四、货币需求理论的发展

### （一）费雪方程式

美国经济学家费雪认为，货币的唯一功能是充当交换媒介，人们需要货币仅仅是因为货币具有购买力，可以用来交换商品和劳务。因此，一定时期内社会所需要的货币总额必定等于同期内参加交易的各种商品的价值总和。据此，他提出的费雪方程式为：

$$MV = PT \tag{11-1}$$

式中，$M$ 为一定时期内流通中的货币数量（货币需求量）；$V$ 为货币的流通速度；$P$ 为一般物价水平；$T$ 为该时期内商品和劳务的总交易量。

由于所有商品或劳务的总交易量资料不易获得，而且人们关注的重点往往也在国民收入，而不在总交易量，所以交易方程式通常被写成下面的形式：

$$MV = PY \tag{11-2}$$

式中，$Y$ 为以不变价格表示的一年中生产的最终产品和劳务的总价值，即实际国民收入；$PY$ 为名义国民收入；$V$ 为货币的流通速度；$M$ 为一定时期（通常为一年）内流通中的货币量。

费雪认为，货币流通速度 $V$ 是由制度因素决定的。具体地讲，它取决于人们的支付习惯、社会信用制度、运输与通信条件以及人口密度等因素。由于这些因素在短期内很难发生变化，在长期内变动也是相对缓慢的，所以在短期内可以将货币流通速度 $V$ 视为常数。而且通过工资和物价的灵活变动，经济会保持在充分就业水平上，因而在充分就业条件下，商品和劳务的总交易量或实际国民收入在短期内也将保持不变。由于 $V$、$T$ 和 $Y$ 都保持不变，所以货币供给量 $M$ 的变化将完全体现在价格 $P$ 的变化上，即货币供给量的变化将引起一般物价水平的同比例变化。将式(11-2)中两边同除以 $V$，就可得：

$$M = PY/V \qquad\qquad (11-3)$$

在货币市场均衡的情况下，货币存量 $M$ 就等于人们所愿意持有的货币量，即货币需求 $M_d$。因此有：

$$M_d = PY/V \qquad\qquad (11-4)$$

式中，货币需求量取决于货币流通速度和名义国民收入，由于 $V$ 相对稳定，因此货币需求量仅取决于名义国民收入的变动。

### (二)剑桥方程式

早期宏观视角货币需求理论存在的缺陷促使经济学者另辟蹊径，开始将微观主体的持币动机纳入考察范围，侧重于研究个人、家庭、企业等微观主体对货币的需求，从而使货币需求理论产生了质的变化。

英国剑桥大学经济学教授阿尔弗雷德·马歇尔和亚当·C. 庇谷开创了微观货币需求分析的先河。20世纪20年代，他们提出现金余额数量说，提出在一般情况下，人们总会把自己收入和财富的一部分以货币的形式保存起来，而另一部分以非货币的形式（实物形态或直接消费）保存。一国公民以货币形式保有的收入和财富，成为备用购买力，形成一国通货的总价值。从公众角度来看，如果以货币形式保存起来的财富过多，就必然遭受损失，因此，人们常常将保有货币所得到的收益与所遭受的损失加以权衡，从而决定应该保有的货币量，即应保有的备用购买力数量。从整个社会来看，公众保有货币数量的多少对货币价值和物价起决定性的作用。庇谷将现金余额理论用数学方程式形式予以解释，即经典的剑桥方程式：

$$M = kPY$$

式中，$M$ 为名义货币需求，$k$ 为以货币形式保有的收入占名义总收入的比例，$P$ 为价格水平，$Y$ 为真实收入。

与费雪交易方程式相比，剑桥方程式的创新性在于：第一，在考虑货币交易媒介职能的基础上，开始关注货币的价值贮藏职能，即人们选择用货币形式来保持其一部分名义收入，并非仅仅用于满足商品交易的需求，也可以是出于价值贮藏的目的；第二，公众心理因素影响 $k$ 的大小，公众通过权衡持有货币的利弊，来决定以货币形式保有的收入占名义总收入的比例，而 $k$ 实际上是流通速度 $V$ 的倒数。

总体来说，剑桥方程式的基本思想，还是认为 $M$ 和 $P$ 之间的关系非常紧密，二者等比变化的趋势最明显。恰如马歇尔所说，从整个社会来看，公众保有货币的数量对货币价值和物价有决定性作用。也正因为此，剑桥方程式通常被认为属于传统的货币数量说。

### (三)凯恩斯货币需求分析

英国经济学家凯恩斯提出货币需求理论，又称流动性偏好理论。所谓流动性偏好，是指人们宁愿持有流动性高但不能生利的现金和活期存款，而不愿持有股票和债券等虽能生利但较难变现的资产。

凯恩斯认为，人们的货币需求由三种动机所共同决定。

1. 交易动机

交易动机是指人们为了日常经济交易的方便而手持的那部分货币。这与费雪方程式是一致的，强调货币需求主要取决于人们的交易水平，而人们的交易水平取决于人们的收入水平，所以他认为，交易性货币需求同收入成正比。

2. 预防动机

预防动机是指人们保留一部分货币以备不可预料的紧急需要。预防动机缘于人们无法准确地预料到自己在未来一段时期内需要的货币数量，同时也难以避免像疾病、失业这样的突发事件。凯恩斯认为，人们因预防动机而产生的货币需求，也同收入成正比，因为人们拥有的货币越多，其预防意外事件的能力就越强，而拥有较多的货币是以较高的收入为基础的。

3. 投机动机

投机动机的分析是凯恩斯货币需求理论中最有特色的部分。他认为，人们持有货币除了为交易需求和应付意外支出外，还为了贮藏价值或财富。他把用于贮藏财富的资产分为两类：货币和债券。凯恩斯认为，货币是不能产生利息收入的资产，因此其收益为零。债券是能产生利息收入的资产，如果预测利率将要下降，债券价格就要上升，会带来资本收益，人们就会放弃货币而持有债券，则对货币的需求就减少；如果预测利率将要上升，则债券价格就要下跌，当价格下跌超过了债券的利息收入，则不但没有收益，反而要受到损失，这时持有债券就不如持有货币，人们对货币的需求就增加。由此看出，投机动机是指由于未来利率的不确定，人们为避免资本损失或增加资本收益，及时调整资产结构而形成的对货币的需求，因此投资性货币需求同利率成反比。

### (四)信息技术的发展与货币需求

电子货币的发展及其对金融体系产生的影响，受到越来越多的关注。电子货币对货币需求的影响至少体现在以下几方面。

1. 货币需求的结构将发生变化

随着电子货币的出现和广泛使用，支付宝、财付通等移动支付的兴起，以前经常使用现金进行支付的交易将越来越多地采用电子货币支付，现金需求的增长相对减缓。

2. 货币需求的不稳定性增强

随着电子货币的出现和广泛使用，将出现越来越多的既具有交易功能又具有投资功能的新型账户。而投资性货币需求受利率、汇率等市场因素的影响较多，因此造成整个货币需求量的不稳定。

### 3. 货币流通速度将发生变化

由于电子货币便捷的支付功能，货币媒介商品和服务交易的速度大大加快，某些口径的货币的流通速度将显著改变。

**拓展阅读11-1**

#### 移动支付对货币需求的影响

根据凯恩斯货币需求理论，货币需求动机分为交易动机、预防动机、投机动机。货币的交易动机指个人应付日常消费，企业为扩大业务之动机；预防动机指人们为预防不测，以备不时之需之动机；投机动机指人们希望持有货币投资获利之动机，主要参考利率的变化。预防动机主要取决于人们消费习惯以及社会保障等因素，短期内不变。移动支付主要影响了交易动机和投机动机。

首先，移动支付通过提高货币的交易动机来增加货币需求。移动支付激发了人们的消费欲望，而便捷的支付方式降低了人们消费的心理门槛，使人们对自己的财务情况更加乐观，特别是信用支付的出现，让用户甚至不需要办理信用卡，仅通过线上注册便可以获得一定的信贷额度进行消费。相关调查显示，当前"90后"负债率已高达1 850%。大众消费需求的扩大，刺激消费品和资本品生产者扩大生产，促使社会需要更多的货币。

其次，移动支付通过提高投机动机来增加货币需求。消费品和资本品生产者为了扩大生产，往往需要借助杠杆，在融资过程中，企业为了争夺有限的货币资源，势必提高借贷利率。利率是人们投机需求的一个重要参考，利率提高了，短期内人们会需要更多货币进行投资，如购买债券等，因此人们投机的货币需求也增加了。

（资料来源：于江宁. 移动支付对货币市场的影响[EB/OL]. (2019-11-13) [2020-06-20]. https://www.mpaypass.com.cn/news/201911/13100246.html. )

# 第二节　货币供给

## 一、存款货币的创造

### (一)原始存款与派生存款

银行的存款来源不外乎两种：一是原始存款，二是派生存款。所谓原始存款，是指客户以现金形式存入银行的直接存款。但银行在经营活动中，只须保留一小部分现金作为付现准备，可以将大部分现金用于放款。客户在取得银行贷款后，一般并不立即提取现金，而转入其在银行的活期存款账户。这时，银行一方面增加了放款，另一方面又增加了活期存款。这种通过银行转账方式发放贷款而创造的存款，就称为派生存款。派生存款的创造过程在广泛采用非现金结算的情况下，银行将吸收的原始存款除了法定存款准备金外全部用于放款，客户取得贷款后，不提取现金，全部转入另一企业的银行存款账户；接收这笔新存款的银行，除保留一部分法定存款准备金外，又将其余部分用于放款，这样，又会出现另一笔存款。如此不断延续下去，即可创造出大量存款。

**(二)派生存款的创造过程**

假设 A 银行吸收到客户甲存入 10 000 元存款，从而 A 银行新增存款 10 000 元；再设，根据经验，A 银行保存相当于存款额 20% 的准备金就足以应付顾客日常提取现金的需要，那么 A 银行可把 8 000 元现金贷出，如贷给客户乙用于向丙支付应付款项。8 000 元贷款支出，A 银行的资产负债状况如表 11-1 所示。

表 11-1　A 银行的资产负债状况　　　　　　　　单位：元

| 资产 | | 负债 | |
| --- | --- | --- | --- |
| 库存现金 | 2 000 | 存款 | 10 000 |
| 贷款 | 8 000 | | |

丙将 8 000 元现金存入自己的往来银行 B，按照同样的考虑，B 银行留下 20% 的准备金（即 1 600 元），其余 6 400 元存款贷给客户丁。这时，B 银行的资产负债状况如表 11-2 所示。

表 11-2　B 银行的资产负债状况　　　　　　　　单位：元

| 资产 | | 负债 | |
| --- | --- | --- | --- |
| 库存现金 | 1 600 | 存款 | 8 000 |
| 贷款 | 6 400 | | |

如此类推，从 A 银行开始至 B 银行、C 银行……持续地存款、贷款、存款，则会创造派生存款，如表 11-3 所示。

表 11-3　派生存款的创造过程　　　　　　　　单位：元

| 银行 | 存款 | 库存现金 | 贷款 |
| --- | --- | --- | --- |
| A | 10 000 | 2 000 | 8 000 |
| B | 8 000 | 1 600 | 6 400 |
| C | 6 400 | 1 280 | 5 120 |
| D | 5 120 | 1 024 | 4 096 |
| … | … | … | … |
| 合计 | 50 000 | 10 000 | 40 000 |

在支票存款转账系统中，当银行根据经验按存款的一定比例（假设是 20%）保存现金库存时，10 000 元的存款，可使有关银行共发出 40 000 元贷款和吸收包括最初 10 000 元存款在内的 50 000 元存款。从先后顺序来说，10 000 元是最初的存款，40 000 元是由于有了最初的存款才产生的。因此，通常把最初的存款称为原始存款，把在此基础上扩大的存款称为派生存款。如果把有现金对应的存款叫原始存款，把没有现金对应的存款叫派生存款，也就是 10 000 与 40 000 的比。原始存款、贷款总额、经过派生后的存款总额（包括原始存款）、必要的现金库存对存款的比率，这四者的关系可表示为：

$$D = R \times 1/r$$
$$D = L + R$$

(11-5)

式中，$D$ 为经过派生的存款总额（包括原始存款）；$R$ 为原始存款；$L$ 为贷款总额；$r$ 为必要的现金库存对存款的比率。

在原始存款的基础上出现了派生存款，其核心意义即在于存款货币的创造。就上面的例子来说，原来流通中有 10 000 元为各种支付服务。现在，这 10 000 元进入银行，银行则形成了 50 000 元存款货币为各种支付服务。即使把原有存款扣除，银行也为经济创造了 40 000 元的存款货币。在创造存款货币中，银行也同时壮大了自己的力量。

## 拓展阅读 11-2

### M2 计量范围的历次调整及影响

自 1994 年我国首次推出货币供给量的指标体系，我国的货币供给量已经经历了五次大的调整，每一次调整都是因经济和金融市场出现的新情况、新变化，而调整也进一步完善了央行的货币监测体系，提高了宏观调控的精准度。

#### 一、1994 年货币供给量指标正式推出

1994 年 10 月，中国人民银行印发《中国人民银行货币供给量统计和公布暂行办法》（银发〔1994〕267 号，以下简称《办法》）正式编制并向社会公布"货币供给量统计表"，《办法》中明确了货币供给量的定义："货币供给量，即货币存量，是指一国在某一时点流通手段和支付手段的总和，一般表现为金融机构的存款、流通中现金等负债，亦即金融机构和政府之外，企业、居民、机关团体等经济主体的金融资产。"首次将我国的货币供给量划分为以下 3 个层次。

M0：流通中的现金（货币供给量统计的机构范围之外的现金发行）。

M1：M0+企业存款（企业存款扣除单位定期存款和自筹基建存款）+机关团体部队存款+农村存款+信用卡类存款（个人持有）。

M2：M1+城乡居民储蓄存款+企业存款中具有定期性质的存款（单位定期存款和自筹基建存款）+外币存款+信托类存款。

M3：M2+金融债券+商车票据+大额可转让定期存单等。

#### 二、2001 年第一次修订：纳入证券公司客户保证金

2001 年 6 月，中国人民银行第一次修订货币供给量口径，将证券公司客户保证金计入 M2。随着股票市场的发展，证券公司客户（股民和机构投资者）保证金数量迅速增加。据人民银行统计，证券公司存放银行同业款项（其中绝大部分是证券公司客户保证金）1999 年年末为 1 643 亿元（占当期 M2 统计量的 1.37%），到 2000 年年末上升为 4 162 亿元（占当期 M2 统计量的 3.01%），2001 年 4 月末达到 4 669 亿元（占当期 M2 统计量的 3.24%）。由于证券公司客户保证金主要来自居民储蓄和企业存款，加上认购新股时，大量的居民活期储蓄和企业活期存款转为客户保证金，新股发行结束后，未中签资金又大量流回上述存款账户，造成货币供给量的统计数据被低估，影响对货币供给量的监测。因此，中国人民银行将货币供给量统计口径进行修订。根据当时对人民银行货币统计司负责人的采访，M2 修订后的新标准比旧标准平均高 1.5 个百分点。

### 三、2002 年第二次修订：纳入外资银行的人民币存款

2002 年年初，中国人民银行第二次修订货币供给量，将在中国的外资、合资金融机构(包括外资银行、合资银行、外国银行分号、外国财务公司及外资企业集团财务公司)的人民币存款，分别计入不同层次的货币供给量。这次调整的大背景是 2001 年我国加入了 WTO，资本市场进一步开放。根据国务院签署的第 340 号令，对外资银行准入进一步放开。因此外资银行的人民币存款大规模上升，在此背景下将其纳入货币供给量统计。

### 四、2006 年第三次修订：排除信托投资公司和金融租赁公司存款

2006 年，中国人民银行第三次修订货币供给量，将信托投资公司和金融租赁公司的存款不计入相应层次的货币供给量。原本此两者包含在 1994 年《办法》中的"特定存款机构"中，纳入货币供给量统计。

信托公司、租赁公司在存款类金融机构中的存款在 2011 年 10 月后再度纳入 M2 的统计，包含在"其他存款"项内。

### 五、2011 年第四次修订：纳入住房公积金和非存款类机构存款

2011 年 10 月，中国人民银行再次修订货币供给量，在货币供给量中加了住房公积金中心存款和非存款类金融机构在存款类金融机构的存款。原因是非存款类金融机构在存款类金融机构的存款和住房公积金存款规模已较大，对货币供给量的影响较大。到了 2015 年年初，央行进一步扩大了存贷款口径的统计，将非存款类金融机构存放在存款类金融机构的款项纳入"各项存款"统计口径，将存款类金融机构拆放给非存款类金融机构的款项纳入"各项贷款"统计口径。经过这次调整，"各项存款"口径与 M2 中存款口径基本一致。但商业银行理财等焦点指标仍未纳入货币供给量统计。

### 六、2014 年第五次修订：季调模型修订 M2 统计量

2014 年 9 月，银监会、财政部、中国人民银行联合发布并实施了《关于加强商业银行存款偏离度管理有关事项的通知》，对银行月末和季末冲存款的行为进行约束，希望尽量避免冲存款对金融体系和金融数据造成冲击。文件发布后，有效遏制了存款季(月)末冲时点的现象。但为了避免 M2 因为存款偏离度考核导致基数不可比，央行用季调模型修正了过去季度末的冲存款现象。

此外，关于货币统计也曾有过一些争论，例如，针对外汇存款是否纳入货币供给量统计，中国人民银行调查统计司课题组等曾提出截然相反的观点：中国人民银行调查统计司课题组认为，随着我国经济与全球经济联系的日益密切，流入境内的外币在我国经济中扮演越来越重要的角色。无论从理论还是从实践出发，都应将外汇存款纳入我国货币供给量统计中。但从法理而言，其不承担货币职责(主要指在我国外汇无法直接作为交易媒介参与交易)且数额不大，因此还不宜计入广义货币中。鉴于当时外汇存款数额较小，人民银行最终未对外汇存款进行处理。近些年针对新兴的电子货币和虚拟货币，也有很多学者进行讨论，但央行目前基本尚无定论。

2009—2019 年中国货币供给量 M1、M2 分别如图 11-1、图 11-2 所示。

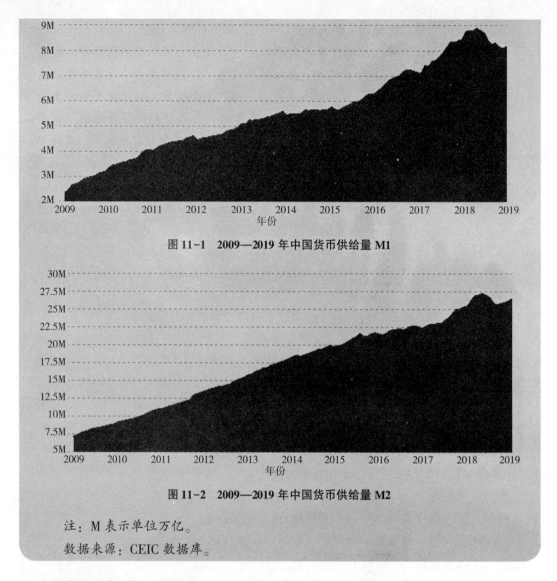

图 11-1　2009—2019 年中国货币供给量 M1

图 11-2　2009—2019 年中国货币供给量 M2

注：M 表示单位万亿。

数据来源：CEIC 数据库。

### （三）存款货币创造的乘数

由存款派生过程可见，最初 10 000 元的原始存款，经过商业银行体系运用后，能创造出 40 000 元派生存款，最终银行体系的总存款为 50 000 元。如果用 $R$ 表示原始存款，$r$ 表示法定存款准备金率，$D$ 表示存款扩张总额，则简单的存款扩张模型为：

$$D = R/r \tag{11-6}$$

存款乘数 $m$ 为：

$$m = 1/r \tag{11-7}$$

在前面的例子中，存款的扩张倍数是 5（1÷20%）倍。若 $r$ 降为 10%，则存款可扩张 10 倍；若 $r$ 升至 25%，则存款只可扩张 4 倍。法定存款准备金率越高，存款扩张倍数越小；法定存款准备金率越低，存款扩张倍数越大。由于 $r$ 是一个介于 0 和 1 之间的数，$1/r$ 必定大于 1，这说明经过存款创造，原始存款能以一个乘数（倍数）的速度扩张。

但这里的 $m$ 值只是原始存款能够扩大的最大倍数，实际过程中的扩张倍数往往达不到这个值。值得注意的是，商业银行的存款创造功能是双向的，不仅能造成存款货币的扩张，也能造成存款货币的收缩。

### （四）商业银行存款创造的主要制约因素

#### 1. 法定存款准备金率

根据简单的存款扩张模型 $m = 1/r$，若原始存款一定，影响存款扩张总额的主要因素就是法定存款准备金率 $r$。$r$ 越高，存款扩张总额就越少。

#### 2. 超额准备金率

为了应付客户存款的提现和机动放款的需要，商业银行除了按要求交纳法定存款准备金之外，还会保留一部分超额准备金。在存款创造过程中，超额准备金与法定存款准备金所起的作用一样，都代表着资金的漏出。如果各家银行都持有一定的超额准备金，则存款的创造能力下降。如果用 $e$ 表示超额准备金与存款总额之比，即超额准备金率，则存款扩张模型和存款乘数变为：

$$D = R/(r + e) \tag{11-8}$$
$$m = 1/(r + e) \tag{11-9}$$

#### 3. 现金漏损率

在存款创造过程中，难免有部分现金流出银行体系，保留在人们手中而不再流回。现金外流使银行可用于放款的资金减少，因而削弱了银行体系的存款创造能力。现金漏损与存款总额之比称为现金漏损率，用 $h$ 表示，则存款扩张模型和存款乘数为：

$$D = R/(r + e + h) \tag{11-10}$$
$$m = 1/(r + e + h) \tag{11-11}$$

综上所述，商业银行吸收一笔原始存款所能创造出的存款总额，不仅受法定存款准备金率的影响，还会受超额存款准备金率和社会公众持有的现金漏损率等因素的影响。

## 二、中央银行体制下的货币创造过程

### （一）基础货币

#### 1. 基础货币的含义

对于中央银行而言，货币供给机制是通过提供基础货币来发挥作用的。所谓基础货币，又称高能货币，是指具有使货币总量成倍扩张或收缩能力的货币，是商业银行存款创造的基础。

从基础货币的来源来看，它是货币当局的负债，即由货币当局投放并为货币当局所能直接控制的那部分货币，它只是整个货币供给量的一部分；从基础货币的运用来看，它由流通中社会公众持有的现金和商业银行的准备金两部分构成。用公式表示为：

$$B = C + R \tag{11-12}$$

式中，$B$ 为基础货币；$C$ 为流通中的现金；$R$ 为商业银行的准备金，$R$ 由商业银行持有的库存现金和商业银行在中央银行的存款准备金构成。

2. 影响基础货币的因素

（1）对政府的债券净值。发行债券是一国政府融通资金、弥补财政赤字的较为理想的筹资工具。中央银行代理政府发行债券，并通过公开市场操作而持有债券，形成一项资产；另外，财政部门在中央银行开设一个财政存款账户，形成中央银行的负债。资产和负债差额形成了中央银行对政府的债券净值，其变化直接导致流通中基础货币的变化：当该净值增加时，基础货币增加；反之，当该净值减少时，基础货币也减少。

（2）对商业银行等金融机构的债权。中央银行对商业银行等金融机构的债权与其在中央银行的存款准备金的差额形成的债权净额，即为商业银行等金融机构的债权。当中央银行对商业银行的再贴现或再贷款增加时，或当商业银行在中央银行的存款准备金减少时，债权净额增加，流通中的基础货币也增加；债权净额减少，相应的基础货币也将减少。

（3）国外净资产。这是由外汇、黄金占款和中央银行在国际金融机构中的净资产构成。中央银行在出售或购买黄金时，必然伴随着一笔等值数额货币的回收和投放，相应的，就会改变基础货币的数量。同样，国际收支的变化对一国的基础货币也会产生影响。若国际收支顺差，则出口商会出售外汇给中央银行，中央银行的国外资产净额就会增加，在其他因素不变的情况下，基础货币会增加；相反，若国际收支逆差，则进口商向中央银行购进外汇，使中央银行国外资产净额减少，基础货币会减少。如果中央银行欲缓和本国货币升值的情况，则会购进外汇，因而中央银行的国外资产净额增加，在其他因素不变的情况下，基础货币就会增加；反之，如果中央银行欲缓和本国货币贬值的情况，则会卖出外汇，因而中央银行的国外资产净额减少，基础货币也会减少。

拓展阅读 11-3

### 中国加快完善基础货币投放机制

现在的货币都是以国家信用为基础的信用货币，是一切金融活动的基础。货币投放机制的完善程度，与其信用密切相关。历史已经证明了货币发行机制的重要性，比如北宋时期为了缓解巨大的财政负担，扩大政府收益，相继发行了钱引、盐引、茶引等多种纸币兑换凭证，造成了大量普通家庭和工商业者的破产，最终也使整个社会的金融系统分崩离析。

我国高度关注货币发行机制的建设。抗战期间就在陕甘宁边区构建起了独立自主的货币制度，形成了一套有效的货币发行机制，货币政策的目标重点维持币值和金融体系的稳定，同时强调灵活变通、独立自主的特征。这些机制都为当时的边区军民生活改善、促进革命成功做出了突出贡献。中华人民共和国成立后，中国根据经济发展的情况，不断调整、完善货币发行机制，尤其是改革开放以后，中国的货币发行机制根据经济发展的不同阶段不断地进行调整，为经济快速增长创造了条件。

最近十余年，经历了美国次贷危机、欧债危机以及世界金融危机以后，国际经济格局显然发生了很多变化，最主要的就是新兴经济体在国际经济中的地位不断提升，而发达国家的话语权相对在下降，国际经济和金融秩序无疑已经到了变革的路口。

从中国国内的经济情况看，货币发行机制改革正在不断推进。2008—2015年间，外汇占央行总资产的比重大都在70%以上，最高曾达到80%，虽然自2016年开始下降，但是目前占比仍然大于55%，结汇后的大量人民币成为央行的负债。作为国际金融秩序的制定者、主导者，美国货币政策的一举一动都将会传导到我国金融体系内部，给包括央行在内的监管部门带来监管和调控的巨大压力，这种压力也会给国内资产价格带来巨大影响。由此可见，改革货币发行机制关系金融体系的稳定和经济的可持续发展。

当前全球正在掀起一股"去美元化"的浪潮，也给我国货币发行机制改革带来了机遇。由于美国国债收益率出现倒挂现象，其经济发展前景不容乐观，美债被投资者看空的程度在增强。美联储数据显示，截至2019年9月2日，外国央行持有美债的资金净流出额为141.56亿美元，这标志着外国央行抛售美债的速度正在加快。据统计，2018年以来全球至少有34个国家通过抛售美债、放弃美元结算等方式来"去美元化"，同时，世界各国使用本币结算的现象正在增多。我国目前已经与近40个国家或地区签署货币互换协议，互换总金额已经超过了3万亿元人民币。2018年，跨境人民币首付规模达5.11万亿元，同比增长18%。

同时，国内货币发行机制改革的基础不断完善。随着中国贸易更加趋向于平衡，央行更加倾向于使用MLF(中期借贷便利)、PSL(抵押补充贷款)等工具作为基础货币投放的渠道。当前MLF(含定向中期借贷便利)余额超过了4万亿元，很好地保证了流动性，相当于构建了缓冲地带。尤其是随着LPR机制的建立，货币传导机制更加通畅，也有利于发行机制的完善。

当然，完善基础货币投放机制的核心就是加快建立以中国经济发展为基础的货币发行机制改革。西方发达国家的成熟经验显示，当央行资产负债表都是以本币呈现的时候，往往会更加稳定，尤其是在抵抗金融危机的过程中，央行才可以充当有效的最后贷款人的角色。中国加快基础货币投放机制的改革，将降低财政负担以及重组公共部门的资产负债表，金融产品更加丰富，金融市场也更加活跃。这不仅会加速中国金融体系由大向强的转变，也会给中国经济带来更大的驱动力。

（资料来源：今日中国网，卞永祖的《中国加快完善基础货币投放机制》，2019-12-18.）

### (二)货币乘数

1. 货币乘数的含义

货币乘数，也称基础货币扩张倍数，是货币供给量与基础货币之间的倍数关系，指单位基础货币所生成的货币供给量。如果用 $M$ 表示货币供给量，$B$ 表示基础货币，$K$ 表示货币乘数，则有：

$$K = M/B \qquad (11-13)$$

基础货币主要是由流通中的现金 $C$ 和银行存款准备金 $R$ 所构成。现金虽然能成为创造存款货币的依据，但其本身的量受中央银行发行量的制约，不能成倍增加，能引起倍数增加的只有存款货币 $D$ 。

2. 货币乘数的推导

首先，给出各种符号及其含义。

M1：狭义货币，即商业银行活期存款与流通中现金之和；

M2：广义货币，即商业银行全部存款与流通中现金之和；

$B$：基础货币，即流通中的现金与总准备金之和；

$C$：流通中的现金；

$D$：商业银行存款总额；

$D_d$：活期存款；

$r$：法定存款准备金率；

$e$：超额准备金率；

$h$：现金漏损率；

$n$：活期存款占总存款的比率；

$K_1$：狭义货币供给乘数；

$K_2$：广义货币供给乘数。

根据货币乘数公式可得：

$$K_1 = \frac{M1}{B} = \frac{C + D_d}{C + R} = \frac{C + D_d}{C + D \times r + D \times e} \tag{11-14}$$

将分子分母同时除以 $D$，可得：

$$K_1 = \frac{h + n}{h + r + e} \tag{11-15}$$

同理可得：

$$K_2 = \frac{h + 1}{h + r + e} \tag{11-16}$$

货币乘数和存款乘数非常相似，仅仅在分子上多了一个 $h + n$ 和 $h$，这是因为存款乘数仅包括活期存款，而货币乘数则包括流通中的现金、活期存款和定期存款三部分。

**（三）货币供给的决定**

货币乘数在货币供给量的决定中起着非常重要的作用，其大小主要取决于以下因素。

1. 法定存款准备金率

法定存款准备金率提高，商业银行就必须缩减贷款以满足法定存款的要求，进而减小了货币乘数，收缩了货币供给。法定存款准备金率是中央银行政策变量，完全由中央银行决定，它的变动是中央为调节宏观经济而使用货币政策工具的结果。

2. 超额准备金率

商业银行持有一定的超额准备金，意味着用于创造信用货币的准备金数量相对减少，这是存款扩张过程中的一项漏出。因此，超额准备金率与货币乘数之间也呈负相关，超额准备金率越高，货币乘数就越小。商业持有的超额准备金的数量，取决于成本与收益的对比关系。成本是商业银行因保留超额准备金而丧失的可能获得的利润；收益则是银行要获取更多准备金时所花费的成本。因此，影响商业银行持有超额准备金数量的因素有：商业银行持有超额准备金的成本，主要是中央银行再贴现率的高低；商业银行的经营风险及其资产的流动性，若经营风险较大而资产流动性又较差，商业银行持有的超额准备金就比较多。

**3. 现金漏损率**

如果公众持有的现金比率提高，存款扩张过程中的漏出就会增加。因此，现金漏损率越大，货币乘数就越小。现金漏损率的大小主要取决于社会公众的资产偏好。一般来讲，影响现金漏损率的因素有：公众可支配收入的水平——可支配收入越高，现金漏损率就越高；公众对通货膨胀的预期——预期通货膨胀率越高，现金漏损率就越高。此外，社会支付习惯、银行业信用工具的发达程度、社会稳定性、利率水平等也会影响现金漏损率。

**4. 定期存款与活期存款的比率**

一般来讲，在法定存款准备金不变的情况下，如果人们改变各种存款之间的比率，实际的平均存款准备金比率也会改变。如果定期存款对活期存款的比率上升而其他因素不变，狭义货币 M1 就会下降。影响定期存款与活期存款比率的因素主要有两个。一是定期存款利率，如果该利率上升，人们会更多地以定期存款方式保留财富，定期存款比率也会上升；二是收入和财富，如果收入和财富增长，各项资产会同时增加，但若生息资产的增长幅度高于支付工具的增长幅度，则定期存款比率就会上升。

# 第三节　货币均衡

## 一、货币均衡

### (一)货币均衡

**1. 货币均衡的含义**

所谓货币均衡，就是指货币供给量与货币需求量基本相等，即：

$$M_s = M_d \qquad (11-17)$$

式中，$M_s$ 为货币供给量；$M_d$ 为货币需求量。

必须指出，这里的 $M_s = M_d$ 并非纯数学概念。事实上，货币供给量与货币需求量绝对相等是不可能的，基本相等是指货币供给量与货币需求量大体相适应。

(1)货币均衡不是简单的货币供给和货币需求的均衡，而是货币供给和经济对货币的需要的均衡，其经济态势通常变现为生产正常增长，市场情况良好，物价基本稳定。

(2)货币均衡不仅是货币供求总量的均衡，而且是货币供求结构的均衡。所谓货币供求结构的均衡，是指一个国家的各个生产部门、企业所生产的产品基本上能够销售出去，实现其价值，转化为货币，并且生产部门、企业和个人所持有的货币能够按照一定的价格条件转化为自己所需要的商品。在社会上，基本上不存在一方面商品大量积压，另一方面手里有钱买不到商品的情况。

(3)货币均衡是以利率为契机的。在发达的货币市场中,货币供求引起利率的变化,货币供大于求时,利率下降;货币供小于求时,利率上升。利率的变化又影响货币供求的变化。这种相互作用、相互影响而形成均衡利率时,货币供求即实现大体均衡。此时社会有限资源得到较为合理的配置。

2. 货币非均衡的原因

(1)货币供给量小于货币需求量。其原因:一是经济增长速度较快,商品生产和交换的规模扩大,但中央银行宏观调控仍然处于偏紧的状态,货币供给量没有及时增加,从而导致经济运行中货币供给量相对不足;二是在经济运行中,货币供给量与货币需求量大体一致,但中央银行实施紧缩性的货币政策,从而导致货币供给量相对不足,国民经济的正常运行受到抑制。

(2)货币供给量大于货币需求量。主要原因:一是央行扩张性货币政策力度把握不当,超过了经济发展的客观需要,从而形成过多的货币投放;二是在经济发展过程中,政府的高速经济增长目标需要以货币资本为支撑,促使银行不适当地扩大信贷,从而形成过多的货币供给。

(3)货币结构性失衡。主要有两种含义。一是货币供给量形成的购买力结构与货币需求量所包含的商品供应量结构之间的不平衡。比如,在一定时间内购买力对投资商品的需求较大,而存货中消费品的供应量较大,这样就会出现投资品短缺和消费品滞销并存的现象;二是指货币供给量中 M0 与 M1、M1 与 M2 的比例失调。

**(二)货币均衡的实现条件**

(1)健全的利率机制。利率作为金融市场上的"价格",能够灵活地反映货币供求的状况。它随着货币供求关系的变化及时地自由波动,并且其波动幅度一般不受硬性规定,以此来反映货币供求关系是否失衡及其失衡程度。

(2)发达的金融市场。各种金融工具和货币之间可以便利而有效地转化,既有众多的金融工具和金融资产可供投资者选择,又可通过与货币之间的互相转化来调节货币供求。

(3)加强中央银行的宏观调控。换言之,中央银行须拥有足够且有效的调控手段。

(4)国家财政政策收支要保持基本平衡。

(5)生产部门结构要基本合理,即产业结构合理化,以消除社会商品供求结构性失衡。

(6)国际收支必须保持基本平衡。

拓展阅读 11-4

**利率与货币均衡**

市场经济条件下货币均衡的实现有赖于三个条件,即健全的利率机制、发达的金融市场以及有效的中央银行调控机制。

在完全市场经济条件下,货币均衡最主要的实现机制是利率机制。除利率机制之外,还有中央银行的调控手段、国家财政收支状况、生产部门结构是否合理、国际收支是否基本平衡四个因素。在市场经济条件下，利率不仅是货币供求是否均衡的重要信号，而且对货币供求具有明显的调节功能。因此，货币均衡可以通过利率机制的作用来实现。

就货币供给而言，当市场利率升高时，一方面，社会公众因持币机会成本加大而减少现金提取，这样就使现金比率缩小，货币乘数加大，货币供给增加；另一方面，银行因贷款收益增加而减少超额准备金来扩大贷款规模，这样就使超额准备金率下降，货币乘数变大，货币供给增加。所以，利率与货币供给量之间存在着同方向变动关系。就货币需求来说，当市场利率升高时，人们的持币机会成本加大，必然导致人们对金融生息资产需求的增加和对货币需求的减少。所以，利率同货币需求之间存在反方向变动关系。当货币市场上出现均衡利率水平时，货币供给与货币需求相等，货币均衡状态便得以实现。当市场均衡利率变化时，货币供给与货币需求也会随之变化，最终在新的均衡货币量上实现新的货币均衡。

## 二、经济均衡

### (一)社会总供求的含义

所谓经济均衡，通常指的是社会总供求的均衡。社会总供求是社会总供给和社会总需求的合称。社会总需求是指在一定时期内，一国社会的各方面实际占用或使用的全部产品之和，它是货币购买力总称，也就是一定时期社会的全部购买支出。社会总供给是指在一定时期内，一国生产部门按一定价格供给市场的全部产品和劳务价值之和，以及在市场上出售的其他金融资产的总值，因此，社会总供给也就是在一定时期内，社会的全部收入或总收入。

### (二)货币均衡与社会总供求均衡的关系

从形式上看，货币均衡是货币领域内货币供求相互平衡而导致的一种货币流通状态，但是从实质上说，则是社会总供求平衡的一种反映。货币均衡与社会总供求均衡的关系如图11-3所示。在商品经济条件下，社会总需求与社会总供给的矛盾是客观存在的。

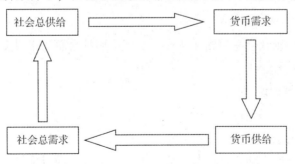

**图11-3 货币均衡与社会总供求均衡的关系**

1. 社会总供给决定货币需求

从宏观角度来看，货币需求是指流通中的商品和劳务需要多少货币来完成它们的交换。显然，流通中的商品和劳务就是社会总供给。所以，社会总供给和货币需求之间的关系应该是社会总供给决定货币需求。

从微观角度的货币需求出发，也能得到相同的结论。微观角度的货币需求是人们在收入一定的情况下，有多少愿意以货币的形式保留下来。显然，货币需求的大小直接取决于收入的高低。而人们的收入最终来源于总供给，是由总供给转化而来的。人们只有提供商品或劳务，即创造出总供给，才可能获得收入。所以人们的实际收入水平取决于总供给，又直接决定了货币需求。

社会总供给和货币需求之间的关系反映了商品流通和货币流通之间的关系。社会总供给表现为商品流通，货币需求则表现为流通中对货币的需求量。经济体到底需要多少货币，取决于多少实际资源需要用货币实现其流转，并完成生产、交换、分配和消费相互联系的再生产过程。

人们在收入增加后，不会全部以货币形式持有，肯定有一部分会转变成生利资产的形式，所以社会总供给增加，并不会引起货币需求同量的增加，一般情况下只是引起较小的货币需求增加。而且货币需求也不是纯粹被动的，货币需求的变动对社会总供给也有能动作用。

2. 货币需求决定货币供给

中央银行控制的货币供给必须以客观经济的货币需求为前提，由客观经济所需的货币量引出中央银行供给的货币量，两者相互匹配。

3. 货币供给决定社会总需求

货币供给是社会总需求的载体。社会总需求是人们在一定收入水平的约束下对商品的需求。收入水平决定了人们的总需求，而货币供给又决定了人们的收入水平。所以货币供给和社会总需求的关系是：货币供给决定社会总需求。货币供给增加时，名义上的国民收入增加，各部门的名义收入也增加，社会总需求增加。

然而，一定量的货币供给并不一定引出同量的总需求，在数量上会有差距。一种情况是，如果企业和个人扩大总需求的愿望并不是很强烈，一部分货币供给会形成货币积累，而不形成当期需求，从而造成总需求不足。相反，如果企业或个人扩大总需求的愿望非常强烈，人们会激活以前枳累的货币，使当期社会总需求扩张。

4. 社会总需求决定社会总供给

社会总需求不足，则社会总供给无法充分实现；而社会总需求过多，在一定条件下又会推动社会总供给增加。

**(三) 从失衡到均衡的调节**

从货币失衡到货币均衡的调节，要完成以下四个步骤。第一步，分清失衡的类型，即明确货币供给量究竟是大于还是小于货币需求量；第二步，分析失衡的原因；第三步，制定不同的对策；第四步，采取行动。这里着重研究第三步工作，即对策问题。现在以货币供给量大于货币需求量为考察对象，提出四类对策供选择。对于货币供给量小于货币需求量的情形，可以采取相反的对策。

1. 供应型调节

所谓供应型调节，是指在货币供给量大于货币需求量时，从压缩货币供给量入手，使之适应货币需求量。这包括如下几个层次的措施。

（1）从中央银行方面来看，一是在金融市场上卖出有价证券，直接回笼货币；二是提高法定存款准备金率，收缩商业银行的贷款扩张能力；三是减少基础货币供给量，包括减少给商业银行的贷款指标，收回已贷出的款项等。

（2）从商业银行方面来看，一是停止对客户发放新贷款；二是到期的贷款不再延期，坚决收回；三是提前收回部分贷款。

（3）从财政方面来看，一是减少对有关部门的拨款；二是增发政府债券，减少社会各单位和个人手中持有的货币量。

（4）从税收方面来看，一是增设税种；二是降低征税基数；三是提高税率；四是加强纳税管理。

财政税收措施在减少社会各单位和个人的存款与现金持有量的同时，增加了财政金库存款，从这个角度看，似乎没有压缩货币供给量，但是，社会各单位的存款和财政金库存款是两类不同性质的存款，前者流通性强，后者流通性弱。因此，各国财政税收手段将社会各单位的一部分存款转化为财政金库存款，就是将一部分现实购买力转化为潜在购买力，从而在实质上收到了压缩货币供给量之效。

这种靠压缩现有货币供给量来达到货币均衡的供应型调节方式，如果仅仅从货币均衡的角度来看，它是有效的，也可以说是一种积极的调节方式。但是，如果把它放到整个经济运行机制中去考察，从收缩货币供给量对国民经济的影响来看，这种调节方式就可能在有些情况下是消极的。因为货币供给量的收缩，一方面意味着货币供给量的减少，另一方面又意味着货币存量分布结构的改变。总量收缩对于生产经营性企业来说，可能是可投入的资金来源减少，也可能是已投入的资金被抽回。在资金的使用效益短期内无法提高的情况下，社会再生产经营规模就只能在萎缩的状态下进行，社会经济发展速度必定会受到影响。

2. 需求型调节

所谓需求型调节，是指在货币供给量大于货币需求量时，从增加货币需求量入手，使之适应既定的货币供给量。由于货币需求量主要还是一个独立于银行之外的内生变量，因此，对货币需求量的调节措施更多地在银行之外推行。这包括如下几条措施。

（1）财政部门调拨资金，国家物资部门动用物资储备，商业部门动用商品储备，以此增加商品供应量。

（2）银行运用黄金储备和外汇储备，外贸部门组织国内急需生产资料的进口，以此扩大国内市场上的商品可供量。

（3）国家物价管理部门提高商品价格，通过货币需求量的增大来吸收过度货币供给量。例如，提高零售商品价格可以很快地收到这种效应，因为商业部门的商品零售额吸收了居民可支配收入的绝大部分。因此，任何时候提高商品零售价格都是增加货币需求量、吸收"过剩购买力"的强有力手段。

3. 混合型调节

所谓混合型调节，是指面对货币供给大于货币需求的失衡局面，不是单纯地压缩货币供给量，也不是单纯地增加货币需求量，而是同时从两个方面入手，既采取供应型调节，又采取需求型调节，双管齐下，以尽快实现货币均衡，又不给经济造成太大的波动。

4. 逆向型调节

所谓逆向型调节，是指面对货币供给量大于货币需求量的失衡局面时，中央银行不是采取"釜底抽薪"的政策，即压缩货币供给量，而是反其道而行之，采取增加货币供给量的方式，促成货币供需在新的起点实现均衡。这是一种非常特别的调节方法，它是"欲取之，必先予之"和"以退为进"的哲学思想在银行货币供求均衡调节工作中的具体运用。它的内涵是：在货币供给量大于货币需求量的同时，实现经济生活中客观存在着尚未充分利用的生产要素(闲置的劳动力、闲置的生产资料、开工不足的机器设备等)和某些"短线产品"(即社会需求量很大，但可供能力又有限)，银行对这种"短线产品"的企业和其他"短、平、快"的项目追加贷款，以促进生产的发展，通过商品供给量的增加来消化供给过多的货币。这种逆向型调节方法不如供应型调节方法那么见效，短期内还会有扩大货币失衡的态势，但只要把握得好，控制适度，会收到事半功倍的效果。

## 本章小结

1. 现代货币需求理论把货币作为一种资产，探讨人们愿意以多大比例以货币形式持有其财富。

2. 商业银行通过其经营活期存款的机制，创造出货币存款，从而创造货币。这是商业银行与其他金融机构的最重要区别。

3. 货币供给量的变动主要取决于货币乘数与基础货币两大因素。货币供给是由中央银行、政府部门、商业银行及社会公众的行为共同决定的。其中，央行的作用最大。

4. 货币均衡的实际意义应是货币供给量与货币需求量大体相适应，即动态均衡。

5. 经济均衡通常指的是社会总供求均衡。从实质上说，货币均衡是社会总供求平衡的一种反映。在商品经济条件下，社会总需求与社会总供给的矛盾是客观存在的。

6. 货币失衡到货币均衡的调节有四类对策供选择：供应型调节、需求型调节、混合型调节和逆向型调节。

## 思考题

1. 辨析题。

(1)出于交易动机和谨慎动机的货币需求，与收入有关，与利率无关。

(2)社会总需求不足的根本原因是货币的过量发行。

(3)国家增加货币供给量有利于国民经济持续快速发展，但会影响人民生活。

(4)一般而言，货币供给量增加，利率水平下降。

2. 简答题。

结合近期中国人民银行货币供应统计数据报告及当前宏观经济状况，试分析央行目前的货币供给量是否合理。并结合 CEIC 数据库网站查询全球各国货币供给量报告，例如美国、英国，试分析其他国家货币供求与中国的货币供求之间的异同；对于异常货币供给量，根据时间背景，分析其产生原因。

## 综合训练

### 经济发展要防"均衡困境"

"均衡困境"是指区域结构、产业结构、居民收入结构、制度结构以及技术结构等固化产生的经济发展停滞不前的现象。传统的经济学理论主要关注发展中国家、贫穷国家以及落后地区的"均衡困境"问题。低水平的"均衡困境"的存在导致发展中国家或落后地区难以实现经济发展质的突破，经济发展在低水平层次上循环和固化，国家和国民收入低且难以实现大幅增长。

古典经济学大师斯密强调实现国家、国民财富增长的一个重要原则是"参与快速兴旺"。斯密在《国富论》一书中指出，没有国家财富的增长，对劳动力的需求不可能大幅度增长；劳动工资最高的地方不是在世界上最富有的国家，而是在最兴旺、最迅速变得富裕的国家。从斯密的观点中可以看出，大的投资机会以及获得高收入报酬往往会出现在发展快速的国家或地区，它们并不出现在最富有的国家，这实际上指出了富裕国家或富裕地区会出现"均衡困境"。

其实，发达国家、富裕国家以及发达地区同样存在"均衡困境"问题。一般将发展中国家或落后地区的"均衡困境"称为低水平的"均衡困境"，与此相应，可以将发达国家或发达地区的"均衡困境"称为高水平的"均衡困境"。

当一个国家或地区富裕程度、发达程度达到一定的阶段之后，其增量财富机会或边际财富机会存在递减趋势，其经济发展同样会停滞不前，这是高水平的"均衡困境"所产生的后果。高水平的"均衡困境"已经成为发达国家或发达地区面临的共同问题。

高水平的"均衡困境"的具体表现为，区域间人口流动规模小且流动速度缓慢，区域发展"固定化"，领先地区或领先城市与非领先地区或非领先城市发展格局呈现稳定状态，富裕人群与非富裕人群的财富分配状态相对稳定，等等。

18世纪中后期的英国经历工业迅速发展之后，已变得十分富裕，然而当时美国给予劳动者的报酬却比英国高许多。这就是"均衡困境"在作怪。英国当时比美国富裕，已经出现了"均衡困境"，但没有美国兴旺，当时的美国正处于快速上升期。

其实，当代大多数发达国家已经出现"均衡困境"，其发展出现十分明显的固化特点。比如，大多数发达国家区域发展已经固化，一线城市与非一线城市的界限已经难以打破，非一线城市似乎永久性地固化为非一线城市，人口流动趋势长期表现为人口向一线城市流入，虽然出现过所谓城市郊区化现象，即人口由大城市向郊区、向城镇流动，但这种现象未成为主流。很多发达国家的城市几乎固化了，停滞发展了，和几十年前没有什么两样。

可以从经济上分析高水平的"均衡困境"产生的原因。当财富积累到一定水平时，就会出现索洛经济增长理论中的"稳定状态资本水平"，即资本存量和产出随时间的推移是稳定的。当经济发展达到一种均衡状态时，这种均衡表现为一种高度的稳定，生产要素流动的方向固定化，消费方式、消费占收入的比重固定化，富人与穷人的人数比例不变，区域和城市发展的格局固定化，国民的思维以及投资者的思维固定化，当这种固定化长期不变时，"均衡困境"就会出现。"均衡困境"是牛顿力学意义上的静止状态，意味着经济难以产生大的财富机会。发达国家打破这种困境通常依靠技术创新。

斯密强调的另一个财富原则是"边界"。斯密指出，小城镇和农村由于市场狭小，难以发大财，发大财的地方往往在大城镇。在大城镇，生意能够随资本的扩大而扩大，而一个勤劳商人的信誉比其资本扩张得更快。斯密在此强调财富的"边界"原则。所谓"边界"原则就是从事生产经营应扩大其市场规模，到市场规模大的地方去投资，商业边界拓宽得越广越好，而且应当持续突破商业边界，不断摆脱"均衡困境"。跨国公司一般将其生意放在大城市，就是考虑其商业边界问题。

（资料来源：任寿根．经济发展要防"均衡困境"［Ｎ］．证券时报，2019-06-18.）

**试分析：**

1. 从投资的角度来看，根据亚当·斯密"参与快速兴旺"原则，哪些国家可能出现"均衡困境"？

2. 根据亚当·斯密"边界"原则，厂商如何选址可以摆脱"均衡困境"？

3. 已经产生"均衡困境"的国家应如何改善？

# 第十二章

# 通货膨胀与通货紧缩

**导入思考题**

**我国会大规模通胀吗？**

在经历了 2019 年的猪瘟之后，人们觉得猪价会在 2020 年逐渐恢复到正常价格区间。但是，2020 年，因为一场疫情，居民生活反而更加"拮据"了。因为疫情导致封路封城，延迟复工，这让这个社会的生产服务都没能恢复正常，与此同时，交通流通成本随之加大，物价也开始攀升。

2020 年 2 月 10 日，国家统计局发布了 1 月份全国居民消费价格指数(CPI)以及工业生产者出厂价格指数(PPI)数据。据悉，在 2020 年 1 月份，我国 CPI 指数同比上涨了 5.4%，涨幅比 2019 年 12 月份的数据高 0.9 个百分点；而 PPI 指数由上个月的下降 0.5% 转为上涨 0.1%。导致两项数据上涨的原因，有春节的影响，毕竟每年的春节物价都会有所上涨。另外，就是受疫情影响。

另外，数据还显示，在 CPI 指数上涨过程中，食品价格上涨约 20.6%，非食品价格上涨了 1.6%，消费品价格上涨了 7.7%，服务价格上涨约 1.5%。不过，光大银行金融市场部一位分析师称，1 月份的 CPI 涨幅较大，猪肉、鲜菜等食品价格的上涨是"主要推手"。2019 年的 CPI 指数已经呈现了前低后高的走势，并且显著提高了 2020 年开年的翘尾水平，加之受疫情防控短期因素影响，部分食品和生活必需品的价格才会出现明显上涨。

在 2020 年 2 月 3 日，央行宣布通过公开市场逆回购操作向市场投放 1.2 万亿元流动性资金；2 月 4 日，央行再增 5 000 亿元；2 月 10 日，央行发放首批专项再贷款，再次支持金融机构向疫情防控重点企业提供优惠的利率贷款。抗击疫情离不开资金保障及支持，所以在近期，从中央到地方，多项稳金融政策都在持续发力。另外，降息降准的政策接踵而至，让不少人担心：如此的大水漫灌，会不会引起大规模通胀呢？

（资料来源：百家号网站，"聚富财经"的《高位猪价，多产业受挫？我国会大规模通胀吗？央行抛出"定心丸"》）

**【案例导学】**

受突发状况的影响，物价会在短期内呈异常走势，需要央行及时出台相关政策进行市场调控。货币供给的变化在保持国民经济持续、稳定发展和总供给与总需求的均衡中起重要作用。如果货币供给过多，就会造成通货膨胀；反之，则可能导致通货紧缩。通过本章的学习，深入分析通货膨胀和通货紧缩的问题，从而对货币供求关系和货币均衡有更好的理解。

# 第一节　通货膨胀

## 一、通货膨胀的定义

通货膨胀，是指在货币流通条件下，因货币实际需求小于货币供给，也即现实购买力大于产出供给，导致货币贬值，而引起的一段时间内物价持续而普遍上涨的现象，其实质是社会总供给小于社会总需求（供远小于求）。在信用货币制度下，流通中的货币数量超过经济实际需要，会引起货币贬值和物价水平全面而持续地上涨。市场上流通货币增加，购买力下降，进而物价上涨，造成通货膨胀。与货币贬值不同，整体通货膨胀为特定经济体内货币价值的下降，而货币贬值为货币在经济体间相对价值的降低。前者影响此货币在国内的价值，而后者影响此货币在国际市场上的价值。两者的相关性是经济学上的争议之一。

通货膨胀和一般物价上涨的本质区别：一般物价上涨是指某个、某些商品因为供求失衡造成物价暂时、局部、可逆的上涨，不会造成货币贬值；通货膨胀则是能够造成一国货币贬值的该国国内主要商品物价普遍、持续、不可逆的上涨。造成通货膨胀的直接原因是一国流通的货币量大于本国有效经济总量。一国流通的货币量大于本国有效经济总量的直接原因是一国基础货币发行的增长率高于本国有效经济总量的增长率，其原因包括货币政策与非货币政策两方面。货币政策包括宽松的货币政策、用利率或汇率手段调节经济；非货币政策包括以间接投融资为主导的金融体制造成贷款膨胀，国际贸易中出口顺差长期过大、外汇储备过高，投机垄断、腐败浪费而提高社会交易成本使得经济发展质量降低，经济结构失衡，消费预期误导等。所以，通货膨胀不仅仅是货币现象，实体经济泡沫也是通货膨胀的重要原因。不管是货币政策还是非货币政策、货币现象还是实体经济泡沫，通货膨胀的根本原因是GDP 增长方式造成 GDP 水分过高，无效经济总量过大，有效供给严重不足，造成货币效率降低。

**拓展阅读 12-1**

**金本位时期，发生过的严重通货膨胀**

金本位解体后，世界货币体系进入信用货币时代，没有锚定黄金的纸质货币可以依托国家信用无限量发行。货币购买力随着发行量的不断扩大而下降，形成通货膨胀，这是纸质信用货币不可避免的弊端。然而，并非只有纸质货币时代会有通货膨胀。金本位时期，以黄金、白银为货币也曾经遭遇过严重的通货膨胀。这就要从西方大航海时代说起了，也要涉及通货膨胀的本质原因。

16—17 世纪的时候，西班牙成为海洋霸主，殖民拉丁美洲，大量掠夺当地的金银财宝。而这些金银流回西班牙之后，大部分归权贵所有。一下子多出了这么多金银，当然是要买买买了。西班牙自身的工业并不发达，因此向英国和法国等西欧国家大量购买奢侈品和高端食材。

这样一来，大量金银流入了西欧国家，导致物价水涨船高，这样的情况持续了两个世纪，这就是价格革命。

这就说明了通货膨胀除了超发货币之外，还可能是供不应求导致的。供给不足，就会造成严重的通货膨胀。只有具备足够的供应，加上稳健的货币制度，才能保证物价平稳。

现代社会生产力是足够高的，因此通货膨胀主要是货币超发的问题，这也是各国基于刺激经济和温和通胀的考量，是可以接受的。但是，一旦经济衰退，这些多出来的货币就成了大问题，骑虎难下的局面是必然的。

## 二、通货膨胀的测量

通货膨胀的严重程度一般通过通货膨胀率指标来衡量。通货膨胀率的计算公式为：

当期通货膨胀率＝（当期价格水平－上期价格水平）／上期价格水平

价格水平则是通过各种价格指数来衡量。世界上较为流行的价格指数有以下三种。

1. 消费者物价指数（Consumer Price Index，CPI）

消费者物价指数，又名居民消费价格指数，是一个反映居民家庭一般所购买的消费品和服务项目价格水平变动情况的宏观经济指标。它是在特定时段内度量一组代表性消费商品及服务项目的价格水平随时间而变动的相对数，用来反映居民家庭购买消费商品及服务的价格水平的变动情况。

居民消费价格统计调查的是社会产品和服务项目的最终价格，一方面同人民群众的生活密切相关，同时在整个国民经济价格体系中具有重要的地位。消费者物价指数是进行经济分析和决策、价格总水平监测和调控及国民经济核算的重要指标，其变动率在一定程度上反映了通货膨胀或通货紧缩的程度。一般来讲，物价全面地、持续地上涨就被认为发生了通货膨胀。

2. 批发物价指数（Wholesale Price Index，WPI）

批发物价指数是"零售物价指数"的对称，是反映不同时期商品批发价格水平变动趋势和程度的经济指标，可观察批发物价变动对生产和零售的影响。批发物价指数能按全部商品综合编制总指数，亦能按粮食、纺织品、文化用品、燃料、建筑材料等类别编制。通常采用综合指数公式计算，也可采用加权算术平均物价指数及加权调和平均物价指数计算。

批发价格是在商品进入零售环节，形成零售价格之前，由中间商或批发企业所定，其水平取决于出厂价格或收购价格，对零售价格有决定性影响。因此有经济学家认为，批发价格指数比消费者物价指数具有更广泛的物价变动代表性。批发物价指数既可按全部商品综合编制，也可按不同部门或各类商品分别编制，但不包括劳务价格。批发物价指数的优点在于对商品流通比较敏感，其缺陷在于统计范围狭窄，所以许多国家没有将批发物价指数列为测定通货膨胀的代表性指标。美国劳工统计局编制的批发物价指数包括 2 400 多种商品批发价格变动状况，其中有机器、金属、木材、皮革、纸张、轮胎、燃料、服装、化学制品和农产品等。此外，还另为一些主要工业部门和单项产品编制批发物价指数。我国尚未公开发布批发物价指数。

### 3. 国内生产总值物价平减指数（GDP Deflator）

国内生产总值物价平减指数（GDP 物价平减指数）是按当年不变价格计算的国内生产总值与按基年不变价格计算的国内生产总值的比率。名义国内生产总值是未经价格变动调整的产值按当时的市场价格计算的。实际国内生产总值则是扣除了价格变动因素的产值，以某一基准年的价格计算。联系实质与名义产值的就是 GDP 物价平减指数，该指数是正式的通货膨胀指标之一。若实际产出不变，但价格持续上升，名义 GDP 亦会上升。

**拓展阅读 12-2**

#### 痛苦指数

痛苦指数（Misery Index）于 1970 年由亚瑟·奥肯发表，表示令人不快的经济状况，等于通货膨胀与失业率的总和：痛苦指数＝通货膨胀百分比＋失业率百分比，表示一般大众对相同升幅的通货膨胀率与失业率感受到相同程度的不愉快。现代经济学家不同意以完全负面的"痛苦"一词来形容上述通货膨胀指标的负面冲击。实际上，有许多经济学家认为，公众对温和通货膨胀的成见来自其相互影响：群众只记得在高通货膨胀时期相关的经济困难状况。以现代经济学家的观点来说，温和的通货膨胀是较不严重的经济问题，可由对抗滞胀（可能由货币主义所刺激）来进行部分中止。

许多经济学家（特别是在日本）曾鼓吹以较高的通货膨胀作为经济衰退的一个解决方案。所有对通货膨胀的调查都显示，新古典经济学派学者与一般大众对温和通货膨胀所造成的损害有不同的看法：公众仍然认为其损害剧烈，而学者视其损害为微不足道，许多学者甚至说一点伤害也没有。因通货膨胀具有重分配的性质，反对承受通货膨胀重负的意见落居下风。因为资本利得税为名目数额，所以通货膨胀被认为与"富人税"一样重要，而低度通货膨胀的社会倾向于财富凝结。

凯恩斯曾经说过一句话："通过连续的通货膨胀过程，政府可以秘密地、不为人知地没收公民财富的一部分。用这种办法可以任意剥夺人民的财富，在使多数人贫穷的过程中，却使少数人暴富。"稳定的小幅度通货膨胀一般会被认为对经济有益。其中一个原因是某些价格难以重新谈判降价，特别是对薪资与合约而言更是如此。所以物价若缓步上涨，则相关的价格便较易于调整。有多种物价会抗拒降价，而倾向于不断上涨。试图达到零通货膨胀（物价维持平准）的做法会导致其他行业的价格、盈利与雇员数降低。所以，若干公司的执行部门视温和的通货膨胀为"润滑商业巨轮"。追求完完全全的价格稳定会带来极具毁灭性的通货紧缩（物价持续降低），将导致破产与经济衰退，甚至是经济萧条。

金融体系视通货膨胀的"潜在风险"为高于储蓄累积财富的基本投资诱因。换句话说，通货膨胀就是市场对金钱的时间价值的措辞。也就是说，因为今天的一元较明年的一元更具价值，所以未来的资本价值在经济学上有所扣减。此种观点视通货膨胀为对未来资本价值的不确定性。对低阶层者而言，通货膨胀通常会提高由经济活动之前的贴现所产生的负面影响。通货膨胀通常会导致政府改变货币供给政策。通货膨胀升高时，政府提高对停滞的资金的税负，以刺激消费，从而提高了资金的流动速度，增强了通货膨胀，形成恶性循环。在极端的情形下会形成恶性通货膨胀。

（资料来源：维基百科"通货膨胀".）

### 三、通货膨胀的成因

#### （一）需求拉上说

需求拉上说即由于经济运行中总需求过度增加，超过了既定价格水平下商品和劳务等方面的供给，而引发通货膨胀。也即"太多的货币追逐太少的货物"，按照凯恩斯的解释，如果总需求上升到大于总供给的地步，过度的需求能引起物价水平的普遍上升。在我国，财政赤字、信用膨胀、投资需求膨胀和消费需求膨胀常常会导致需求拉上型通货膨胀。我国1979—1980年的通货膨胀的成因即是由财政赤字引发的需求拉上。所以，导致总需求增加的任何因素，都可以是造成需求拉动的通货膨胀的具体原因。

#### （二）成本推进说

成本或供给方面的原因形成的通货膨胀，即成本推进的通货膨胀又称供给型通货膨胀，是由厂商生产成本增加而引起的一般价格总水平的上涨。造成成本向上移动的原因大致有工资过度上涨，利润过度增加，进口商品价格上涨。

1. 工资推进的通货膨胀

工资推进的通货膨胀是指工资过度上涨所造成的成本增加而推动价格总水平上涨。工资是生产成本的主要部分，工资上涨使生产成本增长，在既定的价格水平下，厂商愿意并且能够供给的数量减少。在完全竞争的劳动市场上，工资率完全由劳动的供求均衡所决定，但是在现实经济中，劳动市场往往是不完全的，强大的工会组织的存在往往可以使工资过度增加，如果工资增加超过了劳动生产率的提高，就会导致成本增加，从而导致一般价格总水平上涨。而且这种通胀一旦开始，还会引起"工资—物价螺旋式上升"，两者互相推动，形成严重的通货膨胀。工资的上升往往从个别部分开始，最后引起其他部分攀比。

2. 利润推进的通货膨胀

利润推进的通货膨胀是指厂商为谋求更大的利润导致的一般价格总水平的上涨。与工资推进的通货膨胀一样，具有市场支配力的垄断和寡头厂商也可以通过提高产品的价格而获得更高的利润，与完全竞争市场相比，不完全竞争市场上的厂商可以减少生产数量而提高价格，以便获得更多的利润，为此，厂商都试图成为垄断者，结果导致价格总水平上涨。

### 3. 进口成本推进的通货膨胀

造成成本推进的通货膨胀的另一个重要原因是进口商品的价格上升。如果一个国家生产所需的原材料主要依赖于进口，那么，进口商品的价格上升就会造成成本推进的通货膨胀，其形成过程与工资推进的通货膨胀是一样的。

### (三)部门结构说

部门结构说的基本观点是，由于不同国家的经济部门结构的某些特点，一些产业和部门在需求方面或成本方面发生变动时，往往会通过部门之间的互相攀比的过程影响到其他部门，从而导致一般物价水平的上升。

### (四)通货膨胀预期说

通货膨胀预期说主要是通过对通货膨胀预期心理作用的分析来解释通货膨胀的发生。该理论认为，在完全竞争的市场条件下，人们普遍预期一年后的价格水平将高于现在的价格水平，所以，在出售和购买商品时就会将预期价格上涨的因素考虑进去，提高当前价格水平。

### (五)其他学说

#### 1. 财政赤字说

财政赤字说本质上属于需求拉上型通货膨胀说，其侧重点在于财政出现巨额赤字，政府采取增收节支、直接增发纸币或发行公债等措施弥补时，引起货币供给量的增长超过实际经济增长的需要，从而导致通货膨胀。

#### 2. 信用扩张说

信用扩张说是指经济主体对经济形势做出错误的判断，中央银行宏观控制不力，政府实行扩张性的货币政策，盲目扩大信用，使虚假存款增加、货币流通速度加快、新的融资工具不断涌现，进而使信用过度扩张，引起物价上涨。

#### 3. 国际传播说

国际传播说是指进口商品(例如石油、天然气、大豆、玉米等)的物价上涨、费用增加而使一国物价上涨所引起的通货膨胀。

#### 4. 体制说

体制说实质上是从深层次挖掘需求拉上的原因，认为由于转轨时期国家与企业之间产权关系不明晰，权责关系不明确，有效供给的增加和有效需求的增加总是不成比例，而需求的过度积累必然推动物价上涨。

#### 5. 混合类型说

该学说认为，一国通货膨胀的机理十分复杂，体制因素、政策性因素和一般性因素等交互发生作用，引发混合型通货膨胀。分析通货膨胀，应着重考察总供求水平、成本推进率、结构调整滞后导致的"瓶颈"产业制约，利益驱动导致的微观主体不合理提价行为，居民对未来的预期等不确定因素，以及国际市场物价、利率、汇率和国际市场需求变化对国际经济的影响等诸多因素。

#### 四、通货膨胀的影响

##### (一) 对生产的影响

首先，通货膨胀破坏社会再生产的正常进行，导致生产过程紊乱。在通货膨胀时期，商品和劳务价格普遍上涨，但其上涨的幅度是不同的，这将打破原有的商品和劳务、供需间的平衡关系，引起生产资料和消费资料的不正常分配。

其次，通货膨胀使生产性投资减少，不利于生产的长期稳定发展。因为商品价格的上涨会使企业的生产成本迅速上升，资金利润率下降，同样资本投资于生产领域比投资于流通领域特别是投资于金融市场获利要少得多。因此，在通货膨胀条件下，不但不能吸引投资到生产领域，反而会使原来已在生产领域的资金流向流通领域和金融市场，其结果是生产投资规模减小，生产萎缩。

##### (二) 对财富和收入再分配的影响

首先，通货膨胀改变了社会成员间原有的收入和财富占有的比例。在通货膨胀条件下，社会各成员的收入水平增长速度不一样，导致原有的收入分配比例改变。由于物价上涨先于工资的增长，依靠固定工资收入生活的社会成员成为受害者，而那些在流通领域哄抬物价的不法单位和个人反而得到了好处；此外，社会成员的财富占有比例也会因通货膨胀而改变。以实物资产保存财富的社会成员，如果资产的物价上涨率大，则他将成为受益者；反之，他将成为受害者。而以货币形式保存财富的社会成员都将因货币贬值而成为通货膨胀的受害者。对于那些原来以货币形式负债的人，却由于币值下降减少了他的实际债务而成为受益者。

其次，通货膨胀还使国民收入的初次分配和再分配无法顺利完成。从企业的初次分配看，币值的降低使企业的销售收入不真实，企业据此支付工资、提取折旧、企业留利中就有一部分无法换得相应的生活资料和生产资料，影响企业再生产的顺利进行。从财政再分配来看，由于物价上涨，财政分配的货币资金不足以转化为实际物资，财政分配不能在实物形态上得到最终实现，而追加的财政支出又给财政平衡带来困难。从银行融资来看，物价的上涨使银行存款实际利率下降，存款者便减少存款，增加现金的持有，同时，企业为保证生产又不断增加对银行贷款的需求，这就使银行信贷资金供需矛盾加剧，严重时甚至可能出现信用危机。

##### (三) 对储蓄的影响

通货膨胀的直接原因就是货币发行过多，伴有政府财政赤字增加，并采用向中央银行借款的方式弥补，在已达到充分就业的情况下，就会强制增加全社会的储蓄总量。因为多发行的那部分货币直接表现为政府的收入，可以用于增加投资。这部分收入就是"通货膨胀税"，即政府通过增发货币购买商品后，市场上的商品会相应减少，等居民拿到货币再去购买商品时，由于流通中货币量的增加导致价格上升，居民手中持有的货币已经贬值，其所受的损失由国家占有。

##### (四) 对商品流通的影响

首先，通货膨胀使流通领域原有的平衡被打破，使正常的流通受阻。由于物价上涨不均衡，商品会冲破原有的渠道，向价格上涨快的地方流动，打乱了企业原有的购销渠道，破坏商品的正常流通；与此同时，生产投资的获利性下降，常常导致商品在流通领域反复倒手而不退出流通进入生产。

其次，通货膨胀还会在流通领域制造或加剧供给与需求之间的矛盾。由于人们抢购惜售，投机者又大搞囤积，本来供需平衡的市场状况变成不平衡；市场供需的不平衡又会反过来推动物价水平进一步上涨，使供需矛盾加剧。

最后，通货膨胀期间，由于币值降低，潜在的货币购买力会不断转化为现实购买力，进一步加大货币供应，同时，货币流通速度也会因人们对货币不信任而加快，这就使通货膨胀不断加深，流通领域更加混乱。

### (五)对国际收支平衡影响

在通货膨胀时期，若汇率不变，国内一般物价水平的上升会引起出口货物价格相对较高、进口货物价格相对便宜，从而导致贸易逆差，出现国际收支失衡。若通货膨胀引起本国货币对外贬值，则必然导致进口价格上涨，在发展中国家进口需求弹性较小的情况下，可能引起国际收支恶化。

### (六)对社会稳定的影响

恶性通货膨胀会损害社会公众对政府的信任，使政局不稳。工薪阶层会为争取提高工资、反对通胀而进行罢工，加剧社会矛盾，影响社会稳定。

**拓展阅读12-3**

#### 停滞性通货膨胀

**一、停滞性通货膨胀的概念**

停滞性通货膨胀简称滞胀或停滞性通胀，在经济学，特别是宏观经济学中，特指经济停滞、失业及通货膨胀同时持续高涨的经济现象。通俗的说法就是指物价上升，但经济停滞不前。它是通货膨胀长期发展的结果。滞胀有两个主因：一是经济产能被负面的供给震荡而减少，例如，石油危机造成石油价格上涨、生产成本上升及利润减少，引致商品价格上升的同时经济放缓；二是不当的经济政策，例如，中央银行容许货币供应过度增长，政府在商品市场和劳动市场进行过度管制。

**二、美国当年是如何陷入"滞胀"困境的**

在20世纪五六十年代，美国和其他西方国家一样，经济虽有起伏，但由于采用凯恩斯主义的需求管理政策，用财政支出和货币扩张来缓解衰退，经济的起伏要比第二次世界大战前平稳得多：工业生产年平均增长4.6%，生产率年平均增长3.2%；就业情况大为改善（其中，50年代的平均失业率为4.5%，60年代为4.7%）；消费者物价指数的年平均上涨率仅为2.5%。以至于有人将这一时期称为美国经济的"黄金时代"。

20世纪60年代，美国第36届总统约翰逊提出了建设"伟大社会"（Great Society）的内政纲领，其核心是保障民权，向贫困宣战。它向美国人民许诺了宏伟的目标，即通过社会变革，可以消灭贫困，实现种族平等。它扩大了政府，尤其是联邦政府对社会福利所承担的责任，其福利范围和对象比原先更广泛，主要表现在有关就业、医疗、教育、生活和住房、城市发展等一系列法律的颁布、机制的设置和政策的实施上。当时美国经济周期正处于景气扩张阶段，联邦的财政收入快速增长，然而州和地方政府却面临着技术和财源的不足，于是约翰逊决定通过授权计划的方式将联邦资源输送到州和地方政府。在约翰逊时期，美国共制定和实施了近500项计划，用于增加社会福利开支。

　　然而，就是在这种繁荣景象下，美国的国力却在悄悄地衰落。其中最重要的因素是效率的恶化：生产率由上升转为下降。与此同时，工资福利水平却在不断提高，以致1970年后工资上升幅度超过了劳动生产率增长。1969—1970年经济危机以后，美国政府于1970年采取了扩张性的宏观政策以刺激经济回升。1971年经济虽已复苏，但是失业率仍然高达6%，通货膨胀率也达到了4.5%。由于美国国内经济状况不断恶化，美元的地位也开始动摇。第二次世界大战结束时，美国曾是最富有的国家，拥有当时世界总量80%以上的黄金储备，因而能够确立35美元兑换一盎司黄金的固定汇率制。在布雷顿森林会议的安排下，美元成为一种"硬通货"在全世界流通。但是到了20世纪60年代，随着美国产品竞争力的下降和德国、日本等国的崛起，美国贸易顺差不断减少，到1971年5月贸易顺差消失，出现了自1893年以来的第一次贸易逆差，以后赤字不断扩大。美国的黄金储备也不断下降。大量流入欧洲的美元开始贬值，成为不受欢迎的货币。美国政府再也无力支持美元/黄金的固定汇率。

　　在这种情况下，尼克松政府一度采取了"双刃剑"政策。一方面，由联邦储备委员会实施扩张性的货币政策，以此来刺激经济、减少失业。另一方面，尼克松总统于1971年8月以突然袭击的方式宣布了他的"新经济政策"第一阶段：实行为期3个月的工资物价管制和停止用黄金兑付美元。这个被称为"尼克松冲击"的举动使一向生活在自由市场经济中的美国国民深感震惊，同时也使布雷顿森林国际货币体系顷刻瓦解，使西方经济失去了稳定的国际经济环境。

　　到1974年8月福特就任美国总统时，"滞胀"的局面已经形成。福特总统上台初期宣布通货膨胀为美国的头号大敌。在当时，福特及其经济官员都没有预料到失业率会在9个月内上升到9%，并成为1975年的特大新闻。1974—1975年的经济衰退使福特政府改变了初衷。在国会的压力下，美联储于1975年年初开始放松银根。直到福特卸任为止，美国的宏观经济政策一直时紧时松，疲于应付，而经济却一直呈现出高失业、高通胀的"双高"特征。

　　（资料来源：国务院发展研究中心网站，《反思美国20世纪70年代滞胀的成因与对策》，2015-02-06.）

## 五、通货膨胀的治理

　　通货膨胀对经济发展有诸多不利影响，对社会再生产的顺利进行有破坏性作用，因此，一旦发生了通货膨胀，要及时治理，且多方面综合进行。

### (一)控制货币供给量

由于通货膨胀形成的直接原因是货币供应过多,因此,治理通货膨胀的一个最基本对策就是控制货币供给量,使之与货币需求量相适应,稳定币值以稳定物价。而要控制货币供给量,必须实行适度从紧的货币政策,控制货币投放,保持适度的信贷规模,由中央银行运用各种货币政策工具灵活有效地调控货币信用总量,将货币供给量控制在与客观需求量相适应的水平上。

### (二)调节和控制社会总需求

治理通货膨胀仅仅控制货币供给量是不够的,还必须根据通货膨胀的深层原因对症下药。对于需求拉上型通货膨胀,调节和控制社会总需求是关键。各国对于社会总需求的调节和控制,主要是通过制定和实施正确的财政政策和货币政策来实现的。在财政政策方面,主要是大力压缩财政支出,努力增加财政收入,坚持收支平衡,不搞赤字财政。在货币政策方面,主要采取紧缩信贷,控制货币投放,减少货币供应总量的措施。采用财政政策和货币政策相配合的措施来综合治理通货膨胀,有两条很重要的途径,即控制固定资产投资规模和控制消费过快增长,以此来实现控制社会总需求的目的。

### (三)增加商品的有效供给,调整经济结构

治理通货膨胀必须从两个方面同时入手,一方面是控制总需求,另一方面是增加总供给,二者不可偏废。若一味控制总需求而不着力于增加总供给,将影响经济增长,只能在低水平上实现均衡,最终可能因加大了治理通货膨胀的代价而前功尽弃。因此,在控制需求的同时,还必须增加商品的有效供给。一般来说,增加有效供给的主要手段是降低成本,减少消耗,提高经济效益,提高投入产出的比例,同时,调整产业和产品结构,支持短缺商品的生产。

### (四)收入政策

既然成本推进型的通货膨胀是由工资、物价的提高导致的,那么采取工资—价格政策(即收入政策)来干预、阻止工会和垄断企业这两大团体互相抬价引起的工资、物价轮番上涨的趋势就是必然的政策选择。这样做的目的在于既要控制通货膨胀又不致引起失业增加。这种抑制性的收入政策主要有以下几种形式。

1. 工资、价格管制

由政府颁布法令,强行规定工资、物价的上涨幅度,甚至暂时冻结工资和物价。这种严厉的管制措施在战争时期较为常见,但是在通货膨胀日益严重时,即使是和平时期,政府当局也可能采用这一办法。

2. 自愿的工资—价格指导线

政府当局根据估计的平均生产率的增长,估算出工资和物价的最大增长限度,并要求各个部门将其工资—物价的增长幅度控制在这一限度之内。由于指导性政策在原则上不能直接干预,而只能说服,因此效果并不理想。

3. 以税收为基础的收入政策

政府以税收作为奖励或惩罚的手段,来限制工资、物价的增长。如果工资和企业商品价

格的增长幅度没有超过政府的规定幅度，则政府会将减少个人所得税和企业所得税作为奖励；反之，则将增加税收作为惩罚。

拓展阅读 12-4

### 津巴布韦严重通货膨胀

"百万富翁"希卡姆巴的职业是津巴布韦的一名出租车司机。他成天开着他那破汽车在首都哈拉雷兜揽生意。希卡姆巴每揽到一个生意，起步收费在 100 万津元以上。或许你会觉得那是一个天文数字，但是事实上津巴布韦官方通货膨胀率已经接近 1 000%，这打破了非战争状态国家通货膨胀率历史纪录。

产业失败、资本流出再加上一系列西方国家的制裁，使津巴布韦出现恶性通货膨胀。2004 年的年通货膨胀率为 624%，2006 年 4 月上升到 1 042.9%，2007 年 6 月的预计是 9 000%，但实际上是 11 000%。2008 年 5 月 5 日，出现了 1 亿津元和 2.5 亿津元的票子，10 天后就出现了 5 亿津元的票子(相当于 2.5 美元)，随后通货膨胀率上升到 2 200 000%，6 月份是 11 200 000%，2008 年 12 月出现了最有名的 100 万亿津元票子，据说相当于 25 美元。1980 年，英镑兑换美元的汇率是 2.35，25 美元相当于 10.6 英镑，1980 年津巴布韦独立发行津币时的币值是兑英镑 1：2，也就是说，28 年间津币的通货膨胀率是百分之 20 万亿以上。

于是在 2009 年，津巴布韦就干脆取消津币，直接使用美元，这才解决了汇率问题。但是在津币美元化的时候，政府宣布所有境内银行存款不兑付，实际上取消了所有的储蓄财产权。

(资料来源：俞天任. 真实津巴布韦：通货膨胀 5 000 亿倍，90% 民众竟无所谓，这是为何[EB/OL]. (2018-07-20)[2020-07-20]. https：//xw. qq. com/amphtml/20180719A1594X00. )

## 第二节 通货紧缩

### 一、通货紧缩的定义

通货紧缩是由货币供给量相对于经济增长和劳动生产率提高等要素减少而引致的有效需求严重不足，一般物价水平持续下跌，货币供给量持续下降和经济衰退的现象。当市场上流通的货币减少，人民的货币所得减少，购买力下降，导致物价下跌，造成通货紧缩。长期的货币紧缩会抑制投资与生产，导致失业率升高及经济衰退。

依据诺贝尔经济学奖得主萨缪尔森的定义：价格和成本正在普遍下降即是通货紧缩。经济学者普遍认为，当消费者物价指数连跌三个月，即表示已出现通货紧缩。通货紧缩就是产能过剩或需求不足导致物价、工资、利率、粮食、能源等各类价格持续下跌。在经济实践中，判断某个时期的物价下跌是否是通货紧缩，一看消费者物价指数是否由正转为负，二看这种下降的持续是否超过了一定时限。

通货紧缩是与通货膨胀相反的一种经济现象。一种观点认为，通货紧缩是经济衰退的货币表现，因而必须具备三个基本特征：物价的普遍持续下降、货币供给量的连续下降、有效需求不足，也称为"三要素论"。另一种观点认为，通货紧缩是一种货币现象，表现为价格的持续下跌和货币供给量的连续下降，即所谓的"双要素论"。第三种观点认为，通货紧缩就是物价的全面持续下降，被称为"单要素论"。

## 二、通货紧缩的分类

### (一)按通货紧缩的指标数值划分

#### 1. 相对通货紧缩

相对通货紧缩是指物价水平在零值以上，但在适合一国经济发展和充分就业的物价水平区间以下。在这种状态下，物价水平虽然还是正增长，但已经低于该国正常经济发展和充分就业所需要的物价水平，通货处于相对不足的状态。这种情形已经开始损害经济的正常发展，虽然是轻微的，但如果不加重视，可能会由量变到质变，对经济发展的损害加重。

#### 2. 绝对通货紧缩

绝对通货紧缩是指物价水平在零值以下，即物价出现负增长，这种状态说明一国通货处于绝对不足状态。这种状态的出现，极易造成经济衰退和萧条。

### (二)按对经济的影响程度划分

#### 1. 轻度通货紧缩

一般来说，物价出现负增长，但幅度不大(比如-5%)、时间不超过两年的，称为轻度通货紧缩。

#### 2. 中度通货紧缩

物价下降幅度较大(比如在5%~10%)、时间超过两年的，称为中度通货紧缩。

#### 3. 严重通货紧缩

物价下降幅度超过两位数，持续时间超过两年的情况，称为严重通货紧缩。20世纪30年代世界性的经济大萧条所对应的通货紧缩，就属此类。

### (三)按供求量来划分

#### 1. 需求不足型通货紧缩

需求不足型通货紧缩是指由于总需求不足，正常的供给显得相对过剩而出现的通货紧缩。由于引起总需求不足的原因可能是消费需求不足、投资需求不足，也可能是国外需求减少或者几种因素共同造成的不足，因此，依据造成需求不足的主要原因，可以把需求不足型通货紧缩细分为消费抑制型通货紧缩、投资抑制型通货紧缩和国外需求减少型通货紧缩。

#### 2. 供给过剩型通货紧缩

供给过剩型通货紧缩是指由于技术进步和生产效率提高，在一定时期产品数量的绝对过剩而引起的通货紧缩。这种产品的绝对过剩只可能发生在经济发展的某一阶段，如一些传统的生产、生活用品(像钢铁、落后的家电等),在市场机制调节不太灵敏、产业结构调整严重滞后的情况下,可能会出现绝对的过剩。这种状态从某个角度来看,并不是一个坏事,因为它说明人类的进步,是前进过程中的现象。但这种通货紧缩如果严重的话,则说明该国市场机制存在较大缺陷,同样会对经济的正常发展产生不利影响。

### 三、通货紧缩的鉴别方法

(1)货币均衡是指货币供给与货币需求之间的一种对比关系,是货币供求的一种理想状态,是在运动变化中达成的一个动态过程。它与商品、服务的总供求紧密联系在一起,货币均衡在一定程度上反映了国民经济的均衡状态。货币均衡与信贷平衡是两个既有区别又有联系的概念。

(2)货币失衡,无论是货币供给大于需求,还是货币需求大于供给,都可通过社会的市场利率表现出来,货币的供求在一定程度上决定利率,而利率的变动也可在一定程度上反映货币的供求状况。除利率之外,货币失衡还会通过社会总供求的不平衡表现出来,其典型形式就是价格水平的波动。通货膨胀与通货紧缩实际上是货币供求失衡的两种表现形式。

(3)通货膨胀是由于流通中货币过多,货币贬值、物价总水平采取不同形式持续上涨的经济现象。判断通货膨胀的发生与程度可以根据需要选择不同的物价指数进行。按照不同的标准,通货膨胀可以分为许多类型,不同类型的通货膨胀形成的原因也各不相同,由此形成了需求拉上、成本推动、供求混合、结构影响的通货膨胀理论。通货膨胀不仅影响人们的日常生活,而且影响社会经济的各个方面。这种影响的大小,一方面取决于通货膨胀的严重程度,另一方面还取决于人们对它的预期。由于人们对通货膨胀的成因有不同的看法,所以治理通货膨胀的对策也各不相同。

(4)通货紧缩是与通货膨胀相对应的一个概念,虽然在定义上仍有争论,但对于物价的全面持续下降这一点却是共同的。判断通货紧缩的程度也同样要利用各种不同的物价指数。关于通货紧缩的起因、发展与加深,不同国家在不同时期是不同的,不同的经济学家也有不同的认识,由此形成了不同的通货紧缩理论。我国存在的通货紧缩,其形成、发展有着较为特殊的复杂原因,既有深远的国际经济背景,又受到我国内部因素的多重影响,治理的难度较大。

### 四、通货紧缩的产生原因

#### 1. 紧缩性的货币政策和财政政策

如果一国采取紧缩性的货币、财政政策,降低货币供给量,削减公共开支,减少转移支付,就会使商品市场和货币市场出现失衡,出现"过多的商品追求过少的货币",从而引起政策紧缩性的通货紧缩。

#### 2. 经济周期的变化

当经济到达繁荣的高峰阶段时,会由于生产能力大量过剩,商品供过于求,出现物价的持续下降,引发周期性的通货紧缩。

3. 投资和消费的有效需求不足

当人们预期实际利率进一步下降、经济形势不佳时，投资和消费需求都会减少，而总需求的减少会使物价下跌，形成需求拉下的通货紧缩。

4. 新技术的采用和劳动生产率的提高

技术进步以及新技术在生产上的广泛应用，会大幅度地提高劳动生产率，降低生产成本，导致商品价格的下降，从而出现成本压低性的通货紧缩。

5. 金融体系效率的降低

如果在经济过热时，银行信贷盲目扩张，造成大量坏账，形成大量不良资产，金融机构自然会"惜贷"和"慎贷"；加上企业和居民不良预期形成的不想贷、不愿贷行为，必然导致信贷萎缩，同样会减少社会总需求，导致通货紧缩。

6. 体制和制度变化

体制(企业体制、保障体制等)变化一般会打乱人们的稳定预期，如果人们预期将来收入会减少、支出将增加，那么人们就会"少花钱，多储蓄"，引起有效需求不足，物价下降，从而出现体制变化性的通货紧缩。

7. 汇率制度的缺陷

如果一国实行钉住强币的联系汇率制度，本国货币又被高估，那么，会导致出口下降，国内商品过剩，企业经营困难，社会需求减少，则物价就会持续下跌，从而形成外部冲击性的通货紧缩。

**拓展阅读12-5**

### 中国"被"通货紧缩了

2015年除美联储加息方向比较明确，以及部分金融市场动荡的新兴经济体之外，通货紧缩已成为全球主要货币当局需要应对的一项主要风险，是新阶段"货币战争"的主要任务。从某种程度上说，通过调低利率，进而促使货币贬值是"货币战争"的主要含义之一。在全球经济下行的压力之下，货币条件被动收紧。降息、降准、贬值，正是当前阶段保持货币松紧有度的现实选择。面对广泛的通货紧缩风险，放松重新成为货币政策操作的主旋律。今年以来，降息潮已席卷全球近20家央行。随着越来越多的央行重新推行扩张性货币政策，"货币战争"这一自2008年以来似乎从未远离财经媒体版面的词汇再度引人注目。

"货币战火"越烧越旺，韩国近日也意外降息，为五个月来首次。韩国央行加入全球降息的大潮，宣布将基本利率下调25个基点，至历史最低点1.75%，以期刺激疲软的国内经济，防止陷入通货紧缩。虽然美国收紧货币政策突出了韩元在美元面前的弱势地位，却令韩元在欧元和日元面前变得更加强势，不利于韩国出口。早些时候公布的韩国2015年2月CPI同比上涨0.5%，创下1999年来最低水平。此外，韩国工业产出数据大幅走低，出口数据也创近两年新低。韩国央行这才不得不跟进全球二十多国央行，也放松货币政策。在经济低迷的压力下，韩国逐渐依靠举债来刺激经济增长，同时希望通过降息来刺激经济，但分析师认为此举效果有限。

降息是"货币战争"的上上策。2015年开年以来，人民币汇率波动不断，每一次人民币表现疲软都会出现一些专家分析称"贬值不会持续"。但央行近期的再一次降息让人们不得不开始担心人民币汇率的未来走向。去年一年中，美元走势强劲，在衰鸿遍野的外汇市场中一枝独秀。与此同时，随着国内放松货币政策，资本外流压力逐步加大。在多项压力同时施加的情况下，人民币面临着较大的贬值风险。在人民币国际化的进程中，需要人民币维持稳定的币值，结合国内外环境来看，未来人民币兑美元不具备持续大幅贬值的条件，央行很难通过贬值来实现改善出口和通货膨胀预期的政策目标。与此同时，通货紧缩的压力不断增加，这需要谨慎的货币宽松。

美媒称，中国三个月来第二次降息，令人更加担忧中国政府试图通过让人民币贬值的不正当手段促进出口。但此次降息和人民币适度贬值不仅对中国有利，对世界其他国家也是如此。经济前景疲弱已经给人民币带来压力，中国希望保持人民币汇率稳定。

（资料来源：李莹."货币战"序幕已拉开　人民币不会是其中输家［EB/OL］.（2015-03-16）［2020-08-13］.opinion. hexun. com/2015-03-16/174075776. html.）

### 五、通货紧缩的影响

长期以来，通货紧缩的危害往往被人们轻视，并认为它远远小于通货膨胀对经济的威胁。然而，通货紧缩的历史教训和全球性通货紧缩的严峻现实使人们认识到，通货紧缩与通货膨胀一样，会对经济发展造成严重危害。

1. 加速经济衰退

通货紧缩导致的经济衰退表现在三方面。第一，物价的持续、普遍下跌使企业产品价格下跌，企业利润减少甚至亏损，这将严重打击生产者的积极性，使生产者减少生产甚至停产，结果社会的经济增长受到抑制。第二，物价的持续、普遍下跌使实际利率升高，这将有利于债权人而损害债务人的利益，而社会上的债务人大多是生产者和投资者，债务负担的加重无疑会影响他们的生产与投资活动，从而对经济增长造成负面影响。第三，物价下跌引起的企业利润减少和生产积极性降低使失业率上升，实际就业率低于充分就业率，实际经济增长低于自然增长。

2. 导致社会财富缩水

通货紧缩发生时，全社会总物价水平下降，企业的产品价格自然也跟着下降，企业的利润随之减少。企业盈利能力的下降使企业资产的市场价格也相应降低。而且，产品价格水平的下降使单个企业的产品难以卖出，企业为了维持生产周转不得不增加负债，负债率的提高进一步又使企业资产的价格下降。企业资产价格的下降意味着企业净值的下降和财富的减少，通货紧缩的条件下，供给的相对过剩必然会使众多劳动者失业，此时劳动力市场供过于求的状况将使工人的工资降低，个人财富减少。即使工资不降低，失业人数的增多也使社会居民总体的收入减少，导致社会个体的财富缩水。

**3. 分配负面效应显现**

通货紧缩的分配效应可以分为两个方面来考察，即社会财富在债务人和债权人之间的分配，以及社会财富在政府与企业、居民之间的分配。从总体而言，经济中的债务人一般为企业，而债权人一般为居民。因此，社会财富在债务人与债权人之间的分配也就是在居民和企业之间的分配。

企业在通货紧缩的情况下，由于产品价格降低，企业利润减少；而实际利率升高，使作为债务人的企业的收入又进一步向债权人转移，这又加重了企业的困难。为维持生计，企业只有选择筹集更多的债务来进行周转，这样企业的债务总量势必增加，其债务负担更加沉重，由此企业在财富再分配的过程中将处于更加恶劣的位置。如此循环往复，这种财富的分配效应不断得到加强。

**4. 可能引发银行危机**

与通货膨胀相反，通货紧缩有利于债权人而有损于债务人。通货紧缩使货币越来越昂贵，这实际上加重了借款人的债务负担，使借款人无力偿还贷款，从而导致银行形成大量不良资产，甚至使银行倒闭，金融体系崩溃。因此，许多经济学家指出："货币升值是引起一个国家所有经济问题的共同原因。"

**拓展阅读 12-6**

### 治理通货紧缩的国际经验

**一、"大萧条"与罗斯福新政**

美国历史上曾经发生过几次典型的通货紧缩，对经济影响程度最大的一次发生在 1929—1933 年"大萧条"时期。在此期间，美国物价下降了 27%，货币数量年均递减 10%，银行数目减少了 42%，实际国民生产总值下降了 30%。

1933 年 3 月，罗斯福就任总统以来，主要采用了凯恩斯和费雪的政策主张，通过采取积极的财政政策和货币政策帮助经济走向增长。一是实行扩张性财政政策。政府通过发行巨额国债，加强公路、铁路等基础设施建设，赤字占 GDP 比重由 1933 年的 4.5% 上升到 1936 年的 5.4%，并将财政扩张政策持续到第二次世界大战结束。二是增加货币供应。1934—1937 年，M2 重回增长，年均增速达到 9.1%。同时，建立联邦存款保险制度，以遏制金融恐慌，重振公众对金融业的信心。此外，赋予美联储公开市场操作职权，并购进银行持有的政府债券，以增强银行体系信贷创造能力。三是加快结构调整，以促进经济增长。出台农业调整法，控制过剩农产品生产、增加农民收入；调整收入差距，降低低收入者税率，提高高收入者税率，以促进消费增长；采用税收补贴等多种方式鼓励出口。

这些政策对美国经济走出萧条产生了比较好的效果。物价水平从 1934 年开始止跌回升，国民收入也从 1933 年的 396 亿美元增加到 1937 年的 736 亿美元。凯恩斯的需求管理理论也逐渐成为西方各国宏观调控最重要的理论基础。

### 二、"流动性陷阱"与日本"失去的二十年"

自 1991 年经济泡沫破灭以来，日本经济增长率骤降、物价持续下跌，并陷入长期负增长。1992 年开始，日本 GDP 增长率从 20 世纪 80 年代的年均 6.4% 下滑至 90 年代的年均 1.5%，并进一步下滑到年均 1% 的增速。某些年份，甚至大幅衰退，出现负增长。从物价情况来看，核心 CPI 长期保持零增长甚至负增长。日本的通货紧缩从 1998 年开始，已持续大约 20 年，至今还未完全走出通货紧缩的泥潭。

日本政府的反通货紧缩政策主要是以扩大政府财政开支、降低利率等措施刺激经济复苏。一是采取紧急措施。二是积极运用财政政策。三是实行"零利率"政策，增大货币投放量。安倍经济学推动日本经济出现了短暂复苏。2014 年一季度，实际 GDP 增长 5.8%。但是受消费税推出、政策效应递减等因素影响，二、三季度经济又重新陷入衰退（分别为 -6.7% 和 -1.9%）。物价也出现了回调，核心物价指数 CPI 自 2014 年以来逐月上升，相比上年同期增加了 2 个百分点。但整体而言，2014 年 GDP 平减指数依然位于 100 以下，目前并未完全摆脱通货紧缩阴影。

（资料来源：周景彤. 治理通货紧缩的国际经验及启示 [N]. 中国经济时报，2015-04-17(016). ）

## 六、通货紧缩的治理

由于在通货紧缩条件下，一般物价水平低于其合理的水平，因此治理通货紧缩的直接目标是促使一般物价水平回到其正常的水平。

### (一)调整宏观经济政策

调整宏观经济政策主要是采取积极的财政政策和货币政策。财政政策通常被视为扩张支出的法宝，实行积极的财政政策不仅意味着要在数量上扩大财政支出，更重要的是要优化财政支出结构，也就是既要弥补因个人消费需求不足而造成的需求减缓，又要拉动民间投资，增加社会总需求。货币政策能对总支出水平施加重要影响。积极的货币政策需要适度增加货币供给量，降低利率水平，扩大贷款规模，在增加货币供给量和促进经济复苏方面发挥重要作用。此外，收入政策也可在治理通货紧缩时发挥一定作用，但需要掌握好政策实施的力度。

#### 1. 实施积极的货币政策

中央银行采取有效措施扩大商业银行和非银行金融机构的信贷规模，增加货币供给量，以刺激经济发展，即政府通过采取适度的膨胀政策使一般物价恢复到一个相对合理的水平，减轻债务人的负担，促进消费支出的增加，提高货币流通速度。同时应当进行汇率制度的改革，僵硬的汇率制度可能使本币高估，产生输入型通货紧缩。政策决策部门可以根据经济发展和国际形势的变化及时调整汇率水平，提高国内企业的对外竞争力。同时，货币对外贬值，可以改变人们对通货紧缩的预期，从而调整消费和投资行为，提高就业率，带动国民经济的增长。20 世纪八九十年代的美国、瑞典等，都曾利用货币的贬值来促进经济的恢复和增长。

### 2. 实施积极的财政政策

一是扩大政府支出以增加政府需求。通货紧缩时期，可能伴随着信贷的紧缩，为了配合货币政策的实施，可采取增加财政公共支出的政策，以带动居民支出，激活经济。二是削减税率以减少财政政策的"挤出效应"。事实上，削减税率未必造成税收收入的下降，理论上讲，削减税率可以使财政支出产生乘数效应，促进经济增长。而经济活动的恢复有利于扩大税基，从而增加税收。也就是说，削减税收无非是将征税的时期进行了转换，用长期税收的增加来弥补即期税收的减少。调整税收除了针对增值税以外，还可以针对其他税种，如利息税等。征收利息税，在客观上可以降低实际利率，有利于促使消费转化为投资。

### (二)扩大有效需求

有效需求不足是通货紧缩的主要原因，因此，扩大有效需求是治理通货紧缩的有效措施。总需求包括投资需求、消费需求和出口需求，但影响一国需求的主要因素是投资需求和消费需求，因此，必须采取措施，努力扩大投资需求和消费需求。

投资需求的增加有两条主要途径。一是增加政府投资需求，主要手段是发行国债、增加政府直接投资和公共支出。在市场供大于求的情况下，政府支出多投向基础设施建设和科技成果转化等方面，目的是在政府扩大投资的同时，带动民间投资的增加。二是启动民间投资需求，主要采用改变民间资本的利润预期、改善投资和金融环境、降低利率等措施。

居民消费支出更多地取决于对未来收入的预期而非货币政策的松紧程度。因此，解决问题的办法应集中于刺激居民对未来收入的预期，具体措施可以因国、因地、因时而异。比如，通过加强税收征管来缩小居民收入差距，通过提高就业水平和增加失业补助标准来刺激低收入阶层的消费需求，通过调整政府投资结构和支出方向来改善需求结构，通过加快社会福利保障制度改革来解除居民在增加消费时的后顾之忧，利用股市的财富效应来刺激居民消费，等等。

### (三)调整和改善供给结构

调整和改善供给结构可以同扩大有效需求双管齐下，形成有效供给扩张和有效需求增大相互促进的良性循环。一般情况下，这种治理方式多采取提高企业技术创新能力，推动产业结构升级，培养新的经济增长点等措施。同时，又要采取反对垄断、鼓励并放开竞争、扶持小企业或民营企业发展、降低税负等措施，避免因恶性竞争带来的物价水平大幅度下降。1929—1933年的通货紧缩时期，美国的农产品严重过剩，罗斯福通过采用对耕作或养殖的农民减少经济补贴的政策，以控制农产品的生产；同时，通过修改禁酒令、放弃反垄断法、对工会做出让步等措施刺激工业生产。

### (四)改变预期

公众对通货紧缩发展前景的预期在很大程度上影响着政府各项通货紧缩治理政策的效果。因此，政府有必要通过各种宣传手段，让公众相信政府各项通货紧缩治理政策的正确性和有效性，坚定公众对未来经济发展的信心。

### (五)完善社会保障体系

如果消费需求不足的主要原因是下层居民的收入过低，那么建立健全社会保障体系，适当改善国民收入的分配格局，提高中下层居民的收入水平和消费水平，将有助于通货紧缩的治理。

## 本章小结

1. 通货膨胀是指由于货币发行量超过了经济发展的实际需要量，从而导致货币贬值、物价水平持续上涨的一种经济现象。通货膨胀一般用消费者物价指数、批发物价指数、国内生产总值物价平减指数来衡量。

2. 通货膨胀一般由需求过度增加、生产成本上升、部门之间相互攀比、心理预期等因素导致，对社会经济的影响主要体现在影响生产、国民收入再分配、储蓄、商品流通、国际收支平衡和社会稳定等方面。

3. 通货紧缩是由货币供给量相对于经济增长和劳动生产力提高等要素减少而引致的有效需求严重不足，一般物价水平持续下跌，货币供给量持续下降和经济衰退的现象。通货紧缩一般由紧缩性的货币政策和财政政策、经济周期的变化、投资和消费的有效需求不足、新技术的采用和劳动生产率的提高、金融体系效率的降低、体制和制度变化、汇率制度的缺陷等因素导致。

4. 治理通货膨胀的措施主要有控制货币供给量，调节和控制社会总需求，调整经济结构、收入政策。治理通货紧缩通常采取积极的财政政策和货币政策来扩大需求，包括消费需求和投资需求；同时，调整和改善供给结构，改变预期，完善社会保障体系。

## 思考题

1. 辨析题。

(1)通货紧缩比通货膨胀好，消费者可以得到更多实惠，有利于提高人民生活水平。

(2)通货膨胀不是指一次性或短期的价格总水平的上升，只有当价格持续的上涨作为趋势不可逆转时，才可称为通货膨胀。

(3)在物价管制的情况下，不可能发生通货膨胀。

(4)货币主义学派认为，通货膨胀无论何时何地都是一种货币现象。

(5)通货膨胀对社会收入分配没有影响。

(6)纸币发行量过多，会导致通货膨胀，所以流通中的纸币越少越好。

2. 什么是通货膨胀的财富分配效应？个人投资者在通货膨胀时应如何进行资产结构的调整？

## 综合训练

### 日本经济或持续回落　量化宽松仍面临重重挑战

在日本央行启动大规模的宽松货币政策以解决通货紧缩问题两年后，日本国内的物价水平再度下滑，这凸显出日本这个全球第三大经济体要摆脱长期以来的经济滑坡局面仍面临重重挑战。日本政府2015年3月27日公布的数据显示，2月份最受关注的物价指标同比持平，远低于日本央行此前计划的 2% 的目标。这也是 2013 年 5 月份以来消费者价格指数(CPI)(剔除新鲜食品价格波动及上调消费税影响)的最低水平。

尽管日本央行行长坚持认为他仍有望实现其通货膨胀目标,只是时间会延后,但与 2014 年 4 月份他启动宽松货币政策时许多经济学家的预期相比,他想获得进展要面临更多的困难。日本央行前副行长表示,单靠货币政策不足以实现 2% 的通货膨胀目标。他警告说,日本经济存在重新陷入物价持续回落的风险。调查显示,日本央行的多数观察者认为,黑田东彦今年将努力扩大其刺激计划规模,不过此举能够获得的支持可能远远不及两年前他初次推出量宽计划的时候。

可以肯定的是,尽管日本央行难以实现通货膨胀目标,但在其他方面仍取得了成效。在引导金融市场,压低日本利率,令日元走软等方面,日本央行都卓有成效,同时还推动股市攀上 2015 年高位。丰田汽车等大型公司公布了创纪录的利润,这促使企业进行了多年来幅度最大的员工加薪。但到目前为止,日本实体经济受到的影响并不明显。调查显示,企业经理(尤其是中小型公司)对资本支出也很谨慎,这部分归因于日本央行控制之外的因素。去年 4 月为遏制政府债务施行的消费税上调让日本央行刺激措施的大部分提振付诸东流。油价下跌推低了通货膨胀,外界认为它对价格水平的影响可能是短暂的。

但日本官员表示,要消除 10 多年谨慎悲观的"通缩心态"比预想的难得多,这种心态抑制了风险承担,强化了价格、工资、支出和投资不断下跌这一下行周期。尽管日元下跌,日本出口增速一直很慢,部分原因在于许多日本企业选择不利用汇率优势在全球市场降价,而是维持现有的价格水平从而获得更多日元利润。虽然利润大幅增长,但出于对日本长期经济前景不确定性的担忧,跨国企业宁可一直持有现金,也不愿投资新设备。

(资料来源:崔凯. 日版量化宽松已经失败?[EB/OL]. (2015-03-30)[2020-08-14]. forex. hexun. com/2015-03-30/174538393. html. )

试分析:

1. 日本采取量化宽松政策是否会加剧货币失衡?

2. 根据当前形势,分析通货紧缩给日本经济带来怎样的影响?

3. 面对严重通货紧缩问题,日本央行采用什么措施进行治理?试评价这些措施。

# 第十三章

# 货币政策

### LPR 释放什么信号？

《央行2019年第四季度中国货币政策执行报告》（以下简称《报告》）显示，2019年以来，LPR 小幅下降，贷款加权平均利率明显下行。2019年11月1年期LPR较2019年10月下降5个基点至4.15%，5年期以上LPR较2019年10月下降5个基点至4.80%。2019年12月新发放贷款加权平均利率为5.44%，比2019年9月下降0.18个百分点，同比下降0.2个百分点。2019年年初至7月，新发放企业贷款加权平均利率在5.30%附近波动，LPR改革后贷款利率下降明显，2019年12月新发放企业贷款加权平均利率为5.12%，较LPR改革前的2019年7月下降0.2个百分点，为2017年第二季度以来最低点，降幅明显超过LPR降幅，反映LPR改革增强金融机构自主定价能力、提高贷款市场竞争性、促进贷款利率下行的作用正在发挥。随着LPR继续下降，未来新发贷款利率有望趋于下降，存量贷款中利率较高的部分也有望迎来重置，LPR引导贷款利率下降的作用将更充分展现。

《报告》指出，2020年人民银行将科学稳健把握货币政策逆周期调节力度，确保经济运行在合理区间。一是科学把握总量的度。现阶段，货币政策中介目标转为广义货币M2和社会融资规模增速与国内生产总值名义增速基本匹配，这是科学稳健把握货币政策逆周期调节力度的着力点，既兼顾经济增长，又有利于保持物价稳定。二是有效把握结构的度。运用结构性货币政策精准滴灌，发挥"三档两优"存款准备金框架作用，用好定向降准、再贷款、再贴现、宏观审慎评估等工具，加大结构调整力度，支持推进供给侧结构性改革。引导资金投向供需共同受益、具有乘数效应的先进制造、民生建设、基础设施短板等领域，促进产业和消费双升级，支持经济高质量发展。三是加大改革的力度，进一步深化利率和汇率市场化改革。用改革的办法疏通货币政策传导，强化市场化的利率形成、传导和调控机制。以我为主，兼顾对外均衡，把握好保持人民币汇率弹性、完善跨境资本流动宏观审慎政策和加强国际宏观政策协调三方面平衡。坚持发挥市场在汇率形成中的决定性作用，保持人民币汇率在合理均衡水平上的基本稳定。

《报告》强调，保持流动性合理充裕，促进货币信贷、社会融资规模增长同经济发展相适应。灵活运用多种货币政策工具，以适度的货币增长支持高质量发展，有效支持经济运行在合理区间。增强调控前瞻性、精准性、主动性和有效性，根据经济增长和价格形势变化及时调整。

（资料来源：彭扬，赵白执南．央行：完善 LPR 传导机制　坚决打破贷款利率隐性下限 [EB/OL]．（2020-02-20）[2020-07-25]．http：//www．cs．com．cn/xwzx/hg/202002/t20200220_6027611.html.）

【学习导引】

货币政策是当代各国政府干预和调节宏观经济运行最主要的政策之一，也是对市场经济影响力最大、影响面最广的经济政策，因而成为各个经济主体和新闻媒体关注的焦点。虽然你几乎每天都可以从报刊、电视、广播中得到它的信息，但你是否知道货币政策的基本框架与作用原理，是否理解各国货币政策的不同选择？本章主要学习货币政策的作用机理与目标、政策工具、传导机制等问题。

# 第一节　货币政策目标

## 一、货币政策概述

货币政策也就是金融政策，是指中央银行为实现其特定的经济目标而采用的各种控制和调节货币供给量和信用量的方针、政策和措施的总称。货币政策的实质是国家对货币的供应根据不同时期的经济发展情况而采取"紧""松"或"适度"的不同政策趋向。从广义上讲，货币政策包括政府、中央银行和其他有关部门所有有关货币的规定和所采取的影响货币供给数量的一切措施，包括所有旨在影响金融系统的发展、利用和效率的措施，包括像政府借款、国债管理乃至政府税收和开支等可能影响货币支出的行为。狭义的货币政策是指中央银行为实现其特定的经济目标而采用的各种控制和调节货币供给量的方针和措施的总称，包括信贷政策、利率政策和外汇政策。

在西方国家，货币政策比较概括的提法是中央银行在追求可维持的实际产出增长、高就业和物价稳定所采取的用以影响货币和其他金融环境的措施。通俗一些，也可以说货币政策指的是中央银行为实现既定的经济目标，运用各种工具调节货币供给和利率所采取的方针和措施的总和。

货币政策包括三方面的基本内容：政策目标、实现目标所运用的政策工具、预期达到的政策效果。从确定目标、运用工具，到实现预期的政策效果，这中间还存在着一些作用环节，其中主要有中介指标和政策传导机制等。

货币政策的特征在于：首先，它是一种宏观经济政策，是央行为了实现其特定目标而采取的反经济周期的政策；其次，它是以需求调控和总量调控为主的政策，央行通过货币政策的实施作用于需求总量；最后，货币政策是目标长期性和措施短期性相统一的政策。

中央银行货币政策的基本框架如图 13-1 所示。

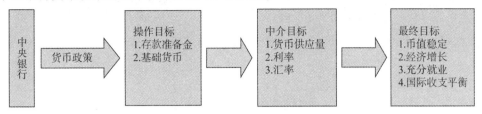

图 13-1　中央银行货币政策的基本框架

### 货币政策的目标：单目标与多目标

到目前为止，就各发达国家、各体系的情况来看，货币政策目标有所不同。美联储在 2006 年 2 月宣布了最大限度的就业和价格稳定的双重目标；欧洲中央银行将保持价格稳定设为首要的货币政策目标。在不违背价格稳定目标的前提下，欧元体系也为共同体其他目标的实现提供支持，包括高就业率和无通货膨胀的增长；英格兰银行的货币政策目标为保持价格稳定，并以此支持产出增长和就业增加的政府经济目标；2006 年 3 月，日本银行法规定的货币政策原则是：通过追求价格稳定，促进国民经济的健康发展。

不同时期，各个国家的货币政策目标也是在发展变化的。20 世纪 30 年代以前的金本位制时期，虽然还没有后来的宏观政策概念，但各国中央银行货币政策的主要目标是稳定币值和汇率。到了 40 年代中期，凯恩斯主义的国家干预经济主张盛行以后，英、美等国相继以法律形式宣称，谋求充分就业是其货币政策的目标之一。这样，货币政策目标就由原来的单一目标转化为稳定币值和实现充分就业。自 50 年代起，由于普遍的、持续的通货膨胀，在各国中央银行的货币政策目标中，稳定的分量又加重了。但针对新的情况，提法有些变化，如把稳定解释为将物价上涨控制在可以接受的水平之内等。到了 50 年代后期，在西方国家中经济增长理论流行，许多国家为了保护自身的经济实力和国际地位，把发展经济、促进经济增长作为货币政策目标的重点。从 60 年代开始，一些国家国际收支逆差的出现，使维持固定汇率发生困难。随后在 70 年代，伴随着两次美元危机，一些国家又将平衡国际收支作为一项货币政策目标。70 年代中期之后，"滞胀"促使一些西方国家的货币政策目标先后转为以稳定货币为主。80 年代中期以后，出现了更加严重的通货膨胀。因此，自 80 年代末 90 年代初开始，全世界再一次将降低通货膨胀作为货币政策的主要目标，很多国家更是直接采用通货膨胀目标制为货币政策目标，以降低异常高的通货膨胀。21 世纪初的前几年，一些负面事件使经济受到打击，很多国家货币政策的主要目标转为促进经济增长。近几年，价格稳定重新成为各国货币政策的重要目标。同时，随着世界经济增长的放缓，多数国家将促进经济增长及高就业添加到货币政策目标之中。

如果说，存在着几项较为广泛承认的货币政策目标，那实际上是经历了一个逐步发展的过程。而就各国中央银行在不同时期的目标选择来说，有的是明确突出一个目标，有的则是明确追求几个目标。对于前者，称为单目标；对于后者，称为多目标。

## 二、货币政策的最终目标

### (一)最终目标的内容

#### 1. 稳定物价

稳定物价目标是中央银行货币政策的首要目标，而物价稳定的实质是币值的稳定。稳定物价是一个相对概念，就是要控制通货膨胀，使一般物价水平在短期内不发生急剧的波动。

稳定物价就其本身而言，是要求既要防止物价上涨又要防止物价下跌。如想判断货币政策是否已达到稳定物价目标，首先要确定采用什么指标来反映物价水平的变动程度。一般而言，有三种主要的指标可供选择，即消费者物价指数(CPI)、批发物价指数(WPI)和国内生产总值物价平减指数。这三种指标各有利弊，各国货币当局均可根据本国的实际情况来确定具体的指标，如我国采取的是居民消费指数和零售物价指数来测度物价水平的变动。其次就是如何界定物价是否稳定。显然，保持物价水平长期固定不变在实践上是不可能的，同时这种物价绝对不变对经济发展也是不利的。因此，一般认为物价上涨率能控制在2%～4%，就基本上可以算作实现了稳定物价的目标，这既在人们的容忍范围之内，同时轻微的物价上涨也有利于经济增长。当然，这一指标的具体内容也不是一成不变，不同的国家在不同时期、不同经济环境中有着不同的对稳定物价目标的定义。此外必须强调的是，反对高通货膨胀并非通货膨胀率越低越好。经验数据表明，当通货膨胀率低至1%以下水平时，会通过影响人们的消费、投资预期，进而引起经济增长停滞，甚至衰退。因此，强调物价水平稳定只是一种相对稳定，具体而言就是抑制过高的通货膨胀和避免通货紧缩。

#### 2. 充分就业

所谓充分就业目标，就是要保持一个较高的、稳定的水平。在充分就业的情况下，凡是有能力并自愿参加工作者，都能在较合理的条件下随时找到适当的工作。充分就业是针对所有可利用资源的利用程度而言的。但要测定各种经济资源的利用程度是非常困难的，一般以劳动力的就业程度为基准，即以失业率指标来衡量劳动力的就业程度。

西方经济理论中的充分就业并不是指所有社会劳动力均有工作这样一种状态，而是指有劳动能力且愿意工作的人均有工作。他们认为，社会中有一部分失业是由于其不愿意工作而自愿失业所造成的，再加上摩擦性失业和周期性失业的存在，充分就业状态下的就业率不是100%，而是小于1的百分数。西方国家强调充分就业目标，但目前对充分就业的测度或者说充分就业目标的内容却没有达成一致。其实，不管是将充分就业定义为"失业率为5%"还是"失业率为2%～3%"，其实质都是努力使失业率降至一个社会所能容忍的水平。

#### 3. 经济增长

所谓经济增长就是指国民生产总值的增长必须保持合理的、较高的速度。各国衡量经济增长的指标一般采用人均实际国民生产总值的年增长率，即用人均名义国民生产总值年增长率剔除物价上涨率后的人均实际国民生产总值年增长率来衡量。政府一般对计划期的实际国民生产总值增长幅度定出指标，用百分比表示，中央银行即以此为货币政策的目标。

当然，经济的合理增长需要多种因素的配合，最重要的是要增加各种经济资源，如人力、财力、物力，并且要求各种经济资源实现最佳配置。中央银行作为国民经济中的货币主管部门，直接影响其中的财力部分，对资本的供给与配置产生巨大作用。

因此，中央银行以经济增长为目标，指的是中央银行在接受既定目标的前提下，通过其所能操纵的工具，对资源的运用加以组合和协调。中央银行可以用增加货币供给或降低实际利率水平的办法来促进投资增加；或者通过控制通货膨胀率，消除其所产生的不确定性和预期效应对投资的影响。

4. 平衡国际收支

国际收支平衡是指，在一定的时期内（通常指一年内），一国对其他国家或地区的全部货币收支持平。平衡国际收支，简单地讲，就是采取各种措施，纠正国际收支差额，使之趋于平衡。因为一国国际收支出现失衡，无论是逆差还是顺差，都不利于本国经济的发展，但由于逆差的危害性更大一些，各国调节国际收支失衡的主要目标是减少以至于消除逆差。然而，在现实操作中，平衡国际收支是一个不容易确定的目标。从全世界来看，一些国家的盈余就意味着一些国家的赤字，因此，每个国家都要在国际收支平衡表上实现盈余是不可能的。目前，经济学家普遍认为，国际收支平衡应当是一种动态的平衡，即在若干年（如 3~5 年）的时间内，如果一个国家的国际收支平衡表中的主要项目的变动接近于平衡，便可大致认为达到了国际收支平衡，因为其中某一年的不平衡可以由其他的年份加以弥补。

根据国际货币基金组织的定义，国际收支是某一时期一国对外经济往来的统计表，它表明：①某一经济体同世界其他地方之间在商品、劳务和收入方面的交易；②该经济体的货币性黄金、特别提款权以及对世界其他地方的债权、债务的所有权等的变化；③从会计意义上讲，为平衡不能相互抵消的上述交易和变化的任何账目所需的无偿转让和对应项目。

在一个开放型的社会经济中，国际收支状况与国内市场的货币供给量有着密切的关系。一般来说，顺差意味着该国的外汇收入大于支出，外汇收入增加，而收购这些外汇，必然要增加国内市场的货币供给量。换言之，顺差意味着商品的输出大于商品的输入，从而相对减少了国内市场的商品量，增加了国内市场的货币供给量。顺差带给国内市场的影响有两种：一是当国内市场上货币偏多、物价不稳定、商品供给不足时，可能会加剧通货膨胀，加剧国内市场上商品供求的矛盾；二是当国内市场货币供给不足、外资缺乏、失业严重、商品供过于求时，则有利于实现国内市场的均衡。国际收支逆差的影响则正好相反。

**（二）最终目标之间的相互关系**

1. 稳定物价与充分就业的关系

事实证明，稳定物价与充分就业两个目标之间经常发生冲突。若要降低失业率，增加就业人数，就必须增加货币工资。若货币工资增加过少，对充分就业目标就无明显促进作用；若货币工资增加过多，致使其上涨率超过劳动生产率的增长，这种成本推进型通货膨胀，必然造成物价与就业两项目标的冲突。如，西方国家在 20 世纪 70 年代以前推行的扩张政策，不仅无助于实现充分就业和刺激经济增长，反而造成"滞胀"局面。

英国经济学家菲利普斯研究了 1861—1957 年这近 100 年间英国的失业率和通货膨胀率之间的关系，发现二者存在此消彼长的关系，他于是提出了著名的"菲利普斯曲线"。他认为，要实现充分就业，就必然要增加货币供给量以刺激总需求，结果将导致一般物价水平的上升；反之，如果需要稳定物价，必然要减少货币供给量以抑制总需求，结果将导致失业率的上升。中央银行既不能选择高失业率的物价稳定，也不能选择高通货膨胀率的充分就业，而只能在二者之间找一个适合本国国情的相对均衡点。

2. 稳定物价与经济增长的关系

稳定物价与促进经济增长之间是否存在矛盾，理论界对此看法不一，主要有以下几种观点。

(1)物价稳定才能维持经济增长。这种观点认为，只有物价稳定，才能维持经济的长期增长势头。一般而言，劳动力增加，资本形成并增加，加上技术进步等因素，会促进生产的发展和产量的增加，随之而来的是货币总支出的增加。由于生产率是随时间的进程而不断发展的，货币工资和实际工资也是随生产率而增加的，只要物价稳定，整个经济就能正常运转，维持其长期增长的势头。这实际上是供给决定论的古典学派经济思想在现代经济中的反映。

(2)轻微物价上涨刺激经济增长。这种观点认为，只有轻微的物价上涨，才能维持经济的长期稳定与发展。通货膨胀是经济的刺激剂，这是凯恩斯学派的观点，凯恩斯学派认为，在充分就业达到之前增加货币供应、增加社会总需求，主要是促进生产发展和经济增长，而物价上涨比较缓慢。资本主义经济只能在非充分就业的均衡中运行，因此轻微的物价上涨会促进整个经济的发展。凯恩斯学者也认为，价格的上涨，通常可以带来高度的就业，在轻微的通货膨胀之下，工业之轮开始得到良好的润滑油，产量接近于最高水平，私人投资活跃，就业机会增多。

(3)经济增长能使物价稳定。这种观点则认为，随着经济的增长，价格趋于下降，或趋于稳定。因为，经济的增长主要取决于劳动生产率的提高和新生产要素的投入，在劳动生产率提高的前提下，生产的增长，一方面意味着产品的增加，另一方面则意味着单位产品生产成本的降低。所以，稳定物价目标与经济增长目标并不矛盾。这种观点实际上是马克思在分析金本位制下的资本主义经济时所论述的观点。

实际上，就现代社会而言，经济的增长总是伴随着物价的上涨。这在上述分析物价上涨的原因时曾予以说明，近 100 年的经济史也说明了这一点。有人把世界上许多国家近 100 年中经济增长时期的物价资料进行了分析，发现除经济危机和衰退外，凡是经济正常增长时期，物价水平都呈上升趋势，特别是第二次世界大战以后，情况更是如此。没有哪一个国家在经济增长时期，物价水平不是呈上升趋势的。就我国而言，几十年的社会主义经济建设的现实也说明了这一点。

从西方货币政策实践的结果来看，要使稳定物价与经济增长齐头并进并不容易。主要原因在于，政府往往较多地考虑经济发展，刻意追求经济增长的高速度，采用扩张信用和增加投资等办法，其结果必然造成货币发行量增加和物价上涨，使稳定物价与经济增长之间出现矛盾。

3. 稳定物价与国际收支平衡的关系

稳定物价主要是指稳定货币的对内价值，而平衡国际收支则是稳定货币的对外价值，如果国内物价不稳定，那么国际收支很难平衡。这是因为，当国内物价高于国外物价时，必然会引起出口下降、进口增加，从而出现贸易逆差。但即使国内物价稳定，国际收支也不一定平衡。当国内物价稳定而国外物价上涨时，国内商品相对便宜，使出口增大、进口减少，引起贸易顺差。因此，在经济全球化的大趋势下，一国物价水平与国际收支之间存在着较为复杂的关系。

4. 充分就业与经济增长的关系

一般而言，经济增长能够创造更多的就业机会，但在某些情况下两者也会出现不一致，例如，以内涵型扩大再生产所实现的高经济增长，不可能实现高就业。再如，片面强调高就业，硬性分配劳动力到企业单位就业，造成人浮于事，效益下降，产出减少，导致经济增长速度放慢等。

美国经济学家奥肯通过对美国经济的分析，发现充分就业和经济增长之间存在正相关关系：失业率每提高1%，经济的潜在产出与现实产出的缺口就会增大3.2%，这就是"奥肯定律"。一般来说，一国要实现充分就业，必然会采取刺激总需求的政策，而总需求的增加又会带动经济增长，因此，两者存在正相关关系。

5. 经济增长与国际收支平衡的关系

在一个开放型的经济中，国家为了促进本国经济发展，会遇到两个问题。

（1）经济增长引起进口增加。国内经济的增长、国民收入的增加及支付能力的增加，通常会增加对进口商品的需要。如果该国的出口贸易不能随进口贸易的增加而相应增加，必然会使贸易收支状况变坏。

（2）引进外资可能形成资本项目逆差。要促进国内经济增长，就要增加投资，提高投资率。在国内储蓄不足的情况下，必须借助于外资，引进外国的先进技术，以此促进本国经济。这种外资的流入，必然带来国际收支中资本项目的差额。尽管这种外资的流入可以在一定程度上改善由贸易逆差造成的国际收支失衡，但并不一定就能确保经济增长与国际收支平衡齐头并进。其原因在于以下两点。

首先，任何一个国家在特定的社会经济环境中能够引进技术、设备、管理方法等，一方面取决于一国的吸收、掌握和创新能力；另一方面，还取决于国产商品的出口竞争能力和外汇还款能力。所以，在一定条件下，一国所能引进和利用的外资是有限的。如果把外资的引进完全置于平衡贸易收支上，那么外资对经济的增长就不能发挥应有的作用。此外，如果只是追求利用外资促进经济增长，而忽视国内资金的配置能力和外汇还款能力，那么必然会导致国际收支状况的严重恶化，最终会使经济失衡，不可能维持长久的经济增长。

其次，在其他因素引起的国际收支失衡或国内经济衰退的条件下，用来矫正这种失衡经济形态的货币政策，通常是在平衡国际收支和促进经济增长两个目标之间进行合理的选择。国际收支出现逆差，通常要压缩国内的总需求，而随着总需求的下降，国际收支逆差可能被消除，但同时会带来经济的衰退。而国内经济衰退，通常采用扩张性的货币政策。随着货币供给量的增加，社会总需求增加，可能刺激经济的增长，但也可能由于输入的增加及通货膨胀而导致国际收支失衡。

（3）货币政策最终目标的选择。

一国的货币政策要同时实现上述四大目标，几乎不可能。政府无法兼顾全部目标，只能根据具体形势选择其中一个或几个目标作为货币政策的最终目标。然而到底应选择哪一个或哪几个作为货币政策目标，经济理论界也存在争议：单一目标论者的理由是，各目标之间存在内在冲突，同时兼顾一个以上的目标，只会顾此失彼；双目标论者则认为，货币政策目标不可能是单一的，而应当同时兼顾币值稳定和经济增长两大目标，这两者在一定程度上是相辅相成的，两者不可偏废；多目标论者则认为，各个目标对实现宏观经济的稳定发展都十分重要，应在总体上兼顾各个目标，而在不同时期以不同的目标为相对重点。我国采用单一目标的货币政策，1995 年通过的《中华人民共和国中国人民银行法》规定，我国货币政策的最终目标是"保持货币币值的稳定，并以此促进经济增长"。

## 三、货币政策的中介目标和操作目标

### （一）中介目标与操作目标的含义

#### 1. 中介目标

货币政策的中介目标是指中央银行在一定时期内和某种特定的经济状况下，能够以一定的精确度达到的目标。中央银行在执行货币政策时以货币政策工具首先影响利率或货币供给量等货币变量。通过这些变量的变动，中央银行的政策工具间接地影响产出、就业、物价和国际收支等最终目标变量。因此，利率或货币供给量等货币变量被称为货币政策中介目标。

#### 2. 操作目标

货币政策的操作目标是中央银行通过货币政策工具能够准确有效地实现的经济变量。操作目标介于政策工具和中介目标之间，是货币政策工具影响中介目标的传送点。之所以选择操作目标，一方面，是由于中央银行有时不能通过政策工具直接影响中介目标，为了及时掌握政策工具对调节中介目标的效果，有必要在政策工具和中介目标之间设置一些中间变量，通过这些中间变量来判断中介目标的未来变化；另一方面，是由于货币政策最终目标不仅受货币政策措施的影响，还会受到一些非货币政策措施（如财政政策等）的影响，为了将这些影响与货币政策的影响区分开来，需要在政策工具与中介目标之间设置一些能够及时、准确反映货币政策操作力度和方向的中间变量。

### （二）中介目标和操作目标的选择标准

正确地选择货币政策的中介目标，是实现货币政策最终目标的前提条件，因为中央银行并不能直接控制和实现货币政策的最终目标，而只能借助于货币政策工具，通过对货币政策中介目标的调节与控制来实现货币政策的最终目标。因此，货币政策中介目标的选择十分重要。一般认为，作为货币政策的中介目标，必须具备三个条件，即与最终目标的相关性、可测性及可控性这"三性"原则。

#### 1. 相关性

相关性即要求货币政策中介目标必须与最终目标密切相关，操作目标必须与中介目标密切相关。它们的变动必然会对最终目标或中介目标产生可预测的影响。

2. 可测性

可测性一方面是指中央银行能迅速及时地获取这些目标的准确数据；另一方面是指这些目标必须有较明确的定义并便于观察、分析和监测。

3. 可控性

可控性即要求操作目标和中介目标必须是那些中央银行能够有效控制的金融指标。中央银行对这些指标的控制能力越强，货币政策就越能达到预期效果。

当然，一个可行的中介目标和操作目标还必须符合当时的经济管理体制、市场发育程度、经济发展水平等客观条件。

**拓展阅读 13-2**

### 不同国家货币政策中介目标的选择

第二次世界大战以后，西方主要国家货币政策及中介目标的变化大体经历了以下过程：20世纪五六十年代，货币政策最终目标强调充分就业、经济增长，一般将利率作为货币政策调控的中介目标；20世纪七八十年代，货币政策最终目标以稳定通货为主，中介目标是货币供给量；20世纪90年代以后，某些西方国家实行以反通胀为唯一目标的货币政策，放弃了以货币供给量为中介目标的监控方法，货币政策目标就是钉住要控制的通货膨胀。部分国家建立了以短期利率为主要操作手段、实现通货膨胀目标的货币政策体系，货币政策操作直接钉住通货膨胀目标，而不再依赖于其他中介目标。

**一、美国目标**

20世纪70年代以来，美国联邦储备银行基本上接受了货币主义的"单一规则"，确定货币供给量作为对经济进行宏观调控的主要手段。进入20世纪90年代以来，美国宏观经济调控领域发生的最重大事件之一，就是《预算平衡案》通过。在新的财政运作框架下，联邦政府已不再可能通过扩大开支、减少税收等传统财政政策刺激经济，从而在相当程度上削弱了财政政策对经济实施宏观调控的作用。这样，货币政策就成为政府对经济进行调控的主要工具。1993年7月22日，美联储突然宣布放弃实行了十余年的以调控货币供给量来调控经济运行的货币政策规则，而将调整实际利率作为对经济实施宏观调控的主要手段。这就是现在美国金融界的"泰勒规则"。其含义可简要表述为：在各种影响物价水平和经济增长率的因素中，真实利率是唯一能够与物价和经济增长保持长期稳定关系的变量。泰勒认为，调整真实利率，应当成为货币当局的主要操作方式。

**二、英国目标**

英国从1993年开始，货币政策操作直接钉住通货膨胀目标，不再依赖于其他中介目标，而货币供给量指标只是作为对宏观经济金融进行分析研究的监测指标。自英格兰银行1694年建立以后，英国的平均通胀率仅为1.4%。但在经历了第二次世界大战之后，通胀率达到6%，并且在1965—1980年间平均达到10.3%。面对如此严重的通货膨胀，经济学家认为政府应该长期从通货膨胀和产出两者进行权衡。1970 年，货币总量目标被引入，先是面对宽口径的货币量，而后面对窄口径。在 20 世纪 80 年代中期，一些无法预期的变化导致政府舍弃了货币总量目标，转向汇率目标。在 1990 年，英国加入汇率机制，但在 1992 年 9 月 16 日被迫放弃会员资格。1992 年 10 月，经过英格兰银行和财政部的协商之后，英国宣布了新的货币政策框架，包括两个方面：①利率作为面对通货膨胀（控制在每年 2.5% 以下）的直接货币政策目标；②英格兰银行作为设定利率的重要角色。这种变化增强了货币政策的传导性和开放性。

### 三、日本目标

20 世纪 70 年代以前，日本银行主要以银行同业拆放市场利率为操作目标，同时也经常关注民间金融机构尤其是都市银行的贷款增加额。70 年代后，随着世界金融形势的变化，主要发达国家都将货币政策的中介目标从利率转向货币供给量，受其影响，日本银行也将中介目标的重点转向了货币供给量。最初选择了 M1 作为主要中介目标。在 1979 年引入可转换大额存单制度后，就改为将 M2 和大额可转让存单作为中介目标。这是因为：1972 年后，日本发生通货膨胀，利率大幅度上升，由于活期存款是无息的，因而利率升降便引起活期存款同定期存款之间的资金频繁转移，使 M1 这个指标不稳定，而现金、活期存款、定期存款和大额可转让存单等可避免这种不稳定性。80 年代中期，由于划分货币层次的复杂性和金融创新引起新的货币产生，日本银行对货币供给量作为中介目标的依赖性逐渐减弱，注意力转移到一整套以金融市场为背景的金融变量上，这一时期，市场利率、汇率、资产价格、广义货币都被作为货币政策的主要中介目标，其中市场利率日益成为货币政策操作的中心发挥更加重要的作用。90 年代末，海外经济的普遍下滑对日本经济产生了很大的负面影响，美国的恐怖袭击事件更加提高了日本经济前景的不确定性。作为应对措施，2001 年，日本银行改变了主要的操作目标，从隔夜拆借利率转向经常性账户未偿付差额，并且在物价停止紧缩之前始终保持这个政策。

### （三）可供选择的主要中介目标

1. 货币供给量

货币供给量作为中介目标有如下优点：一是货币供给量的变动能直接影响经济活动，符合相关性；二是中央银行通过控制基础货币来间接控制货币供给量，符合可控性；三是与货币政策意图联系紧密；四是货币供给量方面的数据是可测的。

但是，货币供给量作为中介目标也存在一定的不足：首先，中央银行对货币供给量的控制力不是绝对的，货币供给量的大小取决于基础货币和货币乘数两部分，中央银行能控制基础货币，但货币乘数中的现金漏损率、超额准备金率等主要取决于公众和商业银行的行为，中央银行难以控制；其次，金融创新的发展使各层次货币供给量的界限日益模糊，货币供给量的度量口径不断发生变化，货币供给量的可测性也有所下降。

由于货币供给量是分层次的，所以以货币供给量为中介指标就存在将哪一层次的货币供给量作为指标的问题。从发展趋势来看，越来越多的国家把控制的重点从 M1 转向 M2，有的国家(如美国)已经放弃了将货币供给量作为中介指标,转而使用利率指标。我国从 20 世纪 90 年代末期开始逐步将控制重点转向 M2。

2. 利率

利率作为中介目标的优点有:一是能够反映信用供给的变动,体现货币政策意图;二是中央银行能够对其加以控制,符合可控性;三是易于及时收集数据,符合可测性;四是作用力大、影响广泛,与货币政策各目标之间的相关性高。

同时,利率目标也存在三方面的不足。一是中央银行所能控制的是名义利率,而对经济有实质影响的是实际利率。中央银行可以公布名义利率,却无法确知社会公众的预期实际利率。二是利率对经济的作用力度还受货币需求的利率弹性的影响。利率对经济活动的影响更多地依赖于企业和居民的投资与消费行为对利率的敏感性,即投资与消费的利率弹性,这种利率弹性既受经济体制的影响,又受金融市场发达程度的影响,中央银行很难控制。三是利率数据虽然很容易获取,但是从大量利率数据中得出一个具有代表性的利率,却并不容易。

20 世纪中期,西方各国在凯恩斯主义理论的影响下均选择利率作为主要的中介目标,进入 70 年代货币主义兴起,各国均以货币供给量为主要中介目标。90 年代以来,凯恩斯主义的复兴又使利率作为中介目标成为一种新趋势。我国利率市场化改革工作尚未完成,目前利率主要是作为一种货币政策工具而不是中介目标,但今后利率作为中介目标的作用将日渐明显。

3. 银行信贷规模

银行信贷规模指银行体系对各经济主体的存贷款总额。它作为中介目标的优点在于:第一,数据较容易获得,具有可测性;第二,中央银行可以直接规定贷款规模,具有较好的可控性;第三,与最终目标有一定的相关性,特别是在金融市场发展落后、商业银行贷款是主要的信用供给渠道的情况下,控制住了信贷规模也就控制住了货币供给量。

但是,银行信贷规模作为中介目标也存在缺点:第一,中央银行对信贷规模的可控性主要通过行政手段,而非经济手段,不利于市场机制作用的发挥;第二,如果金融市场比较发达,融资渠道多样,贷款规模与最终目标的相关性就会减弱。

4. 汇率

实行钉住汇率制的开放小国,一般会将汇率作为中介目标。其优点在于:第一,将本币与某一强势货币汇率稳定在一定水平上,有利于短期内稳定物价;第二,如果公众认为政府的汇率目标是可信的,那么央行就可以将公众的预期通胀率锁定在强势货币的预期通胀水平上;第三,汇率目标简单清晰,易于公众理解。

但是,用汇率作为货币政策的中介目标会使钉住国货币极易受到投机性供给而发生货币危机。

**拓展阅读 13-3**

### 我国货币中介目标演变历史

1979 年以前，我国实行的是完全的计划经济体制，强调的是"钱随物走"，资源分配主要通过国家行政命令决定，中国人民银行的职责是根据国民经济计划供应资金，即"守计划，把口子"，货币政策的目标则是便利计划的贯彻，经济计划的执行结果与计划要求非常接近。货币政策的传导几乎是在人为地进行控制，中间经济变量简单且变动很小。在这一阶段，货币政策中介目标的作用并不大，中国人民银行并不重视中介目标的控制。1979 年之后，我国经济体制发生了深刻变革，货币政策对国民经济的影响作用逐步上升，特别是 1984 年中国人民银行行使了中央银行职能，1985 年信贷管理体制改为"实贷实存"以后，货币政策传导中又有许多新的经济变量开始发挥重要作用，设置中介目标也被提上了议事日程，而且，选择哪种经济变量作为中介目标也成为理论界争论的焦点。在改革之初，我国货币政策中介目标主要是控制现金量，之后转向控制广义货币供给量，但当中央银行对基础货币吞吐不能自主操作时，为了货币、金融的稳定，就不得不又将贷款规模也作为货币政策的中介目标。在这之后的十几年里，贷款规模对于抑制信贷需求、控制货币供给量确实发挥了重要作用，但随着市场经济的发展，贷款规模的作用逐步削弱，其弊端也日渐暴露出来。

1993 年，央行首次向社会公布货币供给量指标。1994 年 9 月，中国人民银行首次根据流动性的高低定义并公布了中国的 M0、M1 和 M2 三个层次的货币供应指标。1996 年，央行采用货币供给量 M1 和 M2 作为货币政策的调控目标，标志着我国开始引入货币政策中介目标。1998 年，信贷规模控制遭到放弃，货币供给量作为中介目标的地位更是无可争议。我国的货币供给量指标已受到政府的重视，被看作货币政策取向的风向标。在 1993 年年底国务院《关于金融体制改革的决定》以及 1995 年通过的《中央银行法》中，货币政策的目标被表述为"保持币值的稳定，并以此促进经济增长"。同时《关于金融体制改革的决定》明确规定："货币政策的中介目标和操作目标是货币供给量、信用总量、同业拆借利率和银行备付金率。"1998 年，中央银行取消了实行近五十年的贷款规模限制。这一传统调控手段的寿终正寝，标志着我国货币政策当局认识到"信用总量"这一中介目标现实意义的局限性，并淡化其在货币政策中的调控地位。

### (四) 可供选择的操作目标

#### 1. 商业银行的存款准备金

中央银行以存款准备金为货币政策的操作目标，其主要原因是，无论中央银行运用何种政策工具，都会先行改变商业银行的存款准备金，然后对中间目标和最终目标产生影响。因此可以说变动存款准备金是货币政策传导的必经之路，由于商业银行的存款准备金越多，银行贷款与投资的能力就越大，从而派生存款和货币供给量也就越多。因此，银行存款准备金增加被认为是货币市场银根放松，存款准备金减少则意味着市场银根紧缩。但存款准备金在准确性方面的缺点有如利率。作为内生变量，存款准备金与需求负值相关，借贷需求上升，银行体系便减少存款准备金以扩张信贷；反之，则增加存款准备金而缩减信贷。作为政策变量，存款准备金与需求正值相关。中央银行要抑制需求，一定会设法减少商业银行的存款准备金。因而存款准备金作为金融指标也有误导中央银行的缺点。

法定存款准备金率的变动可直接引起存款准备金的变动，再引起中介目标的变动。公开市场业务可以改变商业银行的非借入储备，再影响中介目标等。存款准备金有不同的统计口径，如准备金总额、法定存款准备金、超额准备金、借入储备、非借入储备等。在选择具体的存款准备金目标上，货币学派认为存款准备金总额合适，而美联储则先后分别采用了非介入储备和借入储备作为存款准备金目标。我国主要是将超额储备作为存款准备金操作目标。

## 2. 基础货币

基础货币是中央银行经常使用的一个操作目标，也常被称为"强力货币"或"高能货币"，是商业银行存款准备金和流通中现金之和。基础货币一般被认为是比较理想的操作目标。首先，就可测性而言，基础货币表现为中央银行的负债，其数额随时反映在中央银行的资产负债表上，很容易为中央银行所掌握。其次，基础货币中的现金可以由中央银行直接控制，中央银行可以通过公开市场操作控制银行存款准备金总量中的非借入准备金；对于借入准备金而言，中央银行虽不能完全控制，但可以通过贴现窗口进行目标设定和预测，有较强的可控性。再次，根据货币乘数理论，货币供给量等于基础货币与货币乘数之积，只要中央银行能够控制基础货币的投放，也就等于间接控制住了货币供给量，从而能进一步影响利率、价格以及国民收入，实现其最终目标。我国也将基础货币列为操作目标，主要是因为我国目前的货币乘数相对稳定，基础货币在货币供给中具有关键的作用。

中央银行有时还运用"已调整基础货币"这一指标，或者称为扩张的基础货币，它是针对法定准备的变化调整后的基础货币。单凭基础货币总量的变化还无法说明和衡量货币政策，必须对基础货币的内部构成加以考虑，因为在基础货币总量不变的条件下，如果法定存款准备金率下降，银行法定存款准备金减少而超额准备金增加，这时的货币政策仍呈扩张性；若存款从准备金率高的存款机构转到准备金率较低的存款机构，即使中央银行没有降低准备金率，平均准备金率也会有某种程度的降低，这就必须对基础货币进行调整。

多数学者认为，基础货币是较理想的操作目标。因为基础货币是中央银行的负债，中央银行对已发行的现金和它持有的存款准备金都掌握着相当及时的信息，因此中央银行对基础货币是能够直接控制的。基础货币比银行存款准备金更为有利，因为它考虑到社会公众的通货持有量。

## 3. 短期利率

短期利率通常指市场利率，即能够反映市场资金供求状况、变动灵活的利率。短期利率是影响社会的货币需求与货币供给、银行信贷总量的一个重要指标，也是中央银行用以控制货币供给量、调节市场货币供求、实现货币政策目标的一个重要的政策性指标。作为操作目标，中央银行通常只能选用其中一种利率。其中，同业拆借利率是反映货币市场供求关系的最灵敏的利率指标，对商业银行的贷款利率和市场的长期利率都有直接的作用。中央银行影响同业拆借利率的方式有两种：一是通过调整再贷款、再贴现利率或改变其可得性来加以影响；二是通过公开市场业务操作加以影响。例如，中央银行在公开市场上卖出政府债券，银行存款准备金减少，银行为弥补存款准备金的不足就会增加其在同业拆借市场上的融资，导致同业拆借利率上升。而同业拆借利率作为货币市场的基准利率又会进一步引起金融市场利率的上升，并最终作用于货币供给量及最终目标，达到中央银行通过货币政策实现宏观调控的目的。但是，短期利率作为一个内生经济变量，其波动是顺应经济周期的：经济繁荣时，利率因信贷需求增加而上升；经济停滞时，利率随信贷需求减少而下降。这种周期性与短期利率的变化非常快，其可测性和可控性相对较差。

# 第二节　货币政策工具

货币政策工具是中央银行为达到货币政策目标而采取的手段。根据《中国人民银行法》第三条规定，中国货币政策最终目标为"保持货币币值的稳定，并以此促进经济的增长"。货币政策工具分为一般性工具和选择性工具。一般性货币政策工具包括存款准备金和再贴现、公开市场操作；选择性货币政策工具包括贷款规模控制、特种存款、对金融企业窗口指导等。一般性货币政策工具多属于间接调控工具，选择性货币政策工具多属于直接调控工具。在过去较长时期内，中国货币政策以直接调控为主，即采取信贷规模、现金计划等工具。1998 年以后，取消了贷款规模控制，主要采取间接货币政策工具调控货币供应总量。现阶段，中国的货币政策工具主要有公开市场操作、存款准备金、再贷款与再贴现、常备借贷便利、利率政策、汇率政策、道义劝告和窗口指导等。

## 一、一般性货币政策工具

### （一）存款准备金

#### 1. 存款准备金的含义

存款准备金，是指金融机构为保证客户提取存款和资金清算需要而准备的在中央银行的存款。中央银行要求的存款准备金占其存款总额的比例就是存款准备金率。存款准备金的比例通常是由中央银行决定的，被称为存款准备金率。存款准备金通常分为法定存款准备金和超额存款准备金，其中法定存款准备金是按央行的比例存放的，超额存款准备金是金融机构除法定存款准备金以外在央行以任意比例存放的资金。

实行存款准备金制度的本意是，银行所吸收的存款不能都放贷出去，而要留下一部分以应对存款人的随时支取。在现代银行，实行法定比率的存款准备金率制度，其主要目的已经不是应付支取和防范挤兑，而是作为控制银行体系总体信用创造能力和调整货币供给量的工具。最早实行存款准备金制度的是美国，在 20 世纪初就颁布法律，规定了商业银行向中央银行缴纳准备金的制度。目前，这一制度被世界各国广泛推行。中国于 1984 年开始实施这一制度。

拓展阅读 13-4

### 存款准备金政策的运行

由于中央银行有权随时调整存款准备金率，存款准备金政策发展为各国中央银行调控信用和货币供给量的重要的、有力的工具，也是三大货币政策工具的基础。在中央银行运作中，通常为适应下面两种情况的需要而采用此项政策工具：一是当需要实施扩张性货币政策或紧缩性货币政策时，中央银行可通过提高或降低法定存款准备金率的办法达到目的；二是当需要大量吸收或补充银行体系的超额准备金时，例如，当一国大量累计了黄金、外汇，导致货币供给量过多时，可以通过提高法定存款准备金率，吸收银行大量的超额准备金。

法定存款准备金政策的运行机制在于从两个方面同时调节货币供给量。一是通过直接影响商业银行现有的超额准备金数量，调节其信用创造能力，间接调控货币供给量。法定存款准备金率对货币供给量乃至于社会经济活动的调节，是依据其自身变动与其他金融变量之间的内在联系进行的。法定存款准备金率的变动同商业银行现有的超额准备金、市场货币供给量的变动成反比，同货币市场利率、资本市场利率的变动成正比。因此，中央银行可以根据经济的繁荣与衰退、银根松紧的情况来调整法定存款准备金率，以达到调节金融、调节经济的目的。二是通过改变货币乘数，使货币供给量成倍地收缩或扩张，达到调控目的，这是该政策工具的作用重点。法定存款准备金率的提高或降低之所以能引起信用总量、货币供给量成倍地收缩或扩张，是因为它是影响货币乘数的重要变量。

2. 存款准备金的作用

第一，保证商业银行等存款货币机构资金的流动性。由于法定存款准备金制度的建立，中央银行集中了相当规模的资金，当部分银行出现流动性危机时，中央银行就有能力对这些银行加以救助，以提供短期信贷的方式帮助其恢复流动性。

第二，集中使用一部分信贷资金。集中于中央银行的存款准备金除用于履行"最后贷款人"责任外，中央银行还可以使用其中的一部分资金用来履行中央银行职能，办理银行同业之间的清算，向金融机构提供再贷款和再贴现，甚至可用于一些政策性贷款。

第三，调节货币供给总量。一方面，法定存款准备金率的调整会直接影响货币乘数，具体而言准备金率上升，货币乘数下降；反之则相反。另一方面，法定存款准备金率的变动会直接影响银行的超额储备规模：当准备金率上升时，商业银行的部分超额储备转化为法定储备，从而使商业银行的存款创造能力下降；反之，则相反。

3. 法定存款准备金政策的优点与缺点

作为一种重要的货币政策工具，法定存款准备金政策的优点在于，其对所有存款货币机构的影响是平等的，对货币供给的影响是强有力的，并且效果明显、收效迅速。但是法定存款准备金政策的局限性也很突出，法定存款准备金率的变动对经济的影响太大，其轻微的变动就会带来超额准备金的大量减少，紧缩效果过于剧烈。法定存款准备金率的提高容易引起整个金融体系流动性不足，使整个金融体系面临危机。因此各国中央银行一般不轻易地变更法定存款准备金率。

**（二）再贴现政策**

再贴现政策是指中央银行通过提高或降低再贴现率，认定再贴现票据的资格等方法，影响商业银行等存款货币机构从中央银行获得再贴现贷款的能力，进而达到调节货币供给量和利率水平、实现货币政策目标的一种政策措施。再贴现政策是中央银行最早拥有的货币政策工具，在整个19世纪和20世纪的前30年，再贴现被认为是中央银行的主要工具，其声望在1937年达到了顶峰。有人认为，贴现率"是有效管理货币体系所绝对必要的，是实现这个目标的精妙绝伦的工具"。

1. 再贴现机制的主要内容

再贴现机制是以再贴现业务为基础的。对中央银行来说，再贴现是买进商业银行持有的票据，流出的是现实货币，扩大了货币供给量。对商业银行来说，再贴现是出让已贴现的票据，解决一时资金周转的困难。整个再贴现过程，其实质内容是商业银行和中央银行之间的票据买卖和资金让渡。

2. 再贴现机制的操作

再贴现机制作为中央银行调节商业银行信用、调节社会货币供给量的工具，其操作规则一般是变动商业银行向中央银行融资的成本，以影响其借款意愿，达到扩张或紧缩信用的目的。一般而言，当中央银行实行紧缩性的货币政策，提高再贴现率时，商业银行向中央银行的融资成本上升，商业银行必然要相应提高对企业的贷款利率，从而带动整个市场利率上涨。这样，借款人就会减少，从而降低商业银行向中央银行借款的积极性，起到紧缩信用、减少货币供给量的作用；相反，当中央银行实行扩张性的货币政策时，则降低再贴现率，刺激商业银行向中央银行借款的积极性，以达到扩张信用、增加货币供给量的目的。

3. 再贴现政策的作用

第一，再贴现率的升降会影响商业银行等存款货币机构持有准备金或借入资金的成本，从而影响它们的贷款量和货币供给量。当再贴现率升高时，商业银行借入资金的成本上升，因而会减少对中央银行的再贴现贷款需求，减少贴现贷款的发放，从而缩减市场的货币供给量，进而引起市场利率的上升。相应地，社会对货币的需求也就会下降。反之，则相反。

第二，再贴现政策对调整信贷结构有一定的效果。其方法主要有两种：一种是中央银行可以规定并及时调整可用于再贴现的票据种类，从而影响商业银行的资金投向；二是对再贴现的票据进行分类，实行差别再贴现率，从而使货币供给结构与中央银行的政策意图相符。

第三，再贴现政策具有告示效应。当再贴现率提高时，人们就会预期到中央银行将实行较为紧缩的货币政策，促进人们减少未来对资金的需求。而中央银行通过告示效应来达到紧缩的目的。当再贴现率降低时，则情况相反。

第四，再贴现政策可以防范金融恐慌。再贴现是中央银行作为最后贷款人而发挥作用的主要形式。当商业银行发生流动性不足乃至支付危机时，中央银行可以通过再贴现途径给予流动性支持，从而帮助商业银行渡过难关，避免因商业银行倒闭而引起的整个金融体系支付危机。

4. 再贴现政策的局限性

第一，从控制货币供给量来看，再贴现政策并不是一个理想的控制工具。首先，再贴现政策实施过程中，中央银行处于被动的地位。虽然中央银行可以规定再贴现的各种条件，但再贴现与否的决定权在于商业银行，并且一旦商业银行要求再贴现，中央银行就必须满足其规定的要求，而不管商业银行的要求是否符合其政策意图。其次，再贴现政策增加了中央银行的压力。如果商业银行都依赖中央银行再贴现，就会增加中央银行所负担的压力。

第二，调整再贴现率的告示效应是相对的，存在出现负面效应的可能。如中央银行调高再贴现率，人们有可能会认为社会上已出现较严重的通货膨胀，中央银行的行为是为了治理通胀，于是就会产生通胀预期，这种预期指导下的反应就是当前多借入资金，等到出现更高的通胀时再还，于是中央银行调高再贴现率不但没有减少人们的资金需求，反而可能会刺激人们的借款欲望。这就是再贴现政策的负面告示效应。

第三，再贴现政策主要是利用再贴现率与市场利率之间的利差方向或者利差大小来影响商业银行的借款决策。但由于市场利率是不断地不规则变动的，再贴现率的调整十分被动。因为如果保持再贴现率不变，则可能因市场利率的变动导致以前的再贴现政策与中央银行的初衷不一致；而如果为保证这种一致性，则再贴现率就必须随着市场利率的变动而不断调整。这种不断波动的再贴现率又会产生不利的告示效应。如为执行扶持政策，再贴现率须较长期地低于市场利率，当市场利率上升后，再贴现率也要相应地调高以保持相同的利差，但这种上调再贴现率的行为又会使人们产生中央银行紧缩银根的预期，不利于扶持政策的实施。

### (三)公开市场操作

1. 公开市场操作的含义

公开市场操作是指中央银行在金融市场上公开买卖有价证券(主要是买卖政府债券)，用以调节基础货币和货币供给量的一种政策手段。所谓公开市场，是指各类有价证券自由议价、公开交易的市场。当金融市场上资金短缺时，中央银行通过公开市场操作买进有价证券，这实际上相当于中央银行向社会投入一笔基础货币，以实现信用的扩张和货币供给量的成倍增加。相反，当金融市场上货币过多时，中央银行就通过公开市场操作卖出有价证券，以达到回笼基础货币、收缩信贷规模、减少货币供给量的目的。中央银行运用公开市场操作来实施具体货币政策的依据是银行系统存在一定量的准备金，而准备金的数量和价格决定着银行吸收存款和放贷的能力，因此，公开市场业务就可以通过银行系统准备金的增减变化而起作用。

2. 公开市场操作的分类

(1)防御性公开市场操作，是指中央银行买卖证券，只是用于抵消那些非中央银行所能控制的因素对银行准备金水平的影响，使基础货币保持在预定的目标水平上。影响银行准备金的因素较多，有一些因素如公众持有的通货量、财政部存款、中央银行应收应付款等，是中央银行无法加以控制的，而它们的变动会对银行的准备金和基础货币产生较大的影响，甚至会抵消中央银行货币政策的作用。防御性公开市场操作就是要消除这些外来影响。

（2）主动性公开市场操作，是指中央银行为改变银行准备金原目标水平而积极主动进行的买卖证券行为。在进行主动性公开市场操作时，购买或出售证券的数量也必须根据影响银行准备金的所有其他因素的变动情况而定。例如，如果增加储备金是必要的，而此时中央银行预测表明所有其他准备金的来源将大增，那么在公开市场上购买证券就是不必要的。正是出于这些原因，一个局外人要分清主动性公开市场操作和防御性公开市场操作是很难的，因为中央银行通常在一个连续基础上买进或卖出。就美国联邦储备银行而言，其公开市场操作的大部分，占其总买卖的80%或90%，是属于防御性的。

### 3. 公开市场操作的作用

首先，公开市场操作可以调控存款货币银行的准备金和货币供给量。中央银行通过在金融市场上买进或卖出有价证券，可直接增加或减少商业银行的超额储备，从而影响这些金融机构的放款能力，进而影响货币供给量。

其次，公开市场操作可以影响利率水平和利率结构。中央银行通过公开市场操作影响利率水平有两个渠道，第一，当中央银行购入有价证券时，一方面证券需求上升，证券价格上升，收益率下降；另一方面，商业银行超额储备增加，货币供给增加，引起利率水平下降。反之则相反。第二，中央银行可以根据需要同时购入或卖出不同期限有价证券以改变各期限有价证券的供求状况，进而达到调节利率结构的目的。

### 4. 公开市场操作的优缺点

公开市场操作的优点：第一，公开市场操作的主动权完全在中央银行，其操作规模完全受中央银行自己控制；第二，公开市场操作可以灵活精巧地进行，用较小的规模和步骤进行操作，可以较为准确地达到政策目标，其操作不会因变动剧烈而给市场造成不良影响；第三，公开市场操作可以经常性、连续性地微幅调整货币供给，具有较强的伸缩性，是中央银行进行日常性调节的理想工具；第四，公开市场操作具有较强的可逆转性，当中央银行在公开市场操作中发现错误时，立即逆向使用该工具，即可纠正其错误，而不致造成过大的损失；第五，当中央银行决定进行公开市场操作时，只要向有关交易商发出购入或卖出的指令，交易便可快速执行。

公开市场操作的缺点：第一，公开市场操作较为细微，技术性较强，政策意图的告示作用较弱；第二，公开市场操作需要以较发达的有价证券市场为前提，否则就难以实现前述优点。

综上所述，就三种货币政策工具而言，公开市场操作显然优于再贴现机制和存款准备金比例调整，但公开市场操作的实施需要具备一定的条件。如，在流通中必须有足够数量的有价证券，其期限结构配置合理，以供有选择地买卖；必须拥有高度发达的证券市场，市场的深度和广度足以保证对各种金融工具可以顺利地进行买卖；信用制度要发达，社会普遍具有使用支票等票据的习惯，使中央银行的公开市场操作通过银行信用的方式奏效。

## 二、选择性货币政策工具

再贴现政策、公开市场操作和法定存款准备金政策都是对信用总量的调节，属于量的控制和一般性的控制，所以称为一般性货币政策工具。然而这些工具却不能影响银行体系的资金用途以及不同信用方式的资金利率，因此，中央银行在一般性货币政策工具之外，还要有一些质的控制，或者说选择性的控制，即选择性货币政策工具。主要包括以下几方面。

1. 消费信用控制

消费信用控制是指中央银行对消费者的不动产以外的耐用消费品分期购买或贷款的管理措施。目的在于影响消费者对耐用消费品有支付能力的需求，如规定分期购买耐用消费品首期付款的最低限额，规定消费信贷的最长期限等。中央银行提高首期付款额，就等于降低了最大限度放款额，势必减少社会对此种商品的需求。而缩短偿还期就增大了每期支付额，也会减少对此类商品和贷款的需求。若要刺激消费信用，则会降低首期付款额。

2. 证券市场信用控制

证券市场信用控制，是指中央银行对有价证券的交易对应支付的保证金限额，目的在于限制用借款购买有价证券的比重，它是对证券市场的贷款量实施控制的一项特殊措施。在操作中，这种控制是对以信用方式购买股票和有价证券的贷款比率实施限制，也称证券交易的法定保证金比率控制。例如，若中央银行规定信用交易保证金比率为30%，则交易额为20万美元的证券购买者，必须将至少6万美元现金一次性交付来进行此项交易，其余资金由金融机构贷款解决。

中央银行可根据金融市场的状况，随时调高或调低法定保证金比率。当证券市场交易过旺、信用膨胀时，中央银行可提高法定保证金比率，控制货币流入资本市场的数量，遏制过分的投资行为。当证券市场交易萎缩、市场低迷时，中央银行可调低保证金比率，刺激证券市场交易的活跃程度。

证券交易法定保证金比率的制定，控制了证券市场的最高限度放款额，即：

$$最高限度放款额 = (1 - 法定保证金比率) \times 交易总额$$

证券交易法定保证金比率既能使中央银行遏制过度的证券投机活动，又不贸然采取紧缩和放松货币供给量的政策，有助于避免金融市场的剧烈波动和促进信贷资金的合理运用。

3. 不动产信用控制

不动产信用控制，是指中央银行对商业银行等金融机构向客户提供不动产抵押贷款的管理措施，主要是规定贷款的最高限额、贷款的最长期限和首次付现的最低金额等措施。其目的在于阻止因房地产及其他不动产交易的投机性导致的信用膨胀。

4. 优惠利率

优惠利率是指中央银行对国家确定的重点发展部门、行业和产品规定较低的利率，以鼓励其发展，利于国家经济产业结构和产品结构的调整和升级换代。实行优惠利率有两种方式：其一，中央银行对一些需要重点扶持发展的行业、产品规定较低的贷款利率，由商业银行执行；其二，中央银行可对这些行业的票据规定较低的再贴现率，引导商业银行的资金投向和数量。

5. 预缴进出口保证金

预缴进出口保证金指中央银行要求进口商预缴相当于进口商品总值一定比例的存款，以抑制进口的过快增长。该项措施多为国际收支经常出现赤字的国家采用。

### 三、新型货币政策工具

#### (一)常备借贷便利(Standing Lending Facility,SLF)

常备借贷便利是全球大多数中央银行设立的货币政策工具,但名称各异,如美联储的贴现窗口(Discount Window)、欧央行的边际贷款便利(Marginal Lending Facility)、英格兰银行的操作性常备便利(Operational Standing Facility)、日本银行的补充贷款便利(Complementary Lending Facility)、加拿大央行的常备流动性便利(Standing Liquidity Facility)等。其主要作用是提高货币调控效果,有效防范银行体系流动性风险,增强对货币市场利率的调控效力。

常备借贷便利主要特点有三。一是由金融机构主动发起,金融机构可根据自身流动性需求申请常备借贷便利。二是常备借贷便利是中央银行与金融机构"一对一"交易,针对性强。三是常备借贷便利的交易对手覆盖面广,通常覆盖存款金融机构。

常备借贷便利是中国人民银行正常的流动性供给渠道,主要功能是满足金融机构期限较长的大额流动性需求,对象主要为政策性银行和全国性商业银行,期限为 1~3 个月,利率水平根据货币政策调控、引导市场利率的需要等综合确定。常备借贷便利以抵押方式发放,合格抵押品包括高信用评级的债券类资产及优质信贷资产等。

#### (二)中期借贷便利(Medium-term Lending Facility,MLF)

中期借贷便利是中央银行提供中期基础货币的货币政策工具,其对象为符合宏观审慎管理要求的商业银行、政策性银行,采取质押方式发放,并须提供国债、央行票据、政策性金融债、高等级信用债等优质债券作为合格质押品。简而言之,中期借贷便利是指央行借钱给商业银行,让它贷款给三农企业和小微企业。相对其他政策工具而言,中期借贷便利算得上是一个新型的非常规货币工具,属中国人民银行首创之物。

中期借贷便利虽然期限是 3 个月,但临近到期可能会重新约定利率并展期,各借款行可以通过质押利率债和信用债获取借贷便利工具的投放。

资金去向方面,中期借贷便利要求各行投放三农企业和小微贷款,希望推动贷款回升,并对三农和小微贷款有所倾斜。中期借贷便利与常备借贷便利在某种程度上有不少相似之处,都是让商业银行提交一部分金融资产作为抵押,然后给这个商业银行发放贷款。

#### (三)短期流动性调节工具(Short-term Liquidity Operations,SLO)

短期流动性调节工具是一种公开市场操作。其是公开市场常规操作的必要补充,在银行体系流动性出现临时性波动时使用。公开市场短期流动性调节工具以 7 天期的短期逆回购或正回购为主,操作在 7 天期等品种工具之后,继续构建隔夜等超短期品种,作为指引市场基准利率的努力,为利率市场化进程打下更好的基础。但短期流动性调节工具未作为优先的常规性制度安排,这可能源于国家财政资金季节性剧烈波动,支付体系有待完善,以及金融市场结构和金融机构本身资产负债管理水平有待提高等诸多复杂因素。遇节假日可适当延长操作期限,采用市场化利率招标方式展开操作。

中央银行根据本国货币调控需要,综合考虑银行体系流动性供求状况、货币市场利率水平等因素,灵活决定该工具的操作时机、操作规模及期限品种等。该工具原则上在公开市场常规操作的间歇期使用,操作对象为公开市场业务一级交易商中具有系统重要性、资产状况良好、政策传导能力强的部分金融机构，操作结果滞后一个月通过《公开市场业务交易公告》对外披露。业界普遍认为，短期流动性调节工具的启用，预示着正、逆回购将成为人民银行调节流动性的主流工具，使其在流动性调控上更趋精准，此举也意味着未来存款准备金率的使用频率将减少，甚至逐渐淡出。

**（四）抵押补充贷款**（Pledged Supplementary Lending，PSL）

抵押补充贷款是2014年4月中国人民银行创设的。抵押补充贷款作为一种新的储备政策工具，有两层含义，首先，在量的层面，是基础货币投放的新渠道；其次，在价的层面，通过商业银行抵押资产从央行获得融资的利率，引导中期利率。抵押补充贷款的主要功能是支持国民经济重点领域、薄弱环节和社会事业发展而对金融机构提供期限较长的大额融资。抵押补充贷款采取质押方式发放，合格抵押品包括高等级债券资产和优质信贷资产。

抵押补充贷款的目标是借抵押补充贷款的利率水平来引导中期政策利率，以实现央行在短期利率控制之外，对中长期利率水平的引导和掌控。自2013年年底以来，央行在短期利率水平上通过常备借贷便利已经构建了利率走廊机制。

抵押补充贷款这一工具和再贷款非常类似，再贷款是一种无抵押的信用贷款，不过市场往往将再贷款赋予某种金融稳定含义，即一家机构出了问题才会被投放再贷款。出于各种原因，央行可能将再贷款工具升级为抵押补充贷款，未来抵押补充贷款有可能将在很大程度上取代再贷款工具，但再贷款依然在央行的政策工具篮子当中。

在我国，有很多信用投放，比如基础设施建设、民生支出类的信贷投放，往往具有政府一定程度担保但获利能力差的特点，如果商业银行基于市场利率水平自主定价、完全商业定价，对信贷较高的定价将不能满足这类信贷需求。央行抵押补充贷款很大程度上是为了直接为商业银行提供一部分低成本资金，这也可以起到降低这部分社会融资成本的作用。

四种新型货币政策工具的对比如表13-1所示。

表13-1　四种新型货币政策工具的对比

| 工具 | 常备借贷便利 | 中期借贷便利 | 短期流动性调节工具 | 抵押补充贷款 |
|---|---|---|---|---|
| 主动发起方 | 商业银行 | 中央银行 | 中央银行 | 中央银行 |
| 期限 | 1~3个月 | 3个月、6个月、一年 | 7天 | 3~5年 |
| 资金用途 | 为中小金融机构提供短期流动性支持 | "三农"、小微企业 | 银行体系流动性出现临时性波动时使用 | 特定政策或项目建设 |
| 利率决定方 | 中央银行 | 利率招标 | 利率招标 | 中央银行 |

# 第三节　货币政策传导机制

## 一、货币政策传导的途径

货币政策传导机制是中央银行运用货币政策工具影响中介指标，进而最终实现既定政策目标的传导途径与作用机理。货币传导机制是否完善及提高，直接影响货币政策的实施效果以及对经济的贡献。

货币政策分为制定和执行两个过程，制定过程从确定最终目标开始，依次确定效果目标、操作目标、政策手段。执行过程则正好相反，首先从操作政策手段开始，通过政策手段直接作用于操作目标，进而影响效果目标，从而达到最后实现货币政策最终目标的目的。在西方经济学中，货币政策的传导机制可分为四种途径：利率传导机制、信贷传导机制、资产价格传导机制和汇率传导机制。

1. 利率传导机制

利率传导理论是最早被提出的货币政策传导理论，但早期的休谟的短期分析、费雪的过渡期理论、魏克赛尔的累积过程理论中所涉及的利率传导理论均未得到关注，直到凯恩斯的《就业、利息和货币通论》问世及 IS-LM 模型的建立，才正式引起学术界对利率传导机制的研究。其理论前提是，货币冲力是改变社会总产量或就业量的决定力量，但是货币对产量或就业量的影响不是直接的，而是通过利率渠道的传递作用实现的。凯恩斯认为，有效需求是社会总供给与社会总需求达到均衡的总需求，而社会总产量或者就业量由有效需求决定；有效需求则是由边际消费倾向、资本边际率、偏好三大心理因素决定的消费需求与投资需求所决定的。在边际消费倾向因消费增长赶不上收入增长而递减从而消费不足的时候，投资需求就成为弥补总供给与总需求缺口的关键因素。投资需求取决于利率与资本边际效率对比关系，当资本边际效率随着资源稀缺和投资的增加而递减时，利率又成为决定投资需求的关键因素。由于利息是人们放弃灵活偏好的报酬，因此，利息率的高低便取决于人们对货币的灵活偏好程度，即货币的需求程度。这样货币、利率、投资、有效需求就被连接成一个有机的整体，构成货币政策传导机制的重要变量，利率在其间被赋予了重要的传递中介地位。

利率渠道的传导过程如下：货币供给量相对于货币需求过剩，人们手中货币超过了灵活偏好程度而欲替换成债券资产，债券需求随之增加，其价格相应上涨；债券价格上涨促使利率下降，当利率下降到低于资本边际效率时，就会刺激投资，在消费倾向一定的条件下，投资增加透过乘数效应，就促使需求和产出的增长。利率传导机制的基本途径可表示为：

$$\text{货币供给量 } M \uparrow \rightarrow \text{实际利率水平 } i \downarrow \rightarrow \text{投资 } I \uparrow \rightarrow \text{总产出 } Y \uparrow$$

从以上分析可知，利率在其中起承上启下的作用。货币供给量的调整首先影响利率，然后使投资乃至总支出总收入发生变化，其传导过程很间接。而且，利率是否随货币供给量变动，以及变动幅度大不大，决定着货币政策的效率。这一传导机制往往因为两个因素被限制：一是投资的利率弹性非常低。此时利率下降而投资变动微弱，从而对总体经济活动无多大影响。二是流动性陷阱，即当利率降至足够低时，任何货币供给量的增加都将被经济单位以现金形式持有，从而对总需求或物价毫无影响。

拓展阅读 13-5

**LPR 重塑货币政策传导机制**

人民银行将 LPR 作为基准利率体系之一，就是希望它在货币政策传导中发挥中转站的枢纽作用。这表明，中央银行正在构建一个相对于其他发达国家更为直接、链条更短的货币政策传导机制。

为了便于比较，笔者先对美国的货币政策传导机制进行分析。自 1993 年以来，美联储建立了以联邦基金利率为核心的货币政策操作体系，联邦基金利率是它的操作目标利率。在每次调整利率时，联邦公开市场委员会就会宣布调整联邦基金利率的目标值，然后通过再贴现和公开市场操作的搭配，使实际的联邦基金利率与其目标值大体一致。联邦基金利率的变化进一步引起美国短期政府债券利率变动，短期利率变动又引起中长期政府债券利率变动，中长期政府债券利率变动则再带动其他公司债券和中长期信贷利率的变动。

这个传导机制的有效性，取决于中长期政府债券是否会随短期政府债券的变化而像美联储希望的那样变动。实际上，过去十多年里，当联储提高联邦基金利率后，中长期债券利率并没有相应地上升，或者相反，当联储大幅降低联邦基金利率后，中长期债券利率并没有出现应有的下降，这两种情况都出现过。前者被称作格林斯潘之谜，后一种情况则迫使伯南克采取了扭转操作。

按照我国改革后的 LPR 制度设计，在以 LPR 为核心的货币政策传导机制中，人民银行的货币政策工具主要是中期借贷便利（MLF）。它在货币政策中具有量和价两个方面的影响。一方面，人民银行改变 MLF 操作量，会直接改变金融机构的流动性，通过流动性效应则会影响货币市场利率。这个从量到价的传导是间接的，影响的大小要取决于流动性效应的大小。另一方面，在新的 LPR 机制下，MLF 利率成为 LPR 的锚，人民银行调整 MLF 利率就会直接改变 LPR 的基准，从而导致 LPR 可能随 MLF 利率而变动。这个价的影响是直接的。自 2019 年新的 LPR 建立以来，MLF 的价的效应就表现得比较明显，到目前为止，LPR 已随 MLF 利率而向下调整了三次，虽然每次调整的幅度很小，但也至少表明，相较于过去，LPR 有了更大的灵活性。

另外，在新的 LPR 机制中，中央银行不仅关注核心利率水平，同时也开始关注利率的期限结构，通过 LPR 来构建更有效的利率期限传导机制。像美国的联邦基金利率之类的货币政策操作目标利率，都是隔夜短期利率，我国原有的 LPR 是期限一年的基础利率。但在信贷市场上，中长期的贷款则占了相当大的一部分，短期利率如何影响长期利率，则要取决于期限升水与流动性溢价，否则，长期利率就不会随短期利率的调整而相应地变化。鉴于此，新的 LPR 增加了 5 年期品种，通过它来影响商业银行的中长期贷款利率。

（资料来源：彭兴韵. LPR 与货币政策传导[J]. 中国金融，2020(4). ）

### 2. 信贷传导机制

传统的利率传导机制的暗含前提是金融市场是完善的，各种金融资产可以方便地相互替代；货币供给的变化改变利率，从而改变支出。然而，实际中的金融市场是不完善的，存在逆向选择和道德风险等信息不对称的问题。信贷市场上的信息不对称问题产生了两种货币政策传导渠道：银行贷款渠道及资产负债表渠道。信贷传导机制理论的建立有三个必要条件：第一，至少在一些公司资产负债表的负债方，公司向银行的贷款与其他形式的公司债务并不是完全替代关系，在公司的贷款供给减少时，它不能完全通过向公众发行债券来弥补贷款的减少；第二，当货币政策改变银行体系的准备金时，必然会影响到银行贷款的供给；第三，假定经济体系存在某种形式的不完全价格调整，使货币政策的影响是非中性的，即可以引起实际变量的变化，从而对实质经济产生有效的影响。

在这三个条件的基础上，信贷传导机制可以理解为一个有关货币、债券和贷款三种资产组合的模型，并且在债券和贷款之间不存在完全替代关系。信贷传导机制说认为，由于不对称信息和其他摩擦因素的存在，干扰了金融市场的调节功能，出现了外部筹资的资金成本（如发行债券等）与内部筹资的机会成本之间裂痕加大的情况。这种裂痕被新凯恩斯主义称作"外在融资溢价"，它代表净损失成本。影响外在融资溢价的因素包括贷款人评估，监视和筹集资金的预期成本，以及由信息不对称引起的借款人对未来前景比贷款人拥有更多的信息等。

按照信贷传导机制说，货币政策不仅影响一般利率水平，还影响外在融资溢价的大小。外在融资溢价的变化能够比单独利率变化更好地解释货币政策效应的强度、时间和构成。新凯恩斯主义认为，有两个渠道可以解释货币政策行为与外在融资溢价之间的联系。

(1)资产负债渠道，也称为净财富渠道，由伯南克与格特乐在1995年提出。在这种渠道下，货币政策通过影响借款人的授信能力达到放大货币政策影响力的作用。

由于信息的不对称性，贷款人为了防止企业家的逆向选择和道德风险给自己带来损失，就会把借款合同建立于净值之上。若净值较低，缺少借款人为其贷款提供担保品，借款人的逆向选择倾向就会升高，这样净值下降就导致银行对其投资支出贷款下降。净值下降，公司所有者在公司资产中的存量价值也降低了，从而使公司更加倾向于风险高的投资项目，银行的贷款不能收回的可能性上升。这样，在净值下降的同时增加了道德风险，道德风险问题同样会降低银行对企业的贷款。

货币政策可以从以下两方面影响资产负债表：一是通过股票价格的传导渠道。紧缩型的货币政策可以使股票价值下降，同时降低公司的净值并减少投资支出。二是通过名义利率的传导途径。紧缩型的货币政策可以通过提高名义利率的效应，来降低净现金流，从而降低公司的资产负债表质量，增加逆向选择和道德风险问题，从而使贷款下降、投资减少、产出降低。

资产负债渠道不仅适用于工商企业的支出，对于消费支出同样适用。由于货币紧缩，贷款下降，现金流量受到影响，这将直接引起居民对耐用消费品和住房的购买力下降。另外，由于流动性效应的影响，消费者会根据资产负债的情况调整对耐用消费品和住房方面的支出，因为货币紧缩导致家庭资产负债表恶化，消费者更乐意持有更多的流动性金融资产，如存款、股票、债券，而尽量少持有耐用品和住房之类的非流动性资产，从而对实际投资造成打击，使产出下降。

(2)银行借贷渠道。新凯恩斯主义经济学派认为，货币政策除了对借款人的资产负债产生影响外，还会通过商业银行贷款的供给来影响外在融资溢价。由于在大多数国家，银行贷款是借款人的主要资金来源，如果出于某种原因导致银行贷款的供给减少，许多依赖于银行贷款的借款人，特别是中小企业，就不得不花费大量的时间和成本去寻找新的资金来源，因此，银行贷款的减少将增加外在融资溢价和减少实质性经济活动。中央银行实施紧缩性的货币政策后，例如，采用公开市场业务，减少商业银行的头寸，使商业银行可供贷款的资金数量下降，就会限制银行贷款的供给，通过银行借贷渠道使企业减少投资，收缩生产，减少雇员，产生经济紧缩的效应。

其基本的传导渠道为：

货币政策工具 $\to M$（货币供应）$\uparrow \to D$（银行活期存款）$\uparrow \to L$（银行贷款）$\uparrow \to I$（投资）$\uparrow \to Y$（总收入）$\uparrow$

当货币扩张时，银行活期存款 $D$ 增加，当银行资产结构不变时，银行贷款 $L$ 相应增加，于是在利率下降、扩大投资的同时，商业银行还会对一些特定的借款人实行信贷放松；相反，货币紧缩时，即使商业银行愿意出更高的利率，这些特定的借款人通常是资信不够高的中小企业和个人，于是进一步削减了投资，从而产出下降。对货币政策的信贷传导机制进行的实证分析表明，在 20 世纪 80 年代后期货币需求越来越不稳定和银行贷款占主要外部资金来源的情况下，银行贷款在货币政策传导中的作用非常明显。

3. 资产价格传导机制

典型的货币主义者反对以 IS-LM 框架来分析货币政策，他们认为，IS-LM 框架只关注利率和一种资产价格，而不是考虑多种资产价格。资产价格的传导渠道强调货币政策是通过其他多种资产价格和真实财富的变化来影响宏观经济变量的。

根据财富效应和托宾的 $q$ 理论，托宾认为，资产不仅包括货币和长期债券，还应该包含一切证券。托宾定义的 $q$ 是指企业的市场价值（一般是指它的股票市值）除以资本的重置成本所得到的值。如果 $q$ 大于1，相对于企业的市场价值来说，新的厂房设备就比较便宜，企业更有可能购买厂房设备进行投资生产；反之，则相反。他认为，货币政策通过影响证券资产价格使企业和个人在不同资产之间进行选择，进而影响经济活动。托宾脱离了原有的货币供给量和流通速度的范围，将货币传导分析推广到整个金融机构，从而将货币部分内生化。

托宾的 $q$ 理论的货币政策传导机制可以表述为：

货币政策工具 $\to M$（货币供应）$\uparrow \to P$（股票价格）$\uparrow \to q \uparrow \to I$（投资）$\uparrow \to Y$（总收入）$\uparrow$

财富效应是指资产组合调整引起替代效应，只限于消费而不是消费和投资，消费支出是由消费者毕生资产所决定的。这种资产由人力资本、实物资本以及金融资产所构成。而股票是金融资产的重要组成部分，股票价格上升必然导致消费的增加，因此货币政策可以根据股票市场的价格变化来使消费者资产增值，从而扩大消费来影响实体经济。财富效应理论的货币政策传导机制可以表述为：

货币政策工具 $\to M$（货币供应）$\uparrow \to P$（股票价格）$\uparrow \to$ 财富 $\uparrow \to$ 消费 $\uparrow \to Y$（总收入）$\uparrow$

4. 汇率传导机制

随着全球经济的增长和浮动汇率制的实施，人们开始把注意力放在通过汇率效应实现货币政策的传导机制上来。国内货币供给量的增加会使利率下降，此时与用外币计价的存款相比，国内的本币存款吸引力下降，导致其相对价值下跌，即本币贬值。本币的贬值会造成本国相对于外国商品便宜，因而在一定条件下会增加净出口 $NX$，进而增加总产出。因此货币政策的汇率传导机制为：

货币政策工具 $\to M$（货币供应）$\uparrow \to i$（利率）$\downarrow \to e$（汇率）$\downarrow \to NX$（净出口）$\uparrow \to Y$（总收入）$\uparrow$

货币政策传导机制的有效性与实施何种汇率制度有很大的关系。在固定汇率下，假定一国实施扩张性的货币政策，如中央银行试图通过在公开市场上买进债券来增加货币供给。然而，汇率的固定性使中央银行不得不为维持预定汇率而进行干预，这种活动很快就使货币供给回到原来的水平。可见，在固定汇率下，通常采取的货币政策失效，即对产出不产生影响。在浮动汇率下，假定一国实施扩张性的货币政策，由于价格水平固定，货币供给的增加意味着实际货币供给的增加。原因在于，在收入和利率的最初水平上，扩张性的货币政策必然意味着清偿能力的过剩，以及给本国利率带来向下的运动压力。然而，本国价格不变，同时本国利率被有效地固定在世界市场的利率水平上，所以国内资本会流向其他国家以获得更高的回报。这种资本的外流使外汇市场上本国货币供给增加，从而使汇率上升，需求由外国商品和劳务转向本国的商品和劳务，净出口增加，产出增加。

## 二、我国货币政策的传导机制

### （一）我国历年的货币政策传导机制

中华人民共和国成立之后，与不同时期的经济、金融体制相适应，我国货币政策的发展大致经历了以下三个阶段：第一阶段是 1953 年至 1978 年的货币政策直接控制时期，即中央银行制定货币政策后直接通过信贷计划执行，不借助于商业银行等金融机构，完全依靠直接的货币政策调控；第二阶段是 1979 年至 2002 年，该时期的货币政策由直接调控向间接调控逐渐过渡，中央银行不再单纯依靠信贷手段来执行货币政策，也借助于其他手段，诸如利用公开市场操作、利率、汇率等方式实行间接的货币政策；第三阶段是 2003 年至今，这个时期的货币政策以间接调控为主，中央银行把直接调控仅仅作为一种辅助性手段。

### （二）我国的货币政策传导机制模式

我国的货币政策传导机制模式既不同于西方发达国家，又不同于大多数发展中国家。可以说，我国的货币政策传导机制模式是基于中国特殊经济条件的具有中国特色的特殊模式。本部分将对我国的利率传导模式、信贷传导模式、财富传导机制模式和汇率传导模式进行介绍。

#### 1. 利率传导模式

与国外利率传导模式的不同之处在于，中国的利率传导机制与一般利率传导机制的"利率"名称相同，而实际内涵不同。我国货币政策的利率传导机制反映了我国宏观调控的特点，中国人民银行利用指令性方法，直接控制商业银行存贷款基准利率，降息刺激经济，升息紧缩着陆，然后再降息刺激，然后再紧缩着陆，根据经济的发展脉搏，适时采取适当的利率。国外则不然，因为国外普遍实行浮动利率，而且大部分国家的利率已经实现市场化，所以它们的中央银行不可能像我国中央银行这样直接对商业银行的存贷款基准利率进行干预，而只能通过间接干预来调整利率。

#### 2. 信贷传导模式

中国间接融资占主导地位，银行信贷传导机制主要通过中国人民银行货币政策影响商业银行的可贷资金能力反映出来。银行规模越大，银行信贷传导机制越发达，货币政策其他传导机制的传导效果越弱。在我国银行主导的金融体系中，银行体系结构不同，也会使货币政策措施表现出不同的效果。银行主导的金融体系中，银行间联系的程度不同，也使货币政策的效果受到很大影响。

我国银行体系以国有银行为主，实体经济以国有企业为主，货币政策的银行信贷传导机制不能忽视这一特殊性。在中央银行实行紧缩货币政策时，利率上升，一方面国有企业贷款融资成本上升，另一方面企业在证券市场上的股票价格下降，资产数量减少，企业借款的抵押物价值下降，二者直接影响企业获得贷款的能力，减少投资，从而减少产出。

资产负债渠道强调借贷市场存在不完善性，即信息不对称和交易成本等因素对货币政策变化的传导作用，针对借贷双方关系的性质和提供贷款的条件，强调融资因素对企业支出的影响。与银行借贷渠道传导机制相比，资产负债渠道传导机制的特点：一是主要通过企业和家庭资产负债表的变化来影响银行放贷行为，是信贷传导机制的间接渠道；二是主要反映货币政策影响企业和家庭获取外部资金的能力，是货币政策导致利率变化等形成的政策派生效果。

### 3. 财富传导机制模式

积极发展直接融资，改善金融资产结构，是我国新时期改革的政策取向。随着直接融资比重逐年增加，资本市场的财富效应日益显现。当金融资产价格上升时，公众的财富增加，其中的一部分转化为消费，从而推动经济快速发展。

但是中国的资本市场具有较强的不稳定性，其影响因素不仅仅是宏观经济因素（如国内生产总值、消费者物价指数等）、政策因素（财政政策、货币政策等）、结构因素（行业、地区等）、企业发展（财务报表、发展潜力等），而且包括很多人为因素和突发事件。单纯的财富总量积累对宏观经济运行会产生一系列影响，本质的影响在于，当财富积累到一定程度时，财富结构的巨大变化会引起宏观经济运行机制的变化以及财富增长方式的变化。财富结构的变化主要源于以下两个方面：其一，大规模外汇储备积累对中国资产结构带来根本性冲击，动摇了中国货币资产形成机制和增长模式；其二，财富积累到一定规模，要求中国提供更多的金融工具来分散风险并提高跨期资源配置效率，资产结构多元化需求日渐强烈。中国金融深化和金融创新为中国资产结构的大规模调整提供了空间。

上述财富结构的变化进一步推动了资产价格和财富总量的加速增长，并开始改变中国传统的宏观经济政策传导机制和资产价格形成机制。具体表现有，首先，财富形式的金融化导致大量货币资产在金融体系内部循环，推动金融经济与实体经济的分化，广义货币供给量M2和金融机构金融资产的增长速度远远超过GDP的增长速度，呈加速上涨趋势，货币缺口与CPI之间的关系发生变化，货币政策的传统数量目标失去可控的基础和相应的价值。

### 4. 汇率传导模式

近年来，随着中国加入世界贸易组织，经济对外依存度日益增强，中国的进出口顺差快速增长，外汇储备增长迅速。在此基础上，人民币升值预期促使大量国际资本流入我国，中国人民银行不得不被动投放基础货币，从而形成过多的货币供给量。虽然中国人民银行积极利用存款准备金、再贴现、公开市场业务等货币政策工具调节货币供给量，但仍然不能解决货币供给量过多问题。就目前情况来看，利用开放经济条件下的汇率传导机制，人民币分阶段、有步骤升值，可有效缓解国际收支顺差的压力，减缓外汇储备增长速度，从而缓解投放货币量过多的问题。

汇率传导的有效性主要表现在汇率变动作用于国际收支和实体经济两个方面。其中，汇率变动对国际收支的作用具体反映在向进出口的传导效应、向外汇储备的传导效应以及向外债规模的传导效应上。汇率变动对实体经济的作用则主要表现在对产出和物价的影响上。从长期、静态地看，人民币汇率变动对国际收支是有影响的，但从动态性的角度出发，衡量国际收支的有关变量，比如外债余额、外汇储备、贸易差额等，对汇率的变动并不敏感，表明人民币汇率变动向国际收支传导的效果不显著，传导渠道不通畅。

## 本章小结

1. 货币政策是指中央银行为实现既定的经济目标，运用各种工具调节和控制货币供给量，进而影响宏观经济的方针和措施的总和。货币政策和财政政策一起构成国家调节经济的两大宏观政策。

2. 货币政策目标包括三个层次：货币政策最终目标、中介目标和操作目标。货币政策的最终目标有四个：稳定物价、充分就业、经济增长和平衡国际收支。

3. 一般性货币工具包括存款准备金、再贴现政策和公开市场操作。

4. 货币的传导机制一般可以分为利率传导机制、信贷传导机制、资产价格传导机制以及汇率传导机制。

## 思考题

1. 辨析题。

(1) 如果商业银行"惜贷"，货币政策的效果不会受到影响。

(2) 中央银行买入政府债券会使整个商业银行体系的准备金减少。

(3) 中央银行的公开市场业务都是在二级市场而并非一级证券市场进行的。

(4) 基础货币又称强力货币，它仅包括流通中的现金和商业银行在中央银行的存款准备金，不包括财政部在中央银行的存款。

2. 简答题。

(1) 英国、美国、澳大利亚等国货币政策最终目标的选择是否相同？分析其原因。

(2) 梳理近5年来我国货币政策内容，分析我国货币政策的演进过程，并对货币政策的实施效果进行评价。

## 综合训练

### 央行"降息"A股暴涨16 000亿　货币政策正在微调

2020年2月17日上午9点46分，央行官网发布了一则至关重要的公告，其中，最为重要的信息是，今日央行开展的2 000亿元中期借贷便利(MLF)的中标利率为3.15%，较2020年1月份的3.25%，下调了10个基点，创下2017年3月以来的新低。值得注意的是，

1 年的期中期借贷便利(MLF)是目前最重要的"政策利率"之一，直接影响贷款市场报价利率(LPR)。2019 年利率改革之后，中国商业银行的贷款基准利率，基本上由 LPR 代替，各银行的新增贷款，都要参考 LPR 执行。此前，央行副行长曾在国新办发布会上透露，MLF 利率、2 月 20 日的 LPR 均会大概率下行。

随着 MLF 利率下调 10 个基点，贷款市场报价利率(LPR)下调已是大概率事件。华泰证券首席宏观分析师预计，1 年期的 LPR 大概率也将降息 10BP。央行数据显示，截至 2020 年 1 月 20 日，1 年期、5 年期的 LPR 分别为 4.05%、4.7%。

这意味着，假如 2 月 20 日 LPR 下调 10 个基点以上，中国 1 年期的贷款利率将进入"3 时代"。华泰证券首席经济学家表示，考虑疫情的负面影响，为企业降低融资成本势在必行，央行通过下调 MLF 利率引导 LPR 下行进而传导到实体经济。

国务院在应对疫情联防联控机制新闻发布会上提出，确保小微企业整体信贷增长不受疫情冲击，力争今年普惠型小微企业贷款综合融资成本在 2019 年的基础上继续下降。由此可见，央行先后下调 7 天期逆回购操作利率、1 年期 MLF 利率的核心目的，都是对冲疫情的负面影响，降低中小微企业的融资成本，助力实体经济平稳增长。

对央行发出的"降息"信号，反应最敏感的无疑是 A 股市场。2 月 17 日早盘，A 股全线高开高走，上证指数不断朝 3 000 点进攻，创业板指更是一路狂飙，再度刷新三年新高，逼近 2016 年的高位。截至收盘，上证指数大涨 2.28%，深证成指大涨近 3%，创业板指暴涨超 3.7%。从成交金额来看，今日市场呈现量价齐升的格局，A 股市场总成交金额达 9 372 亿元，环比增长逾 15%。其中，沪市总成交金额达 3 670 亿元，深市总成交金额达 5 702 亿元。Wind 数据显示，截至收盘，北上资金合计净流入达 53.63 亿元，已是连续第五日实现净流入，累计净流入超 130 亿元。在市场资金疯狂抢筹的背景下，个股表现亦非常抢眼，上演普涨行情。截至收盘，全市场 3 667 只股票上涨，更有多达 180 只个股封死涨停。

Wind 数据显示，截至今日收盘，A 股所有上市公司的总市值之和为 660 901.5 亿元，较上一交易日(2 月 14 日)的 644 821 亿元，飙涨超 16 081 亿元，且已超过春节前最后一个交易日(1 月 23 日)的 644 546 亿元，意味着 2 月 3 日的"3 000 股跌停"所蒸发的市值，已经悉数涨回。

(资料来源：央行"降息"A 股暴涨 16 000 亿　货币政策正在微调[EB/OL]. (2020-02-17)[2020-09-03]. finance. sina. com. cn/stock/stocktalk/2020-02-17/doc-iimxyqvz3672873. shtml.)

**试分析：**

1. 结合新冠肺炎疫情背景，分析 A 股之前大跌的主要原因。

2. 中国人民银行在特殊时期采用怎样的货币政策帮助金融市场渡过难关？

3. 疫情当前，近期 A 股市场展现的韧性远超预期，更有市场人士高呼：创业板的牛市已经来了。疫情之下，A 股这一轮行情为什么那么强呢？

# 参 考 文 献

[1][美]米什金. 货币金融学[M]. 11 版. 郑艳文，荆国勇，译. 北京：中国人民大学出版社，2016.

[2]黄达. 金融学[M]. 6 版. 北京：中国人民大学出版社，2017.

[3]黄达. 宏观调控与货币供给[M]. 北京：中国人民大学出版社，1999.

[4]李健. 金融学[M]. 3 版. 北京：高等教育出版社，2018.

[5]曹龙骐. 金融学[M]. 6 版. 北京：高等教育出版社，2019.

[6]胡庆康. 现代货币银行学[M]. 6 版. 上海：复旦大学出版社，2019.

[7]孟生旺. 利息理论及其应用[M]. 北京：中国人民大学出版社，2017.

[8]蒋先玲. 货币金融学[M]. 2 版. 北京：机械工业出版社，2017.

[9]斯凯恩. 从零开始读懂金融学[M]. 上海：立信会计出版社，2014.

[10]戴国强. 商业银行经营学[M]. 5 版. 北京：高等教育出版社，2016.

[11]张亦春，郑振龙，林海. 金融市场学[M]. 5 版. 北京：高等教育出版社，2017.

[12]吴晓求. 证券投资学[M]. 4 版. 北京：中国人民大学出版社，2019.

[13][英]菲尔·亨特. 金融衍生工具理论与实践(修订版)[M]. 朱波，译. 成都：西南财经大学出版社，2007.

[14]殷孟波. 货币金融学[M]. 2 版. 成都：西南财经大学出版社，2012.

[15]魏华林，林宝清. 保险学[M]. 4 版. 北京：高等教育出版社，2017.